제2판

무역보험

오원석 · 박광서

三 英 社

[제2판] 머리말

2012년 무역보험을 출간하고 거의 6년 만에 제2판으로 인사를 드리게 되었다. 그 동안 초판의 부족한 부분에 대하여 의견을 보내 주신 많은 교수님들과 학생 여러분께 이 자리를 빌어서 감사의 말씀을 드린다.

해상보험은 무역절차에서 발생할 수 있는 우발적인 사고로부터의 경제적 손실을 사전에 대비하기 위한 경제적 제도이다. 그러나 해상보험이 보험자 중심으로 다루어지는 전문 분야이며, 수출입자들은 타성적으로 보험에 가입하는 수준에 머무르고 있기 때문에 해상보험의 중요성을 간과하기 쉽다.

이 책은 수출입자 입장에서 해상보험을 중심으로 필수적인 용어, 해상보험 조건, 약관 등을 중심으로 기술하고 있다. 특히 제2판에서는 다음과 같은 부분을 중심으로 개정하였다.

첫째, 목차 구성을 재정비하여 강의와 학습이 편리하도록 하였다. 이를 위해서 논리적으로 목차를 구성하고, 매끄럽지 못한 부분을 다듬었으며, 가능한 범위 내에서 표와 그림으로 설명을 보완하였다.

둘째, 이 책의 핵심인 해상보험약관을 이해하기 쉽도록 Part 4에서 구약관과 신약관으로 구분하여 재구성하였다.

셋째, 해상보험 관련 법규를 정리하여 영국해상법(MIA), 한국 상법, 보험증권 해석규칙(RCP)을 추가하였으며, 실무적으로 필요한 적하보험에서의 보험금(손해액) 산정과 보험증권 기재사항 등을 추가하였다.

모쪼록 이 책이 무역보험을 공부하는 분들에게 길라잡이가 되기를 희망한다. 아울러 제2판 개정을 위해서 수고해 주신 삼영사 고성익 사장님과 직원 여러분에게 감사의 말씀을 드린다.

2018년 2월 1일

저자 씀

머리말

보험(insurance)은 거래 위험을 사전에 대비함으로써 당사자들이 안심하고 본연의 업무에 집중하게 하는 안전장치이다. 따라서 무역업자들은 적하보험에 가입함으로써 무역마케팅, 매매계약, 물품조달, 생산 등의 업무에 집중할 수 있게 된다. 적하보험(cargo insurance)은 당사자 사이의 주계약인 매매계약을 이행하기 위한 운송계약 및 결제계약과 함께 종속계약 중의 하나이다.

이 책을 다음과 같은 점에 중점을 두어 집필하였다.

첫째, 책 제목을 무역보험(trade insurance)으로 하였다. 무역보험이란 학문적으로 정립된 용어는 아니지만 일반적으로 무역과 관련된 보험을 총괄하는 개념이라 하겠다. 무역보험은 넓은 의미로는 화물보험, 선박보험, 수출보험, P&I 보험 등이 포함되는 개념이고, 좁은 의미로는 해상보험과 수출보험으로 한정할 수 있다. 무역운송이 대부분 해상으로 이루어지는 것처럼 무역거래에서 화물보험은 일반적으로 해상보험(marine cargo insurance)을 지칭한다. 그리고 수출보험(export insurance)은 당사자 사이의 영리보험으로 다루기 어려운 경우를 위한 정책보험이다.

둘째, 화주(shipper)의 입장에서 필요한 내용만을 다루었다. 따라서 보험자인 보험회사의 입장이 아니라 보험계약자의 입장에서 기술하였다. 따라서 선박보험, P&I보험 등의 내용은 과감히 생략하고 해상보험만을 자세하게 다루었다. 그리고 화주가 이용하는 무역보험의 한 부분으로써 수출보험과 수출보증을 보충적으로 소개하였다.

셋째, 해상보험약관을 중심으로 해상보험을 설명하였다. 보험계약자 입장에서 해상보험은 제3자에게 의뢰(outsourcing)하는 업무이며, 보험자가 제시하는 약관을 거의 그대로 선택하여 사용하는 부합계약이다.

보험계약은 보험자와 피보험자의 권리의무를 약정하므로 중요하지만 그 내용이 복잡하기 때문에 실무적으로 등한시 하는 경향이 있다. 그러나 위험과 손해보상에 대한 정확한 이해를 위해서는 약관을 이해하는 것이 매우 중요하다. 따라서 본서에서는 해상보험증권(구증권, 신증권)과 해상보험약관으로써 ICC약관(구약관, 1982, 2009)을 자세하게 다루었다.

이 책은 다음과 같이 총 4편으로 이루어졌다.

제1편에서는 학습을 위한 기초로서 해상보험과 해상보험 용어를 정리하고, 해상보험과 무역계약·무역결제·무역운송과의 관계를 설명하였다.

제2편에서는 해상보험에서 중요한 해상위험과 해상손해를 구분하여 설명하였다.

제3편은 해상보험계약과 약관을 상술하였다.

제4편은 수출보험과 수출보증에 대하여 간단히 기술하였다.

이 책은 저자의 총론서인 『무역상무』에 이어 무역보험 분야를 상세하게 풀어 쓴 각론서이다. 이 책이 교수님, 학생, 실무에 계신 모든 분들에게 조금이나마 도움이 되었으면 좋겠다. 끝으로 도서 출판을 통해 우리나라 무역발전을 위해 애쓰고 계시는 도서출판 삼영사의 무궁한 발전을 기원한다.

2012년 7월 31일

저자 씀

Contents

Contents

제 2 편 해상위험과 손해

제1장 해상위험

제2장 해상손해와 공동해손

Contents

제 3 편 해상보험계약 및 해상보험증권

제1장 해상보험계약

Contents

제 5 편 무역보험과 보증

제1장 무역보험

Contents

1 무역보험 입문

1. 무역보험의 기초
2. 무역상무와 해상보험

1 무역보험의 기초

제1절 무역보험과 해상보험

1 무역과 무역보험

무역은 매도인과 매수인 사이의 매매계약을 주계약으로 물품의 이동에 필요한 운송계약, 운송 중 위험을 담보하기 위한 보험계약, 대금결제를 위한 환계약 등 종속계약을 체결하여 이행한다. 따라서 해상보험은 무역계약의 이행을 위한 3대 종속계약 중의 하나이다.

무역보험은 무역과 관련된 보험으로, 운송 중의 물품을 담보하는 해상보험 이외에 무역관련 여러 종류의 보험이 있다. 즉, 선주가 이용하는 선박보험, 비상위험을 담보하는 수출보험, 선박보험에서 담보되지 않는 비용손해 및 배상책임을 담보하기 위한 선주들의 상호보험조합인 P&I보험, 제조물 배상책임을 담보하는 제조물책임보험 등이 있다.

한국수출보험공사가 한국무역보험공사로 재출범하면서 무역보험이 수출보험과 수입보험으로 구분되는 인식이 생길 수 있지만, 본서에서 다루는 무역보험은 전통적인 해상보험을 중심으로 이해되어야 한다. 따라서 본서에서 다루는 대부분의 내용은 해상보험 위주로 기술한다.

해상보험계약은 주계약인 매매계약의 형태에 따라 계약당사자, 보험료 부담자, 피보험자, 보험기간 등이 달라질 수 있다. 예컨대 FOB계약에서는 매수인이 보험계약자인 동시에 피보험자이며, 보험료도 부담한다. DDP계약에서는 매도인이 운송 중 위험을 부담하기 때문에 매도인이 피보험자로서 부보한다. 또한 FCA, CIP, CPT 등 복합운송조건에서는 담보구간이 해상구간에 한하지 않고 인접한 육지까지 확장하여 부보되는 것이 보통이다.

해상보험과 운송계약과는 불가분의 관계이다. 피보험자인 하주 입장에서는 운송계약과 보험계약을 동시에 체결하기 때문에, 운송 중에 화물이 입은 손해에 대하여 운송인에게 배상청구권과 보험자에게 보상청구권이 있지만, 하주는 실손보상의 원칙에 따라 보험자에게 우선 보상을 청구하고, 운송계약에 따른 하주의 운송인에 대한 권리는 보험자가 대위하게 된다.

해상보험은 대금결제와도 관계가 있다. 화환신용장 거래에서 CIF계약에서는 매도인이 네고서류로서 보험서류를 준비하지만, FOB계약에서는 매수인이 신용장을 개설 신청할 때 보험 부보증명서를 첨부한다.

2 해상보험의 의의 및 분류

가. 해상보험의 의의

(1) 해상보험의 의의

영국 해상보험법(Marine Insurance Act, 1906; 이하에서 영법 또는 'MIA'로 표기)에는 "해상보험계약이란 보험자가 피보험자에게 그 계약에 의해서 합의된 방법과 범위에서 해상손해, 즉 항해사업[1]에 부수되는 손해를 보상할 것을 확약하는 계약이다."[2]라고 규정하고 있다.

1) 항해사업을 "marine adventure"(해상모험)라고 표현하는 것을 보아 과거에 '항해'를 큰 모험으로 생각했음을 알 수 있다.

한국 상법에서는 "해상보험계약의 보험자는 해상사업에 관한 사고로 인하여 생길 손해를 보상할 책임이 있다."고 규정하고 있다.

해상보험(marine insurance)은 일종의 경제제도이며 해상보험계약(contract of marine insurance)은 이 제도를 무역에서 운용하는 방법이기 때문에 해상보험계약과 해상보험이란 용어를 구태여 구별할 필요가 없다.

(2) 해상보험의 적용과 법적성질

해상보험은 항해에 관한 위험을 담보하는 보험이지만, 항해에 부수되거나 접속되는 육상, 내수로 또는 항공운송 중의 위험도 하나의 해상보험계약으로 담보할 수 있다. MIA 제2조 제1항에는 "해상보험계약은 그 명시조건이나 상관습에 의하여 그 담보범위를 확장하여 해상 항해에 수반되는 내수 또는 육상위험의 손해에 대해서도 피보험자를 보호할 수 있다."고 규정하여[3] 해상보험계약은 해상구간뿐만 아니라 매도인의 창고로부터 선적항까지, 도착항부터 매수인의 창고까지 확장담보가 가능하다.[4]

해상보험계약은 다른 무역 관련 계약과 같이 쌍무, 유상, 낙성계약이다. 보험계약자는 보험자의 손해보상을 약속한 대가(consideration)

2) MIA, 1906, 제1조; Marine insurance defined : A contract of marine insurance is a contract whereby the insurer undertakes to indemnify the assured, in manner and the extent thereby agreed, against marine losses, that is to say, the losses incident to marine adventure.

3) MIA, 1906, 제2조 제1항; Mixed sea and land risks. (1) A contract of marine insurance may, by its express terms, or by usage of trade, be extended so as to protect the assured against losses on inland waters or on any land risk which may be incidental to any sea voyage.

4) ICC(A),(B),(C)의 각 제8조인 '운송약관'(Transit Clause)에 이러한 취지를 규정하고 있다. (Hyderabad (Deccan) Co. v. Willoughby(1899)2Q.B.530; Schloss Bros v. Stevens(1906) 2KB665; H. Cousins & Co., Ltd. v. D. and C. Carriers Ltd.(1971) 2Q.B.230; Fuerst Day Lawson Ltd. v. Orion Insurance Co., Ltd.(1980) 1 Lloyd's Rep. 656).

로써 보험료를 지급하며, 계약당사자 쌍방이 각각 보험료의 지급과 담보위험에 대하여 손해보상의 의무가 있으며 쌍방의 합의만으로 성립된다.

나. 해상보험의 분류

상법은[5] 보험을 크게 손해보험과 인보험으로 분류하고 있다. 손해보험은 화재보험, 운송보험, 해상보험, 책임보험으로 분류되고, 인보험은 생명보험과 상해보험으로 나뉘고 있다(상법 제638조~제720조). 하지만 이러한 분류는 '인'의 대립 개념이 '손해'가 될 수 없다는 점에서 문제점이 있기 때문에, 보험을 다음과 같이 분류하는 것이 보다 타당하다.

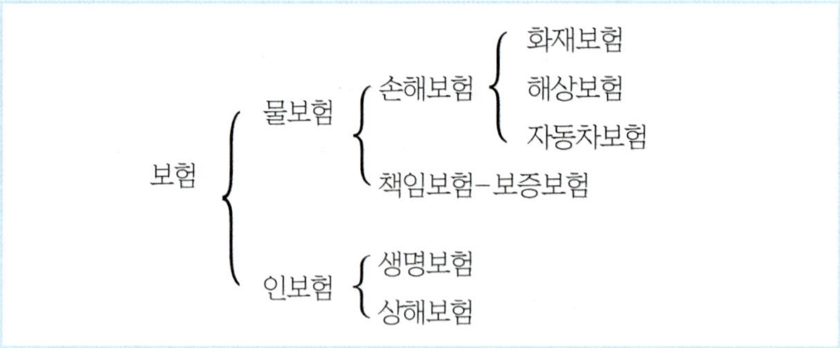

▎그림 1-1 ▎ 보험의 분류

해상보험은 어떤 보험보다 오랜 역사를 갖고 있으며, 근세기에 들어와서 화재보험과 더불어 손해보험의 주종을 형성하였다. 그러나 자동차의 보급 확산으로 자동차보험이 보다 일반화되었다.

해상보험은 손해가 공해상에서 발생하기도 하며, 서로 다른 국가

5) 1962년 이전 舊상법은 보험을 손해보험, 생명보험, 해상보험으로 분류하고, 손해보험을 다시 화재보험과 운송보험으로 나누고 있다. 하지만 해상보험도 일종의 손해보험이므로 이러한 분류는 문제점이 있다.

의 매매당사자가 관련된다는 국제성 때문에 한국의 상법보다 영국의 법과 관습이 적용되는 특성이 있다.

(1) 피보험이익을 기준으로 한 분류

피보험이익(insurable interest)이란 피보험목적물에 대하여 특정의 경제주체가 갖는 이해관계이다. 피보험이익을 기준으로 다음과 같은 보험이 있다.

① 선박보험(Insurance on Ship, Hull Insurance): 선박의 소유자가 보험의 목적인 선박에 대한 피보험이익을 부보하는 보험

② 적하보험(Insurance on Goods, Cargo Insurance): 화물의 소유자가 보험의 목적인 적하에 대한 피보험이익을 부보하는 보험

③ 선임보험(Insurance on Freight): 선박소유자, 운송인, 운송주선인 등이 화물 또는 여객을 무사히 운송한 경우에 얻을 선임에 대한 피보험이익을 부보하는 보험

희망이익보험(Insurance on Expected Profit of Goods)은 보험의 목적인 화물의 도달로 인하여 얻게 될 희망이익에 대한 피보험이익을 부보하는 보험이다.

(2) 보험기간을 기준으로 한 분류

① 항해보험(Voyage Insurance): 항해단위를 표준으로 하는 보험으로 주로 적하보험에 많이 이용된다.

② 기간보험(Time Insurance): 일정한 기간을 표준으로 하는 보험이며, 주로 선박보험에 많이 이용된다.

③ 혼합보험(Mixed Insurance): 일정한 기간과 항해의 양자를 표준으로 하는 보험으로 선박보험에서 사용되었으나 오늘날에는 별로 이용되지 않는다.

3 해상보험의 역사

가. 해상보험의 기원

해상보험제도의 시작에 관해 1310년 벨기에 브루제(Bruges)에서 보험회의소가 설립되었다는 기록, 플랑드르(Flanders)지방이 기원이라고 하는 설, 14세기 후반에 포르투갈에 설립된 상호조직이 해상보험의 효시라는 설 등이 있지만, 14세기 르네상스 초기에 Genoa, Pisa, Florence 등의 이탈리아의 상업도시에서 Francesco del Bene나 Francesco di Marco datini 등의 상인들이 보험자로서 해상보험을 인수한 것이 그 시작이라고 보는 것이 통설이다. 그 후 1666년 런던의 대화재를 계기로 화재보험이 탄생하기 전까지 3세기 동안은 해상보험이 유일한 보험이었다.[6)]

해상보험제도는 기원전 4세기 경 그리스의 모험대차(冒險貸借)에서 유래된 것으로 보고 있다. 모험대차(Bottomry or Respondentia : 해상대차)는 금전 소비대차의 일종으로 해상사업을 하는 자가 선박이나 적하를 담보로 금융업자로부터 일정한 금액을 융자받아 항해를 한 뒤 항해가 무사히 끝나면 원금에다 높은 이자를[7)] 붙여 변제하고, 만일 해난사고로 전손을 입으면 이자는 물론 원금의 변제를 면제받았다.[8)]

6) 木村榮一, 海上保險, 千倉書房, 1983, p. 1.

7) 한 항해에 원금의 22~33.33%가 이자("usura")였다고 한다. 이자가 고율인 이유는 대부금에 대한 순수한 이자와 담보물의 전손을 입을 때 부담하는 위험에 대한 보수가 포함되어 있기 때문이다.

8) MIA 제10조에는 이러한 모험대차의 대주가 대부금에 대하여 피보험이익을 갖는다고 규정하고 있다. "The lender of money on bottomry or respondentia has an insurable interest in respect of the loan."

이때 대부업자는 모험 투자자로서 선박의 적하가 무사히 귀환하면 고액의 원리금을 회수할 수 있으나 그렇지 않을 경우 큰 손해를 보았다. 담보물이 선박인 경우를 선박 모험대차증서(Bottomry Bond), 적하인 경우를 적하 모험대차증서(Respondentia Bond)라 하였다.

모험대차는 지중해 연안의 상업발달과 함께 Italy, France, Spain, Portugal 등 항구에서도 성행하였으나, 1230년경 로마 교황 Gregorius 9세가 이자징수 금지령을 발표하면서 모험대차는 금지되었다.

나. 근대의 해상보험

(1) 가장 매매계약

모험대차가 고리대금업으로 금지되었지만 이러한 관행이 합법을 가장하여 행하여지게 되었는데 이를 '가장매매계약'이라고 한다. 즉, 금융업자는 선박이나 적하의 매수인이 되고, 해상사업을 하는 자는 매도인이 되어 항해가 무사히 종료되면 매매계약은 무효가 되지만, 만일 항해 중 해난을 당하면 매매계약에 따라 금융업자는 매입대금을 지급하게 된다.

이것을 오늘날에 맞게 해석하면 가장매매계약은 보험계약, 매매금액은 보험금액, 매입대금지급은 보험금지급에 해당한다. 또한 이자 없이 일정한 수수료를 징수했는데 이것은 보험료에 해당한다. 그리고 가장매매계약은 모험대차의 융자와 위험부담이라는 2가지 기능 중에서 후자만을 선택한 것으로 위험부담이라는 측면에서 오늘날의 해상보험과 유사하다.

당시 로마법에서 해상보험은 매매계약이나 소비대차계약의 형식을 취하였고 보험계약의 형식을 갖지 못했다.[9] 소비대차계약은 보험자가 차주가 되고, 피보험자는 대주가 되어 대차증서에는 실제 대차금액보다 많은 금액을 기입하고 대차는 무이자로 이루어진 것처럼 기입하였다. 만일 해난이 발생하면 증서금액을 상환하고 항해가 무사히 종료되면 계약은 효력을 상실하고 차주는 변제할 필요가 없는 형식을 취하였다.

(2) 진정한 보험계약

보험계약이 보험자(assurer, insurer)가 피보험자(assured, insured)로부터 해상사고로 생기는 손해를 보상해 주는 대가로서 보험료(premium)를 받는 형식을 취하게 된 것은 14세기 후반부터이다.

진정한 해상보험증권은 Florence에서 가장 먼저 발전되었는데, 이것은 Florence가 15세기 초 이후 급속히 국제교역 무대에 등장하는 것과 무관하지 않다. Genoa는 1460년대까지도 보험계약은 여전히 대다수 매매를 가장하여 이루어졌고, Pisa 또한 14세기 말 Florence에 정복당하여 그 후 Florence가 급속히 부상하게 되는데, 해상보험증권은 1523년 1월 28일 Florecne 조례의 부칙 보험증권양식에 따른 것으로 이것이 Lloyd's 해상보험증권을 거쳐 오늘날에 계승되었다.[10)]

이와 같이 14세기 이탈리아의 여러 도시에서 생겨난 해상보험제도는 지중해 연안을 거쳐 Lombard인에 의하여 유럽대륙을 따라 북쪽으로 전파되었으며, Barcelona, Antwerp와 Hamburg 등을 거쳐 영국으로 건너가 London을 중심으로 꽃을 피우게 되었다.

9) Bena가 제노아의 국립고문서관에서 발견한 1347년 10월 23일자의 제노아로부터 마요루가까지 부보된 Clara호에 대한 선박보험이나, 1348년 1월 15일자의 제노아로부터 빠래루모까지 부보된 면포에 관한 적하보험은 무상의 소비대차를 가장하고 있다. 또한 1370년 7월 12일의 가레스로부터 수래이스까지의 적하보험은 매매로 가장하고 있다.

10) 木村榮一, 전게서, pp. 4~5; 김준헌 외, 신해상보험론, 법문사, 1986, p. 19.

(3) 롬바드인

10세기경 영국에 이주한 롬바드인은 고리대금업, 로마교황의 면죄부판매 및 재정대리인 등의 기능을 수행하면서 15세기 말까지 영국의 모든 상업 활동을 장악하였다. 영국 헨리 4세 때 롬바드인의 주거지를 Long Bourne로 제한하였는데, 이 지역은 롬바드가로 불렸으며 오늘날 영국의 금융 · 보험업의 중심지가 되고 있다. 그 후 롬바드인의 부의 축적은 영국 본토인들의 원한을 사게 되어 1553년 엘리자베스 여왕이 왕위에 오르자 국외로 추방되었다.

그들의 본거지가 된 롬바드가는 영국 해상보험의 중심지가 되었으며, 유럽의 여러 국가들도 해상보험의 실무를 롬바드가에 의존하게 되었다. 롬바드인이 해상보험에서 얼마나 중요한 역할을 하였는가는 해상보험증권의 본문약관 중에서 다음과 같은 '보험증권의 효력에 관한 약관'(Force and Effect Clause)이 삽입되어 있다는 사실에서 알 수 있다.[11)]

(4) 한자상인과 The First Royal Exchange

동방 사람들(Esterlings 혹은 Easterlings)로 알려진 한자상인들이 영국에 입국한 것은 10세기경이다. 그들은 1597년 엘리자베스 여왕 때 Gresham 등에 의해 추방될 때까지 영국 상권을 장악하였다. 그들은 금욕적인 생활을 하면서 발틱국가들과 통상의 독점권을 장악하고 양모수출을 독점하였다.

---

11) "And it is agreed by us, the insurers, that this writing or policy of assurance shall be of as much force and effect as the surest writing or policy of assurance here-tofore made in Lombard Street, or in the Royal Exchange or elsewhere in the London." (그리고 이 보험의 서면 또는 증서는 롬바드가, 로열 익스체인지 또는 런던의 기타 장소에 작성된 가장 확실한 서면 혹은 증권과 동일한 효력을 갖는 것으로 보험자가 동의한다.)

1597년 Lubeek에서 한자동맹(The Hanseatic League)이 법률로 기초되어 1614년에 수정되었는데, 여기에 모험대차에 관한 특별문언이 포함되어 있다. 한자상인들은 영국에 해상보험제도를 도입하여 발전시켰다.

영국인 Thomas Gresham은 한자상인의 상권장악을 배격하고, 해상무역을 영국인들의 지배하에 두기 위해 1568년 1월 22일 The First Royal Exchange를 설립하였다.[12] 은행과 대부업자가 보험을 인수하였고 중개인이 보험증권을 가지고 계약체결을 중개하였다. 이러한 The First Royal Exchange는 약 1세기 동안 세계의 해상보험의 중심이 되었으며, Lloyd's의 출현과 함께 그 기능을 잃게 되었다.

다. 현대의 해상보험

(1) Lloyd's

17세기 초 해상보험계약의 급속한 발전은 늘어나기 시작한 커피점과 관련이 깊다. 특히 17세기 말 런던 Thames강변 Tower Street에 있었던 에드워드 로이드(Edward Lloyd: 1648~1713)가 경영하는 커피점에는 선주, 선장, 무역업자 및 해상보험자 등의 해사관계자가 모여들어 해상보험계약이나 화물매매가 이루어졌다. 이것이 로이드가 세계적으로 알려지게 된 효시이다.

로이드 커피점이 언제부터 있었는지는 확실하지 않다.[13] 1688년 2월 18~21일자 London Gazette에 도난당한 시계에 관하여 타워가

12) Dover Victor, A Handbook to Marine Insurance, 1970, H. F. & G. Witherby Ltd., London, p. 13.

13) 런던의 최초의 커피점은 1652년 Rose에 의하여 Michael's Alley에서 문을 열었고, Edward Lloyd는 1688년 Tower Street에 커피점을 개설한 후 1691년 Lombard Street로 이전하였다고 한다.

로이드 커피점이나 피해자에게 정보를 제공하는 자에게 상금을 준다는 광고가 있었던 것으로 보아 아마 그 전인 것으로 추측된다. 로이드는 타워가 커피점이 협소하여 1696년 롬바드가로 옮겼다.[14)]

로이드는 커피점 주인에 불과할 뿐 자신이 해상보험을 인수하지 않았다. 그러나 커피점 한 구석에 발표대를 설치하고 템스강변의 선착장으로부터 뉴스가 입수되면 즉시 알렸으며, 1696년 8월부터 Lloyd's News를 주 3회 발행함으로써 로이드 커피점에 모여 있는 사람들에게 최신 해상정보를 제공하였다.

1720년 제정된 포말법(Bubble Act)을 근거로 "London Assurance" 및 "Royal Exchange Assurance" 등 2개 회사가 설립되었다. 이들이 법인으로서 해상보험업의 독점권을 부여받게 되자 개인보험업자들은 로이드 커피점에 집결하여 이들 회사의 설립에 반대하였으며, 개인보험업자들의 결속을 강화하였다. 그 결과 개인보험업자들이 런던의 해상보험계약을 90%나 인수하는 실적을 올렸다.

1775년 로이드 아버지(Father of Lloyd's)라 불리는 J. J. Angustein의 노력으로 Royal Exchange 내에 사무실을 얻게 되자[15)] 로이드 커피점 시대는 끝나고 보험거래소로서 로이즈가 새로 탄생하게 된다.

1871년 의회법(Act of Parliament)을 근거로 로이즈는 법인 형태의 조합(Corporation of Lloyd's)이 되었다. 1887년경 로이즈는 해상보험 이외에 비해상 보험 분야에까지 활동영역을 확대했으며, 1906년 San Francisco지진을 계기로 해상보험, 각종 손해보험과 생명보험 분야에 대한 신용이 높아져 세계보험시장의 중심이 되었다.

---

14) 현재 롬바드가 16번지에 있는 건물 벽에는 "SITE OF LLOYD'S COFFEE HOUSE, 1691~1785"라고 새겨진 돌비석이 있다.

15) "Exchange"는 1560년대 Gresham경에 의하여 상인들의 모임장소로 설립되었다. 그것은 1570년에 개원되어 1571년 엘리자베스 1세의 방문으로 인하여 "Royal Exchange"로 알려지게 되었다.

로이즈는 개인보험자(underwriter)의 집합으로 보험회사가 아니다. 로이즈는 2만명 이상의 보험인수회원(underwriting member)이 있으며 각자가 보험자이다.

위험이 거대한 오늘날에는 보험자 각자가 보험을 인수하지 않고, 신디케이트(Syndicate)를 통하여 인수하고 있다. 신디케이트는 많으면 수백 명의 회원으로 구성되고, 신디케이트 내에 인수대리인(underwriting agent)이 있어 수입보험료의 경리・투자 등의 사무를 보고 있다. 인수대리인은 신디케이트 회원을 대신하여 보험을 인수하는 Active Underwriter를 임명하고, Lloyd's Broker가 세계 각지의 위험을 인수한다. Lloyd's Broker는 피보험목적물의 명칭, 보험가액 및 보험자의 인수조건들을 기록한 Slip을 가지고 위험 전액이 인수되기까지 Active Underwriter와 교섭한다.[16)]

신디케이트 회원들은 Active Underwriter를 통하여 간접적으로 위험을 인수하지만, 그 인수액에 대해서는 무한책임을 지며 신디케이트로서의 연대책임은 없다. 따라서 로이즈 회원이 되기 위해서는 충분한 신용과 자금력을 갖는 것이 필요하다.

법인인 Corporation of Lloyd's는 보험거래에 필요한 장소를 제공하고 보험증권의 서명, 정보 제공 등의 서비스를 행하지만 보험인수(underwriting)는 하지 않는다. 로이즈는 보험거래의 장소인 보험거래소일 뿐이고 보험은 로이즈에서 개개보험자와 계약체결이 이루어진다.

1779년에 로이즈회원이 사용하는 해상보험증권 양식이 통일되었으

16) 로이즈 브로커에 의하여 제시된 "slip"은 보험계약에 청약(offer)이 되며, 보험자에 의한 "writing a line"은 승낙(acceptance)이 되어 보험계약이 성립한다(C.M. Schmitthoff's, Export Trade, 8th ed., Stevens & Sons, 1986, p. 414).

며, 그 양식이 그대로 1906년 영국해상보험법의 제1부칙의 '보험증권의 양식'으로 게재되어[17] 오늘날 각국에서 사용되고 있는 보험증권양식의 모체가 되었다.

(2) 한국의 해상보험

우리나라 보험의 효시는 1922년 조선화재해상보험(현재 메리츠화재)이다. 취급업무는 주로 화재보험으로 해상보험에 참여할 능력이 없었다. 1946년 조선화재해상보험, 신동아손해보험, 서울화재보험, 대한화재보험, 한국화재보험, 동방간이화재보험, 국제손해보험, 대동화재보험, 1948년 고려화재보험, 1949년 제일화재보험 등 10개 손해보험회사가 설립되어 화재보험 업무를 개시하였다. 그러나 적하보험을 취급하지 않았기 때문에 필요한 경우 상대 무역상에게 의뢰하거나 외국 보험회사의 대리점을 이용하였다.

해상보험을 취급하게 된 것은 1953년 2월 1일 손해보험회사의 공동체인 대한해상운송보험공동사무소가 발족되어 영업을 시작하면서부터이다. 이 공동체에 참여한 회사는 동양, 신동아, 대한, 국제, 고려, 제일, 안국, 해동화재 등이다. 무역규모가 확대되어 해상보험 전망이 밝아지자 1955년 동방해상보험, 1957년 범한해상보험이 설립되어 해상보험을 사업으로 영업하게 되었고, 1964년에 위의 공동사무소가 해체되어 개별회사가 단독으로 해상보험을 취급하게 되었다.

과당경쟁을 지양하고 사업비용 절약을 위해 1967년 3월 해상보험을 취급하던 10개사가 해상보험에 관한 창구 단일화를 위해 한국해상보험공동사무소를 설립하여 해상보험을 공동으로 인수하였으나, 무역업계의 요청과 기업형태의 본연적인 복귀를 위하여 1968년 11월

17) Lloyd's S. G. Policy(로이즈보험증권)이라 부른다. S. G.는 Ship과 Goods이다.

에 공동사무소는 해체하고 자유경쟁하게 되었다.

10개의 손해보험회사는 동양화재해상보험, 신동아화재해상보험, 대한화재해상보험, 국제화재해상보험, 고려화재해상보험, 제일화재해상보험, 해동화재해상보험, 안국화재해상보험, 동방화재해상보험, 범한화재해상보험 등이며, 1984년에는 동방화재해상보험이 해상보험을 취급하고, 1986년에는 동방화재해상보험이 현대화재해상보험으로, 1988년에는 범한화재해상보험이 럭키화재해상보험으로 개칭하고, 1994년도에 안국화재가 삼성화재로 바뀌는 등의 변화가 있었다.

2018년 현재 손해보험협회[18]에 등록된 정회원사는 더케이손해보험, 롯데손해보험(前대한화재), 메리츠화재해상보험(前동양화재), 삼성화재해상보험, 서울보증보험, 코리안리재보험, 한화손해보험(前신동아화재), 현대해상화재보험, 흥국화재해상보험, AXA손해보험, DB손해보험(前동부화재), KB손해보험(前LIG손해보험, 前범한화재), MG손해보험(前그린손해보험, 前국제화재) 등 13개가 있다.

제2절 해상보험 관련 용어

해상보험에 사용되는 용어는 무역용어와 달리 생소하고 같은 용어가 반복적으로 사용된다. 특히 해상보험계약과 관련된 용어와 영문표기는 법리적 의미를 지니고 있기 때문에 이를 확실히 알아야 약관과 영국해상보험법 및 각종 판례를 이해하는데 도움이 된다.

18) www.knia.or.kr

1 보험자 · 보험계약자 · 피보험자

보험자(Insurer, Assurer, Underwriter)는 보험계약 체결의 당사자 중 하나로 보험계약을 인수하는 자이다. 보험자는 보험계약을 통하여 위험을 담보하고(to cover the risk), 담보위험(risk covered)으로 인하여 손해가 발생하면 이를 보상할 것을 약정한다. 구체적으로는 보험업자(underwriter)나 보험회사(insurance company)를 말한다.

보험계약자(Insured, Assured)는 보험계약의 당사자로서 보험자에게 보험계약을 청약하는 자를 말한다. 보험계약에서 자신이나 타인을 위하여 청약하고 보험자에게 보험료를 지급할 의무를 부담하는 자이다. 보험계약자가 반드시 피보험자일 필요는 없다. 피보험자는 피보험목적물에 대한 피보험이익을 갖는 자이지만, 보험계약자는 계약체결 시 반드시 피보험이익을 가질 필요가 없다.[19)]

피보험자(Assured)는 담보위험에 의한 손해발생시 보험금을 수령하는 자를 말한다. 보험계약을 체결하고 보험료를 납부하는 자를 보험계약자라고 하는데, 무역에서는 보험계약자와 피보험자가 같은 경우도 있고 다른 경우도 있다. 예를 들면 FOB계약이나 FCA계약에서는 매수인이 보험계약을 체결하는 동시에 피보험자가 된다. 그러나 CIF계약이나 CIP계약에서는 매도인이 보험계약을 체결하기 때문에 보험계약자가 되고, 매수인은 운송중의 위험을 부담하는 피보험자가 되는데, 이것은 매수인이 운송중 화물에 대한 피보험이익을 갖고 있기 때문이다.

19) MIA 제6조 제1항; The assured must be interested in the subject matter insured at the time of loss though he need not be interested when the insurance is effected.

2 보험가액 · 보험금액 · 보험료 · 보험금

보험가액(Insurable Value)은 피보험목적물의 평가액이다. 따라서 보험가액은 계속 변동할 가능성이 있으므로 보험계약 체결 시 일정 금액으로 정하고 변하지 않는 것으로 한다. 이를 '보험가액불변의 원칙'이라 한다. 이와 같이 보험가액이 확정된 보험증권을 기평가보험증권(Valued Policy)이라고 하고, 그렇지 않은 경우를 미평가보험증권(Unvalued Policy)이라고 한다.

보험가액을 확정하는 방법은 선박, 운임, 화물 또는 다른 목적물 등 피보험목적물의 종류에 따라 다양하다. 예를 들면 적하보험에서의 보험가액은 피보험목적물의 원가[20]에 선적비용 및 선적에 부수되는 비용과 보험비용을 가산한 금액이다.[21] 즉, 본선적재가격에 보험료와 수수료를 합친 것이 된다.

보험금액(Amount Insured)은 실제로 부보된 금액으로 보험증권상에 나타나며, 전손이 발생하면 보험자가 보상해야 할 최고한도액이다.[22]

보험금액은 보험가액의 범위 내에서 자유로이 정할 수 있다. 양자

20) 송장가액은 피보험재산 원가에 대한 일응의 추정적 증거가 된다(Usher v. Noble, (1810).12 East 639). 일응의 추정(一應의 推定)이란 영미법상 '사실추정의 원칙'에 따라서 증거가 필요한 사실에 갈음하여 간접사실을 증명하고, 간접사실로부터 고도의 개연성을 가진 경험칙에 의거하여 증거가 필요한 사실을 추정하는 것으로 '표현증명'이라고도 한다.

21) MIA 제16조 제3항: In insurance on goods or merchandise, the insurable value is the prime cost of the property insured, plus the expenses of and incidental to shipping and the charges of insurance upon the whole.

22) Berger and Light Diffusers Pty. Ltd. v. Pollock (1973) 2 Lloyd's Rep. 442, Q.B.D.(E.R. Hardy Ivamy, Marine Insurance, 4th ed., London Butterworths, 1985, p. 99).

가 동일한 경우를 전부보험(Full Insurance), 보험금액이 보험가액보다 적은 경우를 일부보험(Under Insurance), 큰 경우를 초과보험(Over Insurance)이라 한다. 또한 두 개 이상 별도의 보험계약이 체결되고 그 보험금액의 합계가 보험가액을 초과할 때 이를 중복보험(Double Insurance)이라고 하는데, 이는 초과보험의 일종이다.

보험금(Claim Amount)은 담보위험에 의하여 손해가 발생한 경우 보험자가 피보험자에게 지급하는 금액으로 손해보상액을 말한다. 손해보상액은 '실손보상의 원칙'에 따라 보험금액을 한도로 보상된다.

실손보상의 성질에 관해서는 상반되는 2개의 학설이 있는데, 하나는 피보험자가 마치 항해를 시도하지 않았던 것과 같은 지위에 놓여야 된다고 하는 설이며, 다른 하나는 피보험자가 항해를 성공적으로 수행한 것과 같은 지위에 놓여야 된다는 설이다. 영법은 이 두 학설 중 명확한 입장을 정하고 있지는 않으나 전자에 가깝다.[23)]

보험금이 반드시 실손액과 같지 않을 수 있는데, 그것은 해상보험계약은 계약당사자가 상호 '합의한 방법과 범위로'(in manner and to the extent thereby agreed) 손해보상이 이루어지기 때문이다.

보험료(Premium)는 보험자가 담보위험에 의하여 피보험목적물에 손해가 생겼을 경우 보험금을 지급하겠다고 확약(undertaking)한 대가(consideration)로 보험계약자로부터 받는 대금이다.

해상보험료는 보험금에 대한 백분비로 표시하며 보험금액에 보험요율을 곱하면 된다. 보험요율(rate of premium)은 경험적 수치의 통계적 방식에 의하여 확률계산방식에 따라 산정되며 이재율(罹災率, loss ratio)의 변동에 따라 달라진다.

23) 葛城照三 譯, チャーマーズ英國海上保險法論, 早稻田大學出版部, 1966, p. 44.

보험료는 중개료(brokerage)와는 다르다. 중개료는 영국의 경우에 중개인(broker)에 의하여 보험계약이 체결되는 경우에 중개인이 보험자로부터 받는 수수료이다.

3 보험증권 · 약관

보험증권(Insurance Policy)은 보험계약 성립과 내용을 증명하기 위하여 보험자가 작성하여 보험계약자에게 교부하는 증서이다. 보험증권에는 담보조건(Conditions and Warranties), 담보금액(Amount Insured hereunder), 피보험자(Assured), 피보험목적물(Subject-matter Insured), 보험의 시기와 종기 등 약관(명시조건)들이 인쇄되어 있다.

영법[24]에 따르면 보험증권에 기재되어야 하는 사항은 ① 피보험자의 성명 또는 피보험자를 대신하여 보험계약을 체결하는 자의 성명, ② 피보험목적물과 담보위험, ③ 보험에 의하여 담보되는 항해 및 기간, ④ 부보금액, ⑤ 보험자의 성명 등이다.

해상보험계약은 요식계약이 아니고 낙성계약이므로 증권의 발행·교부가 보험계약성립의 전제조건은 아니다. 그러나 해상보험계약은 보험증권상에 나타나지 않으면 증거로서 인정되지 못한다. 보험증권은 계약 성립 시 또는 그 후에 발행될 수 있다.[25]

보험계약 조항을 약관(Clause)이라 하며, 표준적인 약관을 보통약관(Common Clause)이라 하고, 특별한 것을 특별약관(Special Clause)이라 한다.

24) MIA 제23조.
25) MIA 제22조.

구증권에서 ICC(FPA, WA 또는 A/R) 등은 특별약관이지만, 신증권에서 ICC(A),(B) 또는 (C) 등은 특별약관이 아니며, 협회전쟁약관(Institute War Clauses)이나 협회동맹파업약관(Institute Strike Clauses)이 특별약관이다.

4 피보험이익 · 피보험목적물

피보험이익(Insurable Interest)은 피보험 목적물과 특정인과의 관계를 말하며, 피보험이익이 바로 보험계약의 목적이다. 해상보험에서 보호하는 것은 피보험목적물이 아니라 피보험이익이며, 손해보상계약인 해상보험은 이러한 피보험이익을 회복하는데 그 목적이 있다.

보험금은 바로 이러한 피보험이익을 금액으로 환산한 것으로, 항해사업(marine adventure)에 이해관계를 갖고 있는 선주, 하주, 선장 및 선원 등 모든 당사자들은 피보험이익을 갖고,[26] 이러한 피보험이익은 부보가 가능하다. 그리고 피보험이익이 귀속되는 당사자가 바로 피보험자로 보험금을 청구할 수 있다.

피보험목적물(Subject matter Insured; Subject of Insurance) 또는 보험목적물은 해상위험에서 보험을 통하여 보호의 대상이 되는 객체를 말한다.

해상보험증권으로 보호받는 피보험목적물에는 ① 선박(ship),[27] ②

26) MIA 第5조 第1항; Every person has an insurable interest who is interested in a marine adventure.

27) RCP(**보험증권해석규칙**; Rules for Construction of Policy) 第15조: The term "ship" includes the hull, materials and outfit, stores and provisions for the officers and crew, and, in the case of vessels engaged in a special trade, the ordinary fittings requisite for the trade, and also, in the case of a steamship, the machinery, boilers, and coals and engine stores, if owned by the assured.

적하(goods),[28] ③ 운임(freight),[29] ④ 이윤 및 수수료(profits and commission), ⑤ 급료(wages), ⑥ 선주의 하주에 대한 책임(the liability of a shipowner to the owner of the cargo), ⑦ 대부금, 선대금 및 선비(loans, advances and disbursements) 등이 있다.

5 보험기간 · 보험계약기간

보험기간(Duration of Risk)[30]은 피보험목적물에 대하여 보험자의 책임이 존속되는 기간으로 피보험자가 보험으로부터 보호받는 시간적·공간적 한계를 말한다. 즉, 적하보험은 주로 항해보험이기 때문에 공간적 한계이며, 선박보험은 주로 기간보험이기 때문에 시간적 한계이다.

참조 p.281 구증권 소급약관

보험계약기간(Duration of Policy)은 보험기간과는 관계없이 보험계약이 유효하게 존속하는 기간이다. 일차적으로는 보험기간과 일치하지만, 소급보험이나 예정보험(Open Cover)에서는 양자가 일치하지 않는다. 수입시 화물이 선적되고 난 뒤 이를 통보받고 부보하였을 경우 비록 보험계약일은 늦지만 소급약관[31](Lost or not Lost clause)

28) RCP 제17조: The term "goods" means goods in the nature of merchandise, and does not include personal effects or provisions and stores for use on board.

29) MIA 제90조; "Freight" includes the profit derivable by a shipowner from the employment of his ship to carry his own goods or moveables, as well as freight payable by a third party, but does not include passage money.

30) 보험자의 위험 부담기간 제한을 보험기간(period of insurance; Dauerder Versicherung; durée de l'assurance)이라고 하는데, 영국과 프랑스에서는 위험이 개시·종료……하다(the risk attaches, ceases……; les risques courent, cessent……)라고 하고, 독일에서는 보험이 개시·종료……하다(die Versicherung beginnt, endigt……)라고 한다.

31) S.G. 양식보험증권에는 소급약관이 있으나, 신약관에서는 이 소급약관이 피보험이익약관(Insurable Interest Clause)에 흡수되었다.
즉, "the Assured shall be entitled to recover for insured loss occurring during the period covered by this insurance, notwithstanding that the loss occurred before the

에 의하여 보험기간은 선적시로 소급된다.

신용장 매입실무에서는 부보일자가 선적일자보다 늦은 날짜로 표시된 보험서류는 은행이 수리를 거절하도록 규정하고 있다.[32)]

6 위험 · 손해

위험(Risk)은 여러 가지 의미로 사용된다. 즉, 해상운항에 비롯되거나 부수되는 위험을 해상위험(Maritime Perils),[33)] 보험자가 담보하는 위험을 담보위험(Perils insured against)이라 하고, 보험자가 담보하지 않는 위험을 면책위험 또는 부담보위험이라 한다.

참조 p.291 구증권 제11조 담보 위험약관

p.354 신증권 담보위험

위험은 다음과 같이 4가지로 분류할 수도 있다.

① 손해의 원인이 되는 사고 또는 보험사고로써 "peril"이다.

② 손해발생의 가능성을 말하는 "risk"이다.

③ 사고의 발생가능성을 측정하는 소재가 되는 위험사정을 말하는 "hazard"이다.

④ 보험자가 계약상의 책임을 말하는 "risk"이다. 즉, "peril"은 손해의 원인인 화재나 폭풍우 등을 말하고, "hazard"는 사고로 인하여 발생할 수 있는 손해의 가능성을 창조하거나 증가시키는 상태이다.

위험의 발생으로 피보험목적물의 전부 또는 일부가 소멸하거나 손

contract of insurance was concluded, unless the Assured were aware of the loss and the underwriters were not."

32) 신용장통일규칙(2007), 제28조 e항 참조.

33) 해상위험은 해상운항에 기인 또는 부수되는 해상고유의 위험 및 화재, 전쟁위험, 해적, 표류, 강도, 포획, 나포, 군주 또는 인민의 압류 및 억지, 투하, 선원의 악행 및 상기와 같은 종류 또는 보험증권에 기재되는 기타 일절의 위험을 말한다(MIA 제3조 제2항(C)).

상을 입는 것을 손해(Loss or Damage)[34]라고 한다.

피보험목적물의 전부의 소멸을 전손(Total Loss)이라고 하고, 일부의 소멸을 분손(Partial Loss)이라고 한다. 분손은 손해의 귀속이나 부담이 단독이냐 공동이냐에 따라 단독해손(Particular Average)과 공동해손(General Average)으로 분류할 수 있다.

그리고 피보험목적물이 선박이나 화물과 같은 물적 손해가 아닌 보험사고로 비용지급이 불가피해졌거나 책임부담이 불가피하게 된 경우를 비용손해 또는 책임손해라고 한다. 발생한 손해를 보험자가 보상하는 경우를 보상손해라고 하고, 보험자가 보상하지 않는 손해를 면책손해라고 한다. 또한 손해가 담보위험과 인과관계에 따라서 직접손해와 간접손해로 분류된다.

7 담보 · 보상(To Cover · To Pay)

보험자가 손해발생의 가능성인 위험을 부담하는 것을 담보(to Cover)한다고 하고, 위험의 발생에 의해서 나타난 손해를 회복시켜 주는 것을 보상(to Pay)한다고 한다.

위험담보는 손해의 가능성을 책임지기 때문에 보증이라고 할 수 있고, 손해보상은 현실적 손해를 책임지기 때문에 보상이라고 할 수 있다. 그리고 담보된 위험이 원인이 되어 피보험목적물에 손해가 생기면 보험자는 이를 보상할 의무가 있으며, 이러한 양자의 관계를 인과관계라고 한다. 그러나 경우에 따라서는 양자를 혼동하여 사용하는 경우도 있다. 분손담보조건(WA)은 사실 분손보상조건이라고 하

34) "Loss"는 멸실을 의미하고, "Damage"는 손상을 의미하지만 이를 구별하지 않고 사용할 때는 손해(loss or damage)라고 한다.

여야 옳다.

"Warranty"도 담보라고 하기 때문에 양 개념을 혼동하지 말아야 한다. "위험을 담보한다."고 할 경우의 담보는 "to cover"의 의미이고, '명시담보', '묵시담보', '담보위반'이라고 할 경우의 담보는 "warranty"이다.

제3절 해상보험 관련 법규 및 해석원칙

해상보험과 관련된 대표적인 법규로서 영국의 해상보험법(The Marine Insurance Act : MIA, 1906)이 있다. 그리고 우리나라의 해상보험 관련 법규로서 상법 제4편 보험편, 제5편 해상편이 있다.

MIA의 부칙으로 Lloyd's S.G. Policy와 보험증권의 해석에 관한 규칙(Rules for Construction of Policy : RCP)이 있다.

공동해손에 관한 요크-앤트워프규칙(York-Antwerp Rules for General Average : YAR, 2004)은 공동해손이 발생할 경우에 이를 정산하는 데 사용되는 규칙이다. YAR은 공동해손 파트에서 설명한다.

본 절에서는 영국해상보험법(MIA)과 우리나라 상법에 대하여 소개한다.

1 영국 해상보험법

해상보험이 영국을 중심으로 발전되어 왔기 때문에 전 세계적으로 해상보험에 관해서는 영국의 해상보험법과 관습법을 따르고 있다.

❙ 영국 해상보험법 ❙

장	Title(영문)	Title(국문)	조항
1	Marine Insurance	해상보험	1~3
2	Insurable Interest	피보험이익	4~15
3	Insurable Value	보험가액	16
4	Disclosure & Representation	고지 및 표시	17~21
5	The Policy	보험증권	22-31
6	Double Insurance	중복보험	32
7	Warranties, etc.	담보 등	33~41
8	The Voyage	항해	42~49
9	Assignment of Policy	보험증권의 양도	50~51
10	The Premium	보험료	52~54
11	Loss & Abandonment	손해와 위부	55~63
12	Partial Losses	분손	64~66
13	Measure of Indemnity	손해보상의 한도	67~78
14	Rights of Insurer on payment	보험금 지급에 대한 보험자의 권리	79~81
15	Return of Premium	보험료의 환불	82~84
16	Mutual Insurance	상호보험	85
17	Supplemental	보칙	86~94
	Schedule · Form of Policy －Lloyd's S.G. Policy · Rules for Construction of Policy	부칙 · 증권의 형식 · 증권의 해석규칙	

영국의 해상보험법(MIA)은 1906년 이전까지 사용되어 오던 해상보험에 관한 관습, 판례 등을 집대성하였으며, 지금도 영국의 해상보험의 근간을 이루고 있다.

영국의 해상보험법안(Marine Insurance Bill)은 Mackenzie D. Chalmers가 기초하고, 대법원 판사인 Lord Chancellor Hersell에

의하여 1894년 상원에 제안되어 1900년에 상원을 통과하고, 1906년 12월 21일에 제정되어 1907년 1월 1일부터 시행되었다. 동법을 바탕으로 해상보험을 도박 또는 사행으로 이용하는 것을 금지하는 해상보험도박금지법(The Marine Insurance Gambling Policies Act, 1909)이 제정되었다. 양자를 포함하여 해상보험법(Marine Insurance Act, 1906, 1909)이라고 부른다.[35)]

영국의 해상보험법은 총 17장 94개 조문과 부칙으로 이루어져 있다. 부칙은 Lloyd's S.G. Policy와 RCP(Rules for Construction of Policy, 증권의 해석규칙)로 구성되어 있다.

2 해상보험약관 해석원칙(RCP)

1779년부터 사용해온 Lloyd's S.G. Policy의 문언은 많은 판례에 따라 의미가 확정되었는데, 약관의 해석원칙이 MIA 제1부칙(first schedule)인 보험증권 해석규칙(Rules for Construction of Policy : RCP)에 나타나 있다.

가. 수기문언 우선의 원칙

참조 p.266
신·구증권 구성

해상보험증권에는 본문약관, 난외약관, 이탤릭서체약관, 협회특별약관, 스탬프약관 및 수기문언 등 여러 형태의 약관이 있다.

이들 약관의 내용이 상충될 경우 우선순위는 난외약관이 본문약관에 우선하고, 증권에 첨부된 특별약관은 본문약관이나 난외약관에 우선하고, 타자된 문언이나 스탬프문언은 수기문언 이외의 모든 약관에 우선하며, 수기문언이 모든 약관이나 문언에 우선한다.[36)] 이를

35) 구종순, 해상보험 제4판, 박영사, 2010, p. 47

36) Rovertson v. French(1803) 4 East 130; Joyce v. Realm Marine Insurance Co. (1872) LR 7 QB580; Dudgeon v. Pembroke(1877) 2 App. Cas 284; Mercantile Marine

'수기문언 우선의 원칙'이라고 한다. 보험증권상의 적색약관이나 이탤릭서체약관이 있지만 이것은 강조하는 뜻일 뿐 우선순위는 없다.

나. 판례 및 당사자 의사존중의 원칙

해상보험제도가 시행된 이후 수천 건의 판례가 누적되어 있기 때문에 사건이 발생하면 판례를 따라 해석한다.

예를 들어 Lloyd's S.G. Policy의 면책률약관(Memorandum Clause)의 "corn"(곡류)에는 "rice"(쌀)를 포함시키지 않는 것이 판례인 경우 당사자의 의사와 관계없이 쌀은 포함되지 않는다.

계약당사자의 의사는 보험증권에서 찾아내어야 하지만, 필요한 경우 주위의 사정을 고려하여 보험증권의 어구를 해석할 수 있다.[37)]

다. POP의 원칙

보험증권의 약관이나 문언은 학문적・이론적으로 해석되지 않고, 평이한(plain)・통상적인(ordinary)・통속적(popular) 의미로 해석해야 한다. 이들 단어의 첫 글자를 따서 'POP원칙'이라 한다.[38)] 이것은 보험계약 당사자가 일반적으로 이해하고 있는 의미가 보편성이 있기 때문이다. 또한 보험자와 피보험자는 일반 상관습을 알고 있는 것으로 보기 때문에 상관습상 확정된 의미는 그대로 효력을 갖는다.[39)]

Insurance Co. v. Titherington (1864) 5 B & S. 765; Cunard SS Co. v. Marten(1902) 2KB 624.

37) Stevenson v. Snow(1761) 3 Burr. 1237 at 1240.

38) M. Almojil Establishment v. Malayan Motor and General Underwriters Ltd. (1982) 2 Lloyd's Rep 637; "In construing this policy and ascertaining the intention of the parties, we look at the whole policy and the term used in it for their plain, ordinary, and popular sense.……"; Lawrence v. Aberdein(1821) 5 B & Ald 107; Scottish Metropolitan Assurance Co. Ltd. v. Stewert(1923) 15 L1L Rep 55; Stolos Compansia SA v. Ajax Insurance Co. Ltd. (1981) 1 Lloyd's Rep. 9.

39) Brough v. Whitmore(1791) 4 Term Rep. 206; Tierney v. Etherington(1743) 1 Burr 343.

라. 동종제한의 원칙

Lloyd's S.G. Policy의 위험약관(Perils Clause)에는 본 증권으로 담보하는 위험을 열거한 뒤 "……and all other perils(기타 일체의 위험)……"과 같은 문언이 연결되고 있다. 이 경우 "all other peril"는 앞에서 열거한 위험과 다른 기타의 모든 위험을 말하는 것이 아니라 앞에서 열거한 위험과 동종의 모든 위험 가운데 문언으로 표시하기 곤란하거나 열거에서 빠진 모든 위험을 가리키는 것으로 해석되어야 한다.[40] 이러한 원칙을 '동종제한의 원칙(Principle of Adjusdem Generis)'이라고 한다.[41]

마. 문서작성자 불이익의 원칙

보험계약은 보험자가 보험증권을 일방적으로 작성하여 서명·교부함으로 성립되는 부합계약이기 때문에 보험증권상의 약관이나 문언이 애매한 경우는 작성자에게 불리하게 해석해야 한다는 원칙을 '문서 작성자 불이익의 원칙(Contra Proferentem)'이라고 한다.[42]

보험계약자가 작성한 청약서(slip)상에 애매한 문언이 있었다면 부실고지(misrepresentation) 책임을 보험계약자가 져야 한다.[43]

40) RCP 제12조; The term "all other perils" includes only perils similar in kind to the perils specifically mentioned in the policy.

41) E. R. Hardy Ivamy, op. cit., pp. 376~379.

42) Blackett v. Royal Exchange Assurance Co.(1832) 2 Cr & J 244; Lawrence v. Aberdein(1821) 5 B & Ald 107; Palmer v. Warren Insurance Co. (1840) 1 Story 360; A/S Ocean v. Black Sea and Baltic General Insurance Co. Ltd. (1935) 51 L1L Rep 305; Capital Coastal Shipping Corpn and Bulk Towing Corpn v. Hart ford Fire Insurance Co.(1975) 2 Lloyd's Rep. 100; Eagle Leasing Corp. v. Hartford Fire Ins. Co. (1978) A.M.C. 604(東京海上火災保險(株), 海上保險論(米國の理論と實際), 成山堂書店, 1981, pp. 78~79).

43) MIA 제20조 제1항; 계약이 교섭중이고 또 그 계약이 체결되기 전에 피보험자 또는 그 대리인이 보험자에게 행한 일체의 중요한 표시는 진실해야 하며, 만약 그것이 부실한 경우 보험자는 계약을 취소할 수 있다(Every material representation made by the assured or his agent to the insurer during the negotiation for the contract, and before the

바. 합리적 해석의 원칙

보험증권의 해석은 계약당사자 가운데 일방에게 부당한 부담이 될 만큼 불합리한 결과를 가져와서는 안 된다.[44] 합리적 해석은 보험증권 전체를 기준해야지 특정용어나 그 용어의 기술적 해석에 국한해서는 안 된다.[45]

3 우리나라 상법

보험과 관련된 국내법규로는 상법, 보험업법 등이 있으며, 보험사업의 공공성 및 국민경제에 미치는 영향이 큰 관계로 금융감독원에서 관리 감독하고 있다.

상법[46]은 상거래와 기업의 법률관계를 규율하는 법으로서 민법에 대해서는 특별법이다. 상법은 제1편 상법총칙, 제2편 상행위법, 제3편 회사법, 제4편 보험법, 제5편 해상법, 제6편 항공운송법으로 구성되어 있다. 해상보험과 관련해서는 제4편 제1장 통칙과 제2장 손해보험이 관련이 있다. 아울러 제5편 해상편 제3장 해상위험 부분도 관련된다.

---

contract is concluded, must be true. If it be untrue the insurer may avoid the contract).

44) Gairdner v. Senhouse(1810) 3 Taunt 16, 22; RCP 제6조. "In the absence of any further license or usage, the liberty to touch and stay "at any port or place whatsoever" does not authorize the ship to depart from the course of her voyage from the port of departure to the port of destination."

45) Tatham, Bromage & Co. v. Burr(1898) AC 382 at 386.

46) 제정: 법률 제1000호, 1962.1.20., 시행: 1963.1.1.

∥ 상법상 해상보험 관련 조항 ∥

편	장-절		내용	조항
4편	1장		통칙	638조~664조
	2장		손해보험	
		1절	통칙	665조~682조
		2절	화재보험	683조~687조
		3절	운송보험	688조~692조
		4절	해상보험	693조~718조
		5절	책임보험	719조~726조
		6절	자동차보험	726조의2~726조의4
		7절	보증보험	726조의5~726조의7
5편	3장	1절	공동해손	865조~875조
		2절	선박충돌	876조~881조
		3절	해난구조	882조~895조

참조 p.313
구증권 제18조
준거법약관

p.344
신증권 제1조
준거법약관

해상보험도 계약자유의 원칙에 따라서 당사자 간의 보험계약[47]의 증빙인 해상보험증권에 따라 해석된다. 해상보험증권에 영국의 법과 관습에 따른다는 약관이 규정되어 있어 해상보험에 관해서는 영국의 MIA가 준거법으로 사용된다.

해상보험에서 영국법과 관습은 보험자와 피보험자의 법률관계인 계약내용으로 해상보험증권상 약관내용이 적용되며, 우리나라에서의 보험사업에 대하여는 우리나라 상법과 보험법이 적용된다. 아울러 국제운송이 아닌 연안운송 등 우리나라 영해에서 발생하는 사안들은 우리나라 상법이 적용될 수 있다.

47) 보험계약은 당사자 일방이 약정한 보험료를 지급하고, 상대방이 재산 또는 생명이나 신체에 불확정한 사고가 발생한 경우에 상대방이 일정한 보험금이나 그밖에 급여를 지급할 것을 약정함으로써 효력이 생긴다(상법 제638조 보험계약의 의의).

2 무역상무와 해상보험

제1절 무역계약과 해상보험

1 FOB조건과 해상보험

FOB조건에서 위험부담의 분기점이 본선 적재 시이므로 그 이전에는 매도인이, 그 이후는 매수인이 위험을 부담한다. 따라서 매도인은 본선 적재 이전의 위험을 부보하고, 매수인은 본선적재 이후의 위험을 부보하여야 한다. 이를 위하여 매도인은 물품을 본선인도 후 이를 매수인에게 통지할 의무가 있다.[1)]

FOB조건에서 매수인은 전적으로 자신의 자유의사에 따라 보험계약을 체결한다. 즉, 담보조건, 보험금액, 보험기간 등을 자유로 결정할 수 있다. 그러나 FOB조건에서 부보시 문제가 되는 것이 매수인의 보험기간이다. 즉, 매수인의 위험부담시기와 보험의 개시시기가 일치하여야 위험의 공백이 발생하지 않는다. Incoterms(2010)에는 매수인의 위험부담이 "물품이 본선에 적재된 때에 이전한다."(when the goods are on board the vessel)라고 규정하고 있다. 그리고 '개정미국외국무역정의'[2)](Revised American Foreign Trade Definitions, 1990)도 '물품

1) Incoterms(2020) FOB, 위험이전(A3, B3), 보험(A5, B5)

2) Revised American Foreign Trade Definitions(1990) · -E FOB, Vessel 매수인의 의무 제5항; 미국통일상법전(Uniform Commercial Code 1953)§2-319(1)(a)에는 매도인이 "물품을 운송인의 점유 하에 놓는데 따른 위험"(the risk of putting them into the possession of the carrier)을 부담한다고 규정하고 있다.

이 실제로 본선에 적재된 후에'(after goods have been loaded on board the vessel)로 표시되어 있다.

구증권의 본문약관에는 '적재로부터'(from the loading thereof) 보험자의 책임이 개시된다고 규정하고 있다. 'from the loading thereof'의 의미는 물품이 실제로 본선의 창 내 또는 갑판에 적재되는 것을 의미한다.[3)]

Incoterms상의 매수인의 보험부보 시점과 보험증권상의 보험자의 책임이 개시되는 시점이 불일치하여 매수인의 부담에 공백이 생기기 때문에 이를 메우기 위하여 FOB Attachment Clause[4)]를 사용하고 있으나, 우리나라에서는 이러한 약관을 이용하지 않고 손해가 발생하더라도 보험자가 이를 sling loss로 인정하여 확장담보하고 있다.

FOB조건에서 매수인은 매도인으로부터 선적통지를 받고 부보할 경우 이미 선박은 출항한 후이다. 이 경우에는 소급약관(Lost or not Lost)이나 ICC 제11조 피보험이익약관(Insurable Interest Clause)에 의해서 선적시점으로 소급하여 담보된다. 단 보험계약 체결 시에 손해가 이미 발생한 사실을 알고 있었을 경우에는 보험계약이 무효로 된다. 이러한 무보험상태를 회피하기 위하여 매매계약 체결 후 즉시 예정보

3) **보험증권해석규칙(RCP** : Rules for Construction of Policy) 제4조: Where goods or other moveables are insured "from the loading thereof", the risk does not attach untill such goods or moveables are actually on board, and the insurer is not liable for them while in transit from the shore to the ship.

4) Notwithstanding anything contained herein to the contrary, the risks covered here-under shall not attach to the interest hereby insured prior to being on board the overseas vessel at the port of shipment, In case, however, the assured have to bear the risks of the interest hereby insured, under their FOB or CFR contract with the shipper, from the time it has effectively passed the rail of the overseas vessel at the port of shipment, the risks covered hereunder shall attach from that time.

험에 부보하고 예정보험증권(provisional policy)을 입수해 두었다가 매도인으로부터 확정통지(definite declaration)를 받고 확정보험증권(definite policy)을 입수하면 된다.

참조 p.323 구ICC 제1조 운송약관

p.397 신ICC 제8조 운송약관

구증권에는 ICC(A/R), ICC(WA) 또는 ICC(FPA)를 특약으로 첨부하여 사용하고 있고 이들 약관의 제1조가 운송약관(Transit Clause)이며, 신증권은 ICC(A), (B) 또는 (C)의 제8조가 운송약관이다. 운송약관에 의하여 과거의 "from loading…… to safely landing"의 보험구간이 "from seller's warehouse to buyer's warehouse"로 확장되었다.

FOB조건의 경우 매도인의 창고로부터 선적항의 본선 적재 시까지는 매도인이 피보험이익을 갖고 있기 때문에 매수인이 부보하는 보험으로는 담보될 수 없다. 따라서 비록 운송약관이 있다고 해도 매수인이 부보하는 위험으로는 본선 적재시부터 매수인의 창고까지 담보가 가능할 뿐이다. 그러나 최종 하역항구에서 하역 후 60일이 넘도록 매수인의 창고에 입고되지 않으면 보험효력이 종료된다.

우리나라는 수입화물의 경우 30일로 제한하는 30일 운송약관[5]을 사용하고 있다. 이러한 30일 약관을 원래대로 60일로 연장하고자 할 경우에는 "Risk After Discharge Clause"[6]로 특약 담보하여야 한다. 보험

5) Notwithstanding the paragraph(c) in Transit Clause herein, this insurance shall terminate as at the expiry of 30 days from the delivery of the goods hereby insured to the transit warehouse or similar place or storage for purpose of custom clearance, provided the goods are still in ordinary course of transit; but it shall otherwise terminate on delivery to the Consignee's own warehouse bonded or not bonded.

6) Risk After Discharge Clause; Notwithstanding anything to the contrary contained herein, it is understood and agreed that this insurance(excepting coverage against War Risk) shall continue, while the goods remain in transit, until the goods are delivered at the port of destination named in the policy or until the expiry of 60 days counting from midnight of the day in which the discharge of the overseas vessel is completed, whichever shall first occur. And further agreed that this policy, also cover

증권상에 부산에서 Los Angeles까지 부보하면 L.A.의 매수인의 창고까지 담보하지만, L.A.에서 N.Y.까지 추가담보하기 위해서는 내륙운송확장담보(Inland Transit Extention)[7]특약으로 추가보험료를 부담하여야 한다.

FOB조건에서 선적 후 매수인이 파산 등을 이유로 서류를 수리하지 않는 경우가 있다. 이러한 경우에 물품에 대한 권리와 위험부담 책임이 다시 매도인에게 복귀하게 되고, 이때 매도인이 물품에 대하여 갖는 이해관계는 불확정이익(contingent interest)이다. 이러한 불확정이익은 부보가능하며, FOB조건뿐만 아니라 CFR조건에도 마찬가지이다.[8]

일반적인 불확정이익약관은 다음과 같다.

> **Contingency Insurance Clause**
>
> "The goods described in this policy are insured subject to the conditions of this policy against the risks specified, but this insurance covers seller's interest only.
>
> Claims in respect of loss of or damage to the goods shall be payable hereunder only if and to the extent that the buyer fails to pay for such lost or damaged goods.
>
> This company to be subrogated to the Assured's rights against buyer as well as other parties.

---

the storage of goods in transit for aforementioned delivery within the expiry of the aforementioned 60 days.

7) Inland Transit Extention Clause; Notwithstanding this marine policy stipulation, this cover only apply to the loss of or damage directly caused by the conveyance being derailed, overturned, fallen, burnt, sunk, stranded, grounded or in collision with other substantial objects during transit at sea and/or along the river and/or in land, and also the loss or damage which reasonably be attributed to fire and explosion.

8) R. J. Lambeth, Templeman on Marine Insurance, Pitman 16th ed., 1986, p. 118; MIA 제7조 제1항 "A defeasible interest is insurable, as also is a contingent interest."

Any assignment of this policy or of any interest or claim hereunder shall discharge this company from all liability whatsoever."

(보험증권상에 명시된 물품은 명기된 위험에 대하여 보험증권의 조건에 따라 부보되나 매도인의 피보험이익만 담보한다. 물품의 손해는 매수인이 대금을 지급하지 않을 경우에 또는 지급되지 않은 금액을 한도로 하여 보상된다. 보험자는 매수인 및 제3자에 대하여 피보험자의 권리를 대위한다. 본 증권 또는 이 증권에 의하여 담보된 이익 또는 청구권의 양도는 보험자로 하여금 일체의 책임을 면제시킨다.)

2 CIF조건과 해상보험

CIF조건에서는 매도인이 매수인을 위하여 보험계약을 체결하고 보험료를 지급한 후 매수인에게 보험서류를 제공할 의무를 갖는다. 자기 자신이 부담할 위험을 자신이 부보할 경우에는 어떤 조건으로 부보하든 자유이지만, 매수인이 부담할 위험을 매도인이 부보할 경우에는 나중에 보험 분쟁이 발생할 가능성이 있으므로 CIF조건으로 무역을 할 경우에는 부보에 관하여 구체적으로 약정하는 것이 바람직하다.

매매계약에서 부보조건이 약정되어 있지 않을 경우에는 관습에 따라야 하며, Incoterms(2010)에는 다음과 같이 매도인의 부보의무를 규정하고 있다.

① 보험은 매수인 또는 기타 피보험이익을 갖는 자가 보험자에게 직접적으로 손해보상을 청구할 수 있는 적하보험이어야 한다. CIF조건에서는 비록 매도인이 부보하지만 해상보험증권을 배서 양도함으로써 매수인이 그 증서를 양도받아 자신이 피보험자로 보험자에게 직접 보상 청구할 수 있다.

② 매도인은 보험계약을 공신력 있는 보험업자(underwriter) 또는 보험회사와 체결하여야 한다.

③ 보험약관은 별도의 약정이 없는 한 런던보험자협회(The Institute of London Underwriters)가 제정한 협회적하약관(Institute Cargo Clauses : ICC) 가운데 담보범위가 가장 좁은 약관 또는 이와 유사한 약관을 선택하여야 한다. ICC 가운데 담보범위가 가장 좁은 것은 구약관 ICC(FPA)와 신약관 ICC(C)가 있다.

참조 p.330 구ICC 제5조 담보위험약관

ICC(FPA)는 전손(total loss), 공동해손(general average) 및 특정분손(specified particular average), 즉 하역작업중의 포장당전손과 선박의 SSBC(Sinking, Stranding, Burning and Collision)에 의한 화물의 손해 등을 담보한다.

참조 p.369 신ICC 제1조 담보위험

ICC(C)는 화재나 폭발, 본선이나 부선의 좌초, 교사(grounding), 침몰 또는 전복, 육상운송기관의 전복이나 탈선(derailment), 본선이나 부선 또는 운송용구와 물 이외의 다른 물체와의 충돌 또는 접촉, 피난항(port of distress)에서의 화물의 하역, 공동해손 희생손해 또는 투하 등으로 인한 피보험목적물의 손해를 담보한다. 그러나 만일 매수인의 요청과 매수인의 추가보험료의 부담을 조건으로 전쟁, 동맹파업, 폭동 및 소요담보약관으로 추가부보를 할 수 있다.

④ 보험기간은 선적항에서 물품이 본선에 적재한 때로부터 매수인이 목적항에서 물품을 수령할 때까지다. 다만, 매수인이 선적시기나 목적항을 결정할 권리를 갖고 있는 경우, 이에 대한 통지의무의 불이행으로 매도인의 물품인도 장애요인을 야기한 때에는 선적기

간의 종료일 이후의 추가위험부담의 기간도 보험기간에 포함되어야 한다.

⑤ 보험금액은 CIF가격의 110%, 즉 CIF가격에 10%의 희망이익을 가산한 금액으로 한다.

⑥ 보험계약의 표시통화는 매매계약과 같은 통화이어야 한다. CIF조건에서 매도인의 부보의무는 Incoterms 외에도 1932년의 Warsaw-Oxford Rules for CIF Contract 제12조[9] 등에 규정하고 있으나

9) Rule 12. Duties of the Seller as to Insurance

(i) It shall be the duty of the seller to procure at his own cost from an under-writer or insurance company of good repute a policy of marine insurance and Revised American Foreign Trade Definitions, 1990 evidencing a valid and subsisting contract, which shall be available for the benefit of the buyer, covering the goods during the while of the course of transit contemplated in the contract of sale, including customary transhipment, if any. Subject to the next suceeding paragraph and to any special provision in the contract of sale, the policy must afford the holder thereof complete and continuous contractual protection against all those risks that are by the usage of the particular trade or on the contemplated route insured against at the time of the shipment of the goods or their delivery into the custody of the carrier, as the case may be.

The seller shall not be bound to procure a policy covering war risks unless (1) special provision to this effect shall have been made in the contract of sale, or (b) the seller shall have received prior to the shipment of the goods or their delivery into the custody of the carrier, as the case may be, notice from the buyer to procure a policy covering such risks. Unless such special provision shall have been made in the contract of sale any additional cost of procuring a policy covering war risks shall be borne by the buyer.

(ii) Should the policy not be available when the documents are tendered an Certificate of Insurance issued by an underwriter or insurance company of goods repute in relation to a policy of insurance as above defined, which reproduces the essential terms and conditions of the policy in so far as they concern the goods mentioned in the bill(s) of lading and invoice(s) and conveys to the holder thereof all the rights under the policy shall be accepted by the buyer in lieu thereof, and shall be deemed to be proof of marine insurance and to represent a policy of insurance within the meaning of these Rules. In such event the seller shall be deemed to guarantee that he will on the demand of the buyer, and with all due dispatch, pro-

Incoterms의 내용과 비슷하다.

CIF조건에서 물품이 본선에 적재되기 전의 위험은 매도인이 부담하므로 이를 위하여 매도인이 별도의 부보를 한다면 이중의 절차가 되기 때문에 현실적으로는 매도인의 위험구간과 매수인의 위험구간을 포함하여 매도인의 명의로 부보하고 선적 후에는 배서 양도하는 방식을 택하고 있다. 이것은 만일 매수인이 화물운송 중에 매매계약을 파기하고 매도인이 물품운송을 중지해야 되는 경우 등 위험부담이 다시 매도인에게 귀속되는 경우에 대하여 편리하다고 할 수 있다.

3 FCA조건과 해상보험

FCA조건에서 매도인과 매수인 사이의 위험부담의 분기점은 지정된 장소에서 합의된 일자나 기간 내에 매수인이 지정했거나 매도인이 선택한 운송인이나 운송주선업자의 보관 하에 물품이 인도되는 시점이다.

운송인이란 철도, 도로, 해상, 항공, 내수로 또는 복합운송을 이행하는 실제운송인이나 이를 이행하기로 확약하는 계약운송인을 포함한다.

FCA조건에서는 주운송구간의 위험을 매수인이 부담하기 때문에 자신의 이익을 위하여 자신이 선택하는 보험조건으로 부보한다. 그리고

duce or procure the production of the policy referred to in the Certificate.

(iii) Unless it is the usage of the particular trade for the seller to tender to the buyer an insurance broker's cover note in lieu of a policy of insurance, such a cover note shall not be deemed to represent a policy of insurance within the meaning there Rules.

(iv) The value of the goods for insurance purposes shall be fixed in accordance with the usage of the particular trade, but in the absence of any such usage it shall be the invoice c.i.f. value of the goods to the buyer, less freight payable, if any, on arrival, and plus a marginal profit of 10 per cent of the said invoice c.i.f. value, after deduction of the amount of freight, if any, payable on arrival.

물품이 운송인의 보관 하에 인도되기까지의 위험은 매도인이 부담하기 때문에 매도인이 별도로 운송보험에 부보하여야 한다.

적하보험에 협회적하약관(Institute Cargo Clause)이 사용될 경우 제8조의 운송약관에 따라 매도인의 창고로부터 담보되지만, FCA조건에서 위험부담의 분기점이 운송인 인도 시이기 때문에 그때부터 매수인은 피보험이익을 갖게 된다. 그러나 보험자의 책임은 화물이 보험증권에 명시된 장소의 보관창고 또는 장치장에서 운송개시를 위하여 떠날 때부터 개시되기 때문에 매수인의 위험부담시점과 일치시키기 위하여 "Free Carrier Attachment Clause"[10)]를 사용할 수 있다.

FCA조건에서 복합운송이 이루어질 경우에 예상되는 문제점은, 육상과 해상을 연결하는 복합운송이나 육상과 항공을 연결하는 복합운송의 경우에는 단일증권과 단일약관이 사용된다. 즉, 육상과 해상을 연결하는 복합운송의 경우에는 해상운송용 보험증권과 협회적하약관을, 육상과 항공을 연결하는 복합운송의 경우에는 항공운송용 보험증권과 협회적하약관(항공)에 의하여 부보가 가능하다. 그러나 항공과 해상을 연결하는 복합운송의 경우와 육·해·공을 동시에 연결하는 복합운송의 경우에는 운송구간 내지 운송수단의 상이에 따라 다른 약관이 사용된다.

10) Notwithstanding anything contained herein to the contrary(excepting coverage against war risks), it is understood and agreed that this insurance shall not attach to the interest hereby insured to being delivered into the charge of or the custody of the carrier at the point or place named in the policy for the commencement of the transit.

4 CIP조건과 해상보험

CIP조건에서 위험부담의 분기점은 매도인이 물품을 운송인에게, '후속 운송인'(subsequent carrier)이 있는 경우에는 최초의 운송인(first carrier)에게 인도할 때이다. 위험부담이 이전되는 구체적인 장소는 철도역이나 육상운송의 화물터미널, 공항이나 선적항 또는 내수로 항구, CY, CFS, 운송인의 작업장 구내, 내륙 Depot 등이 될 수 있으며, 경우에 따라서는 철도 화차 내, 본선 내 또는 선박 내도 인도장소가 될 수 있다. Incoterns 2020에서 CIP의 부보범위가 최소(FPA · C)에서 최대(A/R, A)로 변경되었다.

CIP조건에서 매도인은 매수인을 위하여 최종목적지까지 해상적하보험이나 운송보험을 부보하고 보험료를 지급할 의무가 있다. 이 조건에서 매도인의 부보의무를 구체적으로 보면 다음과 같다.

① 매수인 또는 피보험이익을 갖는 자가 보험자에게 직접 보험금의 지급을 청구할 수 있는 적하보험이어야 한다. 매도인은 하나의 보험증권으로 물품의 인도장소까지는 자신의 위험을 담보하고 그 이후에는 이를 배서 양도함으로써 매수인의 이익을 담보한다.

② 보험계약은 공신력 있는 보험업자 또는 보험회사와 체결되어야 한다.

③ 보험은 해상보험 또는 운송보험 그 어느 것이든 상관없지만 보험약관은 담보범위가 최대인 약관을 원칙으로 한다. 해상보험의 경우에는 ICC(A/R) 또는 ICC(A)가 되겠지만 철도운송이나 항공운송, 육로운송 또는 복합운송의 경우에는 통일된 보험약관이 없으므로 부보시마다 최대담보약관을 설정하거나 보험자들이 정형화하여(packed) 사용하는 운송보험약관 가운데 담보범위가 가장

넓은 것을 선택하면 된다.

④ 보험기간은 물품이 운송인의 보관 하에 인도된 시점부터 지정된 목적지에서 매수인이 물품을 수령할 때까지이다.

⑤ 보험금액은 CIP금액에서 10%의 희망이익을 가산한 금액으로 한다.

⑥ 보험계약시 표시통화는 매매계약의 통화와 동일한 것으로 한다. 만약 통화가 다를 경우에는 환율변동 등으로 CIP금액의 110%를 보상한다고 해도 실손보상이 되지 않을 경우가 생기게 된다.

⑦ 매수인이 요구한 경우에 한하여 매수인이 추가보험료부담을 조건으로 전쟁, 동맹파업, 소요, 폭동담보책임을 진다. 그리고 매수인은 매도인이 요청할 경우 부보에 필요한 정보를 매도인에게 제공해야 한다.

CIP조건도 CIF조건과 같이 매수인이 부담할 위험을 매도인이 부보하기 때문에 나중에 보험 분쟁이 발생할 소지가 있다. 따라서 매매당사자는 CIP조건으로 매매계약을 체결할 경우에는 보험에 관한 별도의 약정이 필요하다.

제2절 무역결제와 해상보험

1 신용장과 보험서류

가. 보험서류의 의의

보험서류(insurance document)가 모든 신용장거래에서 필요한 것이 아니고 특약이 있는 경우나, 그렇지 않으면 CIF나 CIP계약에서만 매도인이 매수인에게 제공하는 서류이다.

FOB나 FCA계약에서는 매수인이 부담하는 위험을 자신이 원하는 방법대로 부보하면 되지만, CIF조건에서는 매수인이 부담할 위험을 매도인이 부보하고 보험서류를 발급받아 운송서류 등과 함께 은행에 화환취결을 거쳐 매수인에게 보낸다. 따라서 CIF조건에서 보험서류는 그 중요성이 매우 크다고 할 수 있다. 보험계약자와 피보험자가 다르기 때문에 추후에 보험에 관한 분쟁이 생길 가능성이 크므로 CIF계약에서 매도인이 제공할 보험서류의 내용에 관하여 매매계약에 약정하고, 그 내용을 신용장에 명기하여야 한다. 그렇지 않으면 매도인이 Incoterms(2020)의 규정에 따라 최저담보조건인 ICC(C)나 ICC(FPA)로 부보하고, 이 조건으로 매수인이 사고 후 보상받지 못하더라도 항변할 권리가 없다. 참고로 CIP계약에서는 최대담보조건인 ICC(A)나 ICC(A/R)로 부보한다.

CIF계약은 서류거래이기 때문에 보험서류는 매도인이 제공하는 서류의 일부를 구성한다. 따라서 매수인은 주문한 물품이 도착항에 무사히 도착하더라도 부보되지 않은 물품의 수리를 거절할 자격이 있다.[11] 즉, CIF계약에서 매도인의 인도의무는 물품을 본선에 인도하고, 서류를 제공함으로써 이행되기 때문에 보험서류의 제공은 선하증권 및 상업송상과 함께 매도인이 제공할 주요서류이다. 특히 CIF 계약에 신용장이 첨부되면 이들 서류는 매도인이 물품을 선적하고 화환취결을 할 때 담보물권으로서 질권기능을 가진다.

나. 보험서류의 주요 내용

신용장에서 요구하는 보험서류는 통상 세 가지 내용을 명확하게 규정하여야 한다.

첫째, 보험증권의 종류이다. 통상 신용장에는 보험증권(Insurance Policy)이나 보험증명서(Certificate of Insurance)를 요구한다. 여기서 보험증명서는 포괄예정보험(Open Cover)이 체결되어 있는 경우 개개의 화물에 대하여 확정통지(definite declaration) 후 보험증명서가 발행된다. 이것은 두 부문으로 구성되는데, 한 부문에는 포괄예정보험의 조건을 명기하고 다른 부문에는 물품의 금액, 항해, 하인, 수량 및 기타 내용 등 물품의 확정내용을 포함하고 있다.

보험증명서는 보험중개인이나 피보험자 자신에 의하여 서명되지만, 그 소지인은 이 증명서의 조건대로 보험증권의 발행을 요구할 수 있고 손해에 대하여 보상청구를 할 수 있다. 과거의 판례는 별도의 합의나 관습이 없는 한 영법에 따라 보험증권 대신 보험증명서의 수리가 인정되지 않았으나 현재는 보험증명서가 보험증권 대신 사용되고 있다.[12)]

둘째는 담보조건이다. 어떤 조건으로 부보할 것인지를 약정하고,

11) Orient Company Ltd. v. Brekke & Howlid(1913) 1 K.B. 531; Diamond Alkali Export Corp. v. F1. Bourgeois(1921) 3 K.B. 443; Koskas v. Standard Marine Insurance Co. Ltd. (1927) 32 Com. Cas. 160.

12) C. M. Schmitthoff, Export Trade, 9th edition, 1990, p. 501.

신용장에 명시하는 것이 좋다. 담보조건에 관해서는 구증권에 첨부하여 사용해 온 ICC(A/R), ICC(WA), ICC(FPA) 등과 Institute War and Strike Clauses 등의 특약과, 신증권에 첨부되어 사용하고 있는 ICC(A), ICC(B) 혹은 ICC(C) 가운데 하나와 Institute war Clauses (Cargo) 및 Institute Strikes Clause(Cargo) 등의 특약과 필요한 경우 사용하는 여러 가지 부가약관이 있다.

셋째는 보험금액이다. 적하보험에서 보험금액은 일반적으로 상업송장가액, 즉 CIF금액에 10%의 희망이익(expected profit)을 가산한 금액이다. FOB나 CFR조건으로 수입할 경우에도 수입상이 부보할 때 이들 가격을 기초로 CIF가액을 산출하여 부보하는 것이 좋다.

보험증권에 명시규정이나 평가액이 있는 경우를 제외하고 화물에 관한 보험금액은 원가에 선적비용과 선적에 부수되는 비용 및 이상의 전체에 대한 보험비용을 가산한 금액이다.[13] 그리고 희망이익 등 기타의 피보험목적물에 관한 보험금액은 보험계약이 개시할 때의 피보험자의 위험에 속하는 금액에 보험비용을 가산한 금액이다.[14]

기평가보험증권(valued policy)에 의해 계약이 체결되는데 화물에 관한 소유이익에 희망이익을 포함하여, 즉 CIF의 송장가액(CIF invoice value)과 희망이익에 관하여 협정한 비율(보통 10~30%)만큼을 합산한 금액을 협정보험가액(보험금액)으로 하고 있다.[15] 그러나 미평가보험증권(unvalued policy)에는 매수인의 희망이익이 보험가액에 포함될 수 없다.

13) MIA 제16조 제3항.
14) MIA 제16조 제4항.
15) 이재복, 적하보험에 있어서의 손해보상범위의 확장에 관한 소고, 보험학회지 제37집.

2 신용장통일규칙과 보험서류

CIF나 CIP조건에 신용장을 첨부하여 거래할 경우 매도인이 제공하는 보험서류는 신용장통일규칙(Uniform Customs and Practice for Documentary Credits, 2007)의 제28조 보험서류에 관한 조건을 충족해야 한다.

가. 보험서류

신용장통일규칙 제28조 (a)~(f)에는 다음과 같이 보험서류에 관하여 규정하고 있다.

Article 28 Insurance Document and Coverage

a. An insurance document, such as an insurance policy, an insurance certificate or a declaration under an open cover, must appear to be issued and signed by an insurance company, an underwriter or their agents or their proxies.

Any signature by an agent or proxy must indicate whether the agent or proxy has signed for or on behalf of the insurance company or underwriter.

b. When the insurance document indicates that it has been issued in more than one original, all originals must be presented.

c. Cover notes will not be accepted.

d. An insurance policy is acceptable in lieu of an insurance certificate or a declaration under an open cover.

e. The date of the insurance document must be no later than the date of shipment, unless it appears from the insurance document that the cover is effective from a date not later than the date of shipment.

f. i. The insurance document must indicate the amount of insurance coverage and be in the same currency as the credit.

ii. A requirement in the credit for insurance coverage to be for a percentage of the value of the goods, of the invoice value or similar is deemed to be the minimum amount of coverage required.

If there is no indication in the credit of the insurance coverage required, the amount of insurance coverage must be at least 110% of the CIF or CIP value of the goods.

When the CIF or CIP value cannot be determined from the documents, the amount of insurance coverage must be calculated on the basis of the amount for which honour or negotiation is requested or the gross value of the goods as shown on the invoice, whichever is greater.

iii. The insurance document must indicate that risks are covered at least between the place of taking in charge or shipment and the place of discharge or final destination as stated in the credit.

제28조 보험서류와 부보범위

a. 보험증권이나 포괄보험상의 보험증명서나 확정통지서와 같은 보험서류는 보험회사나 보험업자 또는 그의 대리인이나 수탁인(proxy)에 의하여 발행되고 서명된 것으로 보여야 한다.

대리인이나 수탁인에 의한 서명은 그 대리인이나 수탁인이 보험회사를 대리하여 서명하였는지 또는 보험업자를 대리하여 서명하였는지를 표시하여야 한다.

b. 보험서류에서 그 보험서류의 원본이 2통 이상으로 발행되었다고 표시된 경우에, 모든 원본 서류가 제시되어야 한다.

c. 부보각서(cover notes)는 수리되지 아니한다.

d. 보험증권은 포괄보험상의 보험증명서나 확정통지서를 대신하여 수리가능하다.

e. 보험서류의 일자는 선적일보다 늦어서는 아니 된다. 다만 보험서류에서 보험이 늦어도 선적일부터 발효한다고 나타나는 경우에는 그러하지 아니하다.

f. i. 보험서류는 부보금액을 표시하여야 하고 신용장과 동일한 통화로 표시되어야 한다.

ii. 신용장에서 부보금액이 물품의 가액, 송장가액 또는 그와 유사한 가액에 대한 백분율로 표시되도록 요구하는 경우에, 이는 부보금액의 최소한도를 요구하는 것으로 본다. 요구되는 부보금액에 대하여 신용장에 명시가 없는 경우에, 부보금액은 물품의 CIF 또는 CIP 가액의 최소한 110%가 되어야 한다. 서류로부터 CIF 또는 CIP 가액을 결정할 수 없는 경우에, 부보금액은 결제청구금액이나 매입 청구금액 또는 송장에 나타나는 물품의 총가액 중에서 가장 큰 금액을 기준으로 산출되어야 한다.

iii. 보험서류는 최소한 신용장에 명시된 수탁지 또는 선적지로부터 양륙지 또는 최종목적지까지의 위험이 부보된 것으로 표시되어야 한다.

수출상이 CIF계약에 따라 물품을 선적하고 은행을 통하여 수출대금을 수령하기 위해서는 서류 중에 보험서류가 있어야 한다. 보험서류라 함은 보험증권(insurance policy)이나 보험증명서(certificate of insurance)를 의미하며, 전자의 경우는 임의보험계약(facultative contract)의 경우에 발행된 것이며, 후자는 예정보험계약(open contract)에서 발행된다.

예정보험계약은 다시 개별예정보험(provisional insurance)과 포괄예정보험(open cover)으로 나누어지고, 전자의 경우에는 선박미상보험증권(floating policy)과 금액미상보험증권(unvalued policy)이 발행되고 후자의 경우에는 포괄예정보험증권(open policy)이 발행된다. 포괄예정보험증권의 경우 확정통지 후 개별 화물에 대하여 보험증명서(certificate of insurance)가 발행된다.

Open Cover는 물품의 양이나 가액에 관계없이 일정기간을 약정하고, 보험자가 그 기간 중 피보험자의 모든 화물에 대하여 자동 부담하는 방식으로 그 기간이 제한될 수도 있고 그렇지 않을 수도 있다. 그렇지만 Floating Policy는 통상 12개월까지로 제한된다. 이러한 Open Cover의 경우 개개의 화물이 적하보험에 부보되어 있음을 증명하는 보험증명서가 발행된다.

Open Policy는 경쟁적인 무역업계와 복합운송체제에서 피보험자의 활동을 촉진하고 피보험자의 요구가 우선이라는 보험자의 인식의 결과로 출현한 포괄예정보험증권으로 계약당사자의 해약통지가 없는 한 담보기간이 무기한이다.[16)]

(1) 신용장상에 명시된 서류

신용장상의 보험서류에 관한 일반적인 명시방법은 ① Insurance Policy, ② Certificate of Insurance, ③ Insurance Policy or Certificate 등이다. ①과 ②의 경우에는 반드시 명시된 대로 제시해야 하나, ③의 경우에는 Insurance Policy나 Certificate of Insurance 가운데 어느 것이나 가능하다.

신용장상에 Insurance Policy를 요구하고 있을 경우에는 비록 매도인이 포괄예정보험계약을 체결했을 경우에도 보험증명서가 아닌 확정보험증권을 발급받아야 한다.

수입상이 FOB나 CFR조건으로 수입할 경우 수입지의 보험회사와 포괄예정보험계약을 체결하고 수출상이 선적후 선적내용을 보험회사의 수출지 대리점에 확정통지를 하는 서류를 포괄예정보험 하의 확정통지서(declaration under open policy)라 한다. 이러한 통지를 받은 보험자가 그 취지를 확인하기 위하여 발행하는 것이 확정통지서이다.

만약 신용장상에 "Insurance Documents"라든가 "Insurance to effected by the shipper"라고만 되어 있을 경우에는 본 항의 규정에 따른 구체적 지시가 아니기 때문에 그것은 불명료 또는 불완전한 지시가 된다. 따라서 개설은행은 이러한 불명료한 지시가 없도록 해야 한다.

---

16) R. H. Brown, Dictionary of Marine Insurance Terms and Clauses, 5th ed., Witherby & Co., Ltd., 1989, p. 9.

(2) 발행자 등의 한정

제28조 (a)항에는 보험서류가 보험회사, 그 대리인 또는 수탁인(proxy)에 의하여 발행되고 또는 서명되어야 하는 형식을 갖도록 규정하고 있다.

"issued and signed"라고 한 것은 보험증권을 발행하는 각국에서 발행인에 의하여 서명될 것을 요구하는 조항으로, 증권의 발행자는 우리나라와 같이 보험회사나 영국의 Lloyd's Underwriters와 같은 개인보험업 그리고 이러한 보험회사가 개인보험업자의 대리인이 발행 및 서명한 것이어야 한다. 따라서 보험업자의 대리인이 아닌 중개인이 발행한 보험승인상은 수리할 수 없다.

(3) 원본전통

제28조 (b)항에 보험서류의 원본 전통의 제시를 규정한 것은 어떤 국가에서는 1통 이상의 원본이 발행되는 관습이 있기 때문에 이를 수용하기 위한 것이다.

(4) 보험 각서

보험서류 가운데 보험중개인이 피보험자 앞으로 발행하는 보험각서(Cover Note)는 영미 및 구주대륙의 보험시장에서 사용되고 있는 보험 승인장이다.

이 승인장은 보험중개인이 보험자 없이도 발행할 수 있으며, 이것만으로는 피보험자가 보험자에게 직접 손해보상청구를 할 수 없고 손해보상청구를 하기 위해서는 보험중개인의 힘을 빌려야 하기 때문에 중개인에 대한 권리를 갖는 것으로는 불충분한 서류이다.

제28조 (c)항은 Cover Note를 원칙적으로는 수리하지 않는 것으로 하고 수리되기 위해서는 신용장상에 별도의 명시를 하도록 규정

하고 있다.

중개인의 Cover Note는 그들의 고객인 피보험자에게 보내는 통지서이며, 보험계약이 성립되었음을 알려주는 것이다. 개설은행의 입장에서 보면 보험자에게 직접 보상청구권이 주어지지 않는 보험 승인장을 수리하지 않으려고 하는 것은 당연하다고 할 수 있다.

(5) 부보 기산일자

선적선하증권의 경우는 B/L의 발행일자가, 수취선하증권의 경우에는 on board notation 일자가 적재일이 되며, 항공화물운송장(air waybill) 등은 서류의 일자 또는 부기된 일자가 발송일이 되고, 복합운송증권의 경우는 서류의 일자가 수탁일로 간주된다.

적재일, 발송일, 수탁일이 보험서류의 일자보다 늦은 경우에 별도의 명시가 없는 한 은행은 이를 거절하도록 규정하고 있다. 그 이유는 보험서류의 일자가 운송서류의 일자보다 늦으면 보험회사가 손해를 보상하지 않을 보험공백이 발생할 우려가 있고, 매수인, 개설은행 및 매입은행이 손해를 입을 가능성이 있기 때문이다.

구증권 Lloyd's S.G. Form에 "lost or not lost"란 소급약관이 있는데, 이것은 보험계약 전에 손해가 발생하더라도 피보험자가 알고 있고 보험자가 알고 있지 않는 경우를 제외하고는 소급해서 담보하는 약관이다.

신증권 협회적하약관 제11조 피보험이익약관[17](Insurable Interest

17) 11.2; Subject to 11.1 above, the Assured shall be entitle to recover for insured loss occurring during the period covered by this insurance notwithstanding that the loss occurred before the contract of insurance was concluded, unless the Assured

Clause)에 소급약관이 규정되어 있다. 보험증권에 이러한 약관을 관행적으로 사용하고 있는 나라에서는 보험증권의 발행일은 별의미가 없다고 보아야 한다.

협회적하약관 제8조 운송약관은 매도인의 창고로부터 매수인의 창고까지 담보하지만, 이것은 Space(공간) 문제일 뿐 Time(시간) 문제는 아니다. 그러나 소급약관과 운송약관이 첨부되어 있을 경우에는 부보일자와는 관계없이 소급하여 보험효력을 발생시키기 때문에 보험서류로서 입증성이 있다.

문제는 이러한 소급약관이나 피보험이익약관이 전 세계적으로 인정되지 않는다는 것과 은행이 보험증권에서 이러한 약관을 조사할 의무가 있느냐 하는 점이다. 특히 보험서류의 하나인 보험증명서나 포괄예정보험증권 등에는 소급약관이 없는 경우가 많으므로 유의해야 한다.

(6) 보험서류와 신용장의 표시통화 일치

신용장에서 보험서류를 요구하고 있을 때에 보험서류에 표시해야 할 통화는 신용장상 통화와 같아야 한다(제28조 f항). 본 항의 취지는 개설은행 및 매수인인 개설의뢰인의 이익을 보호하기 위한 것으로, 환율변동에 의한 위험을 회피할 수 있도록 신용장의 표시통화와 같은 통화로 부보하도록 한 것이다.

실손보상을 원칙으로 하고 있는 해상보험에서 보험계약의 통화와 신용장의 통화가 다를 경우에는 양통화의 환율변동에 따라 실손보상이 되지 않거나 실손을 초과한 보상이 될 가능성이 있다.

---

were aware of the loss and the Underwriters were not.

(7) 최저부보금액

보험서류에는 사고발생 시에 보험자가 보상해야 할 금액의 한도액인 보험금액(insured amount)을 표시해야 한다. 보험서류를 정당한 증권으로 인정하려면 보험금액을 어느 정도로 할 것인가를 결정해야 한다.

부보금액은 1974년 신용장통일규칙 제3차 개정에서는 CIF가격으로 한다고 규정하였으나,[18] 제4차 개정부터는 Incoterms(1980)와 일치시키려는 조치로 CIF나 CIP의 110%로 규정하여 희망이익을 인정하고 있다.[19]

희망이익은 화물의 매각을 통하여 얻을 것으로 기대되는 이익이기 때문에 피보험이익의 일종으로 인정된다. 희망이익보험은 그 자체를 별도로 부보해야 하나 통상 적하보험에 흡수시켜 부보하고 있다. CIF나 CIP가격을 결정할 수 없을 경우에는 매입 또는 인수가 요구되는 금액과 상업송장 금액중 큰 금액으로 한다. CIF조건에서 원산지증명서나 영사송장의 비용이 매수인 부담일 경우에는 송장상에 그 비용을 가산할 것이므로 송장금액과 매입이나 인수어음의 금액은 같은 것이 일반적이지만, 이 비용을 별도 청구하게 된다면 어음금액이 송장금액을 초과할 수도 있다.

CIF나 CIP가격을 결정할 수 없을 경우에는 매입 또는 인수가 요구되는 금액의 110%와 상업송장 금액의 110%중 큰 금액을 최저보험금액으로 규정하여, 사고발생시 송장금액의 100%만으로는 은행의 수수료나 금리 등을 지급하고 실손보상을 확보하기 어렵다고 판단되

18) 신용장통일규칙(1974) 제28조 제(b)항; The minimum amount for which insurance must be effected is the CIF value of the goods concerned….

19) Incoterms(2010) CIF., 매도인의 의무 제3항; The insurance shall cover, at a minimum, the price provided in the contract plus 10%(i.e. 110%) and shall be in the currency of the contract.

어 부보금액의 하한을 110%로 하고 있다.

나. 보험담보의 형태

신용장통일규칙 제28조 (g)항과 (j)항은 담보의 형태에 대하여 다음과 같이 규정하고 있다.

g. A credit should state the type of insurance required and, if any, the additional risks to be covered. An insurance document will be accepted without regard to any risks that are not covered if the credit uses imprecise terms such as "usual risks" or "customary risks".

j. An insurance document may indicate that the cover is subject to a franchise or excess (deductible).

g. 신용장에서는 요구되는 보험의 종류가 명시되어야 하고, 부보되어야 하는 추가위험이 있는 때에는 그것도 명시되어야 한다. 신용장에서 "통상의 위험" 또는 "관습적인 위험"과 같은 부정확한 용어가 사용된 경우에, 보험서류는 담보되지 않는 특정한 위험이 있는지를 묻지 아니하고 수리된다.

j. 보험서류는 부보범위가 소손해면책(franchise)이나 소율공제면책(excess (deductable))의 적용을 받는 것으로 표시될 수 있다.

(1) 담보종류 등의 명시와 부정확한 용어의 처리

적하보험에서 담보위험(risks covered)은 피보험자나 보험자가 가장 관심을 갖는 문제이다. 여기에 어떤 위험이 담보되어 보험자가 보상하느냐, 어떤 위험이 면책되느냐의 여부가 달려있기 때문이다. 따라서 매매당사자는 매매계약을 체결할 때 이를 분명히 해야 하고, 매수인은 신용장개설시 개설은행에 이를 '완전하고 명료하게'(complete and precise) 지시하여야 한다.

우선 신용장에 담보조건의 종류를 명확하게 표시하여야 한다. 즉, ICC(A), (B), (C)라든가 ICC(A/R), ICC(WA), ICC(FPA) 등과 같은 협회적하약관을 표시하는 것이 좋다. 상품의 종류나 수출입지의 상황에 따라 위의 담보조건으로 충분히 커버할 수 없을 때에는 추가담보조건을 명시할 수 있다.

예를 들면 Institute War Clauses나 Institute Strike Clauses 등이 있다. 또한 갑판적의 경우에는 FPA조건 외에 투하 및 갑판유실(Jettison & Washing Overboard)의 추가부보가 필요하며, 콩, 옥수수 같은 농산품은 FPA나 WA 외에 빗물 또는 담수손(Rain or Fresh-water Damage), 한유(Sweat), 발열(Heating)의 위험까지 담보할 필요가 있다.

신용장에 "usual risks"나 "customary risks"와 같은 명확한 범위를 나타내지 않고 있는 표현은 당사자 간에 오해의 소지가 있기 때문에 사용하지 말아야 하며, 만일 사용되었을 경우에는 은행의 구제규정을 설정하여 은행에 제시된 보험서류를 그대로 수리할 것을 규정하고 있다.

항공운송에 사용되는 약관은 "Institute Air Cargo Clauses(A/R)(excluding sending by Post)" 및 "Institute War Clauses(Air)(excluding sending by Post)"가 제정되어 사용되고 있다.

신용장에서 Air Way bill을 요구할 경우에는 "Institute Air Cargo Clauses (A/R)"로 하고 추가로 "Institute War Clauses(Air)"을 특약 담보할 수 있다. "Institute Air Cargo Clauses"에서 주의할 사항은 보험기간의 종기가 하역 후 30일로 "Institute Clauses"보다 30일이 단축되어 있다.

매도인이 제공하는 보험서류의 요건은 담보위험, 보험금액 및 담보구간이다. 신용장통일규칙에서 담보구간에 관하여 별도의 규정이 없다. 이것은 신용장거래에서 모든 서류 간에 모순이 없어야 하기 때문에 운송서류상의 구간이 위험서류에서 커버되어야 한다고 이해해야 한다.[20]

(2) 지시가 없는 경우의 담보조건

(b)항은 신용장에서 담보조건에 관한 지시가 없을 경우 은행은 그대로 수리하도록 규정하고 있다. 이것은 (a)항에 담보조건은 신용장에 명시하도록 규정했음에도 이를 지키지 않았기 때문에 이로 인하여 문제가 생기더라도 신용장개설 의뢰인인 매수인이 이로 인한 책임을 지도록 한 것이다. 이는 통지은행이 신용장을 접수한 시점에 신용장의 보험관련 문언이 타당한지 아닌지를 판단하는 것은 실행 불가능한 것으로 생각되기 때문이다.

(3) 소손해면책 및 공제비율

신용장에 의하여 발행된 보험서류에 franchise조항이나 excess조항이 있어도 은행은 이를 정당한 보험서류로 수리한다. 단, 신용장에 'WAIOP(면책비율부적용, irrespective of percentage)' 조건이 있는 경우는 예외이다.

Franchise[21]는 보험자가 담보위험에 의하여 생긴 손해가 일정한 비율에 달하지 않는 소손해는 보상하지 않는 것이다. 정해진 비율에 달하거나, 초과하면 모든 손해를 보상하는 것으로 non-deductible franchise라고도 한다. 통상적으로 WA 5% 등으로 표시한다.

---

20) Landauer & Co. v. Craver & Speeding Bros, (1912) 2 K.B. 94, 105.
21) franchise조항의 구체적 문언은 "subject to average(average payable) if amounting to 3%" 또는 "free from particular average unless amounting to 5% each 25 bales separately insured" 등으로 표시된다.

Excess[22]란 보험자가 담보위험에 의하여 생긴 손해가 일정한 비율을 초과하는 부분에 대해서만 보상하는 조건으로 이를 deductible franchise라고도 한다.

▌소손해공제 vs. 소손해면책▐

예시	Franchise 5% ($500)	Excess 5% ($500)
손해액 $300 (3%)	면책	공제액 미만
손해액 $500 (5%)	$500 보상	전액 공제
손해액 $700 (7%)	$700 보상	$200(공제차액) 보상

구증권에는 Memorandum Clause[23]가 인쇄되어 있다. 특약인 ICC(FPA)가 첨부되면 특약이 우선하기 때문에 FPA조건에 따라 선박의 좌초, 침몰, 화재의 경우를 제외하고 보험자는 분손을 담보하지 않는다.

ICC(A/R)의 경우는 면책비율이 적용됨이 없이 보험자가 보상한다. 따라서 A/R조건이 첨부되면 Memorandum Clause가 삭제되어야 하며, Memorandum Clause가 남아 있더라도 무효가 된다.

다. 전위험담보

신용장통일규칙 제28조 (h)항에는 전위험담보(against all risks)에 관하여 다음과 같이 규정하고 있다.

22) excess조항의 구체적인 문언은 "average payable in excess of 3%" 또는 "Warranted free from particular average under 10% which is deductible" 등으로 표시된다.

23) "Corn, Fish, Salt, Flour and Seed are warranted free from Average, unless General, or the Ship be stranded, sunk or burnt; Sugar, Tobacoo, Hemp, Flax, Hides and Skins are warranted free from Average under five three percent., unless General, or the Ship be stranded, sunk or burnt."

h. When a credit requires insurance against "all risks" and an insurance document is presented containing any "all risks" notation or clause, whether or not bearing the heading "all risks", the insurance document will be accepted without regard to any risks stated to be excluded.

h. "전위험(all risks)"에 대한 부보를 요구하는 신용장에서 "전위험(all risks)"이라는 표기나 약관을 포함하는 보험서류가 제시되는 경우에, 보험서류는 "전위험(all risks)"이라는 표제가 포함되는가에 관계없이, 또한 어떠한 위험이 제외된다고 기재하는가에 관계없이 수리된다.

신용장에 "all risks"의 담보조건이 명시되는 경우에 모든 위험을 담보하도록 부보하라는 뜻인지 ICC(A/R)로 부보하라는 뜻인지 확실하지 않고 이에 대하여 국가와 보험자에 따라 그 해석이 달라질 수 있다.

은행으로서는 이러한 문언은 해석하기 곤란하기 때문에 "all risks" 조건에 대한 실질적인 심사책임을 피하고 전적으로 형식적 심사만 하여 보험서류상에 "all risks"라는 표시, 조항 또는 약관이 있으면 그것이 모든 위험을 담보하는지의 여부를 확인하지 않고 제시된 보험서류를 그대로 수리한다. 이렇게 수리한 보험서류가 특정의 위험을 담보하지 않는다고 개설의뢰인이 항의를 하여도 은행은 아무런 책임을 지지 않음을 규정하고 있다.

개설의뢰인이 "all risks"을 선택하는 것을 은행은 제한할 수 없다. 따라서 매수인이 선택한 "all risks"가 그 해석이 통일되지 않고 그 조건의 담보내용이 불충분하고 불완전하더라도 개설의뢰인 자신이 선택한 것이기 때문에 자신이 책임을 져야 한다. 그러므로 매수인이 "all risks"조건을 선택하고자 할 경우에는 ICC(A/R) 또는 ICC(A)와 같은 표준약관을 사용하도록 하는 것이 좋다.

신용장에 "all risks"의 담보조건에 추가해서 전쟁위험(war risks)이나 동맹파업위험(strike risks) 등을 요구할 수는 있으나 ICC(A/R)에 당연히 포함되는 "theft and pilferage"를 추가할 것을 요구하는 경우가 있다. 이것은 신용장 개설의뢰인이 담보조건에 관한 인식부족이나 또는 수입지에서는 "all risks"에 도난이나 발화(拔貨, 좀도둑)위험이 포함되지 않는 관습이 있을 수 있다. 이때에는 ICC(A/R)이나 ICC(A)로 부보하고, 이 조건에는 도난이나 발화위험이 포함된다는 취지의 증명을 붙여 신용장조건에 일치시키는 것이 좋다.

신용장에 "to pay all loss and/or damage irrespective of percentage from whatever cause arising" 또는 "against loss of or damage to the insured interest from whatever cause and however arising"과 같은 원인 여하를 불문하고 면책비율에 관계없이 보험금을 지급하거나 손해를 담보한다는 문언이 있는 경우가 있다.

보험에서는 어떤 경우에도 절대적 면책위험, 즉 보험계약자·피보험자 등의 고의 또는 과실, 화물의 자연소모, 포장의 불완전 및 운송지연 손해는 특약으로도 담보할 수 없기 때문에 수익자는 개설신청인에게 이러한 문언 대신 협회적하약관을 사용하도록 요구해야 한다.

제3절 무역운송과 해상보험

1 해상운송과 해상보험

가. 해상운송과 적하보험

(1) 해상운송과 국제규칙

해상운송에서는 송하인(shipper)과 운송인(carrier)의 해상운송계약에 의하여 물품의 수송이 이루어진다. 해상운송에서 운송계약의 내용은 선하증권상에 명시된 약관의 내용으로 추정한다.

운송인이 발행하는 선하증권에는 이미 정형화된 약관이 인쇄되어 있기 때문에 운송계약당사자가 계약자유의 원칙에 따라 인쇄된 약관을 가감하는 것은 쉬운 일이 아니다. 또한 정형화된 약관이 계약당사자의 권리와 책임을 모두 규정할 수가 없다.

그리고 운송계약당사자가 서로 국적이 다를 수가 있으며 경우에 따라서는 당사자뿐만 아니라 선적항과 양륙항이 속한 국가가 서로 다를 수가 있다. 특히 해상운송의 경우 공해상으로 수송이 되기 때문에 송하인, 수하인 및 운송인의 권리·의무 및 책임관계를 특정국가의 법으로 정한다는 것이 불가능하고, 설사 정한다 하여도 상대국가에서 이를 인정하느냐 하는 문제가 있다.

각국은 모든 국가에서 행하여지고 있는 운송관습의 최대공약수를 찾아서 이를 국제조약으로 수용하여 가급적 많은 국가가 이를 비준하여 이 조약에 따라 국제운송계약의 당사자간의 법률관계를 설정하는 것이 바람직하다. 이러한 취지에서 채택된 최초의 통일조약이 1924년 국제해사법위원회(Committee Maritime International : CMI)

가 주축이 되어 브뤼셀에서 개최된 '해상법에 관한 국제회의'(International Conference on Maritime Law)에서 승인한 것이 "선하증권통일조약"(International Convention for the Unification of Certain Rules of Law relating to Bills of Lading, 일명 '헤이그규칙')이다.

우리나라는 이 조약에 가입하지 않고 있으나 업계에서는 이 조약과 상법을 준거법으로 사용하고 있다. 이 규칙이 상법의 강행규정을 위반하는 경우를 제외하고 이 규칙이 국내 상법에 우선하고 있다.

헤이그규칙의 제정 후 40여년이 지나는 동안 국제환경과 국제운송 여건이 변화하여 새로운 규칙의 제정이 요구됨에 따라 1968년 "헤이그규칙개정의정서"(Protocol to Amend International Convention for the Unification of Certain Rules of Law Relating to Bills of Lading, 일명 '헤이그·비스비규칙')가 제정되었다.

이 의정서는 헤이그규칙의 일부분으로서 유효성을 지니며, 1977년 6월 23일을 기하여 이를 비준한 영국, 프랑스, 덴마크, 노르웨이, 스웨덴 및 스위스 등 6개국과, 또 이 의정서를 수락한 에콰도르, 레바논, 싱가포르, 시리아 등의 국가에서 유효하게 되었다.

헤이그규칙이나 헤이그·비스비규칙이 선박을 소유한 선진국의 선주 위주로 되어 있기 때문에 하주에게 불리하다는 주장에 따라, 개발도상국이 주축이 되어 이를 개정해야 한다는 주장이 UN무역개발회의(United Nations Conference on Trade and Development : UNCTAD)에서 강하게 대두되었다.

UNCTAD의 권고에 따라 UN무역법위원회(United Nations Commission on International Trade law : UNCITRAL)가 주축이 되어 개정작업에 들어가 1978년 3월 Hamburg에서 개정조약안이 채택되었다.

개정안의 명칭은 'UN해상물품운송협약'(United Nations Convention on the Carriage of Goods by Sea, 일명 '함부르크규칙')이다. 20개국이 비준한 후 1년이 경과하여야 발효되므로 1992년 11월 1일 발효되었다.

(2) 해상운송과 해상보험과의 관계

국제물품매매계약이 이행되기 위해서는 운송계약과 보험계약의 뒷받침이 있어야 한다. 우선 물품이 매도인으로부터 매수인에게 수송되기 위해서는 운송계약의 체결이 필요하고 운송 도중에 생길지도 모를 위험에 대비하기 위하여 보험계약이 필요하다.

이러한 운송계약 및 보험계약의 내용은 주계약인 매매계약의 형태에 따라 결정된다. 예를 들면 매매계약조건이 FOB인 경우에는 운송 및 보험계약의 책임이 매수인에게 있으며, 운임과 보험료도 매수인이 부담한다. 반대로 CIF조건의 경우에는 매도인이 계약자가 되고 운임과 보험료도 매도인이 부담한다.

FOB조건에서는 매수인이 운송인(carrier) 및 보험자(insurer)와 운송계약과 보험계약을 하게 되며, CIF조건에서는 매도인이 운송 및 보험계약의 당사자가 되지만 선적후에는 운송서류인 선하증권과 보험서류인 보험증권을 매수인에게 양도함으로써 운송중의 손해에 대한 권리행사는 FOB의 경우와 같이 매수인이 하게 된다. 왜냐하면 CIF조건에서도 물품에 대한 위험이 본선 적재 시 매도인으로부터 매수인에게 이전되어 운송중의 위험은 매수인이 부담하기 때문이다.

운송인이 물품의 운송 중 손해를 전액 배상해 준다면 매도인이나 매수인은 보험계약을 별도로 체결할 필요가 없다. 그러나 개품운송계약에서 계약내용은 선하증권약관에 나타나며, 이들 선하증권약관은 준거법인 Hague규칙과 각국의 상법 등에 의하여 제한을 받기 때문에, 운송인의 책임이 제한되고 많은 면책위험이 있어 운송인이 책임을 질 경우에도 책임제한을 받기 때문에 하주 입장에서는 실제 손해만큼을 보상받지 못하게 된다. 따라서 하주는 별도의 적하보험에 부보하게 된다. 또 경우에 따라서는 보험계약에서 보험자가 면책인 위험이 운송계약에서 배상받을 수도 있기 때문에 운송계약과 보험계약은 보완관계에 있다고 보아야 할 것이다.

일단 물품에 손해가 발생하면 하주는 우선 운송인인 수탁자에 대한 손해배상청구권을 확보한 후에 보험자에게 보상청구를 하게 된다. 적하보험에서는 보험금액을 통상 CIF가액의 110%로 하고 있기 때문에 전손의 경우에는 보험금액 전액을 보험금으로 보상받을 수 있다. 실손보상을 받은 피보험자는 운송인에 대한 손해배상청구권을 다시 행사할 수 없다. 따라서 운송인에 대한 배상청구권은 자신에게 실손보상을 해준 보험자가 대위하게 된다.[24)]

나. 해상운송인의 책임과 보험자의 책임

(1) 헤이그규칙과 적하보험

(가) 헤이그규칙과 담보위험

헤이그규칙은 과실책임주의에 따라 운송인은 선박의 내항성의 확보와 화물의 취급·보관에 상당한 주의(due diligence)를 하여야 한다. 그럼에도 불구하고 생긴 손해에 대하여는 운송인이 책임을 지지 않는다. 물론 상당한 주의를 다 하였다는 것을 입증할 책임도 면책

24) • 신협회적하약관의 난외약관 Important Clause: 모든 경우에 손해의 방지 및 경감을 위해 적절한 조치를 취하고, 또한 운송인·수탁자·기타 제3자를 상대로 한 모든 권리를 보존·행사하게끔 확보해 놓는 것은 피보험자 및 그 대리인의 의무이며, 특히 피보험자 및 대리인은 다음과 같은 사항을 이행하여야 한다.
• MIA 제79조: 보험금을 지급한 보험자가 피보험목적물에 잔존하고 있는 부분 및 제3자에 대한 피보험자의 권리를 대위한다.

을 주장할 운송인에게 있다.[25)]

헤이그규칙 제4조 제2항에는 17개 항목의 운송인의 면책사항을 열거하고 있는데, 이를 면책카탈로그(Catalogue of Exceptions)라고 한다. 이러한 Hague규칙을 준거법으로 할 경우 운송계약에서 운송인의 면책으로 규정한 위험들이 적하보험에서 다음과 같이 담보된다.

1) 항해과실에 의한 손해

해상운송인 또는 선박소유자는 선장, 선원, 도선사 기타의 선박사용인이 항해 또는 선박관리 행위로 인하여 생긴 화물손해에 대하여 배상책임을 지지 않는다.[26)] 영법에는 "보험증권에 반대의 규정이 있는 경우를 제외하고 보험자는 담보위험에 근인하여 발생한 일체의 손해에 대해 비록 그 손해가 선장 또는 선원의 불법행위(misconduct)나 과실(negligence)이 없었다면 발생하지 않았을 경우라 하더라도 그 책임을 져야 한다."고 규정하고 있다.[27)]

예를 들어 선장과 선원의 고의 또는 과실로 인하여 침몰·좌초·충돌 등의 담보위험에 의하여 화물의 손해가 발생한 경우나, 선장과 선원의 악행(barratry of the master and mariners)에 의한 화물의 손해가 발생한 경우 Hague Rules를 준거법으로 하는 운송계약에 있어서는 운송인이 면책이지만 적하보험에서는 보험자가 보상한다. 적하보험에서 하주는 선장이나 선원의 불법행위를 통제할 수 없기 때문에 보험의 보호를 받는 것이 당연하지만 선박보험의 경우에도 피보험자인 선주가 상당한 주의를 기울였음에도 불구하고 발생한 선장이나 선원의 과실이나 악행을 보험에서 담보하고 있다.[28)]

25) Hague Rules 제3조 및 제4조 참조.
26) Hague Rules 제4조 제2항(a) 및 상법 제788조 제2항.
27) MIA 제55조 제2항.
28) I.T.C-Hulls(1983), 제6조 제2항(3)호 및 (5)호.

2) 화재

해상운송에서 화재로 인한 손해를 운송인의 면책으로 규정하고 있다. 그러나 운송인의 고의(privity)나 과실(actual fault)로 인한 화재는 제외한다.

적하보험에서는 화재에 대하여 ICC(A), (B), (C) 어느 조건에서나 담보하는 위험이며, 구약관 본문약관에도 담보위험으로 열거하고 있다. 그러나 자연발화(spontaneous combustion)로 인한 손해는 "화물고유의 하자 또는 성질"(inherent vice or nature of goods)로 인한 것으로 간주하여 보험자가 보상하지 않는다.[29]

자연발화는 화물 자체의 화학적·생물학적 변화로 인하여 스스로 발화하는 것으로, 예를 들면 면화, 석탄, 양모, 어분 등이 통상적 항해과정에서 발화하는 경우이다.[30] 자연발화의 경우 보험자가 면책되기 위해서는 화재가 담보위험에 의한 것이 아니라, 화물고유의 성질에 기인한 자연발화임을 입증할 책임이 있다.[31] 이러한 자연발화도 상대적 면책위험으로 부가위험으로 담보할 수 있다.

3) 해상 또는 기타 항해 가능한 수면 위의 위험

운송인이 어찌할 수 없는 해상고유의 위험으로 침몰, 좌초, 충돌 및 악천후 등에 의한 손해가 여기에 속한다. 이들 위험에 대하여 운송인은 면책이지만 보험자는 ICC(A), (B), (C)의 제1조에서 담보하며 구증권 S.G. Form에서는 위험약관(perils clause)에 "perils of the seas"라고 명기하여 담보하고 있다.[32]

---

29) ICC(A), (B), (C)의 제4조 제4항.

30) Victor, Dover, A Handbook to Marine Insurance (7th ed.), Witherby & Co., 1970, p. 180.

31) Gaunt v. British & Foreign Marine Insurance Co. (121)2A., C. 41. H.L.

32) ICC(B) 및 (C)에서는 "perils of the seas"를 보다 구체적으로 "본선 또는 선박의 좌초, 교사, 침몰, 전복 및 본선 또는 운송용구와 물 이외의 타물과의 충돌이나 접촉" 등으로

4) 불가항력

불가항력은 자연적 불가항력인 천재지변(Acts of God)으로 운송인은 면책이다. 그러나 적하보험의 ICC(A)에서는 모든 천재지변을 담보하고, ICC(B)에서는 지진, 화산의 분화, 낙뢰 등에 의한 위험을 담보하지만[33] ICC(C)에서는 이들을 담보하지 않는다.

구증권의 S.G. Policy에서 이러한 천재지변을 구체적으로 열거하고 있지 않으나 낙뢰(lightning)는 악천후에서 발생하기 때문에 해상고유의 위험(perils of the seas)에 포함된다고 할 수 있다.

5) 전쟁행위

전쟁에 의한 손해는 운송인의 면책이지만, 이것은 또한 인위적 불가항력으로 적하보험의 ICC(A), (B), (C)에서 담보하지 않는 면책위험이다. 적하보험에서 이를 담보하기 위해서는 Institute War Clause[34]를 특약하여야 한다.

1779년 Lloyd's S.G. Form에서는 위험약관(Perils Clause)에 군함(men of war), 외적(enemies), 습격 및 포획(surprisals & capture), 해상탈취 및 나포(taking at sea & seizure), 관헌의 강류・억지・압류(arrests, restraints and detainment of kings, princes and people) 등 전쟁위험에 관한 것을 열거하여 담보하고 있었다.

1899년 위험약관상의 전쟁위험을 분리하여 전쟁위험은 담보하지 않는다는 취지의 포획나포부담보약관(Free of Capture & Seizure Clause; FC & S Clause)을 난외약관으로 삽입하게 되었으며, 이를

열거하고 있다.

33) 여기서 지진이나 화산의 분화는 해상위험이 아니라 육상위험에 속한다. 따라서 해상운송에서 "tackle to tackle"을 담보구간으로 하는 해상운송인의 경우 당연히 이를 면책으로 한 것이다.

34) 협회전쟁약관(1982)은 총 14개조로 구성되어 있으며, 담보위험에 관해서는 제1조에 규정하고 있다. 이 특약으로 전쟁위험에 의한 손해는 담보하지만 비용은 담보하지 않는다.

다시 1912년 협회적하약관에 삽입하게 되었다.

6) 공적행위

헤이그규칙에서는 공적행위(act of public enemy)를 운송인의 면책위험으로 규정하였으나, 구증권 S.G. Form에서는 전쟁위험으로 분류하여 보험자의 담보위험이었다. 그러나 현재의 관습은 "men of war"(군함)와 함께 전쟁위험에 포함되기 때문에 별도로 열거하지 않으며 협회전쟁약관에 의하여 특약 담보된다.

7) 통치권자의 억지 또는 억류

국왕, 군주, 인민은 국가의 통치권의 주체를 의미하므로 관헌과 같은 뜻이고 억지는 억류와 유사한 의미이다. 이 위험은 정치적 또는 행정상의 행위를 의미하므로[35] 물품의 소유권을 탈취할 목적이 아니고 물품의 이동을 일시적으로 정지시키는데 목적이 있다.

예를 들면 전시에 목적지를 향해 운송중인 화물이 거래금지령에 의해 위법이 된 경우에 부득이 타항에서 처분하도록 하거나, 평화시에는 전염병 유행국으로부터 수입한 가축의 양륙을 불허하는 등이 그러한 경우이다. 이러한 위험이 전시에 발생하였다면 전쟁위험으로 특약담보되어야 하지만 평시에 발생하였다면 ICC(A)에서 담보된다.

8) 검역조치

검역조치에 의한 화물의 손해는 운송인의 면책위험이지만 적하보험의 ICC(A)에서는 담보한다.

선박보험에서는 Institute War and Strikes Clauses, Hulls-Time(1983)의 제4조 1항 5호에 "검역규제에 따른 또는 세관이나 무

35) MIA, RCP 제10조;The term arrests, etc., of kings, princes and people refers to political or executive acts and does not include a loss caused by riot or by ordinary judicial process.

역규정 위반을 이유한 강류, 억지, 억류, 몰수 또는 수용"(arrest, restraint, detainment, confiscation or expropriation under quarantine regulations or by reasons of infringement of any customs or trading regulations)은 면책위험으로 규정하고 있다.

9) 송하인의 과실

송하인의 과실에 의한 화물의 손해를 운송인이 부담하지 않는 것과 마찬가지로, 적하보험에서 피보험자의 고의의 불법행위(wilful misconduct of the assured)를 절대적 면책위험으로 규정하고 있다. 위의 송하인인 피보험자의 과실이 고의성이 없거나 불법행위가 아닌 경우에는 보험자가 담보한다.

비록 피보험자의 고의에 의한 것이라 할지라도 정당한 것으로 인정되는 공동해손과 같은 고의적인 행위에 대해서는 보험자가 보상할 책임이 있다.[36]

영법에는 피보험자의 과실(negligence)[37]에 대한 보험자의 면책에 관한 규정은 없다. 즉, 피보험자의 과실이 고의적이지 않다면 피보험자 자신의 과실의 결과로 생긴 손해를 보험자가 보상하여야 한다.[38] 비록 고의성이 없는 중과실(gross negligence)의 경우에도 보험자는 보상책임이 있다.

10) 동맹파업, 직장폐쇄, 폭동 및 내란

동맹파업이란 노사관계의 당사자가 자기주장을 관철할 목적으로 하는 행위로서 정상적인 업무수행을 저해하는 모든 행위를 말한다.

---

36) 이재복, 전게서, p. 333.

37) 운송에서는 과실을 "act or omission"이라는 표현을 사용한데 반하여 보험에서는 "negligence"란 단어를 사용하고 있다.

38) R. J. Lambeth, Templeman on Marine Insurance, op. cit., p. 137; Trinder Anderson & Co., v. Thames & Mercy Marine Insurance Co. Ltd.(1898) 2Q.B. 114.

이러한 쟁의행위가 면책사유로 되기 위해서는 해상운송인과 그 사용인에게 과실이 없어야 한다.

적하보험에서 동맹파업 등의 위험은 구약관(1963) 제13조 동맹파업·폭동·소요부담보약관(SR & CC Clause)에 의해서 면책되어 왔으나, 신약관(1982) 제7조에 이를 보다 간결하게 동맹파업부담보약관(Strikes Exclusion Clause)으로 표시하였다. 신약관의 제7조 제1항과 2항은 구약관과 같으나, "테러리스트 또는 정치적 동기에 의하여 행동하는 자"(terrorists or any person action from a political motive)에 의한 손해를 제3항에 신설하고, 구약관에는 "loss of or damage"만을 면책으로 하고 있으나 신약관에서는 "expenses"까지 면책으로 규정하였다.

적하보험에서 이러한 위험을 담보하기 위해서는 1982년의 협회동맹파업약관(Institute Strikes Clause)(Cargo)을 특약으로 첨부하여야 하지만 비용은 보상하지 않는다.

11) 해상구조

해상에서 인명이나 재산을 구조하기 위하여 생긴 화물의 손해에 대하여 운송인의 면책을 규정하고 있다. 헤이그규칙 제4조 제4항에는 인명이나 재산을 구조하기 위한 이로(deviation)나 기타 정당한 이로는 운송계약의 위반으로 간주하지 않으며, 이로 인한 손해에 대하여 운송인의 면책을 규정하고 있다.

해상보험에서는 영법 제49조에 이로가 허용되는 일곱 가지의 경우[39]를 규정하고 있는데 그 대부분이 운송인의 면책사유이다. 특히

39) 49. (1) Deviation or delay in prosecuting the voyage contemplated by the policy is excused ….

동법 제1항에는 보험증권상 특약이 있는 경우에는 이로를 허용하고 있다.

적하보험에서는 ICC(A), (B), (C)의 제16조 피보험자의무약관(Duty of Assured Clause)이나 구약관의 손해방지약관(Sue and Labour Clause)에서 피보험목적물의 손해를 방지 또는 경감시키기 위하여 피보험자는 합리적인 조치를 취해야 하고, 이를 수행하는데 합리적으로 지출한 내용은 보험자가 보상하도록 규정하고 있으며, ICC(A), (B), (C)의 제8조 제3항에 피보험자가 좌우할 수 없는 이로, 지연, 부득이한 양하, 재선적, 환적 및 해상운송계약상 선주 또는 용선자에게 부여된 자유재량권의 행사결과로 생기는 손해를 보험자가 보상하도록 규정하고 있기 때문에, 운송인이 면책되는 위의 손해가 적하보험에서 모두 담보된다고 할 수 있다.

12) 부피나 중량의 감소 또는 고유의 하자

부피나 중량의 감소는 통상적인 항해 중에 곡물이나 유류의 건조, 증발(evaporation), 휘발, 위축(shrinkage) 또는 용기에의 흡수 등으로 나타나는 것으로, 이들은 화물 고유의 하자로 취급되어 ICC(A)에

(a) Where authorised by any special term in the policy; or.
(b) Where caused by circumstances beyond the control of the master and his employer; or.
(c) Where reasonably necessary in order to comply with an express or implied warranty; or.
(d) Where reasonably necessary for the safety of the ship or subject-matter insured; or.
(e) For the purpose of saving human life, or aiding ship in distress where human life may be in danger; or.
(f) Where reasonably necessary for the purpose of obtaining medical or surgical aid for any person on board the ship; or.
(g) Where caused by the barratrous conduct of the master or crew, if barratry be one of the perils insured against.

(2) When the cause excusing the deviation or delay ceases to operate, the ship must resume her course, and prosecute her voyage with reasonable despatch.

서도 보험자가 보상하지 않는 손해이다.

화물고유의 하자란 피보험목적물 자체가 갖고 있는 성질상의 결함으로 외부적인 우발적 사고가 아닌 통상적인 항해과정에서 일어나는 손해를 의미한다. 대표적인 예는 부패(decay), 변질(deterioration), 변색(discoloration), 동물의 자연사(mortality of animals), 한손(sweat damage), 녹(rust) 또는 곰팡이(mould or mildew) 등에 의한 손해를 의미한다.

이러한 위험들은 영법 제55조 (2)항(c)[40]호에 의하여 보험증권에 별도의 규정이 없는 한 보험자가 담보하지 않으면, 보험증권에서도 ICC(A), (B), (C)의 제4조 제2항 및 4항에서 보험자의 면책으로 규정하고 있다. 따라서 적하위험에서 이를 담보하지 않지만 특약으로 담보가 가능한 상대적 면책위험이다.

13) 포장 및 하인의 불충분

포장은 화물의 보관 및 운송에 있어서 그 가치 및 상태를 보존하기 위하여 적당한 재료와 용기를 화물에 제공하는 기술 및 상태를 말한다.

해상보험에서 포장이나 하인의 불충분을 보험자의 면책으로 규정한 이론적 근거는 두 가지이다.[41] 하나는 프랑스의 적하보험증권 제7조의 규정에 따라 이를 피보험자나 그 대리인의 과실과 동일하게 취급하여 보험자의 면책을 규정한 것이며, 다른 하나는 독일의 해상보험보통약관 제80조의 규정에 따라 이를 피보험목적물의 고유의 하자로 보고 보험자의 면책을 규정한 것이다.

40) Unless the policy otherwise provides, the insurer is not liable for··· inherent vice nature of the subject-matter insured······.

41) 이재복, 전게서, p. 339.

영법에서는 이에 관한 규정이 없으나 후자의 견해를 따르고 있다.[42] 적하보험에서는 ICC(A), (B), (C)의 제4조 제3항에 포장불완전이나 불충분에 의한 손해를 면책으로 규정하고 있으며, 포장의 개념에 컨테이너나 리프트·밴에 적재까지 확대하고 있다.

결국 포장불충분이나 하인의 불충분은 운송계약이나 보험계약에서 배상 및 보상이 되지 않는 손해로서 결국 매도인이 책임져야 할 손해이다.

14) 잠재하자

잠재하자란 상당히 신중하고 솜씨 있는 사람이 검사를 해도 발견할 수 없는 원래 또는 추후에 갖게 된 화물의 하자를 의미한다.[43] 이러한 잠재하자는 화물고유의 하자로 간주되어 보험자의 면책이다.[44]

이상에서 본 바와 같이 운송계약에서 운송인의 많은 면책사항이 적하보험에서 보험자가 보상하고 있다. 따라서 하주의 입장에서 보면 운송계약과 별도로 보험계약을 체결할 필요가 있다.

특히 대부분의 대형사고가 좌초, 침몰, 화재, 충돌 등에 의한 것이며, 이 가운데 충돌이나 좌초는 주로 항해과실에 기인하는 것이므로 이러한 면책카탈로그의 존재는 하주에게 큰 문제가 되므로 운송계약과 별도의 보험계약의 의의가 크다고 할 수 있다.

(나) 헤이그규칙과 담보구간

헤이그규칙에서 운송인의 책임구간[45]은 "물품을 선박에 적재할 때

42) Back v. Style(1955) 2 Lloyd's Rep. 383.

43) Jackson v. Mumford (1902) 8 Com. Cas. 61.; Jackson v. Mumford(1902) 8 Com. Cas. 61.

44) Scindia Steamships(London) Ltd. v. London Assurance(1937) 56 L1L. Rep. 136.

45) 제1조 (e)항; "Carriage of goods" covers the period from the time when the goods

부터 이를 선박에서 양륙할 때까지의 기간", 즉 "tackle to tackle"의 원칙이다. 이러한 원칙 하에서 운송인은 보통 선하증권에 선적전 · 양륙후의 물품의 손해에 대하여 책임지지 않는다는 취지의 약관을 삽입하고 있었으나[46] 지금은 복합운송을 수용하기 위하여 선적항이나 수취장소에서 운송인이 화물을 수령하여 양륙항이나 인도장소에서 이를 인도하기까지 책임을 지도록 책임구간을 확장하고 있다.[47]

보험계약에서 보험자의 위험담보구간은 적하보험이 주로 항해보험(voyage policy)의 형식을 취하기 때문에 S. G. Form의 본문약관에서 보험자의 위험부담책임은 화물이 보험증권에 기재된 선적항의 본선에 실제로 적재(loading)된 시점에서 개시되며 목적항에 '안전하게 양륙'(safely landed)된 시점에 종료한다.

이러한 보험기간은 오늘날에는 별 의미가 없다. 왜냐하면 오늘날 구증권에서는 ICC(A/R), (W.A), (FPA) 가운데 어느 하나가 특약으로 첨부되고, 신증권에서는 ICC(A), (B), (C) 가운데 어느 하나를 선택해서 사용하고 있다. 이 경우 A/R, WA, FPA에서는 제1조가, (A), (B), (C)약관의 경우에는 제8조가 운송약관으로 보험구간이 확장되어 매도인의 창고로부터 매수인의 창고까지 담보하게 된다.

물론 FOB조건과 같이 매수인이 부보하는 보험으로 매도인의 창고로부터 위험부담의 분기점인 본선의 적재까지는 매수인이 피보험이익을 갖고 있지 않기 때문에 본선의 적재로부터 매수인의 창고까지

---

are loaded on to the time they are discharged from the ship.

46) 대한해운공사, 영문적하증권(KSC Form No. 40301) 이면약관 제4조.

47) 한진해운 선하증권 양식 HJSD-1 이면약관 제8조 제1항; The carrier shall not be responsible for loss of or damage to the Goods occurring before receipt of the Goods by the Carrier at the place of receipt or port of loading or after delivery by the Carrier at the port of discharge or place of delivery.

담보가 가능하며, 매수인의 창고에 도착 전에 보관(storage), 할당(allocation), 또는 분배(distribution)를 위하여 사용하는 창고에 인도되거나, 양륙 후 60일이 경과하면 종료하며 양륙 후 보험증권상의 목적지 이외의 곳으로 운송될 경우에는 그러한 운송이 개시될 때 종료하고, 위험의 변동이 생겨도 보험자의 책임이 종료된다.

적하보험에서 보험자의 담보구간은 운송인의 책임구간보다 확장된 것은 사실이다. 즉, 이것은 운송인이 책임지지 않은 구간에 대하여 보험자는 보상책임을 지는 것을 의미하므로 하주의 입장에서 보면 자신의 위험을 운송인보다 보험자가 보다 더 잘 커버하고 있는 셈이다.

(다) 헤이그규칙에서 운송인의 배상책임한도와 보험자의 보상금액

헤이그규칙에서는 해상운송인의 손해배상책임을 매 포장당 또는 매 단위당 영화 100파운드로 제한하고 있다. 이 한도액이 현실성이 없기 때문에 1968년 개정된 헤이그·비스비규칙에서는 매 포장당 또는 단위당 한도액을 10,000포앙카레프랑이나, 매 kg당 30포앙카레프랑으로 계산한 것 가운데 많은 금액이 한도액이 된다.

또한 개정의정서에서는 컨테이너나 팔레트 또는 이와 유사한 운송용구가 사용되었을 경우에는 선하증권상 이러한 운송용구에 적입된 것으로 표시되어 있으면 이것을 포장 또는 단위로 간주한다. 1979년 12월 제13회 해사법외교회의에서 포앙카레프랑(pointcar franc)이라는 계산단위를 폐지하고 10,000포앙카레프랑을 667SDR로, 30포앙카레 프랑을 2SDR로 바꾸어 계산하도록 하였다.[48)]

48) 개정의정서는 운송인의 책임한도액의 조정 외에도 컨테이너조항의 채용(제2조(a)), 운송인의 책임제한은 불법행위를 이유로 한 소송에서도 주장할 수 있다는 것(제3조 제1항), 운송인의 대리인·사용인 등 이행보조자도 책임제한조항을 운용할 수 있다는 것(제3조 제2항), 운송인 또는 그 이행보조자의 손해배상총액은 조약상의 책임한도액을 초과하지 않는다는 것(제3조 제3항), 그리고 운송인과 그 이행보조자의 고의행위의 경우에는 각각 그

적하보험에서 보험금액은 통상 CIF가액의 110%로 하고 있다. 이것은 실손보상의 원칙에 따라 운임·보험료를 포함한 가액에 희망이익 10%를 가산하고 있다.

비록 운송인의 책임으로 헤이그규칙상 운송인의 배상한도액까지 배상된다고 하여도 물품의 실손에 미치지 못하는 경우가 많다. 그러나 적하보험에서는 실손보상을 하기 때문에 하주의 입장에서는 보험보상을 원하게 되고, 보험에서 실손보상을 받으면 보험자가 하주의 운송인에 대한 배상청구권을 대위하게 된다.

(2) 함부르크규칙과 적하보험

(가) 함부르크규칙과 담보위험

함부르크규칙에서 운송인의 책임은 헤이그규칙과 같이 과실책임주의를 원칙으로 하나 제5조 제1항의 규정에[49] 의하여 엄격책임을 정한 것으로 오해될 가능성이 있다. 그 수정을 주장한 영국, 네덜란드, 소련에 대하여 다수 개발도상국의 압도적인 반대에 부딪쳐 결국 추정과실의 원칙을 택하게 되었다.

함부르크규칙에서는 헤이그규칙에서의 면책카탈로그를 모두 폐지하고 운송인이 손해의 방지·경감을 위해 합리적으로 요구되는 모든 조치를 취하였음을 입증할 수 없는 한 운송인은 그 책임을 면할 수 없다. 따라서 운송인은 불가항력, 전쟁행위 및 화물고유의 하자 등의 세 가지 경우를 제외한 모든 사고에 대하여 운송인에게 배상책임이

책임제한권이 부인된다는 것(제2조(e), 제3조 제4항) 등의 조항이 신설되었다.

49) The carrier is liable for loss resulting from loss of or damage to the goods, as well as from delay in delivery, if the occurrence which caused the loss, damage or delay took place while the goods were in his charge as defined in article 4, unless the carrier proves that he, his servants or agents took all measures that could reasonably be required to avoid the occurrence and its consequences.

있다.[50] 운송인이 화물을 자신의 관리 하에 있는 동안에 그 손해의 방지・경감을 위하여 합리적인 모든 조치를 취했음을 입증하는 책임이 운송인 자신에게 있다.

적하보험에서는 비록 ICC(A), (B), (C)에서는 전쟁위험이나 고유의 하자를 면책으로 규정하고 있으나 특약담보가 가능하며, 불가항력 가운데 자연적 불가항력인 낙뢰 등에 의한 위험은 ICC(B)에서도 담보하고 있다.

추정과실의 원칙(principle of presumed fault)에 따라 운송인의 관리하의 모든 손해는 운송인의 과실에 의한 것으로 추정하고, 무과실을 인정받기 위해서는 충분한 조치를 취했음을 입증하도록 하고 있으나, 만일 운송인이 무과실을 입증하게 되면 하주는 자신이 입은 손해를 배상받지 못할 위험성이 상존하고 있다. 따라서 운송계약에서 운송인이 책임지는 모든 위험을 보험에 또 다시 부보할 필요가 있다.

결국 운송인의 책임이 강화되므로 운임의 인상이 불가피하다. 왜냐하면 하주가 지급하는 운임에는 운송인의 책임 보험료가 포함되어 있기 때문이다. 비록 하주의 입장에서는 운송인과 보험자가 동일한 위험을 중복하여 책임을 진다고 해도 운송인으로부터의 배상여부가 불확실하기 때문에 화물의 손해에 대하여는 보험자에게 의존하게 된다.

인도지연에 대하여는 적하보험에서 보험자의 면책사항인 반면, 함부르크규칙에서는 운송인의 책임을 화물운임의 2.5배로 제한하고 있고, 이 한도액은 운송계약상 총운임을 초과하지 않도록 하고 있기

50) 김정수, 전게서, p. 106.

때문에 하주로서는 인도지연시에 운송인에게 배상청구를 하여야 한다. 이러한 점에서 보험과 운송이 상호 보완적 기능을 하고 있다고 볼 수 있다.

(나) 함부르크규칙과 담보구간

함부르크규칙에서는 운송인의 책임구간은 물품의 선적항에서의 수탁 및 운송과정과 양륙항에서 운송인의 관리 하에 있는 전 구간에 미친다.[51)]

본 규칙에서 운송인의 책임구간을 "the period during which the carrier is in charge of the goods"로 시간적으로 규정할 뿐만 아니라, "at the port of loading", "at the port of discharge"로 장소적 제한을 추가한 것은 내륙지점에서 수취하고 인도하는 경우에 발생하는 내륙운송중의 위험을 포함시키지 않으려는 취지를 명확히 한 것이다. 따라서 함부르크규칙에서 운송인의 책임은 "port to port"라고 할 수 있다.

적하보험에서는 ICC(A), (B), (C)의 제8조 운송약관(Transit Clause)에 따라 보험자의 담보구간이 매도인의 창고로부터 매수인의 창고까지 확대되기 때문에 함부르크규칙상의 운송인의 책임구간보다 더 넓다고 할 수 있다.

헤이그규칙의 "tackle to tackle"에서 함부르크규칙의 "port to port"로 확대되었지만 내륙운송중의 위험을 부담하지 않기 때문에 하주의 입장에서는 전구간 담보를 위해 보험계약을 체결하여야 한다.

51) 제4조 제1항; The responsibility of the carrier for the goods under this convention covers the period during which the carrier is in charge of the goods at the port of loading, during the carriage and at the port of discharge.

(다) 함부르크규칙과 운송인의 배상책임과 보험자의 보상금액

함부르크규칙에서는 헤이그·비스비규칙에서의 운송인의 책임금액보다 평균 25% 인상하여 포장당 또는 선적단위당 835SDR이나 kg당 2.5SDR중 많은 금액으로 하고 있다.

포장단위는 컨테이너나 팔레트 등의 운송용구가 사용될 경우, 그 내품의 포장 및 선적단위의 개수가 선하증권상에 명시되어 있지 않으면 운송용구 그 자체를 하나의 선적단위로 취급하기 때문에, 컨테이너 운송시 하주는 내용물의 포장 및 선적단위당의 개수를 운송인에게 신고하여 이를 선하증권상에 기재하도록 하는 것이 좋다.

인도지연의 경우 운송인의 책임은 지연된 화물에 지급할 운임의 2.5배로 제한하고 있으며 그 한도액이 운송계약상 총운임을 초과하지 않도록 하고 있다.

화물의 멸실에 대한 책임한도액과 인도지연에 의한 책임한도액의 총액을 화물 전손시 운송인의 책임한도액을 넘을 수 없도록 규정하고 있다.[52)]

적하보험에서 보험자의 보험금액은 CIF가액의 110%로 하고 있기 때문에 피보험자는 화물이 담보위험에 의한 전손이 발생할 경우 보험금액을 보험금으로 보상받을 수 있다. 비록 함부르크규칙에서 운송인의 책임액을 인상했다고 해도 하주가 운송인을 상대로 한 손해배상에서 손해보상을 기대하기 어렵다. 운송인의 책임구간에 제한이 있으며, 무과실의 입증으로 면책될 가능성이 있기 때문이다.

비록 운송인의 책임이 강화되더라도 하주는 화물손해시 운송인에

52) Hamburg Rules, 제6조.

대한 배상청구보다는 보험자에 대한 보상을 원할 것이다. 이렇게 운송인의 책임이 늘어감에 따라 적하보험자의 대위구상권이 늘어날 전망이다.

2 항공운송과 해상보험

가. 항공운송에 관한 국제규칙과 항공운송인의 책임

항공운송계약이 체결되면 항공화물운송장(Air Waybill)이 발행된다. 이 운송장은 증거증권으로 항공운송계약의 체결과 화물의 인수 및 운송조건에 관한 증거가 된다. 그러나 이것은 운송계약의 증빙서류이긴 하지만 선하증권과 같은 유가증권이 아니므로 유통성이 없으며 기명식으로 발생되고 화환취결의 담보가 될 수 없다.[53)]

항공화물운송장은 국제항공운송협회(International Air Transport Association : IATA)에서 정한 양식과 발행방법 및 약관을 사용하고 있는데, 그 이면약관은 바르샤바조약(Warsaw Convention)의 규정 범위 내에서 제정된 것이다.

바르샤바조약은 1929년 Warsaw에서 개최된 제2회 국제사법회의에서 결정된 "국제항공운송에 관한 약간의 규칙의 통일에 관한 조약"(The Convention for the Unification of Certain Rules relating to International Carriage of Air)과 1955년의 Hague Protocol[54)]을 합친 것을 말하며, 오늘날 대부분의 국가가 이 조약의 범위 내에서

53) 오원석, 무역관습론, 동성사, 1990, p. 184.

54) Hague Protocol의 원명은 "Protocol to Amend the Convention for the Unification of Certain Rules relating to International Carriage by Airsigned at Warsaw on 12 Oct. 1929"이다.

IATA표준약관을 수용하거나 약간의 수정을 가하여 채택하고 있다. 항공운송인의 책임에 관하여는 바르샤바조약의 책임규정에 따르기로 규정하고 있다(IATA항공운송상의 이면약관 제2조 a항).

바르샤바조약에서 항공운송인의 책임원칙은 해상운송의 헤이그규칙이나 함부르크규칙과 같이 과실책임주의에 근거하고 있다. 즉, 항공운송인이나 그 대리인이 항공운송 중[55] 손해를 막기 위하여 모든 필요한 조치를 취했다는 것을 증명하거나 그와 같은 조치가 불가능했다는 것을 증명하지 않는 한 면책되지 않는다(Warsaw Convention, 1929, 제2조 제1항).

운송인이 고의적인 불법행위(wilful misconduct)를 행하였거나, 소송이 제기된 법원이 속하는 국가의 법률에 의한 고의적인 불법행위로 손해가 발생한 경우에는 운송인이 무한책임을 진다(동조약 제25조 제1항). 또한 항공운송인은 수하물 또는 화물의 항공운송 시 지연으로 인하여 생긴 손해에 대하여도 책임을 진다(동조약 제19조).

항공운송인의 책임한도액은 위탁수하물 및 화물의 멸실·손상의 경우 1kg당 250프랑[56]을 배상하도록 하며, 지연의 경우에도 이 한도액내에서 배상하도록 하고 있다(동조약 제22조 제2항). 그 후 1978년 4월 IMF가 금평가를 폐지함에 따라 250프랑을 미화 20달러로 환산하여 지금까지 사용하고 있다.

---

55) 항공운송중이란 수하물 또는 화물이 공항 또는 항공기내 또는 공항 외에 착륙한 경우에 장소여하를 불문하고 항공운송인의 관리 하에 있는 기간을 말한다.

56) 여기서의 프랑은 French Gold Franc 혹은 Franc Poincaré를 지칭하며, 그 가치는 순금 1,000분의 900의 65.5㎎을 말한다.

나. 항공운송과 적하보험의 관계

항공운송화물은 귀금속, 반도체, 스마트폰 등의 고가품과 변질되기 쉬운 송이버섯, 꽃, 생선, 생동물 등으로 항공운송의 비중이 계속 늘어나고 있으며, 항공운임이 비싼 대신 수송기간의 단축, 안전수송, 손해발생의 감소, 포장비의 절감 등의 효과를 얻을 수 있다.

항공운송중의 화물의 손해는 원칙적으로 항공운송인이 배상하지만 항공운송인이 무과실을 입증하거나 협회적하약관(항공)의 일반면책조항에 해당하는 경우에는 항공운송인이 면책된다. 또한 항공운송인의 책임한도도 1kg당 미화 20달러로 제한하고 있기 때문에 주로 고가품인 항공화물을 고려할 때 실손을 배상받기 어렵다고 할 수 있다. 따라서 항공운송에서도 해상운송과 같이 부보의 필요성이 있다고 할 수 있다.

항공사고는 해상사고와 달리 손해의 전손성, 대형성, 거액성 및 손해발생의 순간성 등의 특성을 갖고 있기 때문에 항공화물의 부보조건은 "All Risks"조건이다.[57]

항공운송화물의 보험을 이용하는 방법에는 해상시장(marine market) 보험을 이용하는 방법과 항공시장(aviation market) 보험을 이용하는 방법이 있다.

전자의 경우에 런던보험협회의 신협회적하약관(항공)[58]을 사용한다. 이 약관은 해상적하보험의 ICC(A)와 유사하나, 해상화물의 경우 보험기간의 종료가 본선 양륙 후 60일로 되어 있는 것에 반하여 30

57) 오원석, 무역관습, 동성사, p. 189.
58) Institute Cargo Clauses(Air) (excluding sending by Post)(1/1/82)

일로 되어 있는 것이 특색이다(제5조 제1항).[59]

해상보험에서 전쟁이나 동맹파업은 ICC(A)에서 담보하지 않기 때문에 특약담보되어야 하는 것과 같이 이들을 담보하기 위하여 1982년의 Institute War Clause(Air Cargo) 및 Institute Strikes Clauses (Air Cargo)로 특약하여야 한다.[60]

항공화물에 관한 보험의 준거법은 영국해상보험법이 적용되지 않고 비해상(non-marine)에 관한 법률이 적용된다.[61] 그러나 실제로는 항공화물의 보험도 해상보험으로 부보하는 것이 관례이고 해상보험의 법률 및 원칙이 적용된다.

항공운송에서 전쟁위험에 대한 담보구간은 '항공기상에 있는 기간만'(airborne only) 담보하는 것을 원칙으로 하고 있다.

후자의 경우로 항공화물보험과 별도로 보험수배능력이 없는 일반하주를 위한 제도로 하주보험(Shipper's Interest Insurance)이 있다. 이 보험은 송하인의 간단한 절차로 보험수배가 가능하도록 고안되어 있다. 즉, 항공회사와 보험회사가 미리 포괄적인 예정보험계약을 체결해놓고, 송하인이 화물을 항공회사에 인도할 때 항공화물운송장에 필요한 사항을 기재해서 보험료를 지급하면 부보되도록 되어 있다.

이 하주보험은 일명 국제항공운송보험이라고 하며, 그 부보절차는

59) 5.1.3. on the expiry of 30 days after unloading the subject-matter insured from the aircraft at the final place of discharge,……

60) 구약관인 "Institute Air Cargo Clause(All Risks) (excluding sending by post)"에서는 제8조와 제10조를 삭제하면 전쟁위험과 동맹파업위험이 자동 담보된다.

61) "Victor Dover & Gordon Anthony Calver,"The Banker's Guide to Marine Insurance of Goods, 1960, p. 212.

간단하지만 부보조건 및 요율에 관하여는 보험회사가 항공회사 간에 획일적인 포괄계약의 내용에 따라야 하기 때문에 소규모의 화물에 적합한 보험이다. 부보조건의 기본적인 내용은 항공화물운송상의 이면약관[62]에 기재되어 있고, 상세한 것은 국제항공운송보험의 하주약관(shipper's interest form)에 의한다.

이 보험의 특색은 원칙적으로 모든 화물에 대하여 "All Risks"조건으로 인수받으며, 해상보험에서와 같이 화물의 종류에 관계없이 담보조건이 같으며, 항공운송기간 외에 부수되는 육상운송기간의 위험도 함께 담보하고 보험요율도 귀중품과 일반화물을 구별하여 운송구간에 따라 한 종류뿐이다. 특히 모든 화물보험이 매도인이나 매수인이 보험계약자가 되나 이 항공운송보험은 항공운송인이 송하인을 대신하여 보험계약을 체결한다.[63]

3 복합운송과 해상보험

가. 복합운송인의 책임에 관한 입법운동

복합운송(multimodal transport)이란 "물품이 어느 한 국가의 지점

62) Japan Air Lines의 AWB의 이면약관 제15조.
"At the request of the shipper, and if the appropriate premium is paid and the fact recorded on the face hereof, the goods covered by this Air Waybill are insured on behalf of the shipper under an open policy for the amount requested by the shipper as set out on the face hereof(recovery being limited to the actual loss or damage not exceeding the insured value) against all risks of physical loss or damage from any external cause whatsoever, except those arising directly or indirectly from war risks, strikes, riots, hostilities, legal seizure or delay or inherent vice, and subject to the terms and conditions of such open policy which is available for inspection by the shipper. Claims under such policy must be reported immediately to an office of carrier".

63) 오원석, 국제운송론, 박영사, 1990, pp. 302~303.

에서 수탁되어 다른 국가의 인도지점까지 적어도 두 가지 이상의 운송방식에 의하여 이루어지는 것"으로,64) 송하인과 전구간에 걸쳐 운송계약을 체결하고 복합운송증권을 발행하는 자를 복합운송인(multimodal transport operator)이라고 한다.

복합운송에서 복합운송인은 전구간에 걸쳐서 책임을 지기 때문에 이를 단일운송인책임제(single carrier's liability)라고 하며, 이 경우 개개의 운송구간에 관계없이 같은 책임을 질 것이냐 그렇지 않으면 손해발생구간에 따라 이에 각각 적용되는 법규에 의하여 그 책임이 달라질 것인가 하는 것이 국제복합운송의 중심과제로서 전자를 동일책임체계(uniform liability system)라고 하고, 후자를 이종책임체계(network liability system)라고 한다.

복합운송인의 책임에 관한 입법운동은 정부차원과 민간차원에서 각각 활발하게 진행되어 왔다. 정부 차원의 운동은 1965년 10월 '사법통일국제협회'(International Association for Unification of Private Law)의 '국제물품복합운송조약초안'(Project de Convention sur le Contrat de Transport International Combine de Marchandises, 일명 Bagge안)과 국제해사법위원회(Comit-Maritime International : CMI)에 의하여 1969년 CMI동경회의에서 채택된 '동경규칙'(Tokyo Rules)을 들 수 있다. 그 후 이 양자를 절충하여 TCM조약안(Project de Convention sur le Transport International Combiné de Marchandises)이 1970년에 공포되었다.

이 초안에 대하여 관련 각계의 비판·반대가 강하여 일단 개정을 하였으나 개도국의 반대로 일단 백지화되었다. 그 후 UN무역개발회의

64) UN국제물품복합운송조약 제1조 제1항

(UNCTAD)의 주도에 따라 UNCTAD내의 '정부 간 준비그룹'(Intergovernmental Preparatory Group : IPG)의 여러 차례 회의 끝에 1979년 조약의 초안을 작성하여 1980년 UNCTAD의 제네바 전권회의에서 조약으로 채택하였는데, 이를 "UN 국제물품복합운송조약"(United Nations Convention on International Multimodal Transport of Goods, 1980)이라고 한다.

민간차원에서는 ICC가 주축이 되어 TCM조약안의 백지화에 대비하여 1973년 "복합운송증권에 관한 통일규칙"(Uniform Rules for a Combined Transport Document)을 작성하여 발표하고, 1975년에 이를 지연에 따른 실제상의 문제를 고려하여 약간 개정하여 ICC Brochure 298호로 발표하였다.[65]

한편, 1988년 UNCTAD/ICC 합동작업반이 조직되어 헤이그규칙과 헤이그・비스비규칙을 기초로 하여 복합운송에 관한 통일규칙의 제정을 추진하여 1992년 1월 1일부터 "복합운송증권에 관한 UNCTAD/ ICC규칙"(UNCTAD/ICC Rules for Multimodal Transport Documents, 1992)을 시행하게 되었다.

나. 복합운송인의 책임체계

복합운송인의 책임체계에 관하여서는 "UN국제물품복합운송조약"과 "복합운송증권에 관한 통일규칙"을 중심으로 살펴보기로 한다. 둘 다 과실책임주의를 취하고 있으나 책임체계에 관해서는 다소 차이가 있다. 복합운송인은 전구간을 혼자서 책임을 지는 '전운송구간 단일책임'(single through liability)의 원칙에 따른다. 이 경우 전구간을 통하여 손해발생 장소가 어느 곳인가를 불문하고 동일한 책임을 지는

65) 오원석, 국제운송론, 박영사, 1990. pp. 302~303.

것을 '전 운송구간 동일 책임체계'와 개별 운송구간에 따라 다른 법규를 적용한 '각 운송구간 이종 책임체계'로 나누어 생각할 수 있다.

"복합운송증권에 대한 통일규칙"에서는 이종 책임체계를 원칙으로 하고 있다. 예를 들면 화물의 손해가 해상인 경우에는 헤이그규칙, 항공운송중이면 Warsaw Convention, 철도운송의 경우에는 CIM[66](1961), 도로운송의 경우에는 CMR[67](1956) 등에 의하여 복합운송인의 책임문제가 처리되는 것을 말한다.

복합운송에서 손해발생구간, 즉 복합운송인의 책임구간이 불분명한 경우에는 복합운송기간 중 운송기간이 가장 긴 해상운송기간 중에 손해가 발생한 것으로 추정하여 한국, 일본 및 미국 등에서는 헤이그규칙에 따라 복합운송인의 책임문제를 처리하고 유럽제국에서는 헤이그・비스비규칙에 따르고 있다.

한편 "UN국제물품복합운송조약"도 이종책임체계를 기본원칙으로 하고 화물의 멸실 또는 손상이 복합운송의 어느 한 특정구간에서 발생하고 그 구간에 대한 국제조약 또는 강행적인 국내법이 본 조약의 제18조 제1항의 적용으로 산출되는 한도[68]보다 높은 한도를 규정하

66) "convention relative au contract de transport international des marchandiese par route"의 약자임. 이것은 1961년 2월에 채택된 유럽제국간의 국제철도물품운송계약의 약칭이다. 그 후 이 조약은 1980년 5월에 채택된 조약인 "convention relative aux transports internationaux ferroviaires"(COTIF)의 부속규칙으로 흡수되었다.

67) "convention relative au contract de transport international des marchandises par route"의 약자임.

68) 운송구간부명손실(concealed damage)의 경우와 운송구간이 밝혀져도 그 구간에 적용되는 국제조약 또는 강행적인 국내법이 'UN국제물품복합운송조약'상의 책임한도액보다 적은 경우에는 일반기준을 적용하는데, 운송인의 책임은 1포장(package) 또는 선적단위(shipping unit)에 대하여 920계산단위(SDR)를 초과하지 않는 금액과 멸실 또는 훼손된 화물의 총중량 1kg에 대하여 2.75계산단위 중 많은 금액으로 제한한다(동조약 제18조1항). 그런데 만일 국제복합운송이 계약에 의거 내수나 해상운송을 포함하지 않을 경우에는 복합운송

고 있는 경우에는 그러한 멸실 또는 손상에 대한 복합운송인의 책임의 한도는 그러한 조약 또는 국내법의 규정에 따라서 결정된다(동조약 제19조).

그러나 만약 조약 또는 국내법이 정하는 책임한도액이 일반원칙에 의한 제한액보다 적은 경우에는 일반원칙을 적용하도록 하는 변형이종책임체계를 채택하여 운송인의 책임을 강화하고 있다. 이 UN조약의 모체가 된 TCM조약은 각 운송구간에 기존의 조약들과 국내강행법규에 의하여 복합운송인의 책임을 정하고 있다(동조약 제12조).

우선 미국, 일본, 유럽 등에서 사용하고 있는 개별운송구간에 적용되는 법규와 책임원칙은 다음과 같다.[69]

▌운송구간별 적용법규 및 책임원칙▐

운송구간	적 용 법 규	책임원칙
해상운송	Hague Rules	과실책임주의
도로운송	일본 → 일반자동차약관 미국 → 주제교통법(Interstate Commerce Act) 유럽 → CMR 한국 → 자동차운수사업법	과실책임주의 엄격책임주의 엄격책임주의 과실책임주의
철도운송	일본 → 통운약관, 화물운송법 미국 → 주제교통법 유럽 → CMR 한국 → 철도법	과실책임주의 엄격책임주의 엄격책임주의 과실책임주의
항공운송	바르샤바조약	과실책임주의

인의 책임은 화물의 총중량 1kg당 8.33계산단위, 지연으로 인한 손해에 대해서는 지연된 화물에 관한 운임이 2.5배로 제한되는데 이 제한액은 복합운송계약상의 총운임액을 넘지 못한다고 규정하고 있다(동조약 제18조 제4항).

69) 오원석, 무역관습론, pp. 225~226.

UN조약과 같은 통일입법에서 가장 중요한 문제는 운송인의 책임체계인데, Uniform System과 Network System의 장단점을 논하기는 어려우나 기존의 각 운송구간의 법규를 위시한 Uniform System은 국제운송의 현실을 무시하고 이상을 지향하려는 경향이 있다. 결국 이것은 기존의 각 조약 및 법규 가운데 운송인의 책임이 높은 것을 선택하려는 엄격주의를 피할 수 없고, 이로 인하여 운임의 인상과 운송인의 책임보험요율의 인상을 초래하여 그 부담이 결국 하주에게 전가된다.

다. 복합운송에서의 보험문제

UN조약이나 국제상업회의소의 통일규칙은 과실책임주의를 원칙으로 하며, UN조약에서는 운송인의 면책사유가 없으나 ICC의 통일규칙에서는 손해발생구간의 불명의 경우, 하주의 과실, 포장・기호의 불충분, 하주 측의 화물취급에 의한 손해, 화물고유의 결함, 동맹파업, 원자력사고 등에 의한 손해는 운송인이 보상하지 않는다.[70)]

운송인이 배상책임을 질 경우에도, 그 한도액을 UN조약의 경우, 1포장당 또는 1단위당 920SDR 또는 1kg당 2.75SDR중 높은 쪽을 초과하지 않는 금액으로 제한하고 있으며, 통일규칙의 경우 1kg당 30프랑(Poincaré France)을 초과하지 않는 것으로 규정하고 있다.

복합운송에 있어서도 과실책임주의에 따르므로 어떤 손해에 대하여 운송인이 무과실을 입증하면 면책이 되기 때문에 이에 대비하기 위하여 적하보험이 필요하다. UN조약에는 면책사유가 없으나, 통일규칙에는 협회적하약관의 제4조 일반면책약관(General Exclusion Clauses)의 내용과 비슷한 면책사항을 열거하고 있다. 이를 대비하기 위하여

70) Uniform Rules for a Combined Transport Document(1975 Revision) 제12조.

전쟁이나 동맹파업과 같은 상대적 면책위험에 대하여는 적하보험에서 특약 담보하도록 하고 있다.

비록 UN조약이나 통일규칙에서 모두 운송인의 고의에 의한 과실이나 지연이 발생한 경우에는 손해배상시 책임한도액의 혜택을 누릴 수 없다고 규정하고 있기는 하나, 여기서 정한 책임한도가 물품의 손해를 보상한다고 보기 어렵기 때문에 별도의 적하보험을 이용하여야 한다.

복합운송에서는 일반적으로 CIF나 CIP가액의 110%를 보험금액으로 하기 때문에 실손보상이 이루어지며, 담보구간도 협회적하약관 제8조 운송약관에 의하여 매도인의 창고로부터 매수인의 창고까지 담보할 수 있도록 하기 때문에 복합운송을 위한 보험의 준비가 갖추어져 있는 셈이다.

복합운송의 대표적인 Siberia Land Bridge의 경우 '보스토치니항' 양화 후 도착지(유럽, 중근동)까지 2개월 이상 걸리는 경우도 있기 때문에 위의 협회적하약관 제8조의 60일 담보문언을 90~120일로 바꾸는 취지의 약관인 "Special Clause for Siberia Land Bridge Transportation"[71]을 특약담보를 하기도 한다.

한편 육상과 해상을 연결하는 복합운송의 경우나 육상과 항공을 연결하는 복합운송의 경우에는 동일한 보험증권과 동일한 약관, 즉 육상과 해상을 연결하는 복합운송의 경우에는 해상운송용 보험증권

71) "It is specially understood and agreed that, in case of the goods being carried from Nakhodka to final destination(s) named in the Policy by land conveyances, the words "60 days" in (C) of the first paragraph of the Transit Clause (incorporating Warehouse to Warehouse Clause) of the Institute Cargo Clause and also in (C) of the first paragraph of Clause 3 of the Institute Strikes Riots and Civil Commotions Clauses are substituted by the words "90 days"(or "120 days").

과 1982년 협회적하약관에 의하여, 육상과 항공을 연결하는 복합운송의 경우에는 해상운송용 보험증권과 1982년 협회적하약관(항공)에 의하여 부보된다.

항공과 해상을 연결하는 복합운송의 경우와 육・해・공을 동시에 연결하는 복합운송의 경우에는 운송구간 또는 운송수단이 다름에 따라 서로 다른 약관이 적용된다. 즉, 항공운송으로 시작하여 해상운송에 연결된 경우에는 항공화물운송용 보험증권을 사용하여, 항공운송구간에는 항공운송에 관한 세 종류의 약관(Cargo, War, Strikes)을 적용하고, 선박에 적재한 후에 해상운송의 경우에는 1982년의 협회적하약관을 사용한다.

해상운송으로 시작하여 항공운송에 연결된 경우에는 해상운송용 보험증권에 1982년 협회적하약관을 사용하다가 항공기에 탑재 후에는 항공운송용 세 가지 약관이 적용된다는 slip을 첨부한다.

해・공의 연결지점에서 생길지도 모를 위험을 담보하기 위하여 "Special Clause for Connection Water and Air Transits"[72]와 같은 특약을 사용한다.

72) Notwithstanding anything to the contrary contained in the Institute Cargo Clauses and the Institute Air Cargo Clauses, it is hereby understood and agreed that this insurance covers the interest hereby insured while in transit overland, including in-land waterways, between the vessel or craft and the aircraft, and also during stor-age in the ordinary course of transit until loaded on the aircraft at an intermediate port of place.

It is also understood and agreed that the following clause as attached hereto shall be applied as from the time the goods are loaded on the aircraft at the in-termediate port or place.

Institute Air Cargo Clauses (A/R)
Institute War Clauses (Air)(excluding sending by Post)
Institute Dangerous Drugs Clause

2 해상위험과 손해

1. 해상위험
2. 해상손해와 공동해손

1 해상위험

제1절 해상위험과 인과관계

1 해상위험

해상보험계약은 보험자가 항해에 관한 사고로 인하여 발생할 수 있는 손해를 보상할 것을 약정하고 보험계약자가 그 대가로 보험료를 지급할 것을 약정하는 손해보험계약이다. 따라서 해상보험계약에 의하여 보호되는 이익과 그 이익에 손해를 입히는 위험의 존재를 전제로 한다.

해상보험에서 사용되는 위험(risk, peril)은 주로 다음과 같이 4가지 의미로 사용된다.

① 손해의 원인인 보험사고: 해상보험계약에서 모든 손해가 보상되는 것이 아니라 보험자가 담보한 위험에 의한 손해만 보상된다. 따라서 보험자가 화재위험, 전쟁위험, 육상위험을 담보한다고 할 때는 손해의 원인인 사고의 내용과 구간을 의미한다.

② 보험사고 발생 가능성: 보험계약 체결이 위험의 존재를 전제로 한다거나 '위험이 없으면 보험이 없다(No risk no insurance)'라고 할 때의 위험은 보험사고의 발생가능성을 나타낸다.

③ 손해발생 가능성을 내포하는 구체적 상태: 일정한 사고를 발생하도록 하는 사정 또는 상태로 위험의 변동(change of risk),

위험의 변경(variation of risk), 위험의 변종(alteration of risk) 이라고 할 때의 의미이다.

④ 보험자의 책임: 보험계약에서 보험자의 손해보상의무, 위험부담책임 등을 나타낼 때의 의미이다. 예를 들면 위험이 개시한다(the risk attaches). 위험을 담보한다(to cover the risk). 등에 사용된다.

해상위험의 요건은 다음과 같다.

① 해상보험에서 보험자는 담보위험에 의한 손해를 보상하기 때문에 위험은 손해의 원인이어야 한다.
② 위험은 그 발생이 우연한 것이어야 한다. 우연이란 그 발생이 가능하지만 불확실한 것을 말한다.
③ 위험은 장래뿐만 아니라 과거의 사건이라 하더라도 보험계약 체결시 보험계약자가 이미 발생한 사실을 모르고 있을 경우에는 위험이 될 수 있다. 이를 위하여 소급보험의 필요성이 있다.
④ 위험은 반드시 불가항력(force majeure)적인 사건이어야 할 필요는 없다. 여기서 불가항력이란 사람의 행위의 개입 없이 직접적이고도 자연적인 원인에 의한 사고로서 상당한 예방수단을 강구하더라도 방지할 수 없는 사고를 말한다.

사고발생의 가능성을 위험이라고 한다면 해상위험은 위험이 항해사업(maritime adventure)에 기인하거나 부수되는(consequent on, or incidental to) 것을 의미한다. 이러한 위험에는 해상고유의 위험과 항해에 관련되는 내수, 육상위험을 포괄한다.

해상위험은 보험계약상 확정되어 있어야 한다. 확정은 보험증권에 나타나게 되는데, 보험증권에 정해진 항로나 기간 이외의 위험은 비록 해상에서 발생하였다고 해도 보험계약상 해상위험이라고 할 수 없다.

해상위험은 해상구간에서 발생된 위험뿐만 아니라 운송약관(Transit Clause)에 의하여 육상구간까지 확대되며, 항해고유의 위험뿐만 아니라 항해를 전제로 하지 않는 인위적 · 자연적 위험까지 포함한다. 따라서 침몰, 좌초 등의 해상위험과 낙뢰, 전쟁, 동맹파업 등의 위험도 포함된다.

영국에서는 보험자가 해상고유의 위험(perils of the seas)의 담보를 원칙으로 하고, 기타 해상위험은 계약에 의하여 증권에 열거하여 추가로 담보하고 있다. 그 취지가 영국해상보험법 제3조에 규정되어 있다.

> "Maritime perils" means the perils consequent on, or incidental to, the navigation of the seas, that is to say, perils of the seas, fire, war perils, pirates, rovers, thieves, captures, seizures, restraints, and detainments of princes and peoples, jettisons, barratry, and any other perils, either of the like kind or which may be designated by the policy.
>
> (해상위험이라 함은 해상항해에 기인하는 또는 부수하는 위험, 즉 해상고유의 위험, 화재, 전쟁위험, 해적, 표도, 강도, 포획, 나포, 군주 및 인민의 억지 또는 억류, 투하, 선원의 악행 및 상기와 동 종류 또는 보험증권에 기재되는 기타 일체의 위험을 말한다.)

"any other perils…which may be designated by the policy" (보험증권에 기재된 기타 일체의 위험)는 동종제한의 원칙에 따라 해상사업에 관련되어 열거된 위험과 동종의 것에 한한다고 보아야 한다.

반면, Lloyd's S.G. Policy에는 보험자가 담보할 위험을 해상고유의 위험 이외에 다음과 같이 보다 구체적으로 열거하고 있다.

> "Touching the adventures and perils which we the assurers are contended to bear and do take upon us in this voyage; they are of the seas, men-of-war, fire, enemies, pirates, rovers, thieves, jettisons, letters of mart and countermart, surprisals, taking at sea, arrests, restraints, and detainments of all kings, princes, and people, of what nation, condition, or quality soever, barratry of the master and mariners, and of all other perils, losses, and misfortunes that have or shall come to the hunt, detriment, or damage of the said goods and merchandises, and ship, or any part thereof."
>
> (본 보험자가 본 항해에 있어서 담보할 것을 약속하는 모험 및 위험에 관해서 즉, 해상고유의 위험, 군함·화재·외적·해적·표도·강도·투하·포획면허장 및 보복포획면허장·습격·해상탈취, 국적상황 또는 성질의 여하를 불문하고 모든 국왕·군주 및 국민의 강류·억지 및 억류, 선장 및 선원의 악행, 화물·상품 또는 선박 및 기타에 대하여 혹은 그들 일부에 대하여 파손·훼손 또는 손상을 발생케 했거나 또는 발생케 한 기타 일체의 위험과 멸실 혹은 불행으로 한다.)

참조 p.291
구증권 제11조
담보 위험약관

S.G. Policy는 1779년부터 사용해 왔고, 영법은 1906년에 제정되었기 때문에, S.G. Policy의 "surprisals"나 "taking at sea"와 같은 낡은 표현이 영법에는 "captures"나 "seizure"로 바뀌었고 열거되는 위험도 정돈되었다.

2 인과관계

가. 인과관계의 의의

인과관계(因果關係, causation)란 어떤 원인이 어떤 결과를 가져온다는 원인과 결과의 관계이다. 보험법상 인과관계는 위험과 손해와의 관계로 보험자가 보상하는 손해는 일정한 위험, 즉 보험자가 담보하는 위험에 의하여 발생한 손해이어야 한다.

보험자는 자신이 담보한 위험에 의한 손해는 보상하며 면책위험에 의한 손해는 보상하지 않는다. 담보위험에 의한 손해라도 그 위험이라는 선행현상이 없었다면 '손해'라는 후행현상이 일어나지 않을 것이라고 하는 두 현상간의 필연적 관계가 바로 인과관계이다.

해상보험에서 인과관계를 논하는 주요한 이유는 보험자의 책임유무를 결정하기 위해서다. 문제가 되는 것은 복수의 위험이 결합되어 손해를 일으켰을 경우 보험자의 손해보상책임의 유무를 결정하기 위해 손해의 원인, 즉 인과관계를 규명하는 일은 매우 중요하며, 이렇게 규명된 원인이 담보위험인가 면책위험인가에 따라 보상유무가 결정된다.

위험과 손해와의 인과관계에 관한 문제는 해상보험에 국한된 것이 아니라 화재보험을 위시한 손해보험 전반에 공통된 문제이다. 육상보험은 통상 일정의 단일위험을 개별적으로 담보하고 있는데 반하여 해상보험에서는 해상위험이라고 하는 보편적이고 종합적인 위험을 담보하고 있으며, 그 가운데 어떤 위험은 면책위험으로 보험자의 책임이 면제되기 때문에 손해가 담보위험과 면책위험이 혼합되어 생긴 경우에는 인과관계의 문제가 복잡하게 된다.

영국해상보험법 제55조 제1항에는 근인설의 입장을 취하고 있으나, 무엇이 근인이냐에 관해서는 명확한 규정이 없다.

> "Included and excluded losses.
> (1) Subject to the provisions of this Act, and unless the policy otherwise provides, the insurer is liable for any loss proximately caused by a peril insured against, but subject as aforesaid, he is not liable for any loss which is not proximately caused by a peril insured against."
>
> (본법에 별도의 규정이 있을 경우와 보험증권에 반대의 규정이 있을 경우를 제외하고 보험자는 피보험위험에 근인하여 일어나는 일체의 손해에 대하여 책임을 지나, 위의 두 경우를 제외하고 피보험위험에 근인하여 일어나지 않는 일체의 손해에 대해서는 책임을 지지 않는다.)

나. 원인의 경합

손해의 발생원인이 하나밖에 없는 경우에는 그것이 담보위험이면 보험자가 보상하고, 면책위험이면 보험자는 보상책임이 없다.

2가지 위험이 연속하여 발생하고 둘 중 하나가 담보위험이고 다른 하나가 면책위험인 경우에는 무엇이 근인이냐 하는 것이 문제이다. 또 두 위험이 협력해 손해를 일으키고 그 중 하나가 담보위험인 반면 다른 하나가 면책위험인 경우 어느 것이 근인이냐 하는 것이 문제된다.[1)]

원인이 협력하여 손해를 일으킨 것이 아니고, 복수의 위험이 동시에 독립적 원인력을 갖고 손해를 유발시킨 경우에는 독립된 원인의 하나가 담보위험이면 보험자는 보상책임이 있다.

1) 김준헌 외 3인, 신해상보험론, 법문사, 1986, pp. 121~123; V. Dover, *A Handbook to Marine Insurance*, Witherby & Co. Ltd, London, 1982, 8th ed., p. 400.

다. 인과관계에 관한 학설

(1) 조건설

어떤 사실이 어떤 결과를 발생토록 하는데 불가피한 조건이 된 경우 그러한 사실을 모두 그 결과의 원인으로 보는 견해로, 불가피한 조건을 모두 평등하게 취급한다는 점에서 조건평등설이라고 한다.

이 학설은 손해의 원인이 된 모든 위험을 평등하게 보기 때문에 다수의 불가피한 손해가 담보위험과 면책위험으로 구성되어 있을 경우 보험자의 책임유무를 결정하기 어렵다는 문제점이 있다.

(2) 최후조건설과 최유력조건설

최후조건설[2)]은 손해의 발생에 불가피한 여러 조건 중 시간적으로 가장 가까운 조건을 원인으로 보는 견해로 원인의 결정은 간단하지만 효과를 무시한 시간에 따른 결정의 비합리성과 두 가지 위험이 동시에 발생했을 경우도 있기 때문에 실무상 채택하기 곤란한 주장이다.

최유력조건설[3)]은 손해의 발생에 불가피한 조건 중 효과면에서 가장 유력한 조건을 원인으로 보는 학설이다. 문제는 여러 조건 가운데 어느 것을 가장 유력한 조건으로 보느냐 하는 점이다.

가장 유력한 조건에 관하여 피보험자와 보험자의 주장이 일치하면 이에 따라 보험자의 책임유무가 결정되지만, 주장이 대립되는 경우 재판에 의존하게 되는데, 이 경우 재판관의 판결도 객관성을 지녔다

2) 이 학설은 영국의 Mcarthur, Eldridge, Atkins 등이 지지하고 있지만 시간적으로 최후의 조건을 원인으로 본다는 비합리성 때문에 어느 나라도 채용하고 있지 않다.

3) 1885년 독일의 Birkmeyer가 주장한 학설로 프랑스의 통설이다. 여기서는 최유력한 원인의 판정기준이 '상식적인 표준'(commonsense standard)에 의존하여 판단자의 주관에 따라 근인이 달라질 수 있다고 본다.

고 보기 어렵다.

(3) 상당인과관계설[4)]

상당인과관계설은 어떤 결과를 발생시키는 불가피한 조건들 가운데, 그 원인이 이 경우뿐만 아니라 다른 일반적인 경우에 있어서도 같은 결과를 초래하는 조건인지를 보고, 일반적으로 동일한 결과를 발생시킬 가능성이 있는 조건을 적당조건으로 손해의 원인으로 보는 학설로서 적당조건설이라고도 한다.

이 학설은 원인의 시차나 원인력의 대소를 떠나 일반적 보편성과 객관성을 부여하려는 점에서 근인의 본질에 접근했다고 여겨지나, 손해의 원인이 2개 이상 있을 수 있다는 점에서 적용상의 문제가 있다.

상당인과관계설이 법학 일반에서는 통설로 되어 있으나 해상보험에서는 그대로 적용하는 것이 곤란하다는 비판도 있다.

(4) 자연성행설[5)]

자연성행설은 어떤 위험이 어떤 손해를 일으킨 경우 경험에 비추어 자연의 성행(caused in natural course; 盛行)으로 보일 때 그 위험이 손해에 시간적으로 근접하느냐 여부에 관계없이 손해의 원인으로 인정하는 것이다. 따라서 처음에는 시간적으로 가장 근접한 위험을 일단 그 원인으로 보고, 이전 위험의 불가피한 결과, 즉 자연의 경과라고 생각될 때에는 다시 이전 위험에 소급하여 자연의 경과가 끊어질 때에 중단한다.

예를 들면 항만 또는 해협에서 전시 소등 항해의 결과 선박이 충

4) 이 학설은 독일의 Kries가 1888년에 주창한 학설로 그 후 Rümelin, Traeger 등에 의하여 완성되었다. 이 학설은 우리나라와 일본의 육상보험의 영역에서는 통설이다.
5) 독일의 Ritter가 주장한 학설이며, 역시 독일의 Lindenmaier는 Ritter의 불가피설(100% 가까운 경우)을 수정하여 개연설(50% 가까운 경우)을 주장하였으며, 이 개연설이 현재 독일에서 가장 유력한 학설이다.

돌하여 침몰 후 전손이 된 경우, 우선 손해의 원인을 침몰로 보고, 그 침몰의 원인은 소급하면 충돌이다. 충돌 원인을 따져보면 소등항해에 있으므로 결국 손해의 원인은 전쟁위험[6]이라는 것과 같이 원인을 추적하여 규명하는 것이 바로 자연성행설이다.

(5) 근인설

근인설(principle of causa proxima)은 "근인을 보고 원인을 보지 말라"(Causa proxima non remota spectatur; Proximate cause and not remote cause must be looked to)는 법언에서 보는 바와 같이 손해발생에 관한 여러 가지 조건 중에서 손해발생에 직접적 효력을 갖는 단 하나의 조건을 바로 보라는 것이 근인의 본질이다.

원래 근인의 의미는 시간적으로 근접한 위험을 손해의 원인이라고 보았으나,[7] 이러한 주장은 손해의 원인을 쉽게 찾을 수 있는 편리성은 있지만, 기계적인 결정의 경미한 원인을 최후의 조건이라는 이유만으로 근인으로 확정하게 되는 비합리성을 낳게 되었다. 그 후 영국에서는 근인설을 시간적 근인이 아닌 효과적 근인(causa proxima in efficiency)을 의미한다는 견해가 강하게 대두되었다.[8]

이 학설은 세계 각국의 해상보험법의 다수설이며, 영국해상보험법 제55조 제1항도 이 원리에 기초하고 있다. 그리고 무엇이 효과적 측면에 가장 가까운 원인이냐를 규명하는 객관적 기준을 얻기 위하여 최유력조건설이나 자연성행설이 나타났다.

---

6) 한동호, 전게서, p. 120.

7) Pink, v. Fleming(1890) 25 Q.B.D. 396; 6 Asp. M.L.C. 554; 이러한 이유 때문에 이 학설을 전후조건설 또는 근시원인설이라고 불리는 경우도 있다.

8) Leyland Shipping Co., v. Norwich Union Fire Insurance Society(The "Ikaria") H.L. (1982) 23 Com. Cas. 190, 14 Asp. M.L.C. 258.

협회적하약관 (B), (C)에는 보험자가 어떤 위험(예를 들면, 화재・대폭발・좌초・교사 등)에 대한 '상당인과관계의 손해'(loss or damage reasonably attributable to……)를 보상한다고 규정하고 있으나, "reasonably attributable to"와 "proximately caused by"의 두 가지 표현은 실제 효과면에서 별로 차이가 없다. 왜냐하면 법원은 효과면에서 유력한 원인을 찾는데 상식적 기준을 적용하기 때문이다.[9)]

실무에서는 손해가 발생하면 손해를 유발한 일련의 원인을 추적하면서 그 손해와 원인 사이가 단절되지 않는 곳까지 거슬러 올라간다. 만약 근인이 면책위험에 의하여 야기되었다면 보험자는 보상책임이 없다.

예를 들어, 건조 중인 선박에서 화재위험은 담보위험인 반면 지진은 면책위험이다. 지진이 발생하여 연료선이 파괴되고 화재가 발생하여 선박이 손상을 입은 경우, 그 손해의 원인인 화재가 면책위험인 지진에 의하여 생겼기 때문에 보험자는 보상책임이 없다.[10)]

그러나 손해로부터 불가피한 인과관계를 소급하여 면책위험에 도달하면 보험자는 면책이지만, 만약 담보위험에 도달하고 다시 불가피한 인과관계를 소급하여 면책위험에 도달할 경우에는 보험자는 면책이 된다. 이와 같이 면책위험에 관한 규정을 담보위험에 관한 규정보다 우선하는 것은 원래 담보되지 않은 손해에 대해서는 면책규정을 둘 필요가 없으나 면책규정이 있으면 보험자가 담보할 손해를 면책하고자 하기 위함이다.

9) The 'Salem'(1982) C.A 1 Lloyd's Rep. p.381; "This choice of the real or efficient cause from or out of the whole complex of the facts must be made by applying common-sense standards."

10) R.H. Brown, Marine Insurance vol. 1-Principles & Basic Practice, Witherby & Co., p. 190.

제2절 위험의 변동 및 제한

1 위험의 변동

가. 위험변동의 의의

위험계약 체결시 보험자는 보험료를 결정하기 위해서 각종의 위험상태를 기초로 하여 위험발생의 확률과 정도를 측정하여야 하며, 이러한 측정의 소재인 중요사실을 고지시키는 것이 절대적으로 필요하다. 따라서 영법에는 고지의무를 규정하고 있다.

보험자가 측정한 위험상태를 기준으로 보험료를 산출할 경우 이러한 위험의 발생가능성이 항해 중에 계속된다는 전제를 하고 있다.

보험계약의 체결시 전제로 한 일정한 위험상태가 변동할 경우 위험계약 성립의 기초가 무너지므로 보험계약을 무효로 하거나 보험자에게 계약의 해제권을 부여하거나 또는 보험자를 이후 면책시키거나 하게 되는데 이를 '위험변동의 원리'라고 한다.

일반계약법에서는 계약체결시의 전제가 변경되더라도 당초의 계약에 구속을 받지만, 보험법에서는 위험률과 보험료율과의 균형이 보험업의 경영에 불가결한 것으로 인정되기 때문에 위험의 변동은 보험계약의 효력에 결정적 영향을 주게 된다.

위험의 변동(change of risk)에는 위험의 변경과 위험의 변종이 있다.

위험의 변경(variation of risk)은 위험률의 변경을 가져오는 위험사정의 변동을 말하며, 위험의 변종(alteration of risk)은 보험자의 위험측정의 기초 조건인 위험사정이 전적으로 소멸하여 별개의 위험

사정이 이에 대체되는 것을 말한다.[11]

상법은 피보험자의 행위로 인하여 위험이 변동한 경우에만 보험계약의 효력에 영향이 있다고 규정(상법 제701조, 제702조, 제703조)하고 있으나, 영법에 따르면 피보험자의 행위에 기인하든 기인하지 않든 위험변동은 보험계약의 효력에 영향을 미친다.

나. 위험변동의 원인

위험변동은 그 원인에 따라 보험계약자 또는 피보험자의 행위에 의한 주관적 위험변동과 불가항력에 의한 객관적 위험변동 2가지로 구분된다.

주관적 위험변동의 경우 보험계약자 또는 피보험자의 행위가 위험증가의 원인을 이루는 경우로서, 보험계약자 등의 고의 또는 과실에 의한 경우뿐만 아니라 그 사용인의 고의 또는 과실에 의한 경우까지도 포함한다.

객관적 위험변동은 피보험자나 보험계약자의 책임으로 돌릴 수 없는 일종의 불가항력에 의하여 위험의 변동이 생긴 것이기 때문에 상법 제652조는 이를 보험자에게 통지하고 계속 담보하도록 규정하고 있다.

발항 또는 항해지연에 대하여 "피보험자가 정당한 사유 없이 발선 또는 항해를 지연한 때에는 보험자는 발항 또는 항해를 지체한 이후의 사고에 대하여 책임을 지지 아니한다."하여 피보험자의 행위에 의한 주관적 위험변동의 경우에만 보험계약의 효력에 영향이 있다(상법

11) 한동호, 전게서, p. 146.

제702조).

영법에서는 주관적 및 객관적 위험변동의 경우를 불문하고 보험계약이 영향을 받는 점을 규정하고 있다.[12)]

> "Included and excluded losses.
>
> (1) Subject to the provisions of this Act, and unless the policy otherwise provides, the insurer is liable for any loss proximately caused by a peril insured against, but subject as aforesaid, he is not liable for any loss which is not proximately caused by a peril insured against."
>
> (본법에 별도의 규정이 있을 경우와 보험증권에 반대의 규정이 있을 경우를 제외하고 보험자는 피보험위험에 근인하여 일어나는 일체의 손해에 대하여 책임을 지나, 위의 두 경우를 제외하고 피보험위험에 근인하여 일어나지 않는 일체의 손해에 대해서는 책임을 지지 않는다.)

다. 위험의 변경

일반적 위험변경은 적하보험의 경우, 갑판적, 환적(MIA 제59조), 강제하역(forced discharge),[13)] 포장불완전 등이 있으며, 선박보험의 경우, 선박의 용도변경, 선박의 군사적 목적으로 징발, 선박의 양도 등이 있고, 선박 및 적하보험에 관한 것은 선박의 불내항성, 선장의 변경 등이 있다.

특수한 위험변경은 발항선의 해태,[14)] 항해의 해태[15)] 및 이로[16)]이

12) MIA 제43조, 제45조, 제46조 참조.
13) ICC(A), (B), (C), 제8조 제3항에는 피보험자가 좌우할 수 없는 운송의 지연, 이로, 강제하역, 환적의 경우에는 보험담보가 계속된다고 규정하고 있다.
14) MIA 제42조 제1항.
15) MIA 제48조.
16) MIA 제46조.

다. 가장 대표적인 위험변경인 이로(deviation)는 피보험항해의 출발항과 도착항을 변경하지 않고 항로만을 변경하는 것을 말한다.

항로의 변경은 단순히 정해진 항로를 이탈하는 경우, 정당치 않은 기항을 행하는 경우, 기항의 순서를 변경하는 경우로 나눌 수 있다.

항로가 계약에 정해져 있는 경우에는 이에 따라야 하며, 정해진 항로가 없는 경우에는 관습적 항로를 따라야 한다. 기항항이 정해져 있는 경우에는 다른 항구에 기항해서는 안 되지만 관습적인 기항항에 기항하는 것은 무방하다.

위험변경이 발생하면 보험자는 위험변경 이후의 사고에 대하여 원칙적으로 보상책임이 해제된다.[17)]

영국해상보험법 제49조는 다음과 같은 정당한 이유(lawful excuse)가 있는 경우의 이로 및 지연의 경우에는 보험의 효력이 계속된다고 규정한다.

① 보험증권의 특약에 의하여 인정되는 경우
② 선장/고용자의 지배권 이외의 사정에 의하여 발생할 경우
③ 명시 또는 묵시담보(express or implied warranty)를 충족하기 위하여 합리적으로 필요한 경우
④ 선박/피보험목적물의 안전을 위해 합리적으로 필요한 경우
⑤ 인명구조 또는 인명이 위기에 처한 조난선 구조를 위한 경우
⑥ 승선자의 내・외과적 치료를 위해 필요한 경우
⑦ 선원의 비행이 피보험위험의 하나였을 때 그 비행으로 인하여 생긴 경우 등

영법상 이로나 지연 등 위험변동이 있는 경우에는 원칙적으로 보

17) 상법 제701조 제3항; MIA 제46조 제1항.

험자의 책임이 해제되지만, 보험증권의 특약에 의해 인정되는 경우에는 그러한 위험변동이 허용될 수 있다.

참조 p.324
구ICC 제1조
운송약관

p.398
신ICC 제8조
운송약관

적하보험의 피보험자인 하주는 사실상 운송인의 지배하에 있는 해상항해에서의 위험변동에서 선의의 피해를 입을 수 있기 때문에 이를 보호하기 위하여 ICC(A), (B), (C)의 제8조 제3항에 '피보험자가 좌우할 수 없는 지연, 이로, 부득이한 양하, 재선적, 환적, 선주의 자유재량권에 의한 위험의 변경' 등 위험변동의 경우를 명시하고, 이러한 위험변동기간 중에 발생하는 담보위험에 의한 손해는 고지나 추가보험료의 지급 없이 보험자가 계속 담보할 것을 명시하고 있다. 여기서 이로는 피보험자가 좌우할 수 없는 이로가 아닌 일체의 이로로 영법 규정에 우선한다.

라. 위험의 변종

위험의 변종이란 계약체결시의 위험이 증가하거나 감소하는 것이 아니라 계약체결시의 위험사정이 소멸하고 새로운 위험사정으로 대체되는 현상으로 상법에서는 구체적인 위험변종의 현상으로 항해변경(제701조)과 선박변경(제703조 제1항)을 규정하고 있다.

(1) 항해변경

항해변경은 위험이 개시된 후 선박의 도달항이 보험증권에 정해진 도달항으로부터 임의로 변경된 경우이다.[18] 보험자는 항해변경시, 즉 항해변경의 의사가 명백하였을 때부터 책임이 해제된다. 발항지가 보험증권에 정해져 있는 경우에 그 곳에서 출발하지 않고 다른 곳에서 출발하면 보험자의 책임이 개시되지 않고, 도달항이 보험증권에 정해져 있는 경우 도달항을 향하여 출발하지 않고 다른 곳을

18) MIA 제45조 제1항.

향하여 출발한 경우에도 보험자의 책임은 개시되지 않는다.[19]

상법도 "선박이 보험계약에서 정하여진 발항항이 아닌 다른 항에서 출항한 때에는 보험자는 책임을 지지 아니한다."(제701조 제1항)고 규정하고, "보험자의 책임이 개시된 후에 보험계약에서 정하여진 도착항이 변경된 경우에는 보험자는 그 항해의 변경이 있은 때부터 책임을 지지 아니한다."(제701조 제3항)고 규정하고 있으나, 항해의 변경이 보험계약자 또는 피보험자의 책임 있는 사유로 발생하지 않을 때에는 보험자는 면책되지 않는다. 왜냐하면 위험의 변종이 피보험자의 고의 또는 과실이 없는 경우에 보험자를 면책하는 것은 피보험자에게 너무 가혹하기 때문이다.

참조 p.330
구ICC 제4조
항해변경약관

p.407
신ICC 제10조
항해변경약관

적하보험의 경우에 피보험자인 하주는 그 항해를 좌우할 수 있는 지위에 있지 않고 항해의 변경이 대부분 피보험자의 의사와는 관계없이 발생되기 때문에 그러한 피보험자를 보호하기 위하여 ICC (A), (B), (C)에 별도의 항해변경약관[20](Change of Voyage Clause)을 두고 있다. 이 약관에서는 '도착항'의 개념을 '목적지'(destination)로 표시하고 있는데, 이것은 복합운송의 경우를 고려한 것이다.

영법 제45조 제2항은 별도의 규정이 있는 경우를 제외하고 항해의 변경의사가 분명한 때부터 보험자의 책임이 해제된다고 규정하였지만, ICC(1982)는 영법에 대한 별도의 규정으로 항해변경약관을 명시하여 보험자가 계속하여 담보할 수 있도록 하고 있다.

계속담보(held covered)의 요건은 ① 약관상 유효한 항해의 변경,

19) MIA 제43조, 제44조, 제45조 참조.
20) ICC(A), (B), (C). 제10조; Where, after attachment of this insurance, the destination is changed by the Assured, held covered at a premium and on conditions to be arranged subject to prompt notice being given to the Underwriters.

즉 보험이 개시된 후 피보험자에 의한 목적지의 변경이 있고, ② 보험자에게 지체 없는 통지(prompt notice)가 있어야 하며, ③ 추후 협정되는 보험료와 보험조건에 따라야 한다.

(2) 선박변경

선박의 변경은 피보험목적물인 적하가 선적항에서 보험계약에 약정된 선박에 적재되지 않고 다른 선박에 적재되는 경우와 항해 도중에 다른 선박에 환적되는 경우를 모두 포함하지만 일반적으로 전자를 가리킨다.

상법(제703조 제1항)에는 "……보험계약자 또는 피보험자의 책임있는 사유로 선박을 변경한 때에는 보험자는 그 변경 후의 사고에 대하여 책임을 지지 않는다."고 명시하여 피보험자의 고의 또는 과실에 의한 선박변경의 경우 보험자의 면책을 규정하고 있다.

그러나 피보험자에게 그 책임을 돌릴 수 없는 사유로 인한 선박변경의 경우 보험자의 담보책임은 계속된다. 계속담보(held covered)를 위한 정지조건으로 피보험자는 그 사실을 속히 보험자에게 통지하여야 한다. 이는 보험자가 통지된 사건에 대하여 계속담보 여부를 결정하고, 보험조건이나 보험료율의 결정을 위해 변경된 위험사정을 속히 파악해야 하기 때문이다.

영법에는 선박의 변경에 관한 규정이 없으나, '보험증권에 지정된 선박은 위험개시 후 강제력이나 보험자의 동의 없이 변경되어서는 안된다는 것이 보험계약의 묵시조건으로'[21], 이의 위반은 보험자로 하여금 위험부담책임을 면제시킨다.

21) Arnold, J., On the Law of Marine Insurance and Average, Stevens & Sons, 1950, p. 190.

2 위험의 제한

가. 위험제한의 의의

해상보험계약은 보험자가 피보험자에게 계약에 합의한 방법과 범위에서 해상손해, 즉 해상사업에 부수되는 손해를 보상할 것을 확약하는 계약이다(MIA 제1조).

해상사업에 부수되는 손해(losses incident to marine adventure)란 '해상운항에 기인 또는 부수하는 위험'(perils consequent on or incidental to the navigation of the sea)을 가리킨다. 항해에 기인하는 손해는 항해가 원인이 되어 생기는 손해로 해상고유의 위험(perils of the seas)이며, 항해에 부수되는 위험은 바다가 원인이 된 것이 아니라 항해과정 중에 발생할 수 있는 위험으로 위험약관에 열거되거나 이와 동종의 위험을 말한다.

해상보험에서 보험자가 모든 해상위험을 담보하는 것이 원칙이나, 미풍양속이나 보험경영의 합리화 등을 이유로 법규, 판례 또는 계약에 의하여 담보위험을 제한하고 있다.

나. 위험제한의 유형

(1) 종류적 제한

종류적 제한은 보험자가 담보할 해상위험을 열거하거나 보험자가 담보하지 않을 면책위험을 명시하는 것이다.

영국해상보험법 제3조에 해상위험(maritime perils)을 열거하고 있고, S.G. Policy의 위험약관에도 담보위험을 열거하고 있다. 또한 위험약관에 열거된 위험을 면책하기 위하여 이탤릭체약관인 포획・나포부담보약관(FC & S Clause)에서 전쟁위험을 면책위험으로 명시하

참조 p.357
신ICC 제1조
위험약관

고 있고 신증권 ICC(A)는 면책위험을, (B)와 (C)는 담보위험을 열거하여 위험의 종류를 제한하고 있다.

(2) 시간적 제한

보험자가 보험계약에서 담보하는 위험은 보험기간(duration of risk)내에 발생하는 위험에 한한다. 보험기간은 보험계약기간(duration of policy)과 반드시 일치하지 않는다. 소급약관이나 포괄담보(open cover) 등에서 보험기간이 확장될 수 있다.

보험기간은 보험자의 위험부담에 대한 책임이 존속되는 기간으로서 보험자와 피보험자는 보험기간에 제한을 받는다.

보험기간은 보험자의 손해보상의무가 걸려있는 시간적 제한이지만 손해보상기간은 아니다. 즉, 보험기간 중에 발생된 손해라도 그 위험이 보험기간 개시 전에 있었다면 보험자는 보상의무가 없으며, 반대로 보험기간 중에 발생한 위험이 보험기간 종료 후에 손해를 유발했을 때에는 보험자가 이를 보상하여야 한다.

(3) 조건적 제한

일정한 조건 또는 사실이 발생할 경우에 보험자가 보상책임을 면제받는 것을 말한다. 영법상 명시 또는 묵시담보의 위반이 발생하면 담보위반의 날로부터 보험자의 위험부담책임은 해제된다.[22] 그리고 피보험자가 고지(disclosure) 또는 표시(representations)를 최대선의에 의하여 이행하지 않을 때 보험자는 보험계약을 취소할 수 있다.[23]

22) MIA 제33조 제3항; If it be not so complied with, then, subject to any express provision in the policy, the insurer is discharged from liability as from the date of the breach of warranty,……; 묵시담보에는 내항성담보(warranty of seaworthiness)와 적법담보(warranty of legality)가 있으며, 묵시조건에는 ① 고지, ② 통상적 항로의 운항, ③ 위험의 불변동, ④ 관습존중 등이 있다.

이와 같이 법규나 약관 등에 일정한 조건을 부여하고 있을 때 그 조건이 충족되면 보험자의 위험부담책임이 면제되고 위험이 제한을 받게 되는 것을 조건적 제한이라고 한다.

(4) 원인적 제한

원인적 제한은 보험계약자, 피보험자 또는 대리인이나 사용인이 초래한 위험, 즉 사고의 원인이 피보험자 측에 있는 경우 보험자의 부담책임이 제한되는 것을 말한다.

영국해상보험법 제55조 제2항 a에서 보험자는 피보험자의 고의적인 불법행위(wilful misconduct)에 책임지지 않을 것을 규정하고 있으며, ICC(A), (B), (C)의 제4조 제1항에도 보험자는 피보험자의 불법행위는 보상하지 않는 것으로 규정하고 있다. 피보험자의 고의적인 불법행위의 예로 선주가 배 밑에 구멍을 뚫어 고의적으로 선박을 침몰시키거나, 적하보험에서는 하주가 고의로 화물을 손상시키는 경우 등을 생각할 수 있다.

상법 제659조도 보험사고가 보험계약자나 피보험자의 고의 또는 중대한 과실로 인하여 생긴 때에는 보험자의 면책을 규정하고 있다.

(5) 장소적 제한

장소적 제한은 일정한 지역 또는 장소에서 생기는 위험을 보험자가 책임지지 않는 것을 말한다. 장소적 제한에는 일정한 장소에서 발생한 일체의 위험을 면책하는 경우와 일정한 장소에서 발생한 특정의 위험을 면책하는 경우가 있다. 선박보험에는 장소적 제한에 관하여 별도의 약관이 없으나 특약에 의하여 일정해역내의 유빙의 위

23) MIA 제18조 제1항.

험을 제외하는 경우가 있다. 적하보험 ICC(C)에서 갑판적위험인 갑판유실(washing overboard)은 보험자의 면책이다.

위험의 장소적 제한과 위험의 변동을 구별해야 한다. 이로(deviation)는 장소적 제한이 아니라 위험의 변동이다. 갑판적 화물의 경우 보험자의 위험부담이 제한을 받다가 나중에 선창내로 적재되면 보험자의 위험부담이 부활되지만, 이로의 경우에는 나중에 원래 항로에 복귀하더라도 보험자의 위험부담이 부활되지 않는다.

(6) 손해의 정도에 의한 제한

참조 p.312
구증권 제17조
소손해면책률약관

p.332
구ICC 제5조
담보위험약관

손해의 정도에 의한 제한은 보험자가 약관에 의하여 소손해나 단독해손은 보상하지 않는 것을 말한다. 보험자는 구증권의 면책비율약관(Memorandum Clause)에 의하여 3~5%의 면책률을 인정받으며, ICC(FPA)에 의하여 단독해손을 보상받지 못하고, WA 3%의 경우도 3% 이상의 분손만 보상받을 수 있다.

다. 담보위험의 확장

참조 p.357
신ICC 제1조
위험약관

p.355
[표] ICC 신약관
면책위험

영국해상보험법 제3조 제2항이나 Lloyd's S.G. Policy의 위험약관에 보험자가 담보하는 위험이 열거되고 있다. 신증권에 사용되는 협회적하약관의 (A)Clause가 비록 포괄담보조건이지만, 면책약관(제4~7조)에 따라 각종 면책위험이 있으며, (B)나 (C)Clause의 경우에는 담보위험이 열거되어 있기 때문에 위험이 제한받고 있다. 제한받는 위험들은 특약에 의하여 확장된다.

제1차 세계대전 후 도난과 발화(拔貨, 좀도둑) 사고가 증가함에 따라 협회도난·발화·부착(Institute Theft, Pilferage and Non-Delivery)약관을 특약으로 사용함으로써 담보위험을 확장하고 있다.

ICC(A)의 경우는 포괄담보조건으로 제4조에 열거된 위험을 담보하지 않는다. 그러나 제4조의 일부 면책위험을 배제하는 특약을 보험증권에 삽입할 수 있다. 대부분은 화물의 성질에 의하여 생기기 쉬운 것으로 화물고유의 하자나 성질로 면책되는 것이지만, 이는 추가 보험료를 조건으로 담보될 수 있다.

참조 p.430 부가약관

부가위험의 예로 잘려진(chipping), 긁힌(scratching), 눌린(denting), 구부러진(bending), 부서진(crushing), 녹(rust), 산화(oxidation), 변색(discoloration), 곰팡이 손상(mould and mildew) 등으로 이러한 부가위험을 담보하기 위해서는 특약을 첨부하지 않고 보험증권에 "including denting or bending" 등의 문언을 삽입한다.

담보위험의 종류뿐만 아니라 장소적 제한도 확장될 수 있다. 영법 제2조에 의하여 해상보험은 해상구간뿐만 아니라 '해상항행에 부수하는 내수 또는 육상에서의 손해'(losses on inland waters or on any land risk which may be incidental to any sea voyage)까지 담보할 수 있도록 규정하고 있으며, 적하보험의 경우 ICC(A), (B), (C)의 제8조 운송약관(Transit Clause)에 의하여 매도인의 창고에서 매수인의 창고까지 확장되기에 이르렀다.

라. 피보험목적물의 성질 또는 하자

참조 p.376 신ICC 제4조 4항

해상보험에서는 피보험목적물의 성질 또는 하자로 인한 손해는 보험자가 보상하지 않는다.[24] 통상의 항해환경에서 피보험목적물의 성

24) MIA 제55조 제2항 C; …… the insurer is not liable for ordinary wear and tear, …… inherent vice or nature of the subject-matter insured……; ICC(A), (B), (C) 제4조 제4항;In no case shall this insurance cover loss damage or expense caused by inherent vice or nature of the subject-matter insured; 상법 제678조에는 보험의 목적의 성질, 하자 또는 자연 소모로 인한 손해는 보험자가 이를 보상할 책임이 없다고 규정하고 있다.

질에 기인한 손해를 성질적 사고, 피보험목적물의 하자에 기인한 손해를 하자적 사고라고 한다. 예를 들어, 생선이나 과일이 부패하고 철강제품이 녹스는 것은 화물의 성질에 기인한 성질적 사고이며, 양모나 어분을 젖은 채로 적재하였기 때문에 자연발화 하는 것은 하자적 사고이다. 이러한 피보험목적물의 성질 또는 하자에 대한 보험자의 면책은 위험제한의 중요한 내용이다.

위험이 면책되는 근거는 사고발생이 우연성을 갖고 있지 않는 것은[25] 제외하는 것이 보험경영의 측면에서 당연하며, 또한 이러한 위험은 손해가 외부의 영향 때문이 아니라 피보험목적물의 내부에서 생기는 것이기 때문에 피보험자 자신이 책임지는 것이 당연하다.

화물의 성질 또는 하자에 의한 손해는 부패·변질·변색·녹·곰팡이, 면화·양모의 자연발화, 액화가스의 자연폭발, 휘발유 등의 자연감량, 액체류의 누손, 화물의 한유손(sweat damage) 등이다.

선박의 성질 또는 하자에 의한 손해에는 속구의 마손, 기관이나 속구의 잠재적 하자, 불내항성 등이 있다. 그러나 이러한 위험도 절대적 면책위험이 아니기 때문에 특약에 의하여 담보가 가능하다.

25) RCP, 제7조; The term "perils of the seas" refers only to fortuitous accidents or casualties of the seas. it does not include the ordinary action of the winds and waves.

제3절 보험기간 및 면책위험

1 보험기간

가. 보험기간의 의의

보험기간(duration of the risk)이란 보험자의 위험부담 책임이 존속하는 기간을 말한다. 보험기간은 보험계약기간(duration of the policy)과 구별되어야 한다. 보험계약기간은 보험계약이 유효하게 존속하는 기간으로 보험기간과 대부분 일치하지만, 소급보험의 경우에는 보험자는 보험계약 성립전의 손해도 보상하여야 하며, Open Policy의 경우에는 하나의 보험계약 기간 내에 많은 보험기간을 포함하고 있다.

보험기간을 결정하는 기준에 따라 ① 일정항해를 단위로 정하는 항해보험, ② 일정한 기간을 단위로 하는 기간보험, ③ 일정항해 및 일정기간을 기준으로 보험기간을 정하는 혼합보험이 있다.

적하보험은 통상 항해보험이고, 선박・항공기 및 선비보험은 주로 기간보험이며, 혼합보험은 거의 사용되지 않는다. 적하보험의 경우 일정한 장소에서 다른 곳으로 이동하기 때문에 항해구간 동안의 보호를 목적으로 하는 항해보험이 적절하며, 선박의 경우는 항해중이나 정박 중에도 계속하여 위험에 직면하기 때문에 기간보험이 적절하다고 할 수 있다.

기간보험의 경우에는 항해에 관한 규정은 없으며, 원칙적으로 보험기간 중 일체의 위험이 담보된다. 그러나 기간보험의 경우에도 피보험 선박이 운항수역을 계약에 정해 놓는 것이 일반적이다. 이러한 장소적 범위를 항로제한(trading limit)이라고 하고, 영국에서는 이것을 명시담보의 하나인 항해제한담보(Institute Warranty)라고 한다.

나. 기간보험

(1) 보험기간의 개시 및 종료

보험기간의 개시 및 종료일을 특정일로 정하는 경우, 즉 20XX년 8월 10일부터 20XX년 8월 19일까지로 정하는 경우 그 개시는 8월 10일 0시이고, 그 종료는 8월 19일 24시이다. 또한 20XX년 8월 10일 정오부터 20XX년 8월 20일 정오까지와 같이 계약시 일시를 정해 둘 경우도 있다.

보험기간의 개시를 협정하거나 협정하지 않고 일정기간을 보험기간으로 협정하는, 예를 들면 20XX년 1월 1일부터 1년간이라고 정하는 경우에 민법(제156, 157, 159조)에서는 20XX년 1월 1일부터 개시가 되나, 개시를 협정하지 않았을 경우에는 보험계약의 성립 시에 개시하는 것으로 추정한다.

영법에서는 보험기간을 일, 주, 월, 년으로 정한 경우의 초일은 일수에 산입하지 않는다. 예를 들어 20XX년 7월 1일 오전 10시에 보험계약을 체결하고 향후 1년이라고 했을 경우에는 7월 2일이 기산일이 되고 다음해 7월 1일이 만료일이 된다.

월 또는 년으로 정한 경우의 최종 월에 해당일이 없을 때에는 그 달의 말일로 기간이 만료된다.

기간보험에 있어서 일시의 기준은 보험계약 체결지의 일시, 피보험목적물 소재지의 일시 등을 생각할 수 있으나, 특약이 없는 한 보험계약체결지의 시각에 따른다.

(2) 보험기간의 연장

기간보험에서는 선박이 항해중이거나 정박중이거나를 불문하고 보험자의 책임이 계속된다. 그러나 보험기간이 종료될 때에 선박이 항해중에 있는 경우에 선박을 다시 부보하려면 여러 가지 문제점이 있기 때문에 보험기간의 연장에 관하여 ITC-Hulls(1995) 제2조에는 다음과 같이 규정되어 있다.

> "Should the Vessel at the expiration of this insurance be at sea or in distress or at a port of refuge or of call, she shall, provided previous notice be given to the Underwriters, be held covered at a pro rata monthly premium to her port of destination"
>
> (이 보험의 만기 시에 선박이 항해중이거나 조난중이거나 또는 피난항 또는 기항항에 있을 때는 보험자에게 사전통지를 한 경우에 한해 월별 할증보험료로써 선박이 목적항에 도착할 때까지 계속 담보된다.)

기간보험의 만기시에 선박이 항해중(at sea)이거나 조난중(in distress)에 있거나 피난항 또는 기항항에 있을 때(at port of refuge or of call) 보험자의 사전 동의를 받고 월별 할증보험료를 부담하고 계속 담보할 수 있도록 하고 있다.

다. 항해보험

보험의 개시는 "from loading thereof"로 이는 화물이 본선에 적재된 때를 말한다.[26] 여기서 본선에의 적재는 갑판상이나 선적 내나

26) RCP, 제4조; Where goods or other moveables are insured "from the loading there-

관계없이 본선상에 화물이 적치된 것을 의미한다. 보험증권(Companies Combined Policy)의 보험기간약관은 다음과 같다.

참조 p.285
구증권 제8조
보험기간

> "beginning the Adventure upon the said Goods and Merchandises from the loading thereof aboard the said ship and so shall continue and endure, during her abode there……, until the said ship with all her Goods and Merchandises whatsoever shall be arrived at…… and until the same be there discharged and safely landed."
>
> (상기 화물 및 상품에 대한 위험은 상기 선박에 적재될 때 개시하고, ……에 도착할 때까지 계속하여, 그곳에서 하역하게 되고 안전하게 양륙될 때까지 계속한다.)

상법(제699조 제2항)도 "적하를 보험에 붙인 경우에는 보험기간은 화물의 선적에 착수한 때에 개시한다. 그러나 출하지를 정한 경우에는 그곳에서 운송에 착수한 때에 개시한다."고 영법과 같은 취지로 규정한다.

적하보험의 종기는 화물을 안전하게 양륙할 때이다. 양륙이란 부두에 정박된 선박으로부터 화물을 육지에 옮기는 것으로 본선에서 다른 선박에 양하(discharge)하는 것은 양륙이라고 볼 수 없다.

S.G. Policy의 보험기간은 본선에 화물을 적재한 때로부터 시작하여 안전하게 양륙한 때에 종료되기 때문에 선적항에서 선박위험을 제외한 해상항해에 대한 위험만 보험자가 담보한다. 물론 그 과정에서 담보위험의 결과로서 부득이한 양하나 그 후의 재선적 또는 환적

---

of", the risk does not attach until such goods or moveables are actually on board and the insurer is not liable for them while in transit from the shore to the ship.

중의 위험과 양하항에서 본선으로부터 양하 후 부두까지의 부선위험도 보험자가 담보한다.

참조 p.324 구ICC 제1조 운송약관

p.398 신ICC 제8조 운송약관

그러나 선적항까지의 육상운송과 적재과정 및 선적항에서 본선까지의 부선운송중의 위험은 담보하지 않으며, 양륙 후 화물의 목적지까지 육상운송중의 위험도 보험자가 담보하지 않는다. 그러나 운송의 발달과 복합운송이 일반화됨으로써 육상구간까지 보험구간을 확장할 필요가 있어, 19세기말 경에 창고간 약관(Warehouse to Warehouse Clause)의 추가약관이 사용되기 시작하였다. 그 후 이 약관이 수차 개정되어 1963년 협회적하약관(Institute Cargo Clause) 제1조 운송약관에 삽입되었다가, 1982년 신협회적하약관 제8조에 삽입되어 보험구간을 매도인의 창고로부터 매수인의 창고까지 확대하기에 이르렀다.

신협회적하약관의 제8조에 따른 보험자의 책임의 개시는 화물이 운송개시를 위하여 보험증권에 기재된 장소의 창고나 보관 장소를[27] 떠날 때부터 시작된다. 보험증권에 특별한 규정이 없는 한 화물이 창고에서 운송용구에 적재되는 동안의 위험은 보험자가 부담하지 않으며, 포장업자의 구내까지의 운송 중 그리고 그 구내에 있는 동안과 같이 운송이 실제로 개시되기 이전의 기간중에 발생한 위험에 대하여도 보험자는 책임을 지지 않는다.[28]

화물이 통상적인 운송과정(ordinary course of transit)에 있는 동안에 보험자의 책임이 계속된다. 통상적인 운송과정에서 화물이 계속적으로 이동중에 있어야 할 필요는 없다. 통상적인 운송과정에는 화물이 선적항이나 선적대기 중 부두의 운송장치장(transit shed)에

27) 보관장소(place of storage)는 공장이나 점포 또는 사무소는 물론 옥외의 야적장소나 노천의 오일탱크 등 창고 이외의 일체의 보관장소를 의미한다.

28) Brammer Co. v. Holland America Insurance Co., (162) A.M.C. 1584.

있는 동안이나 화물이 양하항에서 세관당국이나 위생당국의 검사를 받거나 통관수속을 대기하고 있는 동안을 포함한다. 그러나 피보험자의 통제나 지배(within the assured's control)에 있는 보관기간 등은 통상적인 운송과정에 포함되지 않는다.

참조 p.329 구ICC 제3조 부선약관

ICC(1963)에서는 제3조에 부선약관(Craft & C Clause) 등이 포함되어 있었으나, 신 ICC약관에서는 삭제되었다. 왜냐하면 통상적 운송과정에 부선운송은 자동 포함되기 때문이다. 통상적인 운송과정이 아닌 보관을 위하여 부선을 사용한 경우에 보험자는 책임이 없다.

운송약관에서 보험이 종료되는 시기는 다음과 같이 3가지이며, 이 중에서 어느 것이나 먼저 발생한 때에 보험자의 책임이 종료된다.

① 수하인의 창고나 기타 최종창고 또는 보관장소에 인도 : 최종창고는 수하인이나 그 대리인이 자기 의사에 따라 화물을 자유롭게 관리할 수 있도록, 화물이 수하인이나 그 대리인의 지배 또는 통제 하에 놓이게 된 때를 의미하며, 단순히 화물이 수하인의 창고에 반입된 때를 의미하지 않는다.

② 피보험자가 선택한 중간창고에의 인도 : 보험종료시점은 '보험증권에 기재된 목적지이든 그 이전이든 불문하고 통상적인 운송과정 이외의 보관을 위해서 또는 할당이나 분배를 위해 사용하기 위하여 피보험자가 선택한 기타 창고나 보관장소에 인도될 때'이다. 서로 다른 목적지로 운송되어야 할 화물들이 양하 후의 어떤 한 곳의 중심지점까지 하나의 적송화물로서 선적되기도 한다. 이 경우 그곳에서 개별적인 목적별로 할당(allocation)되고 또는 화물을 해체하여 분배(distribution)한 후 최종목적지까지 계반되는데, 분배나 할당되는 장소에 화물이 인도되

면 보험자의 부담은 종료된다.

③ 최종 양하항에서 적하완료 후 60일이 경과한 때 : 보험종료시점은 최종 양하항에서 외항선으로부터 화물이 양하 완료 후 60일이 경과한 때이다. 60일의 기준시점은 양륙시가 아닌 양하완료시(completion of the discharge)이다. 최종 양하항에서 외항선으로부터 양하 후 제8조 제1항의 규정에 따라 보험종료 이전의 화물이 보험증권에 기재되지 않은 다른 목적지로 계반되는 경우, 화물이 통상적인 운송과정에 있는 동안은 보험이 계속 유효하지만 새로운 목적지로 운송이 개시될 때 종료된다. 그러나 실무에서는 보험자와의 특약에 의하여 새로운 목적지까지의 계반운송에 관하여 위험담보가 가능하다. 만약 화물이 외항선으로부터 양하하기 전에 목적지가 변경된 경우는 항해의 변경(change of voyage)으로 제10조에 따라 보험자에게 지체없이 통지하여 별도의 보험조건과 보험료로서 계속 담보될 것이다.[29]

제8조 제3항(위험의 변경과 보험자의 확장담보)에 의하여 허용되는 위험의 변동은 ① 피보험자가 좌우할 수 없는 지연, ② 이로, ③ 부득이한 양하, ④ 재선적, ⑤ 환적, ⑥ 해상운송계약상 선주나 용선자에게 부여된 자유재량권의 행사로 인한 운송의 변경 등이다. 이러한 위험의 변동은 담보구간의 확장이 아니고 위험변동 기간 중에 발생하는 담보위험에 의한 손해를 보험자가 계속 담보한다는 것이다. 즉, 보험자에 대한 통지나 추가 보험료 없이 보험은 유효하게 계속된다.

29) 이재복, 전게서, pp. 440~442.

2 면책위험[30]

면책위험은 영국해상보험법에 명시된 면책위험과 해상보험약관에 명시된 면책위험이 있다. 후자는 해상보험 약관에 관한 해설에서 설명했기 때문에 이곳에서는 영법상 면책위험만 설명한다.

영법에는 "The insurer is discharged from liability……" 등으로 규정된 광의의 면책위험과 "The insurer is not liable for any loss proximately caused by……"로 규정된 협의의 면책위험이 있다.

가. 광의의 면책위험

(1) 담보위반(the breach of warranty)

명시담보(express warranty)든 묵시담보(implied warranty)든 충족되지 않으면 보험자는 담보위반일로부터 일체의 위험에 대하여 그 책임을 면제받는다.[31] 담보위반의 입증책임은 보험자에게 있다.

(2) 항해의 변경(change of voyage)

참조 p.330
구ICC 제4조
항해변경약관

p.407
신ICC 제10조
항해변경약관

항해의 변경은 항해보험에서 지정된 항구를 출항한 후에 지정된 목적항을 임의로 변경하는 것이다. 영법에서는 항해변경의 시기를 원항로의 이탈시가 아닌 항해변경의 결의가 나타난 때부터라고 규정하고 그때부터 보험자는 면책된다.[32]

---

30) 담보위험은 해상보험약관해설에서 Lloyd's S.G. Policy의 담보위험과 신해상보험증권, 신협회적하보험약관에서 상세하게 설명하므로 이곳에서는 생략한다.

31) MIA 제33조 제3항; ……If it be not so complied with, then, subject to any express provision in the policy, the insurer is discharged from liability as from the date of the breach of warranty, but…….

32) MIA 제45조 제2항; Unless the policy otherwise provides, where there is a change of voyage the insurer is discharged from liability as from the time of change, that

(3) 이로(deviation)

이로는 목적지의 변경 없이 항로를 변경하는 경우로, 영법에서는 이로시점부터 보험자는 면책된다고 규정하고 있다.[33] 그러나 적법한 이유(lawful excuse)가 있는 경우에는 보험자의 책임이 계속된다. 적법한 이유에 관해서는 영법 제49조에 7가지를 나열하고 있다. 적하보험에서 피보험자인 하주는 이로에 대한 통제권이 없으므로 협회적하약관 제8조 제3항에 이를 담보한다고 규정하고 있다.

(4) 항해의 지연(delay in voyage)

항해보험에서 항해는 전 과정을 빠른 속도로 수행해야 한다. 만약 정당한 이유 없이 항해가 속히 수행되지 않으면 보험자는 부당한 지연이 생긴 이후의 손해에 대해서 면책된다.[34] 그러나 적법한 이유가 있을 경우에는 보험자의 위험부담이 계속되며, 이러한 적법한 이유가 종료되면 당해 선박은 상당한 속도로 진행하여야 한다.[35]

나. 협의의 면책위험

(1) 담보위험에 근인하지 않은 손해

영법은 인과관계에서 근인주의를 채택하고 있기 때문에 담보위험에 근인하지 않는 손해는 면책이다. 다만, 별도의 규정이 있는 경우는 그렇지 않다.

is to say, as from the time when the determination to change it is manifested;…….

33) MIA 제46조 제1항; Where a ship, without lawful excuse, deviates from the voyage contemplated by the policy, the insurer is discharged from liability as from the time of deviation…….

34) MIA 제48조.

35) MIA 제49조.

(2) 피보험자의 고의적인 불법행위(wilful misconduct of the assured)

참조 p.334
구ICC 제5조
담보위험약관
(A/R)

p.376
신ICC 제4조
일반면책약관

피보험자의 고의적인 불법행위에 의한 모든 손해는 면책된다. 비록 그 손해가 선장이나 해손의 불법행위 또는 과실(negligence)이 없었다면 발생하지 않았을 경우에도 보험자는 그 책임을 진다. 그러나 피보험자의 고의적인 불법행위는 특약여부에 상관없이 보험자는 면책된다.[36] 피보험자 자신의 범죄적인 행위에 기인한 손해에 대해서 보상받을 수 없다는 공서양속에 기초한 것이다. 이것은 영법의 절대적 면책위험이라고 할 수 있다.

(3) 지연(delay)

보험증권에 별도의 규정이 있는 경우를 제외하고 선박이나 화물의 보험자는 지연이 담보위험으로 일어난 경우일지라도 지연에 근인하여 발생한 손해는 책임지지 않는다. 그러나 지연은 보험증권에 별도의 규정이 있으면 보험자가 담보하는 상대적 면책위험이다. 지연에 대하여는 협회적하약관 제4조 제5항에도 면책을 규정하고 있다. 단, 공동해손비용과 구조비는 그것이 지연을 근인으로 지출된 경우에는 면책에서 제외하고 보험자가 부담한다.

(4) 통상의 자연소모(ordinary wear and tear) 등

통상의 자연소모는 피보험목적물의 성질에 기인한 위험으로 피보험목적물의 통상의 자연소모(ordinary wear and tear), 통상의 누손과 파손(ordinary leakage and breakage), 고유의 하자나 성질(inherent vice and nature) 또는 쥐와 충(rats or vermin)에 근인하여 또는 해

36) MIA 제55조 제2항 a의 피보험자의 고의적인 불법행위가 신협회적하약관 제4조 제1항에 수용되었다. 단지 MIA의 "any loss"의 표현 대신에 "loss damage or expense"란 표현이 사용되었고, 신약관에는 '별도의 규정'을 두고 있지 않으므로 손해가 담보위험에 근인하여 발생한 경우, 특히 선장이나 선원의 불법행위 또는 과실로 인하여 발생한 때에도 피보험자가 그들의 불법행위나 과실에 관련되지 않는 한 면책되지 않는다.

상위험에 근인하지 않는 기관의 손상(injury to machinery)에 대해서는 보험증권에 별도의 규정이 있는 경우를 제외하고 보험자는 면책된다. 이들 역시 보험증권에 별도의 규정이 있으면 보험자가 담보하는 상대적 면책위험이다.

통상적 자연소모는 항해의 통상과정 또는 보관과정에서 화물에 일어나는 필연적인 손해로 적하보험에서는 운송 중에 일어난다.

통상적인 누손은 포도주·주정·당밀·유류 등 액체상태의 화물이 좌초나 충돌 등 외부적 충격에 의하지 않고 항해의 통상과정에서 용기로부터 누출되거나 용기에 흡수됨으로써 발생하는 손해이다.

피보험목적물의 고유의 하자 또는 성질(inherent vice or nature of the subject-matter insured)은 특정의 피보험목적물이 일반적으로 또는 특수하게 가지고 있는 결함적 성질이며, 외래의 우발적 사고가 아니고 통상적 항해의 경과에 따라 피보험목적물 자체의 고유한 특성 또는 성질에 의하여 손해가 생기는 것을 말한다.

참조 p.430 부가약관

여기에 해당하는 것은 생선이나 과일류의 부패(decay), 곡물의 변질(deterioration), 칠기류의 변색(discoloration), 면화·양모 등의 자연발화(spontaneous combustion), 어분 등의 자연폭발(spontaneous explosion), 동물의 자연사(mortality of animals), 통풍이 되지 않는 창내 한손(sweat), 녹(rust), 곰팡이(mildew, mould) 등이 있다.

쥐 또는 벌레(rats or vermin)에 근인한 손해란 따뜻한 하천지대에 서식하는 벌레들이 목조의 선저를 뚫고 들어와 화물에 손해를 입히는 손해로 영법에서는 면책위험 사유이다.

그러나 보험증권에 별도 약정이 있으면 보험자가 이를 담보한다. ICC(A)에서는 제외된 위험에 이를 포함하고 있지 않기 때문에 담보하며, ICC(B)와 (C)에는 이를 열거하고 있지 않기 때문에 면책된다.

ICC(A)에서도 쥐 또는 벌레에 의한 손해가 피보험목적물의 고유의 하자나 성질에 해당한 경우에는 면책된다. 즉, 쥐 또는 벌레가 외부로부터 침입하여 발생한 손해는 ICC(A)에서 담보하지만 화물을 선적하기 전에 있었던 벌레나 구더기 등에 의한 손해는 화물고유의 하자 또는 성질로 간주하여 면책된다.

참조 p.435 협회기계 수리약관

해상위험에 근인하지 않는 선박기관의 손해는 면책이지만, 담보위험에 의한 선박기관의 손해는 보험자가 보상한다. 기계류 등이 패이거나(denting) 구부러지는(bending) 손해는 협회기계수리약관[37](Institute Replacement Clause)에 의하여 담보된다.

(5) 담보위험과 관계없이 발생한 공동해손

영법 제66조 6항[38]에는 명시의 특약이 없는 한 보험자가 담보위험을 피하기 위하여 또는 이를 피하는 것에 관련되어 손해가 발생한 것이 아니면 공동해손손해(general average loss)나 공동해손분담금(general average contribution)에 대하여 그 책임을 지지 않는다.

참조 p.336 구ICC 제7조 공동해손약관

p.371 신ICC 제2조 공동해손약관

또한 영법에서도 담보위험과 관련된 경우의 공동해손과 구조비용만이 보험자로부터 보상된다고 규정하고 있으나, 협회적하약관 제2조 공동해손약관(General Average Clause)[39]에서는 담보위험이 아닌

37) Institute Replacement Clause; In the event of loss of or damage to any part or parts of an insured machine caused by a peril covered by the policy the sum recoverable shall not exceed the cost of replacement or repair of such part or parts plus charges for forwarding and refitting, if incurred, but excluding duty unless the full duty is included in the amount insured, in which case, loss, of any, sustained by payment of additional duty shall also be recoverable, provided always that in no case shall the liability of Underwriters exceed the insured value of the complete machine.

38) MIA 제66조 6항; In the absence of express stipulation, the insurer is not liable for any general average loss or contribution where the loss was not incurred for the purpose of avoiding, or in connection with the avoidance of a peril insured against.

경우에도 그것이 면책위험에 해당되지 않으면 어떤 원인이든 관계없이 그 원인에 의한 손해와 관련된 공동해손과 구조비용을 보험자가 보상한다고 규정하고 있기 때문에 이것이 우선한다고 보아야 한다.

39) This insurance covers general average and salvage charges, adjusted or determined according to the contract of affreightment and/or the governing law and practice, incurred to avoid or in connection with the avoidance of loss from any causes except those excluded in Clauses 4, 5, 6, and 7 or elsewhere in this insurance.

2 해상손해와 공동해손

제1절 해상손해

1 해상손해의 의의 및 유형

가. 해상손해의 의의

해상손해란 항해사업에 관련된 화물, 선박 또는 기타의 피보험목적물이 해상위험의 발생으로 인하여 피보험이익의 전부 또는 일부가 멸실 또는 손상되어 피보험자에게 경제적 불이익을 초래하는 것을 말한다.

엄밀히 말해서 해상손해란 피보험목적물에 대한 손해와 같은 물적 손해뿐만 아니라 비용손해와 배상책임손해까지도 포함한다. 따라서 해상손해라고 하여 반드시 해상에서 발생하는 손해만을 의미하지 않으며, 여기에는 해상항해에 부수되는 내수 및 육상의 손해까지 포함한다.

보험자가 보상하는 손해는 기본적으로 약정된 피보험이익에 한정되며, 약정된 피보험이익이라도 담보위험과 인과관계가 있는 손해에 한정된다. 따라서 위험을 담보한다는 의미는 보험계약에서 보험자가 부담하기로 약정된 위험이 원인이 되어 피보험이익에 손해를 초래했을 경우 보험자가 이를 보상하는 것을 말한다.

나. 해상손해의 분류

해상손해는 담보위험과 손해와의 인과관계에 따라 직접손해와 간접손해로 나눌 수 있으며, 손해의 정도에 따라 전손과 분손으로 나눌 수 있고, 손해의 성격에 따라 공동해손과 단독해손으로 나눌 수 있으며, 피보험이익의 종류에 따라 물적손해, 비용손해, 책임손해 등으로 나눌 수 있다.

▌해상손해의 분류▐

대분류	중분류	세분류
물적손해 (physical loss)	전손 (total loss)	현실전손(actual total loss)
		추정전손(constructive total loss)
	분손 (partial loss)	단독해손(particular average)
		공동해손(general average)
비용손해	구조비(salvage charge)	
	손해방지비용(sue and labour loss)	
	특별비용(particular charge)	
충돌손해 배상책임(collision liability)		

(1) 현실전손(actual total loss : ATL)

영법 제57조 제1항은 "피보험목적물이 파괴되거나, 부보된 종류의 물건으로서 존재할 수 없을 정도로 심한 손상을 받은 경우 또는 피보험자가 보험의 목적물에 대한 소유권을 박탈당하고 이를 회복할 수 없는 경우에 현실전손이 존재한다."고 규정하고 있다.

동법 제58조에는 "해상사업에 종사하는 선박이 행방불명이 되고 상당한 기간 경과 후까지 그 소식을 모를 경우에는 현실전손으로 추정할 수 있다."고 규정하고 있다.

첫째, 실질적인 멸실(physical destruction)로서 선박이나 적하 등이 충돌, 침몰, 좌초 등으로 인하여 완전히 파괴되어 복구가능성이 전혀 없는 상태 또는 선박이나 적하의 화재에 의한 전소 등이 이에 해당한다.

둘째, 보험목적물 본래의 성질 상실(alteration of species)로서 보험목적이 물건으로는 존재하고 있으나 부보된 종류의 물건으로서의 성질을 상실한 경우이다. 예를 들면 원맥이나 쌀이 악천후로 인하여 해수에 젖어 식용으로 사용할 수 없는 경우나 선박이 난파하여 항해능력을 상실하고 수리장소로의 회항이 불가능한 경우 등이 여기에 해당된다.[1)]

셋째, 회복가능성이 없는 박탈(irretrievable deprivation)로서 선박이 적에게 포획되거나 합법적인 전리품으로 몰수되었을 때, 금괴(gold bar)의 해저 침수와 같이 보험목적물의 회복전망이 없는 경우도 현실전손으로 본다.

넷째, 선박의 행방불명(missing ship)으로서 영법에서는 선박의 행방불명을 현실전손으로 규정하고 있으나, 상법(제711조)에서는 선박이 행방불명된 후 2개월이 경과하면 행방불명으로 보고 위부할 수 있도록 규정하고 있기 때문에 추정전손으로 보아 영법과 차이가 있다.

선박의 행방불명의 기간을 '상당한 기간 경과 후까지'(after the lapse of reasonable time)로 규정하고 있는데, 여기서 상당한 기간이란 사실의 문제(question of fact)이다.[2)] 선박이 행방불명되어 현실전

1) Asfar & Co.. v. Blundell(1896) 1 Q. B. 123.
2) MIA 제88조; Where by this Act any reference is made to reasonable time, reasonable premium, or reasonable diligence, the question what is reasonable is a ques-

손이 되었다고 보험자가 이를 보상하는 것이 아니라 인과관계가 확인되어야 한다. 그러나 이러한 확인이 어렵기 때문에 전시에는 전쟁위험으로, 평시에는 보험증권의 담보위험으로 보는 것이 일반적 관행이다.[3)]

(2) 추정전손(constructive total loss : CTL)[4)]

현실전손이 법률적이고 사실적인 전손인데 비하여, 추정전손은 사실전손이 아닌 법률적 전손에 불과하기 때문에 현실전손과 같이 피보험자가 보험자에게 전손에 해당하는 보험금을 청구하기 위해서는 위부의 통지를 하여야 한다.

위부(委付, abandonment)는 피보험자가 보험자에게 잔존화물의 소유권 및 제3자에 대한 구상권을 보험자에게 양도하는 것을 말한다.

영법 제60조 제1항에는 "보험증권에 명시규정이 있는 경우를 제외하고, 보험목적물이 현실전손이 불가피하다고 생각되는 경우 또는 그 가액을 초과하는 비용을 지급하여야만 현실전손을 면할 수 있는 경우에 피보험목적물이 합리적으로 위부되는 경우에는 추정전손이 된다."고 규정하고 있다.

첫째, 피보험자가 담보위험으로 인하여 자기의 선박 및 화물의 점유를 박탈당하여 i) 피보험자가 선박 또는 화물을 회복할 가망이 없을 경우 또는 ii) 선박 또는 화물을 회복하는 경우에도, 그 비용이 회복된 때의 그 가액을 초과하리라고 예상될 때이다.[5)] 예를 들면 전쟁

---

tion of fact.

3) R.H. Brown, Marine Insurance Vol. 1–Principles & Basic Practice, 5th ed., p. 131.

4) 일명 '해석전손'이라고도 한다.

5) 회복가능이 없는 박탈(irretrievable deprivation)은 현실전손이며, 회복될 가능성이 없어 보일 때(it is unlikely he will recover the insured property)는 추정전손이 된다.

발발시 자국선이 적국 항구에 정박하고 있을 경우이다.

둘째, 선박이 담보위험에 의하여 심하게 손상되었을 경우 그 손상을 수리하는 비용이 수리 후의 선박의 가액을 초과할 때이다. 예를 들면 선박이 좌초하여 다시 뜨게 하는데 드는 비용이 선박의 가액을 초과하는 경우나, 비록 그렇지는 않다고 하여도 이를 수리하는 비용이 선박의 가액을 초과하거나 또는 선박이 화재로 손상을 입었고 이를 수리하는 비용이 수리 후 선박의 가액을 초과할 때 등이다.

셋째, 화물이 손상되었을 경우에 수리하는 비용과 그 화물을 목적 항구까지 수송하는 비용이 도착시의 화물의 가액을 초과할 때이다. 예를 들면 운송계약에서는 선주에게 운송중 사고가 발생하면 목적항에 가기 전에 항해를 중단하고 목적항까지의 운송비용에 대한 책임을 지지않고 중간항에서 화물을 양하할 권리를 부여한다. 이때 화물이 손상을 입고 이를 수리하는 비용과 나머지 운송비용이 도착항에서의 물품의 가액을 초과한다면, 하주는 화물을 보험자에게 위부하고 추정전손금을 요구할 수 있다.[6)]

추정전손이 있을 경우 피보험자는 그 손해를 분손으로 처리할 수도 있고 피보험목적물을 보험자에게 위부하여 추정전손으로 처리할 수도 있는데, 그 선택권은 피보험자에게 있다.

협회적하약관 제13조에는 "추정전손에 대한 클레임은 피보험목적물이 현실전손이 불가피한 것으로 보이거나 피보험목적물을 회복하여 수리하고 부보된 목적지까지 계반하는 비용이 도착시의 그 가액을 초과할 것이라는 이유로 피보험목적물이 정당하게 위부되지 않는

6) R.H. Brown, op. cit., p. 136.

한 이 보험에 의해 보상되지 않는다."고 규정하여 영법의 규정과 같은 취지를 나타내고 있다.[7)]

추정전손과 유사한 타협전손(compromise total loss)이 있다. 이것은 피보험자가 추정전손이라고 생각하여 위부통지를 했으나, 보험자는 이를 관습적으로 보아 전손으로 처리하기를 거부하지만 이것이 법정에 제소되면 많은 비용이 들기 때문에 이를 고려하여 상호 타협한 금액을 추정전손보험금으로 지급하게 되는 경우를 말한다.[8)]

(3) 단독해손(particular average : P/A)

분손(partial loss 또는 average)은 피보험이익의 일부가 소멸되는 경우의 손해를 의미한다. 분손은 발생원인에 따라 피보험자가 단독으로 부담하여야 하는 단독해손(particular average)과 이해관계자가 모두 공평하게 부담하는 공동해손(general average)이 있다.

영법 제64조 제1항에는 "단독해손은 담보위험에 의한 피보험목적물의 분손으로 공동해손이 아닌 것을 말한다."고 정의하고 있다.

RCP 제13조[9)]에는 "공동해손이 아닌 분손은 공동해손 이외의 피보험목적물의 분손을 의미하며 특별비용은 포함하지 않는다."고 규정하고 있다.

구약관의 FPA나 ITC-Hulls 등에는 단독해손이란 용어가 사용되

7) 이 조항을 협회적하약관으로 도입한 이유는 위부는 세계적으로 인정하는 데 반하여 각국의 입법례는 국가마다 다르기 때문이다. 예를 들어 미국의 경우 손상이 50%를 초과하지 않는 경우에는 추정전손으로 처리할 수 있으나, 60%를 초과하면 분손으로 처리하고, 프랑스의 경우는 화물의 손상이나 품질저하가 화물가액의 75%에 해당하면 위부하여 추정전손으로 처리할 수 있다.

8) Bosma v. Larsen(1966) 1 Lloyd's Rep. 22.

9) The tern "average unless general" means a partial loss of the subject-matter insured other than a general average loss, and does not include "particular average."

었으나, 신약관 및 선박약관에는 이 용어가 사용되지 않고 있다.

해상손해가 발생하면 우선 그 손해가 전손인지 분손인지를 구별하여야 한다. 그것이 우연적(fortuitous) 분손이면 단독해손이며, 우연적인 사건이 담보위험에 의한 것이면 그 손해는 보상된다.

단독해손부담보(warranted free of particular average)조건은 신증권을 사용하기 전에는 많이 사용했었고, 이 조건에서는 선박이 좌초, 침몰, 대화재를 만났을 때 화물이 본선이나 부선상에 있을 때를 제외하고는 어떤 단독해손도 담보되지 않는다.

참조 p.312
구증권 제17조
소손해면책률
약관

FPA조건은 S.G. Policy 제정 이전에 사용된 보험증권에 추가된 면책률약관[10](Memorandum Clause)으로부터 생긴 것이다. 면책률약관에는 6종류의 화물, 즉 곡류(corn), 어류(fish), 염(salt), 과실(fruit), 곡분(flour), 종자(seed)에 대하여는 선박이 좌초되지 않는 한 단독해손은 담보되지 않는다.

적하의 단독해손에는 악천후를 조우한 선박에 해수의 유입, 선박의 장애물과의 접촉 또는 화재에 의한 적하의 분손이거나, 악천후 때문에 적재의 상태가 악화되어 발생한 파손·누손 등에 의한 손해의 경우 등이 있다.[11]

피보험자가 이러한 단독해손을 보상받기 위해서는 이들 손해가 담보위험에 의하여 우연히 발생한 것이어야 한다. 우연한 손해가 인위적·능동적으로 행한 행위에 의한 손해는 공동해손을 구성한다.

10) N.B.; Corn, Fish, Salt, Fruit, Flour, and Seed are warranted free from Average, unless general, or the Ship be stranded; Sugar, Tobacco, Hemp, Flax, Hides and Skins are warranted free from Average under Five Poundsper cent; and all other Goods also the Ship and Freight, are warranted free from Average under Three Pounds per cent, unless general, or the Ship be stranded, sunk or burnt.

11) 김정수, 해상보험론, 박영사, p. 348.

(4) 공동해손(general average : G/A)

참조 p.336
구ICC 제7조
공동해손약관

p.371
신ICC 제2조
공동해손약관

"선박과 적하의 보존을 위하여 이례적인 희생이 이루어지거나 비용이 지출된 결과로서 발생한 모든 손해는 공동해손이고, 그 손해는 이해관계가 있는 자 모두가 비례적으로 부담한다."[12] 공동해손은 해상보험제도와는 별개의 것이지만 해상보험에서 보험자가 공동해손을 담보하기 때문에 다루게 된다.

공동해손의 목적은 해상사업이 공통의 위험에 처했을 때 전항해사업의 이익을 위하여 재산을 희생하였거나 경비를 지출한 사람에게 보상해 주고자 하는 것이다. 영법(제66조)은 공동해손에 관하여 7항을 규정하고 있으나 이 가운데 5개항은 다음과 같다.

제1항 공동해손손해(general average loss)는 공동해손행위에 기인하거나 그것의 직접적 결과로 발생한 손해이다. 그것은 공동해손비용(general average expenditure)과 공동해손희생(general average sacrifice)을 포함한다.

제2항 공동의 항해사업(common adventure)으로 위험에 처한 재산을 보존할 목적으로 위험이 발생한 과정에서 이례적인 희생이나 비용(extraordinary sacrifice or expenditure)이 임의적으로(voluntary), 합리적으로(reasonably) 발생했을 경우에는 공동해손행위(general average act)가 있는 것으로 한다.

제3항 공동해손손해가 있는 경우에 그 손해를 부담하게 되는 당사자는 해법(maritime law)에 정해진 조건에 따라 이해관계자로부터

12) Lawrence판사 판결: "All loss which arises in consequence of extraordinary sacrifices made of expenses incurred for the preservation of the ship and cargo comes within General Average and must be borne proportionally by all those interested."

일정비율의 분담금을 청구할 권리가 있고, 그러한 분담금을 공동해손분담금(general average contribution)이라 한다.

제4항 보험증권에 명시의 특약이 있는 경우를 제외하고, 피보험자가 공동해손비용을 지출한 경우에는 이 비용 가운데 자신의 부담에 속하는 부분은 보험자로부터 회수할 수 있다. 공동해손희생의 경우에는 피보험자는 분담의무가 있는 다른 당사자에 대하여 분담청구권을 행사하지 않고 손해금액을 보험자로부터 회수할 수 있다.

제5항 보험증권에 명시의 특약이 있는 경우를 제외하고, 피보험자는 피보험목적물에 대하여 공동해손분담금을 지급했거나 지급할 책임이 있을 때는 이에 대하여 보험자로부터 회수가 가능하다.

공동해손의 정의에 관하여 York Antwerp Rules(2004)의 Rule A는 "공동의 해상항해와 관련된 재산을 위험으로부터 보존할 목적으로 공동의 안전을 위하여 어떠한 이례적인 희생이나 비용이 의도적·합리적으로 지출된 때에 한하여 공동해손행위가 있다."고 영법과 같은 내용으로 규정한다.

신협회적하약관 제2조에는 면책조항에 의한 손해를 피하기 위한 공동해손이 아닌 한 공동해손을 담보한다고 규정하고 있다.

(5) 구조비(salvage charges : S/C)

영법 제65조 제1항에는 "보험증권에 명시된 특약이 있는 경우를 제외하고, 담보위험에 의한 손해를 방지하기 위하여 지출된 구조비는 담보위험에 기인한 손해로서 회수할 수 있다."고 규정하고 있다.

제2항에는 구조비를 구조계약과 관계없이 해법상으로 회수할 수 있는 비용(charges recoverable under maritime law by a salvor independently of contract)이라고 정의하고, 이러한 비용이 적절하게 발생했다면 사정에 따라 특별비용(particular charges)이나 공동해손 손해로서 보상받을 수 있다고 규정하고 있다.

영법에서는 구조비(salvage charge)와 구조(salvage)가 구별된다. 구조는 보통 구조행위 또는 구조된 재산과 같은 뜻으로 사용되고 구조비는 계약에 의하지 않고 제3자에 의하여 임의로 행하여진 구조행위에 따른 비용이다. 구조비는 구조가 성공한 경우에만 인정된다. 즉, "구조행위가 성공하지 못하면 보수도 없다."(no cure, no pay)는 원칙이 적용된다.[13] 결국 구조행위가 성립되기 위해서는 ① 위험이 존재하고, ② 구조작업의 임의성이 있어야 하며, ③ 구조작업의 결과 구조물의 전부 또는 일부를 취득하여야 한다.

신협회적하약관 제2조 공동해손조항(General Average Clause)에는 공동해손과 구조비를 동일하게 취급하여 보험자의 보상을 규정하고 있어서 영법에서 구별된 공동해손과 구조비가 보험약관에서는 그 비중을 같이 다루고 있다.

York-Antwerp Rules(2004)에는 "구조 때문에 항해사업의 당사자가 지출한 비용은 계약에 의하든 또는 그렇지 아니하든 구조작업이 공동의 해상사업에 관련된 재산을 위험으로부터 보존할 목적으로 행하여진 한도내에서 공동해손으로 인정된다."고 규정하여 공동해손과 구조비의 엄격한 구별이 없어지게 되었다.

협회적하약관 제2조는 공동해손이 "해상운송계약 또는 준거법과 관습에 따라 보상된다."고 규정하고 있으며, 대부분의 해상운송계약에는 공동해손을 York-Antwerp Rules(2004)에 따라 정산할 것을

13) R.H. Brown, op. cit., p. 193.

규정하고 있다.

보험자가 피보험자에게 지급하는 구조비는 보험금액을 한도로 보상된다. 또한 일부보험인 경우 보험자의 보상금액은 일부보험의 비율만큼 감액된다.

구조비가 선박 또는 화물만의 구조를 목적으로 하는 경우에는 단독해손으로 특별비용에 속하지만, 선박·화물·운임 전체의 구조가 목적인 경우에는 공동해손으로 처리된다.

(6) 손해방지비용(sue and labour charge : S/L)

참조 p.306
구증권본문약관
제2조
손해방지약관

p.338
구ICC 제9조
수탁자약관

p.419
신ICC 제16조
피보험자
의무약관

보험계약자 또는 피보험자는 손해를 방지하거나 경감하기 위하여 합리적인 조치를 취할 의무가 있으며,[14] 이에 소요된 비용을 손해방지비용이라고 한다. 손해방지비용은 손해방지의무에 따른 비용이기 때문에 특약이 없어도 보험자가 부담한다. 그리고 물적손해 등에 대한 보상액과 손해방지비용과의 합계가 보험금액을 초과하는 경우에도 이를 부담하는 것이 통례이다.

구조비가 제3자에 의한 임의적 비용이라면 손해방지비용은 피보험자의 계약에 따른 비용이다. 따라서 보험증권에 담보되지 않은 손해를 방지하거나 경감하기 위하여 지출된 비용은 손해방지약관에 의하여 회수될 수 없다.[15]

손해방지비용에 관해서는 영법 제78조에 규정하고 있으며, 또한 Lloyd's S.G. Policy의 손해방지약관[16](Sue and Labour Clause)이

14) MIA 제78조 제4항; It is the duty of the assured and his agents in all cases, to take such measures as may be reasonable for the purpose of averting or minimising a loss.

15) MIA 제78조 제3항.

신증권에서 협회적하약관 제16조 피보험자의무약관(Duty of Assured Clause)으로 대체되었다.

이러한 손해방지약관이 삽입된 보험증권의 경우 그 약관에 의한 합의는 보험계약을 보충하는 것으로 보고 전손보험금을 지급한 경우나 일정비율 미만의 단독해손면책인 경우에도 피보험자가 이 약관에 의하여 정당하게 지급한 비용을 보상받을 수 있다.[17)]

영법에서 보험자가 부담하는 손해방지비용의 요건은 다음과 같다.

첫째, 피보험자 또는 그의 대리인이 합리적으로 지급한 비용에 한하며 제3자에 의하여 지출된 비용은 손해방지비용이 될 수 없다.

둘째, 손해방지비용은 보험자가 보상한 손해를 피하거나 경감시키기 위해 지급되어야 한다. 따라서 보험자가 보상할 필요가 없는 면책률에 도달가능성이 없는 손해를 경감시키기 위해 비용이 발생했다면 이는 보상될 수 없다.

셋째, 적하보험의 경우 목적지 도착 전에 발생한 비용에 한한다. 반면에 목적지 도착 후에 지출된 비용은 특별비용이다. 그러나 손해방지비용이 목적지에서 지출될 수도 있다. 예를 들어 곡물의 최종목적지가 선박의 하역항의 창고이며, 담보위험의 결과 습기가 차서 축축한 상태로 인도되는 것을 막기 위하여 곡물이 창고로 입고된 즉시 실시한 건조작업비용은 합리적인 손해방지비용이다.[18)]

---

16) "And in case of any loss or misfortune, it shall be lawful to the Assured, his or their Factors, Servants and Assigns, to sue, labour, and travel for,…"
17) MIA 제78조 제1항.
18) 김정수, 전게서, p. 447.

보험자가 보상할 책임이 있는 손해방지비용은 손해방지를 경감하기 위하여 지출된 비용, 즉 손해방지의 경감에 필요 또는 유익한 비용이다. 실제로 그것이 필요한 것인지 아닌지는 문제되지 않으며, 피보험자가 비용지출이 필요하다고 판단한 것에 과실이 없으면 충분하다. 또한 손해방지에 성공했는지의 여부도 문제되지 않는다. 단, 비용이 보험자가 담보하는 위험에 의하여 생긴 손해를 방지하기 위하여 지출되면 된다.[19]

보험증권상 손해방지약관이나 ICC의 피보험자의무약관은 보험계약의 보충적 성격을 띠기 때문에 손해방지비용의 보상한도는 전손보험금에 부가하여 지급받게 된다. 그러나 손해방지비용은 보험가입금액을 한도로 제한된다.

피보험목적물이 해난을 당하면 피보험자 및 그 대리인은 손해방지를 위해 모든 필요한 조치를 할 의무가 부과되어 있으며, 피보험자가 이러한 의무를 위반했을 경우에는 보험계약이 무효화될 수 있다. 따라서 피보험자는 해난에 처한 피보험목적물이 무보험상태, 즉 "act as if uninsured"로 가정하고 손해의 방지와 경감을 위하여 최선을 다해야 한다.

비용손해가 발생한 경우에 손해방지비용에 해당여부는 다음을 참조할 수 있다.

① 손해방지비용은 특별비용이나, 특별비용이라고 모두가 손해방지비용은 아니다.

② 공동해손행위나 구조행위와 관련된 비용은 손해방지비용이 아니다.

③ 피보험자, 그 대리인 또는 사용인에 의한 구조의 성격을 지닌

19) F.W. Berk & Co. Ltd. v. Style (1955) 3 All ER 625, (1955) 2 Lloyd's Rep. 382.

서비스에 대한 비용은 손해방지비용으로 볼 수 있다.

④ 보험계약이 종료된 뒤에 발생한 비용은 손해방지비용으로 보상될 수 없다.

⑤ 보험증권에 담보되지 않은 손해를 방지하거나 경감하기 위하여 지출된 비용은 손해방지비용으로 보상될 수 없다.

(7) 특별비용

"피보험목적물의 안전이나 보존을 위하여 피보험자에 의하여 또는 피보험자를 위하여 지출된 비용으로서 공동해손비용과 구조비 이외의 것을 특별비용이라 한다. 특별비용은 단독해손에 포함되지 않는다."(영법 제64조 제2항).[20]

특별비용은 개념상 단독해손과 관련된 비용이며, 손해방지비용과는 달리 클레임이 성립되는 경우에만 지급된다. 클레임을 입증하고 손해액을 확정하는데 지출된 비용으로 이재조사비, 중간항에서 양하된 화물의 재조정비, 재포장비 등이 있다.

보험증권이 면책률조항을 포함하고 있을 경우, 특별비용은 단독해손이 면책률에 도달하도록 추가될 수 없다. 적하보험에서는 특별비용을 '부대비용'(extra charges)이라고 부르는 것이 일반적 관습이다.

이러한 특별비용의 한도에 대하여는 영법에 특별한 규정이 없지만, 클레임이 보상되는 것을 조건으로 지급되기 때문에 손해방지비용을 제외하고 보상액은 보험금액을 한도로 한다.

20) MIA 제64조 제2항;Expenses incurred by or on behalf of the assured for the safety or preservation of the subject-matter insured, other than general average and salvage charges, are called particular charges. Particular charges are not included in particular average.

(8) 충돌손해 배상책임(collision liability)

해상보험은 담보위험으로 발생하는 피보험목적물 자체의 멸실, 손상, 비용손해 이외에 선원의 과실에 의하여 피보험선박이 타선과 충돌하여 피보험선박 자체가 입는 물적손해는 물론, 그 충돌로 인하여 상대선박의 선주 및 그 화물의 하주에 대하여 피보험자가 책임져야 하는 배상책임까지 보상해 주고 있다.

영법 제74조에는 "피보험자가 제3자에 대한 책임을 명문으로 부보하였을 경우, 그 손해보상의 한도는 보험증권에 명시의 특약이 있는 경우를 제외하고, 피보험자가 그러한 책임에 대하여 제3자에게 지급하였든가 또는 지급하지 않으면 안 될 금액이다."라고 규정하여 피보험자가 제3자에 대한 배상금액을 한도로 보상하도록 규정하고 있다.

하주는 해상보험계약과는 별도로 해상운송계약을 맺게 된다. 해상운송계약의 쌍방과실충돌약관에 따르면 쌍방과실로 A와 B선박이 충돌한 경우, 운송인은 항해과실에 대해서는 면책이기 때문에 자선의 하주에 대하여는 책임이 없으나, 상대선의 하주에 대하여는 손해액만큼 배상해야 한다. 그리고 A선박이 B선박의 하주에게 배상한 금액을 자선의 하주에게 구상할 수 있도록 규정하고 있다.

참조 p.339
구ICC 제11조
쌍방과실충돌약관

p.373
신ICC 제3조
쌍방과실충돌약관

협회적하약관 제3조 '쌍방과실충돌약관'(Both to Blame Collision Clause)에서는 하주가 상대선으로부터 배상받은 금액 중 자신이 적재한 적재선의 과실비율에 해당하는 부분을 운송인으로부터 청구가 있게 되면, 이를 보험자가 피보험자에게 보상한다는 취지를 규정하고 있다. 결국 이것은 영국의 보통법에서 공동불법행위자의 연대책임의 원칙에 따른 운송인의 불이익을 보호하기 위한 조항이 선하증권이나 용선계약서의 해상운송계약상의 쌍방과실충돌약관인데 반하여, 이에 따른 피보험자인 하주의 불이익을 보호하기 위하여 도입된 조항이다.

2 손실보상의 원칙 및 범위

가. 손실보상의 원칙

(1) 손실보상의 원칙

해상보험계약은 실손보상을 목적으로 하는 계약이다. 실손보상이란 손해를 입은 피보험자를 이재(罹災) 직전과 같은 금전상의 상태(pecuniary position)로 복귀시키는 것이다.[21)]

보험이 원칙적으로 실손보상의 원칙에 기초를 두고 있다는 점에서 도박이나 복권과 구별된다. 물론 해상보험과 같은 기평가보험이 주로 사용되는 경우에는 엄격한 의미의 실손보상이 아니라고 하여도 그 근본원리는 이에 근거하고 있다고 보아야 한다.

해상보험계약은 일반적으로 기평가보험[22)]이 이루어지고 보험가액 불변의 원칙이 적용되기 때문에 실손보상에서 이탈하는 면이 있다.

적하보험의 경우 운임과 보험료를 합한 송장가격의 110%를 보험금액으로 하여 계약하는 것이 보통이며, 선박보험의 경우 보험자의 책임이 개시될 때의 선박가액을 보험금액으로 계약할 수도 있으나, 보험료의 절감을 위해 보험가액을 실제의 보험가액보다 낮게 계약하는 경우가 많다. 물론 피보험목적물의 보험금액을 시가보다 낮게 정하는 일부보험도 있지만, 어떤 경우에도 실제의 가액을 초과하여 지급될 수 없다.

21) Dennis Badger and Geoffery Whitehead, Elements of Cargo Insurance, Cambridge, 1983, p. 25.

22) 보험계약체결시에 보험가액을 미리 정하는 것을 기평가보험이라고 하고, 그렇지 않은 것을 미평가보험이라고 한다. 상법 제671조에는 "당사자간에 보험가액을 정하지 아니한 때에는 사고발생시의 가액을 보험가액으로 한다."고 규정하고 있다.

(2) 직접손해보상의 원칙

원칙적으로 보험자는 직접손해에 대하여 보상책임을 지며 간접손해에 대해서는 책임을 지지 않는다. 해상보험계약에서 통상 부보되는 것은 소유이익으로 선박이나 적하의 소유자가 피보험목적물에 대하여 갖는 피보험이익이다. 그러나 이 원칙에도 예외가 있다.

소극적 예외는 비록 직접 손해라 하더라도 소손해는 담보하지 않는 것으로 Lloyd's S.G. Policy의 면책률약관(Memorandum Clause)이나 WA 3%와 같은 경우이다. 그러나 적하보험의 경우 신협회적하약관의 사용과 함께 더 이상 소손해면책제도는 없어지게 되었다.

적극적 예외는 간접손해라도 일정한 것은 법률이나 특약에 의하여 담보한다는 것이다. 예를 들어 손해방지비용, 공동해손분담금, 구조비, 충돌손해배상금 등은 영국해상보험법이나 약관에 따라 보험자가 보상한다.

(3) 대위의 원칙

대위(代位, subrogation)란 보험자가 피보험자에게 보험금을 지급한 경우, 피보험자가 피보험목적물에 대하여 갖는 권리를 보험자에게 이전하는 것을 말한다. 피보험자가 보험자로부터 보험금을 받으므로 손해보상을 받았기 때문에 피보험목적물에 남아있는 권리나 제3자에 대한 손해배상청구권을 그대로 갖고 있으면 부당하게 이득을 취하게 되어 실손보상의 원칙에 어긋나게 된다.

대위에는 피보험자가 피보험목적물에 대하여 갖는 권리와 책임 있는 제3자에 대한 청구권의 이전을 구별할 필요가 있는데, 피보험목적물에 대한 대위는 전손과 분손의 어느 경우에도 발생한다.

전손에서 보상금을 지급한 경우 피보험목적물에 잔존하는 피보험자의 권리를 승계한다. 그러나 대위권의 행사로 자신이 지급한 보험금보다 더 많은 배상금을 받았을 경우에는 초과분에 대하여 피보험자에게 반환해야 한다. 분손의 경우에는 피보험자가 보상받는 한도로 대위권을 행사한다.[23)]

그러나 제3자에 대한 구상권의 행사는 전손과 분손을 구별함이 없이 발생한다. 단, 보험자가 지급한 금액을 한도로 한다. 제3자에 대한 구상권 행사의 대표적인 예는 운송 중에 있는 화물이 운송인의 과실로 손상을 입은 경우, 하주가 운송인에 대한 권리를 보험자가 승계하는 경우이다.

대위권의 행사는 해상보험과 기타 보험에서 차이가 있다. 해상보험에서는 보험자가 보험금을 지급한 후에야 비로소 대위권을 갖지만, 다른 보험에서는 피보험자가 그러한 권리를 갖는 즉시 보험금 지급과는 관계없이 보험자가 승계할 수 있다.[24)]

(4) 분담의 원칙

동일한 피보험이익, 동일한 위험, 동일한 기간에 대한 보험이 복수의 보험자에게 중복 부보된 경우, 피보험자가 손해액 이상을 보상받는 것을 방지하기 위하여 보험자간에 손해를 공평하게 분담하는 것을 분담의 원칙이라고 하고, 이것은 바로 실손보상의 원칙과도 같은 맥락에서 이해된다.

중복보험(double insurance)의 경우 그 보험금액의 합계가 보험가

23) MIA 제79조 제1항 및 2항.
24) R. H. Brown, op. cit., p. 198.

액을 초과하기 때문에 보험자간의 책임분담의 문제가 생긴다. 이 경우 보험계약 체결시기가 빠른 보험자로부터 순차적으로 보상하는, 우선주의(또는 순위주의)와 보험계약시기와 관계없이 보험금액에 따라 손해액을 분담하는 비례분담주의(prorata coverage), 연대주의가 있다.

영법 제32조 제2항에는[25] "피보험자는 보험증권에 별도의 규정이 있는 경우를 제외하고는 자기가 적당하다고 생각하는 순서에 따라 각 보험자에게 지급청구를 할 수 있다. 단, 피보험자는 본법이 허용하는 보상액을 초과하는 금액을 수취할 권리는 없다."고 규정하여 연대주의를 따르고 있다.

참조 p.318 구증권 타보험약관

p.345 신증권 타보험약관

상법도 영법과 같은 입장을 취하고 있다(제672조). 그러나 신해상보험증권(New ILU Companies Policy)에 타보험약관[26](Other Insurance Clause)을 삽입하여, 해상보험이 화재보험 등과 중복될 경우에는 타보험증권에서 우선적으로 보상하도록 규정한 것은 영법과 모순되지만 약관이 우선 적용된다.

나. 손해보상의 범위

손해보상범위는 위험담보조건에 따른 손해보상의 범위를 의미한다. Lloyd's S.G. Policy에는 면책률약관(Memorandum Clause)이 있어서 화물의 종류에 따라 3~5%의 면책률을 인정하였다. 종래에는 이러한 면책비율을 배제하기 위하여 특약을 첨부하였다. 그 대표적

25) The assured, unless the policy otherwise provides, may claim payment from the insurers in such order as he may think fit, provided that he is not entitled to receive any sum in excess of the indemnity allowed by this Act;

26) "This insurance does not cover any loss or damage to the property which at the time of the happening of such loss or damage is insured by or would but for the existence of this policy be insured by any fire or other insurance policy or policies except in respect of any excess beyond the amount which would have been payable under the fire or other insurance policy or policies had this insurance not been effected."

참조 p.330
구ICC 제5조
담보위험약관

인 것이 ICC(A/R), ICC(WA), ICC(FPA)이다. 이들 약관은 제5조에 담보위험에 관하여 규정하고 있다.

(1) ICC(A/R)의 경우

A/R은 단독해손이든 분손이든 불문하고, S.G. Form은 면책률약관의 면책비율에 관계없이 보상한다고 규정하고 있다. 즉, FPA나 WA가 손해보상범위를 제한하는 특약을 가지고 있는데 반하여, A/R은 손해보상범위를 확대하는 특약의 성질을 갖고 있다.

ICC(A)에서는 A/R의 경우보다 훨씬 광범위한 면책위험을 규정하고 있기 때문에 오히려 위험담보범위가 축소되었다.

> ICC(A/R) : “This insurance is against all risks of loss of or damage to the subject-matter insured but shall in no case be deemed to extend to cover loss damage or expense proximately caused by delay or inherent vice or nature of the subject-matter insured. Claims recoverable hereunder shall be payable irrespective of percentage.”
>
> (이 보험은 피보험목적물의 멸실 또는 손상의 모든 위험을 부담한다. 그러나 어느 경우에도 지연 또는 피보험목적물의 고유의 하자나 성질에 기인한 멸실, 손상 또는 비용을 확장하여 담보하는 것으로 보지 않는다. 이 보험에 의해 보상되는 클레임은 면책비율에 관계없이 지급된다.)

(2) ICC(WA)의 경우

WA도 S.G. Policy의 담보위험을 확장한 것이다. WA조건에서는 공동해손이나 좌초, 침몰, 대화재의 경우를 제외하고는 보험증권상의 면책률이 그대로 적용된다.

WA의 해손보상범위는 약관에서 열거한 열거위험과 동종의 위험에서 발생하는 공동해손손해 및 면책률 이상의 단독해손, 면책률의 적용을 받지 않는 좌초, 침몰, 대화재에 의한 단독해손, 선적이나 환적 또는 양하시의 포장당 전손, 화재나 폭발 또는 충돌이나 접촉 또는 피난항에서의 적하의 양하에 상당하게 기인한 멸실 또는 손상을 보상한다.

WA조건에서도 S.G. Policy의 Memorandum Clause의 면책비율이 적용된다. 즉, 곡류·어류·소금·과일·곡분 및 종자는 공동해손이나 좌초의 경우를 제외하고 분손은 담보되지 않으며, 설탕·담배·대마·아마 및 피혁의 경우 5% 미만의 분손은 담보하지 않고, 기타 화물의 경우 3% 미만의 분손은 담보하지 않는다. WA조건과 Memorandum Clause가 상호 충돌할 경우 WA가 특약이기 때문에 우선한다.

ICC(B)는 담보보험을 열거하고 있다는 점에서는 ICC(WA)와 같으나, 면책률약관이 삭제되므로 면책비율에 관계없이 담보한다.

ICC(WA) : "Warranted free from average under the percentage specified in the policy, unless general, or the vessel or craft be stranded, sunk or burnt, but notwithstanding this warranty the underwriters are to pay the insured value of any package which may be totally lost in loading, transhipment or discharge, also for any loss of or damage to the interest insured which may reasonably be attributed to fire, explosion, collision or contact of the vessel and/or craft and/or conveyance with any external substance(ice included) other than water, or to discharge of cargo at a port of distress. This Clause shall operate during the whole period covered by the policy."

(공동해손의 경우 또는 선박이나 부선이 좌초되거나 침몰되거나 또는 대화재를 입은 경우를 제외하고는 보험증권에 기재된 % 미만의 분손에

대하여는 담보하지 않는다. 그러나 이러한 담보에도 불구하고 보험자는 선적이나 환적 또는 양하시에 전부 멸실되는 여하한 포장화물의 협정보험가액을 보상하고 또한 화재, 폭발, 선박이나 부선 또는 피난항에서의 적하의 양하에 상당하게 기인하는 피보험이익의 멸실 또는 손상을 보상한다. 이 조항은 보험증권에서 담보하는 전보험기간 중에 효력이 있다.)

(3) ICC(FPA)의 경우

FPA는 단독해손은 원칙적으로 담보하지 않고 선박이나 부선의 좌초, 침몰 또는 화재 사고의 경우에만 단독해손을 담보한다는 점이 WA와 다르다.

FPA약관에는 보험자가 특별비용(special charge)을 담보한다고 규정하고 있는데, 이것은 영법상의 단독비용(particular charges)을 의미한다.[27] 미국 약관에는 특별비용을 보험자가 보상한다는 명시가 없으나, 영법[28](제76조 제2항)의 규정에 따라 피보험목적물이 WA나 FPA로 부보된 경우에는, 보험자가 담보하는 손해를 피하기 위하여 정당하게 지출한 단독비용과 기타비용을 보상받을 수 있도록 규정하고 있다.

WA와 FPA의 차이점은 단독해손(Particular Average)에 대한 보험

27) 이재복, 적하보험약관론, 보험감독원, 1991, p. 213 (V. Dover, Analysis of Marine Insurance Clauses, 7th ed., p. 109); MIA 제64조 제2항, Expenses incurred by or on behalf of the assured for the safety or preservation of the subject-matter insured, other than general average and salvage charges, are called particular charges. Particular charges are not included in particular average.

28) MIA 제76조 제2항; Where the subject-matter insured is warranted free from particular average, either wholly or under a certain percentage, the insurer is nevertheless liable for salvage charges, and for particular charges and other expenses properly incurred pursuant to the provisions of the suing and labouring clause in order to avert a loss insured against.

자의 보상책임의 유무를 기초로 하였으나, ICC(B)와 (C)는 단독해손에 대한 피보험자의 권리를 제한하지 않고 있는데 유일한 차이점은 담보위험 범위의 차이이다.

ICC(FPA) : "Warranted free from Particular Average unless the vessel or craft be stranded, sunk, or burnt, but notwithstanding this warranty the Underwriters are to pay the insured value of any package or packages which may be totally lost in loading, tran-shipment or discharge, also for any loss of or damage to the inter-est insured which may reasonably be attributed to fire, explosion, collision or contact of the vessel and/or craft and/or conveyance with any external substance(ice included) other than water, or to discharge of cargo at a port of distress, also to pay special charges for landing warehousing and forwarding if incurred at an inter-mediate port of call or refuge, for which Underwriters would be li-able under the standard form of English Marine Policy with the Institute Cargo Clauses(WA) attached. This Clause, shall operate during the whole period covered by the policy."

(선박이나 부선이 좌초되거나 침몰 또는 대화재의 경우를 제외하고는 단독해손에 대하여 담보하지 않는다. 그러나 이러한 담보에도 불구하고 보험자는 선적이나 환적 또는 양하시에 전부 멸실되는 여하한 포장화물의 협정보험가액을 보상하고, 또한 화재, 폭발, 선박이나 부선 또는 운송용구의 물 이외의 여하한 외부물질(얼음포함)과의 충돌이나 접촉 또는 피난항에서의 적하의 양하에 상당하게 기인하는 피보험이익의 멸실 또는 손상을 보상한다. 그리고 중간의 기항선이나 피난항에서의 양하, 창고보관 및 계반을 위한 특별비용이 지출된 경우, 그 비용이 ICC(WA)가 첨부되어 있는 표준양식의 영국 해상보험증권 하에서 보험자가 보상책임을 부담하게 될 비용에 해당될 때는 그 특별비용을 보상한다. 이 조항은 보험증권이 담보하고 있는 전보험기간 중에 효력이 있다.)

다. 거증책임

거증책임(擧證責任, burden of proof)이란 증거를 제시해야 할 입증책임을 말한다. 해상보험에 있어서는 거증책임은 주장하는 자가 부담한다.[29] 따라서 피보험자가 보험자에게 손해보상청구를 하기 위해서는 그 손해가 담보위험에 의한 손해임을 증명해야 한다.

보험자는 피보험자의 거증책임에 대하여 반증책임(onus of exception)을 제시할 의무가 있다. 피보험자가 거증책임을 이행하거나 보험조건하의 손해에 대한 추정적 사실(prima facie case)이 입증이 되면 보험자는 그 손해가 고유의 하자와 같은 면책위험이나, 피보험자의 최대선의(utmost good faith)나 담보의 위반(breach of warranty)과 같이 보험자가 책임 없음을 입증해야 한다.

예를 들어 피보험자가 보험자에게 화물이 화재에 의하여 파손되었다는 이유로 보험금을 청구하면, 보험자는 그 화재가 피보험화물의 고유의 하자에 기인한 자연발화에 의한 손해임을 입증할 책임이 있다. 즉, 보험자가 면책위험에 의한 손해임을 반증하지 않는 한 보상책임이 있다.

피보험자의 거증책임은 보험자의 위험담보방식에 따라 다르다. 예를 들어 ICC(B)나 (C)와 같은 열거담보방식인 경우에는 피보험자는 손해의 발생사실을 증명하고, 그 손해가 열거된 위험에 의한 손해임을 입증하고, 그 손해가 보험기간 중에 발생한 담보위험에 의한 것임을 입증하여야 한다.

입증의 방법은 증거가 될 수 있는 서류나 증언 또는 추정적 증거(prima facie evidence)도 가능하다.

ICC(A)나 (A/R)과 같은 위험담보방식에서는 손해가 발생하면 일단

29) 龜井利明, 전게서, p. 57.

그 손해가 포괄적으로 담보하는 위험에 의한 것이라는 추정이 인정되기 때문에 피보험자는 손해의 발생사실과, 그 손해가 보험기간 중에 발생한 위험에 의하여 발생했다는 사실만 입증하면 충분하고, 그것이 어떤 구체적인 위험에 의한 것임을 입증할 필요는 없다.[30]

피보험자의 보상청구권도 일종의 채권이므로, 이러한 권리를 행사함에 있어 채무발생의 원인인 청구원인을 명백히 해야 한다. 즉, 손해발생의 사실을 설명하고 일정사정을 보고하며 필요한 자료를 제출해야 하는 손해설명의무가 있다.

손해설명의무는 거증책임과는 성질이 다른 것으로 피보험자의 법률의무이다. 이 의무는 보험자에 대해서 손해의 조사, 보고, 설명을 함과 동시에 필요한 증거서류의 제출을 그 내용으로 하고 있다.

참조 p.321
구증권
손해통지약관

.350
신증권
mportant
clause

보험사고가 발생하면 보험계약자, 피보험자 및 그 대리인은 이를 인지한 때 지체 없이 보험회사나 그 대리점에 이를 구두나 서면으로 통지해야 하는 '예비이재통지(preliminary loss advice : PLA)'가 있다. 이것은 상법 제657조와 해상보험증권 난외약관(Marginal Clause)에 명시되어 있다.

> (Marginal Clause)In the event of loss of or damage which may involve a claim under this insurance, immediate notice of such loss or damage should be given to and a Survey Report obtained from this Company's Office of Agents specified in this Policy or Certificate).
>
> 이 보험에서 보상 청구할 멸실이나 손상이 있을 경우에는 이 보험증권에 명기된 보험회사나 그 대리점에 즉시 사고 통보를 하고 검정보고서를 받아야 한다.

30) 龜井利明, 전게서, p. 83; 이재복, 전게서, p. 258. D. O'may, *Marine Insurance Law and Policy*, Sweet & Maxweel, 1993, p. 168.

또한 손해사실을 증명하기 위하여 보험증권에 지정되어 있는 로이드대리점(Lloyd's Agent)이나 보험회사가 지정한 검정회사로부터 손해정도와 원인에 대한 조사와 확인을 받아야 한다.

참조 p.419
신ICC 제16조
피보험자의무약관

적하보험에 관한 신증권에는 손해발생시 피보험자의 의무조항으로 제16조 피보험자의무약관(Duty of Assured Clause)과 피보험자가 지켜야 할 유의사항을 규정한 "Important Clause"를 삽입하여 피보험자의 합리적인 처리를 요구하고 있다.

신적하보험증권에는 사고발생시 보험자가 유의하여야 할 사항인 "Import Clause"와 손해통지와 손해검정을 받을 의무를 규정한 "Instruction For Survey" 및 보험금 청구시 필요한 서류에 관한 규정을 적색약관으로 인쇄해 놓고 있다.

IMPORTANT

PROCEDURE IN THE EVENT OF LOSS OR DAMAGE FOR WHICH UNDERWRITERS MAY BE LIABLE LIABILITY OF CARRIERS, BAILEES OR OTHER THIRD PARTIES

It is the duty of the Assured and their Agents, in all cases, to take such measures as may be reasonable for the purpose of averting or minimising a loss and to ensure that all rights against Carriers, Bailees or other third parties are properly preserved and exercised. In particular, the Assured or their Agents are required :

1. To claim immediately on the Carriers, Port Authorities or other Bailees for any missing packages.
2. In no circumstances, except under written protest, to give clean receipts where goods are in doubtful condition.
3. When delivery is made by Container, to ensure that the Container and its seals are examined immediately by their responsible official. If the Container is delivered damaged or with seals broken or missing or with seals other than as stated in the shipping documents, to clause the delivery receipt accord-

ingly and retain all defective or irregular seals for subsequent identification.

4. To apply immediately for survey by Carriers or other Bailees Representatives if any loss or damage be apparent and claim on the Carriers or other Bailees for any actual loss or damage found at such survey.
5. To give notice in writing to the Carriers or other Bailees within 3 days of delivery if the loss or damage was not apparent at the time of taking delivery.

NOTE: The Consignees or their Agents are recommended to make themselves familiar with the Regulations of the Port Authorities at the port of discharge.

INSTRUCTIONS FOR SURVEY

In the event of loss or damage with may involve a claim under this insurance, immediate notice of such loss or damage should be given to and a Survey Report obtained from this Company's Office or Agents specified in this Policy or Certificate.

DOCUMENTATION OF CLAIMS

To enable claims to be dealt with promptly, the Assured or their Agents are advised to submit all available supporting documents without delay, including when applicable :

1. Original policy or certificate of insurance.
2. Original or certified copy of shipping invoices, together with shipping specification and/or weight notes.
3. Original or certified copy of Bill of Lading and/or other contract of carriage.
4. Survey report or other documentary evidence to show the extent of the loss or damage.
5. Landing account and weight notes at port of discharge and final destination.
6. Correspondence exchanged with the Carriers and other Parties regarding their liability for the loss or damage.
   In the event of loss or damage arising under this Policy, no claims will be admitted unless a survey has been held with the approval of this Company's office or Agents specified in this policy.

3 위부와 대위

가. 위부

(1) 위부의 개념

위부(委付, abandonment)[31]란 피보험자가 보험자에게 피보험목적물에 대한 손해를 전손으로 추정토록 하기 위하여 잔존물의 소유권과 제3자에 대한 구상권을 보험자에게 양도하는 것을 말한다.

위부는 주로 추정전손의 경우에 이루어지나, 현실전손의 경우에도 전손에 대한 판정이 지연되기 때문에 보험금을 속히 지급받기 위하여 피보험자는 위부의 수속을 한다.

위부는 추정전손에 대한 정지조건이다. 추정전손보험금을 청구하기 위하여 피보험자는 보험자에게 합리적인 위부통지를 하여야 하는데, 이것은 구두나 문서 어느 방법으로도 가능하다. 보험자가 위부를 일단 수락하면 나중에 그 손해에 담보위험에 근인한 것이 아님이 판명되어도 전손보험금을 지급해야 한다. 위부의 목적은 보험자로 하여금 전손을 막기 위하여 적절한 조치를 취하도록 하기 위함이다.[32]

예를 들어 선박이 행방불명이 된 경우, 피보험자는 전손을 증명하기 어렵기 때문에 위부를 통하여 전손으로 인정받게 되며, 또한 시간이 흐르면 현실전손이 불가피한 경우, 위부를 통하여 보험자가 이를 조기에 관리함으로써 재산 가치를 보존할 수 있도록 하고 있다.

(2) 위부의 요건

영법 제60조 제1항[33]은 "보험증권에 특약이 있는 경우를 제외하

31) "abandonment"란 프랑스어의 "abandonnement"로부터 유래된 것이지만, 프랑스 보험법의 위부의 용어는 "delaissement"이다.

32) R.H. Brown, *Dictionary of Marine Insurance*, Witherby & Co., Ltd 1975, pp. 1~2.

고, 피보험목적물의 현실전손이 불가피한 것으로 보이기 때문에, 또는 만약 비용을 지출한다면 피보험목적물의 가액을 초과할 비용의 지출 없이는 현실전손을 면할 수 없기 때문에 피보험목적물이 정당하게 위부될 경우에는 추정전손이 있다."고 규정하고 있다.

영법상 위부의 요건은 ① 현실전손이 불가피한 것으로 보이거나, ② 피보험목적물의 가액을 초과하는 비용지출이 없으면 현실전손이 성립되는 것이다.

상법 제710조는 위부의 원인을 다음 3가지로 규정한다.

① 피보험자가 보험사고로 인하여 자기의 선박 또는 적하의 점유를 상실하여[34] 이를 회복할 가능성이 없거나 회복하기 위한 비용이 회복하였을 때의 가액을 초과하리라고 예상될 경우
② 선박이 보험사고로 인하여 심하게 훼손되어 이를 수선하기 위한 비용이 수선하였을 때의 가액을 초과하리라고 예상된 경우
③ 적하가 보험사고로 인하여 심하게 훼손되어서 이를 수선하기 위한 비용과 그 적하를 목적지까지 운송하기 위한 비용과의 합계액이 도착하였을 때의 가액을 초과하리라고 예상된 경우

위부권의 행사는 무조건적이어야 하고 또한 피보험목적물의 전부에 대하여 해야 하나, 위부의 원인이 그 일부에 대하여 생긴 때에는

33) MIA 제60조 제1항; Subject to any express provision in the policy, there is a constructive total loss where the subject-matter insured is reasonably abandoned on account of its actual total loss appearing to be unavoidable, or because it could not be preserved from actual total loss without an expenditure which would exceed its value when the expenditure had been incurred.

34) 선박의 행방불명에 관하여 ① 선박의 존부가 2월간 분명하지 아니한 때에는 그 선박이 불명한 것으로 하고, ② 제1항의 경우에는 전손으로 추정한다고 규정하고 있다(상법 제711조).

그 부문에 대하여 할 수 있다.

(3) 위부의 통지

피보험자는 피보험목적물을 보험자에게 위부할 것을 결정한 경우에는 이를 통지하여야 한다.

위부의 통지(notice of abandonment)란 피보험자가 보험자에게 무조건 자신의 재산권을 맡긴다는 의사표시이다.

위부통지의 목적[35]은 ① 보험자로 하여금 보다 조속히 재산관리를 할 수 있도록 하기 위함이고, ② 보험금이 지급되면 보험자의 임의대로 처분하게 될 재산을 피보험자가 계속 보관함으로써 손해가 확대되는 것을 막기 위함이다.

위부의 통지는 서면이나 구두로 할 수 있으며, 일부 서면이나 일부 구두로도 할 수 있다. 또한 통지시기에 관해서는 손해에 관한 신뢰할 만한 정보를 수취한 후에 부당한 지체 없이(with reasonable diligence) 통지하도록 영법(제62조)은 규정하고 있다. 그러나 상법(제713조)은 위부의 통지를 위부발생 사유를 안날로부터 상당한 기간 내에 하도록 규정하고 있다.

위부의 수락은 보험자가 명시적・묵시적 행위로 할 수 있으며, 위부통지 후의 보험자의 단순한 침묵은 위부의 수락이 아니다. 영법에서는 피보험자의 위부통지를 보험자가 승낙한 경우에 위부가 성립된다.

피보험자가 위부통지를 하고 보험자가 승낙하지 않은 상태에서 피

35) Vacuum Oil Co., v. Union Insurance Society of Canton(1926), C.A. 25 L.I.L. Rep. 546.

참조 p.308
구증권 제13조
위부 포기약관

p.421
신ICC 제17조
위부 포기약관

보험자가 화물을 구조하기 위한 조치를 하는 경우, 이를 위부의 포기(waiver of abandonment)로 보아서는 안 되며, 보험자가 그러한 조치를 취했다고 해서 위부의 승낙으로 보지 않는다. 또한 위부통지 전의 피보험자의 그러한 조치도 위부의 포기로 보지 않는다.[36)]

보험자가 위부의 통지를 수락하면 이것은 위부의 수락으로, 취소할 수 없다. 또한 피보험자가 손해의 발생 사실을 알았을 때 보험자에게 위부통지를 하였다고 하더라도 보험자가 아무런 이익을 취할 전망이 없는 경우는 위부의 통지가 불필요하다. 또한 보험자가 통지를 면제해 주거나, 현실전손이 있거나 또는 재보험증권인 경우에는 통지할 필요가 없다.

피보험자의 위부시 보험자가 이를 승낙하면 비록 그 손해가 담보위험에 의한 손해가 아님이 후에 밝혀지더라도 보험자는 전손보상금을 지급할 책임이 생기기 때문에 영국에서는 보험자가 통상 위부의 통지를 거절한다. 그러면 피보험자는 위부에 법률적 효과를 부과하기 위하여 보험자 앞으로 소송개시의사서(writ)를 교부한다.

(4) 위부의 효과

위부가 유효하게 성립되는 경우에는 보험자는 피보험목적물에 잔존하는 일체의 이익과 피보험목적물에 부수하는 소유권(proprietary rights)에 기인한 일체의 권리를 승계한다.[37)]

36) ICC 제17조 "Waiver Clause"; Measures taken by the Assured or the Underwriters with the object of saving, protecting or recovering the subject-matter insured shall not be considered as a waiver or acceptance of abandonment or otherwise prejudice the rights of either party; ITC-Hulls(1983) 제13조 제3항.

37) MIA 제63조 참조.

유효한 위부인 경우 피보험자는 보험금전액을 청구할 권리를 갖게 되고, 위부의 원인이 피보험목적물의 일부인 경우에는 그 부분에 대하여 보험금을 청구할 수 있으며, 일부보험인 경우에는 그 비율만큼 청구할 수 있다.

보험자는 피보험목적물 자체의 소유권과 이에 부수되는 모든 소유권, 즉 제3자에 대한 손해배상청구권 및 공동해손분담청구권까지 취득한다. 보험자의 이러한 권리는 피보험자의 위부의 통지만으로 취득되는 것이 아니고, 보험자가 전손보험금을 지급했을 때 비로소 취득하게 되는 권리이며, 이러한 권리는 위부가 수락되면 사고의 발생 시점으로부터 개시하는 것으로 본다.[38)]

영법에서는 위부의 효과가 피보험자의 위부통지에 대한 보험자의 승낙에 의하여 나타나지만, 상법에서는 위부를 피보험자의 단독행위로 규정하고 있기 때문에 보험자의 승낙과 관계없이 그 효과를 발생한다. 피보험자가 위부를 통지하고 그 위부를 보험자가 승인한 후 이의를 제기한 경우에는, 피보험자는 위부의 원인을 증명하지 아니하면 전손보험금을 청구할 수 없다.

나. 대위

(1) 대위의 개념

대위(代位, subrogation)란 보험자가 피보험자에게 보험금을 지급한 경우 피보험목적물에 대한 일체의 권리와 손해발생에 과실이 있는 제3자에 대한 구상권 등을 승계하게 되는 것을 말한다. 해상보험계약은 실손보상의 원칙에 근거하고 있기 때문에 손해를 입은 피보험자는 실손 이상의 보상을 받을 수 없도록 하기 위함이다.

38) 이기태, 해상보험, 법문사, p. 367.

위부는 전손의 경우에만 적용되지만 대위는 전손과 분손에도 적용된다. 보험자의 대위권의 한계는 자신이 지급한 보험금이다. 만약 대위권의 행사로 자신이 지급한 보험금 이상으로 회수했다면 그 차액을 피보험자에게 돌려줘야 한다.

상법(제681조 및 제682조)과 영법 제79조[39]에는 대위에 관하여 보험자가 보험금을 지급한 경우 잔존하는 피보험목적물에 대한 잔존물대위권과 손해발생에 책임 있는 제3자에 대한 손해배상청구권인 구상대위권을 갖는다고 규정하고 있다.

(2) 대위의 성립

대위는 보험자가 피보험자에게 보험금을 지급한 경우에 자신에게 귀속되는 권리이다. 대위권은 피보험목적물의 잔존가치에 대한 권리인 잔존물대위권과 손해발생에 책임 있는 제3자에 대한 구상청구권으로 나눌 수 있다.

잔존물대위의 경우 영법(제79조)에는 전손의 경우는 말할 것도 없고 분손의 경우에도 보험자는 대위권을 행사할 수 있다. 어느 경우에나 자신이 지급한 보험금을 한도로 이 권리를 행사할 수 있다.

구상권 대위는 제3자에 대한 손해배상청구권이기 때문에 이 경우에도 먼저 피보험자에게 손해보상을 하고 그 한도내에서 행사하여야 한다.

39) MIA 제79조 제1항; Where the insurer pays for a total loss, either of the whole, or in the case of goods of any apportionable part, of the subject-matter insured, he thereupon becomes entitled to take over the interest of the assured in whatever may remain of the subject-matter so paid for, and he is thereby subrogated to all rights and remedies of the assured in and in respect of that subject-matter as from the time of the casualty causing the loss.

(3) 대위의 효과

대위의 효과는 보험자가 피보험자의 피보험목적물에 대한 이해관계인 피보험이익을 취득한다. 적하나 선박의 경우에는 그 소유이익을, 운임의 경우에는 수익이익을, 손해배상책임이나 공동해손분담책임과 같은 경우에는 책임이익을 보험자가 취득하게 된다.

소유이익의 경우 보험자가 이를 취득할 당시에 유치권이나 질권 또는 저당권 등이 피보험목적물인 선박이나 적하에 부대해 있을 경우에는 피보험자가 이를 제거해야 할 의무가 있다.

대위는 보험자가 보험금을 지급했을 때 당연히 성립하기 때문에 피보험자가 잔존하는 피보험이익을 보험자에게 양도하는 행위, 즉 선박의 경우 등기의 이전이나 적하의 경우 소유권의 이전절차 등을 필요로 하지 않는다. 구상권대위의 경우 제3자에 대한 권리도 대위에 의하여 보험자에게 이전한다. 제3자에 대한 청구권에는 손해배상청구권만이 아니고 피보험선박이 몰수되었을 경우에는 반환청구권도 포함된다.

보험자의 대위권의 행사는 자신이 지급한 보험금의 한도내에서만 가능하다. 만약 제3자에 대한 책임액이 보험금보다 큰 경우에는 초과금액을 피보험자에게 돌려줘야 한다.[40)]

영법 제19조 제1항은 보험자의 대위권 취득을 상법의 경우와 같이 손해보상시로 하지 않고, 손해발생시(the time of the casualty causing the loss)로 규정하고 있다. 따라서 제3자에 대한 구상권의 경우도 보험자는 제3자에 대한 구상권이나 공동해손분담청구권의 발생시

40) Yorkshire Insurance Co., Ltd. v. Nisbet Shipping Co., Ltd. (1961), 2 All E.R. 487, Q.B.D.; Digest No. 7, 121.

점을 기준으로 대위권을 취득한다.

대위는 보험자가 위부를 승낙했든 안했든 보험자에게 이전되는 권리이다. 따라서 보험자는 위부를 수락한 경우에는 위부와 대위를 구별할 필요가 없으나, 위부를 수락하지 않은 경우에는 명백히 구별할 필요가 있다.

‖ 대위 vs. 위부 ‖

	대위	위부
주체	보험자	피보험자
법적성질	보험금지급에 따른 후속권리	전손보험금 취득을 위한 행위
효력발생	보험금 지급으로 자동발생	위부통지와 보험자의 승낙
적용범위	모든 손해배상계약	해상보험에만 존재
해당손해	전손 또는 분손	추정전손에만 해당
권리포기	대위권 포기 가능	위부 없이 전액 분손 처리 가능
권리행사	피보험자의 이름으로 행사	피보험 목적물의 소유권 보유
회수한도	지급 보험금(일부보험은 비례분)	지급보험금을 초과하여 회수가능

제2절 공동해손

1 공동해손의 의의와 역사

가. 공동해손의 의의

영법 제66조는 "공동의 해상사업 수행과정에서 위험에 놓인 재산을 보존할 목적으로 자발적·합리적으로 이례적인 희생을 치르거나 비용을 지출하는 경우에 공동해손행위(general average act)가 있는 것으로 하고, 이러한 행위로 인하여 발생한 손해 또는 이러한 행위의 직접적인 결과로 생긴 손해를 공동해손 손해라고 한다. 공동해손 손해는 공동해손 비용(general average expenditure)과 공동해손 희생(general average sacrifice)을 포함한다."라고 하고 있다.

공동해손 손해는 공동해손 희생과 공동해손 비용으로 구성되며 이러한 희생이나 비용은 이해관계자가 공평하게 분담해야 하기 때문에 이러한 분담금을 공동해손분담금(general average contribution)이라 한다.

York-Antwerp Rules A조는 "공동해손행위는 공동항해에 속하는 재산을 위험으로부터 보존할 목적으로 공동안전을 위하여 고의적·합리적으로 이례적인 희생이 이루어지고 이례적인 비용이 지급된 경우에 한하여 성립한다."고 규정하여 영법과 같은 입장을 취하고 있다.[41]

상법 제694조는 "보험자는 피보험자가 지급한 공동해손의 분담액을 보상할 책임이 있다. 그러나 보험의 목적에 대한 공동해손 분담가액이 보험가액을 초과할 때에는 그 초과액에 대한 분담액은 보상하지 아니한다."고 규정하고 있다.

41) 공동해손 성립과 범위에 관해서 공동안전주의, 공동이익주의, 절충주의가 있다.
① 공동안전주의(common or physical safety theory): 공동해손의 목적을 선박 및 적하의 공동안전의 확보에 두고, 이들의 물리적 안전이 달성되는 시점을 공동해손행위의 종료 시로 보는 영국적 견해이다.
② 공동이익주의(common or mutual benefit theory): 공동해손의 목적을 선박과 적하의 공동이익의 확보에 두고, 그 범위를 현실적 공동위험에 대한 구호행위에 한정치 않고 공동항해단체의 항해를 달성하는 때까지 확대하려는 것으로 대륙법계 및 미국의 입장이다.
③ 절충주의는 공동안전주의 범위가 협소하여 실용적이지 못하고, 공동이익주의는 실용적이기는 하나 그 범위가 너무 크기 때문에 양자를 절충한 것이다. York-Antwerp Rules(2004)가 문자규정은 공동안전주의, 숫자규정은 공동이익주의의 성격을 가지는 절충주의를 따르고 있다.

요약컨대, 공동해손이란 선박, 적하, 운임 등 피보험목적물들에 이해관계가 있는 항해단체에 공동위험이 발생하였을 경우 이러한 위험을 제거하거나 경감시키기 위해, 또는 보존하기 위하여 선체나 그 장비 또는 화물의 일부를 희생시키거나 필요한 경비를 지출했을 때 이러한 희생이나 비용을 항해단체에 대한 이해관계자들이 공동으로 부담하는 것이다.

즉, 항해단체의 공동안전을 위하여 선장이나 선주가 고의적으로 그리고 합리적으로 화물을 일부 희생하거나 경비를 지출한 조치를 공동해손행위라 하고 이러한 공동해손행위로 발생한 손해를 공동해손이라고 한다.

공동해손은 해상보험과 별개의 제도이나 해상에서 공동해손이 자주 발생하므로, 영법에서는 이를 해상손해로 규정하게 되었고 보험자들은 해상보험증권에서 부담하는 해상손해로 규정하게 되었다. 공동해손은 선주와 하주 사이에 체결되는 해상운송계약에 관계없이 해법(maritime law)의 일반원칙으로 존재한다.

나. 공동해손의 역사

공동해손은 역사적으로도 해상보험과는 별도의 원리로 인식되었다. 공동해손의 관습은 이미 B.C.916~700경 최대의 해상도시인 Levant이나 Rhodes의 확립된 관습이다. 그러나 공동해손의 원리에 관한 최초의 선언은 Rhodian법이며, 200년 Sententie of Paulus에 나타나고 있다.[42)]

42) "Let that which has been jettisoned on behalf of all be restored by contribution of all" "A collection of the contribution shall be made when the ship is saved."

영국에 있어서의 공동해손의 정산에 관한 최초의 기록은 에드워드 1세 시대로 알려져 있으며, 1285년에 당시 중요한 수입품이었던 Gascony산 포도주의 선적과 관련하여 생긴 공동해손의 정산문제에 자신이 관련된 것으로 소문이 났다.[43] 그러나 14세기 전반기 이전에는 보험료가 있었다는 증거가 없다.

16~7세기 저자 미상의 해상보험에 관한 저서(Guidon de la Mer)와 1681년 루이 14세 해사칙령 등에서 투하(jettison)를 중심으로 한 공동해손의 원리가 언급되어 있으나, 1801년의 Birkley v. Presgrave[44] 사건을 계기로 공동해손의 정의가 체계화되었다.

1807년 나폴레옹상법과 각국의 근대법상으로 공동해손에 관한 규정을 두게 되었다. 비록 공동해손과 관련된 권리와 책임이 운송계약에 나타난 특별 조항에 의하여 제한되기도 하고 변경되기도 했지만 운송계약이나 보험계약과는 독립적 성격을 갖고 있다.[45] 각국의 공동해손에 관한 법규들이 서로 상치되는 것이 많았기 때문에 1860년 Lloyd's가 주동한 Glasgow회의에서 Glasgow Rule 11개조를 채택하였고, 1864년 York에서 York Rule을, 1877년 Antwerp에서 범선에 대한 12개항의 공동해손정산규칙을 제정하였는데 이것은 요크규칙에 기초를 둔 것이라 하여 "York-Antwerp Rules"이라 불리게 되었다. 이것은 지금과 같이 문자규정(lettered rules)은 없이 숫자규정(numbered rules)으로만 되어 있었다.

43) V. Dover, A Handbook to Marine Insurance, op. cit., p. 6.
44) (1801) 1 East 220.
"All loss which arises in consequence of extraordinary sacrifices made or expenses incurred for the preservation of the ship and cargo comes within general average, and must be borne proportionately by all who are interested."
45) R. J. Lambeth, Templeman on Marine Insurance, pp. 287~288.

1890년 Liverpool에서 18개항의 York-Antwerp Rules이 공동해손에 관한 국제적인 통일규칙으로 채택되었다. 주요 해상국은 이 규칙을 국내법에 채택하려고 노력하였으나 성공하지 못하였고 대신 운송계약에 삽입하게 되었다.

1924년 Stockholm회의에서 문자규정 7개조를 신설하고, 숫자규정을 23개조로 개정하고, 1950년 Copenhagen 회의에서 숫자규정을 22개조로 조정하고 문자규정보다 우선하여 적용됨을 규정하였다.

1974년 Hamburg에서 국제해사법위원회(International Maritime Committee; Committee; CMI)가 개최되어 새로운 "York-Antwerp Rules, 1974"을 채택하므로 세계 각국에서 공동해손을 정산할 때는 이를 기준으로 하고 있으며 해상운송계약에 삽입하는 것이 관례화되었다.[46] York-Antwerp Rules(1974)는 이해관계자가 공동해손에 관해서 이 규칙의 적용을 합의했을 때 각국의 법률이나 관습의 규칙 적용 우선순위는 숫자규정(22개조), 문자규정(7개조), 기타 법률 및 관습의 순으로 되어 있다.

1990년 7월 CMI 파리회의에서 제6조 구조료의 보상에 관한 규정을 개정하여 1990년 10월 1일부터 이를 적용해 왔으며, 환경오염문제에 관심이 고조됨에 따라 오염손해 등에 관한 사항 등을 추가하여 요크·앤트워프규칙(York-Antewerp Rules, 1994)이[47] 1995년 1월 1일부터 적용되었다. 이어서 2004년에 일부 개정되어 오늘날 공동해

46) R. H. Brown, Marine Insurance vol. 1, pp. 228~229.

47) 1994년의 요크·앤트워프규칙의 개정은 규칙을 명확히 하는 동시에 공동해손의 범위가 확장되어서는 안 된다는 원칙 하에 이루어졌다. 1994년 YAR는 지상규칙(Rule of Paramount)과 예선과 피예선에 관한 규칙, 선화불분리 문구 및 환경손해에 관한 규정 등 몇 가지 새로운 사항을 추가하고 있다. 1994년 YAR의 가장 두드러진 특징은 규칙 C 및 제11조 d항의 환경오염손해에 관한 규정으로 공동해손행위로 인하여 발생하는 오염책임자체는 공동해손에서 제외되지만 환경손해를 방지경감하기 위하여 발생한 비용은 선별적으로 공동해손으로 인정한다고 규정하고 있다.

손의 정산에 관해서는 2004년의 요크-앤트워프 규칙이 적용된다.

1990규칙에는 숫자규정에 규정된 경우를 제외하고 문자규정에 따라 정산하도록 하고 있다. 반면에 2004규칙에서는 최우선규칙(Rule of Paramount)[48]과 숫자규정에 규정된 경우를 제외하고 문자규정에 의하여 정산하도록 하므로 최우선규칙이 문자규정에 우선하도록 하였다.

2 공동해손의 성립요건 및 구성

가. 공동해손의 기본요건

영국해상보험법 제66조 제2항은 공동해손이 성립하기 위한 기본적 요건으로 ① 이례적 희생이나 비용, ② 자발성, ③ 합리성, ④ 위험의 공동성 등을 규정하고 있다.[49]

> "There is a general average act where any extraordinary sacrifice or expenditure is voluntarily and reasonably made or incurred in time of peril for the purpose of preserving the property imperilled in the common adventure."
>
> (공동의 항해사업 수행과정에서 위험에 놓인 재산을 보존할 목적으로 자발적으로 또한 합리적으로 이례적인 희생을 치르거나 이례적인 비용을 지출하는 경우에는 공동해손행위가 존재한다.)

48) Rule of Paramount; In no case shall there be any allowance for sacrifice or expenditure unless reasonably made or incurred. 즉, 숫자규정에 명시된 경우에도 공동해손이 성립하기 위해서는 합리성을 요건으로 하도록 규정하고 있다.

49) R. H. Brown, op. cit., p. 230.

(1) 이례적 희생이나 비용

재산의 손해나 비용 지출이 이례적(extraordinary)이어야 한다. 운송계약을 이행하기 위하여 발생하는 통상적인 비용은 공동해손이 아니다. 만약 선박이 악천후로 속도가 줄어 항해가 지연된 결과 연료비와 선원의 급료가 증가하여 생긴 비용은 이례적 비용이 아니다.

Harrison v. Bank of Australasia사건[50]에서 보조엔진(donkey engine)을 갖춘 선박이 심한 폭풍우로 해수가 새어 들어왔기 때문에 이를 밖으로 퍼내기 위하여 보조엔진을 사용함으로써 연료 소모가 많아 선장은 선박의 목재부분을 연료로 사용했다. 항해완료 후 선주는 선박상의 목재부분이 연료로 사용된데 대하여 공동해손분담금을 청구했다. 이에 대하여 이례적 비용이라고 판시하였다.

(2) 처분의 자발성

손해가 우연이 아닌 의도적으로(intentionally) 유발한 것이어야 한다. Austin Friars Steamship Co. Ltd. v. Spillers & Bakers Ltd. 사건[51]에서 도선사는 선박이 부두와 부딪칠 것을 알면서 그 항구에 진입하기로 결정했다. 그 결과 선박이 부두와 부딪쳐 선박과 부두가 동시에 손상을 입었다. 결국 선박 수리비와 부두 손상에 대하여 항만 당국에 지급한 배상금이 법정에서 공동해손으로 인정받게 되었다.

(3) 처분의 합리성

합리성(reasonableness)은 처분이 적정해야 함을 의미하며, 공동해손비용과 공동해손행위가 필요한 요건이다. 선박이나 적하의 불합리

50) (1872) L.R. 7 Ex. 39; 1 Asp. M.L.C. 198.
51) (1915) 1 K.B. 833; 3 K.B. 586; 20 Com. Cas. 100, 342; 31 T.L.R. 147, 535.

한 희생은 말할 것도 없이 불합리한 과도한 경비의 지출도 공동해손으로 보상받지 못한다.

(4) 위험의 공동성

공동해손이 성립되기 위해서는 항해단체 전원에게 위험이 존재하여야 한다. 일부 이해당사자의 안전을 위한 비용지출은 공동해손비용이 될 수 없다.

Joseph Watson & Sons Ltd. v. Fireman's Fund Insurance Co. of San Francisco사건[52]에서 선장은 창내 화재가 발생한 줄 알고 공동의 안전을 위한다고 생각하고 화물을 희생하는데 사실 화재가 일어나지 않았다. 따라서 법정에서는 위의 희생된 화물이 공동해손이라는 것을 인정하지 않았다.

나. 공동해손의 성립요건

(1) 현실적 손해

공동해손이 성립하는 손해는 현실적 손해여야 하며 공동해손희생이 있을 당시에 이미 존재했던 손해나 장래 발생할 것으로 예상되는 손해가 아닌 공동해손행위에 의한 손해이어야 한다. 따라서 위험을 예상하고 취한 조치에 의한 손해는 공동해손을 구성하지 못한다.

(2) 공동해손행위의 직접적 결과에 따른 손해

영법 제66조 제1항에도 "공동해손손해라 함은 공동해손행위로 인하여 발생한 손해 또는 공동해손행위의 직접적인 결과로 발생한 손해"라고 규정하고 있다.

52) (1922) 2 K.B. 355; 12 Ll. L. Rep. 133;28 Com. Cas 73; 16 Asp. M.L.C. 93; 38 T.L.R. 752.

York-Antwerp Rule의 Rule C에도 "공동해손행위의 직접적인 결과로 생긴 멸실·손상비용만 공동해손으로 허용된다."[53)]

따라서 항해사업에서 모든 당사자에게 닥친 지연에 기인한 간접적인 손해는 공동해손이 될 수 없다. York-Antwerp Rule의 Rules Ⅱ와 같이 공동의 안전을 위하여 투하 시 창내에 침투한 해수에 의한 화물의 손상이나, Rule Ⅷ의 규정과 같이 공동의 이익을 위하여 양륙할 때 양륙화물에 의한 선박이나 적하의 손해는 공동해손이 된다.

다. 공동해손의 구성

공동해손은 ① 공동해손 희생손해, ② 공동해손 비용손해, ③ 공동해손 분담금으로 나눌 수 있다. 공동해손에 대하여 피보험자는 공동해손 희생과 공동해손 비용 및 공동해손 분담금을 보험자로부터 회수할 수 있다.[54)]

(1) 공동해손 희생손해

(가) 적하의 공동해손 희생손해

1) 투하(jettison)

투하는 위험이 발생할 시에 선체를 가볍게 하거나 구조할 목적으로 적하나 선구를 바다에 던지거나 선구를 절단하여 바다에 버리는 것을 말한다. 적하의 투하는 공동해손의 가장 전형적인 형태이다.

영국 제임스 1세 때 Mouse사건[55)]에서 연락선(ferryboat)에 탄 승객들이 그들의 생명을 구조하기 위하여 적하를 투하했는데 이것이

53) Only such losses, damages or expenses which are the direct consequence of the general average act shall be allowed as general average

54) MIA 제66조 제4항 및 5항 및 ICC 제2조; ITC-Hulls(1995) 제10조 참조

55) (1609) 12 Coke R. 63.

적법한 투하로 판시되었다.

갑판적화물(on-deck cargo)의 경우에는 상관습상 통상적으로 갑판적재가 인정된 경우에 한하여 투하가 공동해손으로 인정된다.[56] 그러나 상관습상 갑판적재가 인정된다는 것을 증명할 책임은 공동해손을 청구하는 피보험자에게 있다.[57] 해손정산인협회취급규칙(Rules of Practice of the Association of Average Adjusters)은 갑판적재화물에 관해 다음과 같이 규정하고 있다.

> "The jettison of a deckload carried according to the usage of trade and not in violation of the contracts of affreightment is general average. There is an exception to this rule in the case of cargoes of cotton, tallow, acids and some other goods."
>
> (거래관습에 따르거나 운송계약을 위반하지 않고 운송되는 갑판적화물의 투하는 공동해손이다. 그러나 면화, 수지, 산 및 얼마의 다른 화물의 경우에는 이 원칙에 대한 예외이다.)

특히 송하인의 위험부담으로 갑판적운송이 이루어지는 것이 관습적 경우에의 갑판적화물의 투하는 공동해손이 아니다.[58]

2) 선박의 소화작업 시 물에 의한 손해

선박의 소화작업 시 물이나 기타 행위에 의한 선박, 적하 또는 그 중의 어느 편에 생긴 손해와[59] 화재를 입은 선박을 해변에 교사

56) York-Antwerp Rules 제1조 참조.
57) York-Antwerp Rules E조; "The onus of proof is upon the party claiming in general average to show that the loss or expense claimed is properly allowable as general average."
58) R. J. Lambeth, op. cit., p. 296.
59) Whitecross Wire Co., v. Savill(1882) 4 Asp. M.L.C. 531.

(beaching)시키거나 천공시키므로 생기는 손해는 공동해손이다. 단, 원인 여하를 불문하고 연기나 열에 의한 손해는 공동해손으로 보상되지 않는다.

3) 임의좌초에 의한 손해

공동의 안전을 위하여 선박을 임의로 좌초(intentionally run on shore)시켰을 경우 좌초가 불가피했거나 안했거나 이로 인하여 발생한 손해는 공동해손으로 인정된다. 그러나 임의좌초가 아닌 우연한 좌초로 침수된 해수에 의한 손해는 공동해손이 아닌 단독해손이다.

York-Antwerp Rules에서 "Intentionally run on shore"란 표현은 "voluntary stranding on the shore"란 표현과 같은 의미이다.[60]

Anglo-Grecian Steam Trading Co., Ltd. v. T. Beynon & Co. 사건[61]에서 선박의 추진기(propeller)가 악천후에서 조난표시부표(wreck-marking buoy)를 더럽혔다. 그 후 선박과 화물의 안전을 위하여 선박을 바닷가에 얹히기로 결정되었다. 예상보다 일찍 교사하여 파도로 인하여 좌초되어 심한 손상을 입었다. 비록 선택된 장소가 아닌 다른 장소에 좌초되었다고 해도 의도적인 좌초이기 때문에 공동해손으로 인정되었다.

4) 좌초된 선박의 중량을 경감하기 위한 투하와 이로 인한 손해

선박이 좌초한 경우 선박을 가볍게 하기 위한 공동해손행위로 화물과 연료 및 저장품을 양화할 때 발생하는 하역비, 부선의 사용료, 재적재비용 등은 공동해손으로 인정된다.

60) R. L. Lambeth, op. cit., p. 349.
61) (1926) 24 Ll. L. Rep. 122.

(나) 선박의 공동해손희생손해

1) 난파물의 체제(cutting away wreck)

통상적이고 의도된 방법에 따라 사용하던 선박이나 선박기구에 발생하는 손해는 비록 과도한 사용이 있었다 해도 공동해손으로 인정되지 않는다. 그러나 위험에 직면하여 공동안전을 위해 선체의 일부를 의도적으로 파괴하거나, 부속품 또는 설비물을 원래의 목적이나 용도 이외에 사용함으로써 야기된 손해는 공동해손희생으로 처리된다.

예를 들면 선체의 균열로 인하여 침수될 경우 돛(mast)을 잘라서 새는 구멍을 막는데 사용한다든지 좌초상태에서 엔진 작동 중 발생한 기관, 보일러, 프로펠러 및 축(shaft) 등의 손상과 엔진 작동중 소모된 연료 등을 들 수 있다.[62]

해난으로 인하여 이미 손상되어 난파된 화물 또는 선체의 부분을 절제함으로써 생기는 손실 또는 손해는 공동해손으로 배상되지 않는다. 그 이유는 이미 무가치한 물질은 희생이 있을 수 없다는 일반적 원칙 때문이다. 즉, 희생의 결과로 현실적 손해가 발생하지 않는 경우에는 고려할 필요가 없다는 취지이다.[63] 즉, 난파된 화물이나 선체의 부분은 해난으로 손해를 입는 것이지 절제로 인하여 손해가 생긴 것이 아니라고 본 것이다.

2) 임의좌초(voluntary stranding)

화재의 진화를 위한 물을 얻기 위하여 선박을 좌초시키거나 구멍을 뚫으므로 생기는 손해는 공동해손희생이다. 임의좌초의 경우 이를 공동해손으로 인정하게 된 것은 로이드의 관습에 따라 1876년 해손정산인협회 취급규칙의 개정부터이다. 여기서는 선박이 해상고유

62) The Bona(1895) p. 125; 7 Asp. M.L.C. 557.
63) Shepherd v. Kottgen(1877) 47 L.J.C.P. 67; 3 Asp. M.L.C. 544.

의 위험으로 인하여 해수가 스며들고 이로 인하여 침몰되지 않도록 하기 위하여 좌초시킨 경우 좌초의 결과로 생긴 선박이나 적하의 손해는 공동해손으로 인정되었다.

이것이 1968년에 폐기되고 새로운 규칙[64]으로 대체되면서 공동의 안전을 위하여 의도적으로 해안에 좌초시킨 경우만 공동해손으로 인정하게 되었다. 그것도 그러한 조치를 취하지 않았으면 해안에 좌초될 것이 불가피한 경우에 한한다.

오늘날에는 선박의 공동안전을 위한 의도적인 좌초는 그것이 불가피한 좌초로 이어질 것인지의 여부와 관계없이 공동해손으로 인정되며 York-Antwerp Rules에 따라 정산된다.[65]

3) 선박의장의 손상

York-Antwerp Rules(2004), Rules Ⅶ에 의하면, 좌초되어 위험에 처한 선박을 공동의 안전을 위해 부양시키기 위하여 추진기(propelling machinery)와 기관을 사용하는 중 기계 및 기관이 입은 손해는 공동해손으로 인정된다. 그러나 떠 있는 선박에 추진기나 기관을 사용함으로써 생긴 손해는 어떤 경우에도 공동해손으로 인정되지 않는다.

64) Rules of Practice of the Association of Average Adjusters F4; When a ship is intentionally run on shore and the circumstances are such that if that course were not adopted she would inevitably drive on shore or on rocks, no loss or damage caused to the ship, cargo and freight or any of them by such intentional running on shore shall be made goods as general average, but loss or damage incurred in refloating such a ship shall be allowed as general average…….

65) York-Antwerp Rules(1974), Rule V; When a ship is intentionally run on shore for the common safety, whether or not she might have been driven on shore, the consequent loss or damage to the property involved in the common maritime adventure shall be allowed in general average.

그러나 부양 노력에 따라 추진기와 기관을 제외한 다른 손해도 York-Antwerp Rules(2004), Rule A에 의하여 공동해손으로 인정되는데, 예를 들면 기계 작동에 소모된 부가연료, 강제로 이초시키는데 따른 선저손상 등이다.

(다) 운임의 공동해손 희생손해

운임착불(freight collect)조건과 같이 운임청구권이 항해중절 등으로 인하여 소멸되는 내용의 해상운송계약 하에서 운송되는 화물에 대한 운임은 York-Antwerp Rules(2004)의 Rule XV[66]에 따라 공동해손으로 인정된다.

화물의 투하와 같은 공동해손행위에 기인한 운임손실 또는 선내화재시 소방수단으로 인하여 손상된 화물의 손해가 공동해손으로 인정되어 보상되는 경우의 운임손실, 선박 자체의 희생으로 인한 화물수송 불능에 따른 운임손실 등이다.[67] 이 경우 타선박이나 육로를 통하여 선주의 부담으로 환송하는 것이 통례로서 선주가 지출하는 추가비용은 운임총액보다는 적게 마련이다. 당해 구간에 대한 운임보다 더 지출한 증가비용은 운임의 희생으로 간주할 수 있다.[68]

(2) 공동해손 비용손해

공동해손 행위는 한편으로 선박이나 적하를 희생시키고, 다른 한편으로는 비용지출을 초래할 수 있다. 전자는 공동해손 행위에 의한 물적손해, 후자는 공동해손 행위에 의한 비용손해라고 할 수 있다.

66) Pirie v. Middle Dock Co. (1881) 44 LT. 426.

67) Rule XV; Loss of freight arising from damage to or loss of cargo shall be allowed as general average, either when caused by a general average act, or when the damage to or loss of cargo is so allowed.

Deduction shall be made from the amount of gross freight lost, of the charges which the owner thereof would have incurred to earn such freight, but has, in consequence of the sacrifice, not incurred.

68) 김정수, 해상보험론, 박영사, p. 456.

주로 비용손해는 공동항해에서 위험에 놓인 재산을 구조하는데 필요한 용역이나 설비를 확보하기 위한 지출이다.

공동해손 비용(general average expenditure) 손해는 현실적 공동위험을 피하기 위하여 지출되는 비용으로서 ① 구조비, ② 피난항비용, ③ 대체비용, ④ 자금조달비용, ⑤ 정산비용 등이 있다.

(가) 구조비(salvage remuneration)

York-Antwerp Rules(2004) Rule Ⅵ에는 "구조를 위하여 항해관계자가 지출한 비용은 그 구조행위가 계약에 의한 것이든 불문하고 공동항해에 연관된 재산을 위험으로부터 보존하는 목적에서 행해진 범위 내에서 이것은 공동해손으로 인정된다."고 규정하고 있다.

1989년 구조에 관한 국제협약(International Conventions on Salvage, 1989)에서 구조작업 시 구조자는 환경손해의 방지경감에도 상당한 주의를 다해야 한다(제8조 제1항 b호)로 규정하고, 또한 이러한 견지에서 구조보수를 결정함에 있어서 환경손해경감조치도 참작해야 하는 것(제13조 제1항 b호)으로 규정하고 있다.

따라서 1990년 YAR에서 위 협약의 제13조 제1항 b호가 규정한 바에 따라 산정된 환경손해의 방지경감을 위한 구조자의 기술과 노력을 고려한 모든 구조보수를 공동해손비용으로 포함시킨다.[69] 이것이 그대로 1994년 YAR에서 채택되었다. 따라서 구조활동 중 환경손해의 방지나 경감을 위한 비용도 구조비에 포함되며 이러한 구조비는 공동해손으로 인정받을 수 있다.

---

69) YAR 제6조(a)의 2문 : Expenditure allowed in general average shall include any salvage remuneration in which the skill and efforts of the salvors in preventing or minimising damage to the environment such as is refered to in Art. 13 paragraph 1(b) of the international convention on salrage, 1989 have been taken into account.

영법에서 계약에 의한 구조행위와 계약에 의하지 않는 구조행위를 구분하여 전자의 경우는 공동해손으로 인정하면서도 후자의 경우는 공동해손으로 인정하지 않았다. 그러나 다른 나라에서는 계약유무를 불문하고 공동안전을 위한 비용 지출은 공동해손으로 인정했기 때문에 통일을 기하고자 York-Antwerp Rules에서는 다른 나라의 입장에 따라 계약유무와 관계없이 구조비를 공동해손비용으로 인정하게 되었다. 물론 공동항해사업의 보존목적이 아닌 특정이해를 보존하기 위한 구조비는 공동해손이 아니다.

(나) 피난항비용 등(expenses at port of refuge, etc.)

선박이 항해도중 선체의 사고로 피난항에 기항할 경우 발생하는 피난항비용은 항비, 도선료, 입항세, 하역비, 재적재비, 출항비용, 정박비용 등이 있다. 선박이 피난항에 기항하게 된 동기는 공동해손희생의 결과냐 단독해손의 결과냐에 따라 위의 비용의 처리기준이 달라질 수 있다. 영법에서는 공동해손사유로 인한 피난항비용만 공동해손에 포함하고 있다.

피난항비용은 사고로 인하여 계속적인 항해가 어렵다고 판단될 경우 원항로에서 이탈하여 피난항에 입항하여 내항성의 회복을 위한 수리를 한 후에 원항로에 복귀할 때까지 비용으로, York-Antwerp Rules(2004)의 Rule X에서는 입항사유가 공동해손이냐 단독해손이냐를 불문하고 모든 이례적인 비용은 공동해손으로 처리된다고 규정하고 있다.

영법과 해손정산인협회 취급규칙에서도 선박이 사고를 당하여 피난항에 입항할 때 비록 공동해손행위의 결과가 아니라도 항구까지의 운항비(cost of bearing up to the port), 입항비(cost of entering the port) 및 공동의 안전이나 수리를 위한 양하비(cost of discharging the cargo for the common safety or to effect repairs to the ship) 등은 공동해손으로 인정된다. 그러나 화물의 자연발화와 같이 화물 고유의 성질 때문에 양하되었을 경우 양하비는 공동해손으로 인정되지 않는다.

공동해손행위의 결과가 아닌 창고료, 재적재비, 출항비 및 원항로 복귀비(cost of returning to the original route) 등은 관련된 이해당사자에게 청구되어야 하며, 창고임대료 등은 화물에 대한 비용이며, 재적재비와 출항비용은 운임에 대한 특별비용이다.[70]

(다) 대체비용(substituted expense)

York-Antwerp Rules의 Rule XIV[71]에는 "선박의 임시수리가 선적, 기항 또는 피난항에서 공동안전을 위하여 또는 공동해손희생으로 인하여 생긴 손상에 대하여 행하여지는 경우에 이러한 수리비용은 공동해손으로 인정된다."고 규정하고 있다. 또한 항해의 완성을 위해 사고로 인한 손상에 대해 임시수리가 행해진 경우 절약되었거나 지출하지 않게 된 공동해손비용까지 전액 공동해손으로 인정되어 전액 보상된다. 또한 공동해손비용으로 인정되는 임시수리비는 신구교환차액의 공제 없이 전액 보상된다.

위의 규칙은 적재, 기항 또는 피난항에서의 수리비를 두 종류로 나누고 있다. 하나는 공동의 안전이나 공동해손희생으로 인하여 생긴 손상에 대한 임시수리와, 다른 하나는 재해로 인한 손상된 선박이 항해를 완수하기 위한 임시수리이다. 전자의 경우의 수리비는 공

70) R. H. Brown, Marine Insurance, vol. 1, p. 239.

71) York-Antwerp Rules(2004), Rule XIV; Where temporary repairs are effected to a ship at a port of loading, call or refuge, for the common safety, or of damage caused by general average sacrifice, the cost of such repairs shall be admitted as general average…….

동해손으로 인정된다.

예를 들어 선박이 장애물과 충돌하여 해수가 심하게 들어오므로 피난항에 기항하여 일시적으로 해수의 유입을 중지시킨 경우, 이것은 공동의 안전을 위한 행위이므로 공동해손비용으로 인정된다. 후자의 경우에는 본 수리(permanent repair)에 의한 비용증가를 회피하기 위하여 이루어지는 응급수리의 비용이다.

York-Antwerp Rules(2004), Rule XIV에 의하면 임시수리의 경우도, ① 공동안전을 위한 수리, ② 공동해손희생에 의한 선박손상수리, ③ 항해완수를 위한 단독해손수리 등으로 나누어서 규정하고 있다. ①과 ②는 당연히 공동해손으로 임시수리도 본 수리와 같이 취급해야 하나, ③의 경우는 원래 공동해손으로 인정되지 않았으나 이러한 임시수리가 항해완수에 필요한 경우에 한하여 절약된 공동해손비용한도까지 공동해손으로 인정된다.

(라) 자금조달비용

공동해손으로 계상된 지급비용, 희생손해 및 인정액(allowance)에 대하여는 공동해손정산서의 작성일자까지 연 7%의 이자를 공동해손비용으로 인정하고, 선장, 고급선원 및 보통선원의 급료 및 부양비 그리고 항해 중에 보급한 것이 아닌 연료 및 용품(stores) 이외의 2%의 수수료가 공동해손으로 인정된다. 그러나 자금이 어떠한 분담이익(contributing interest)에 의해서도 조달되지 않는 경우에는 모험대차채권(bottomry fund) 또는 기타 방법에 의하여 소요자금을 얻는데 필요하였던 비용 또는 자금을 얻을 목적으로 매각한 화물 소유자가 입은 손실은 공동해손으로 인정된다.

공동해손비용의 지급을 위하여 입체금액의 부보비용도 공동해손으로 인정된다. 입체금액(money advanced)을 부보하는 이유는 선주가 공동해손을 선언하고 난 후 공동해손비용을 지출하였으나 최종적으로 전손이 발생해 버림으로써 공동해손이 성립되지 않을 때 선주의 손해를 보상받기 위해서이다. 이러한 입체금액을 포함한 공동해손비용을 보험에 붙이는 것을 공동해손비용담보보험(general average disbursement insurance)이라고 한다.[72]

(마) 정산비용

공동해손을 정산하기 위하여 불가피하게 발생하는 비용은 비록 York-Antwerp Rules(2004)에는 규정하고 있지 않지만 관습으로서 공동해손비용으로 인정된다.

우리나라에서 공동해손이 발생하면 선주의 요청에 따라 대부분 해외의 정산인(adjuster)에게 정산을 의뢰하게 되는데, 이러한 정산에 따른 비용이 보통 공동해손의 15~20%에 달한다. 물론 이러한 비용을 보험자로부터 보상받게 되지만, 결국 이것은 보험료율의 인상을 초래하기 때문에 선주의 부담이 된다. 주요한 정산비용으로는 해난보고서작성비용, 공동해손손해감정비용, 공동해손부담가액감정비용, 정산인의 보수, 정산인의 여비 및 통신비 등이다.

3 공동해손과 보험자 책임

공동해손은 선박이 운항 중 사고를 당할 경우 공동안전을 달성하기 위하여 고의로 손해를 일으켜 다수의 이익에 기여하였다면 그 손해는 도움을 받은 자들이 각자의 재산의 가액에 따라 공동으로 분담하는 것이다.

이러한 공동해손의 성립 및 분담은 해상보험계약과는 별개의 것이

72) 이기태, 해상보험, 법문사, 1981, p. 321.

지만 해상보험법이나 약관에서 공동해손희생이나 비용과 이익을 얻은 자가 부담하는 분담금을 보험자가 보상한다고 규정하면서 보험과 공동해손의 관계가 맺어지게 된 것이다.

영법 제66조에도 1항에서 3항까지는 해상보험에 관한 규정이 아니라 공동해손 자체에 관한 규정으로 공동해손 정의(제1항), 공동해손 성립요건(2항), 공동해손 분담금(3항)에 관하여 규정하고 있다.

가. 공동해손손해와 보험자의 책임

영법 제66조 제4항에는 "보험증권에 어떤 명시규정이 있는 경우를 제외하고, 피보험자가 공동해손비용을 지출한 경우 그는 자기에게 귀속되는 손해의 비례부분에 관하여 보험자로부터 보상받을 수 있다. 그리고 공동해손희생의 경우 피보험자는 분담의무가 있는 다른 당사자에게 분담청구권을 행사하지 않고 손해의 전액을 보험자로부터 보상받을 수 있다."고 규정하여 공동해손희생손해와 공동해손분담금에 대하여 피보험자는 보험자로부터 보상받을 수 있음을 규정하고 있다.

공동해손을 입은 당사자는 보험자에게 보상청구권이 있기 때문에 자기 자신의 분담액만을 보험자에게 청구하고 이익을 입은 다른 당사자에게 공동해손분담금을 징수할 수도 있으며, 공동해손손해의 전부를 직접 보험자에게 청구할 수도 있다. 이 경우에는 다른 당사자에 대한 분담청구권은 보험자가 대위한다.[73] 공동해손손해중 공동해손비용의 경우는 전자의 방법이, 공동해손희생의 경우는 후자의 방법이 일반적으로 사용되고 있다.

적하보험의 경우 ICC(A), (B), (C)의 제2조[74]가 공동해손약관(General

73) 보험자의 대위권취득은 영법 제79조 제1항에 따라 손해발생시, 즉 공동해손분담청구권의 발생시로부터 개시된다.

74) This insurance covers general average and salvage charges, adjusted or de-

Average Clause)으로, 담보위험에 의하여 생긴 공동손해만 담보하고 York-Antwerp Rules(2004) 등 해상화물운송계약이나 효력있는 법률이나 관습에 따라 정산되거나 결정되는데 따른다고 규정하고 있다.

선박보험의 경우 ITC-Hulls(1994) 제10조 제4항[75]에 "담보위험을 피하기 위하여 또는 담보위험을 피하는 것과 관련하여 발생한 손실이 아닌 경우에는 본조의 어떤 보상청구도 허용되지 않는다."고 규정하여 적하보험과 마찬가지로 담보위험에 의한 공동해손만 담보하고 있다.

나. 공동해손 분담금과 보험자의 책임

영법 제66조 제5항[76]에 보면 "보험증권에 특약이 명시된 경우를 제외하고 피보험자가 피보험목적물에 대하여 공동해손분담금을 지급했거나 또는 지급할 책임이 있을 때 피보험자는 이것을 보험자에게 회수할 수 있다."고 규정하여 공동해손분담금도 보상받을 수 있도록 하고 있다.

공동해손의 분담책임은 보통법상의 책임으로서 해상운송계약에 의거하여 생기는 것이다. 이것은 해상위험에서 직접 생기는 손해가 아닌 간접적으로 발생하는 비용손해로서 직접손해보상의 원칙에 위배

termined according to the contract of affreightment and/or the governing law and practice, incurred to avoid or in connection with the avoidance of loss from any cause except those excluded in Clause 4, 5, 6 and 7 or elsewhere in this insurance.

75) No claim under this clause 10 shall in any case be allowed where the loss was not incurred to avoid or in connection with the avoidance of a peril insured against.

76) Subject to any express provision in the policy, where the assured has paid, or is liable to pay, a general average contribution in respect of the subject insured, he may recover therefor from the insurer.

된다. 그러나 이것은 일종의 책임이익으로 해상보험계약에 책임보험의 성격을 도입한 것이다.

공동해손행위로 이해관계자들로부터 분담금에 의하여 배상받게 될 때 이를 공동해손배상액(amount made good)이라고 하고, 이를 위하여 각 분담금에 의하여 조성되는 기금을 공동해손기금(general average fund)이라고 하는데, 이는 인정된 공동해손희생과 공동해손비용의 합계액이다.

공동해손분담금(general average contribution)은 공동해손행위에 의해 구조된 모든 재산의 항해종료시의 순실제가액에 공동해손배상액을 추가하여 계산된 공동해손분담가액(general average contributory value)을 기초로 하여 정산되고, 각각의 이해당사자들은 항해사업에서 타당사자들과 공평하게 분담된다.

만약 도착되지 않는 화물이 공동해손희생의 대상인 경우에는 공동해손배상액이 바로 분담가액이 된다. 해상보험에서는 피보험자를 보호하고 있는 것은 보험금액으로 이것은 통상 공동해손분담가액과 일치하지 않는다. 공동해손분담가액은 공동해손정산의 기준이 되는 가액이고, 보험금액은 보험자의 손해보상의 한도액이다. 따라서 보험자는 공동해손분담가액에 의하여 산출된 공동해손분담액의 전액을 보험자는 지급할 의무가 없다. 즉, 보험자는 공동해손분담가액에 대한 보험금액의 비율을 공동해손분담액에 곱한 금액을 지급하면 된다.[77)]

77) $\text{보험금} = \text{각자의 공동해손분담액} \times \dfrac{\text{보험금액}}{\text{공동해손분담가액}}$

각자의 공동해손분담액 = 공동해손분담률 × 각자의 공동해손배상액

$\text{공동해손분담률} = \dfrac{\text{공동해손배상액의 총액}}{\text{공동해손분담가액}}$

3 해상보험계약 및 해상보험증권

1 해상보험계약

제1절 해상보험계약의 의의

1 해상보험계약의 의의 및 성격

가. 해상보험계약의 의의

해상보험계약은 계약에 의하여 합의된 방법과 범위에서 해상손해, 즉 항해 사업에 부수되는 손해를 보험자가 피보험자에게 보상할 것을 확약하는 계약이다(영국해상보험법 제1조). 즉, 해상보험계약은 '항해 사업에 부수되는 손해를', '합의된 방법과 범위까지' 보험자가 보상하는 '손해보상계약'이다.

(1) 항해사업에 부수되는 손해

해상보험계약에서 보험자가 보상하는 손해는 반드시 항해사업(marine adventure)에 부수되는 손해이어야 한다. 그러나 그 손해가 반드시 해상구간에 한정되는 것은 아니며, 해상과 인접한 육상운송과 화물이 양륙 후 창고에 보관되어 있을 경우에는 담보 연장이 가능하다.

(2) 합의된 방법과 범위

해상보험계약의 내용은 보험증권의 약관으로 명시된다. 보험계약도 계약자유의 원칙에 따라 당사자 간 합의로 정할 수 있으나 계약체결 시 담보위험과 손해보상의 범위와 담보구간을 하나하나 약정하기란 거의 불가능하다. 따라서 해상보험에 전문적인 지식이 없는 하주나 선주가 이용하도록 런던보험자협회(The Institute of London Underwriters : I.L.U.)가 제정한 협회약관을 채택하도록 하고 있다.

참조 p.313 구증권 제18조 준거법약관

p.344 신증권 준거법약관

p.423 신ICC 제19조 영국 법률 및 관습약관

피보험자는 자신이 선택한 협회약관이나 기타의 특별약관의 내용에 따라 손해보상의 방법과 범위가 정해진다. 만약 약관상 문제가 생기면 영국의 법률과 관습에 따라 해결한다. 로이드 S.G. 양식의 해상보험증권의 '보험증권의 효력에 관한 약관'[1](Force and Effect Clause)과 재판관할권약관[2](Jurisdiction Clause), ICC약관 (A), (B), (C)의 제19조의 영법적용약관[3](English Law and Practice Clause)에 이러한 취지가 규정되어 있다.

(3) 손해보상계약

상법 제693조는 "해상보험계약의 보험자는 해상사업에 관한 사고로 인하여 생길 손해를 보상할 책임이 있다."고 규정하여 해상보험이 손해보상계약(a contract of indemnity)임을 명시하고 있다. 그러나 손해를 입어도 손해발생 시 피보험이익을 갖고 있지 않으면 보상받을 수 없다.[4] 또한 해상보험계약은 손해보상계약이므로 사행(wagering) 또는 도박(gaming)의 목적이나 투기이윤을 목적으로 한 계약은 무효이다.[5] 비록 중복보험이나 초과보험으로 부보되어도 실손해만 보상

1) And it is agreed us, the Insurers, that this writing or policy of Assurance shall be of as much force and effect as the surest writing or policy of Assurance heretofore made in Lombard Street, or in the Royal Exchange, or elsewhere in the London.
2) This insurance is understood and agreed to be subject to English Law and Practice only as to liability for and settlement of any and all claims.
3) This insurance is subject to English Law and Practice.
4) MIA 제1조 제1항.
5) MIA 제4조 제1항; 당사자가 손해보상계약을 체결하는 의사를 보험증권면에서 명문으로 부인하는 보험증권을 명예보험증권(Policy Proof of Interest; Honour Policy)이라고 하고 이는 법률적 견지에서 보면 무효이다.

받을 수 있다.

해상보험계약은 완전한 손해보상계약이 아니라는 지적이 종종 있다. 예를 들면 적하의 미평가보험증권의 경우 피보험자는 실손액보다 적은 금액의 보험금을 받게 되고, 평가보험증권에 있어서는 실손액을 초과하는 보험금을 받을 수 있다. 이는 현재 사용되고 있는 보험증권의 양식 때문에 생기는 현상이다. 그러나 적법한 계약은 항상 원칙상 실손보상계약이지만 그 범위와 금액은 당사자간의 협약의 문제이다.

한편 보험자는 대위의 원리(代位, doctrine of subrogation)에 의하여서도 책임 있는 제3자로부터 자신이 피보험자에게 지급한 금액 이상을 배상받을 권리가 없다.[6)]

나. 해상보험계약의 법적성격

(1) 낙성계약

"보험계약은 당사자 일방이 약정한 보험료를 지급하고 상대방이 재산 또는 생명이나 신체에 관하여 불확정한 사고가 생길 경우에 일정한 보험금액 기타의 급여를 지급할 것을 약정함으로써 효력이 생긴다."[7)]

보험계약은 당사자 간 의사표시의 합치만으로 계약이 성립하며 의사표시에 특별한 방식이 필요치 않는 낙성계약이며 불요식계약이다. 보험계약에 따라 보험자의 책임은 당사자 간 다른 약정이 없으면 최초

6) Yorkshire Insurance Co., Ltd. v. Nisbet Shipping Co., Ltd. (1962)2 Q.B. 330, (1961) 2 All ER 487, Q.B.D.

7) 상법, 제638조 제1항.

의 보험료를 지급받은 때로부터 개시하고,[8] 보험증권의 발행은 보험계약의 성립에 추정적 증빙이 되지만 보험계약의 성립요건은 아니다.

(2) 유상계약

보험계약에서 보험자는 계약상 합의된 방법과 범위에서 피보험자의 손해를 보상할 것을 확약하는 대가로 보험료를 지급받는, 즉 계약당사자의 급부의 내용이 대가관계에 있다는 뜻으로 유상계약이라 한다. 이때의 보험료는 보험자의 손해보상 약속에 대한 대가로서 지급받는 약인(consideration)이다.

(3) 쌍무계약

보험계약은 보험계약당사자 쌍방이 상호교환조건으로 계약상의 의무를 지는 쌍무계약이다. 보험계약의 성립으로 보험계약자는 보험료 지급의무를 지고 보험자는 피보험목적물에 손해가 발생할 경우에 보험금지급의무를 진다. 보험자는 보험사고가 생기지 않으면 보험금을 지급할 의무가 없는 불확정한 의무이기 때문에 보험자의 의무는 위험담보의 의무라고 하는 것이 옳다.

(4) 부합계약

보험계약은 한 보험자가 다수의 보험계약자와 대량으로 체결하므로 각 보험계약마다 내용을 달리 체결하는 것이 현실적으로 불가능하다. 따라서 계약자유의 원칙에 따라 계약조건을 상호 협의하여 정하지 않고 보험자가 제시하는 약관을 보험계약자가 승인함으로써 성립되는 부합계약(a contract of adhesion)이다.

일반적으로 보험자는 사전에 자신이 작성한 약관을 인쇄하여 보험

8) 상법, 제656조.

계약자에게 제시하고 보험계약자는 이를 포괄적으로 승인하거나 그렇지 않으면 거절하는 선택권만을 갖는다.

(5) 사행계약

보험계약에서 피보험자는 불확실한 사고의 유발에 따라 이익과 손해가 결정되기 때문에 사행계약(aleatory contract)이라고 할 수 있다. 그러나 보험계약의 목적이 "해상사업에서 생길지도 모를 위험을 제거하는데 있기 때문에 어떤 행운을 잡아 횡재를 하고자 하는 사행행위나 도박의 목적으로 체결하는 일체의 해상보험계약은 무효이다." 라고 규정하고 있다.[9)]

(6) 유한책임계약

해상보험계약에서 보험자는 계약상 합의된 금액인 보험금액을 한도로 피보험자에게 보험금을 지급할 책임이 있기 때문에 유한책임계약이라고 할 수 있다.

(7) 최대선의계약

해상보험계약은 사행성을 갖고 있는 계약이므로 계약당사자의 최대선의가 기초하고 있지 않으면 큰 문제가 생긴다. 따라서 영법에서 최대선의의 원칙을 규정하고 있다.[10)] 계약체결시 보험자는 중요한 모든 사항은 보험계약자의 고지에 의존할 수밖에 없기 때문에 더욱 더 최대선의의 중요성이 크다고 할 수 있다.

---

9) MIA 제4조 제1항.

10) MIA 제17조. A contract of marine insurance is a contract based upon the utmost good faith, and if the utmost good faith be not observed by either party, the contract may be avoided by the other party.
(해상보험계약은 최대선의에 의한 계약이며 당사자의 일방이 최대선의를 준수하지 않을 경우에는 타방은 그 계약을 취소할 수 있다.)

2 해상보험계약의 체결

가. 해상보험계약의 성립

해상보험도 다른 무역 관련 계약과 마찬가지로 낙성·불요식계약이기 때문에 청약과 승낙으로 계약이 성립되며 여기에 일정한 형식요건이 필요하지 않다.[11)]

보험계약자는 보험계약체결시 운송 중 피보험목적물이 만날 수 있는 위험의 종류를 검토하여 담보조건과 보험료율 등을 결정한 후 보험계약청약서(The Order 또는 Application)를 제출함으로써 보험자에게 부보를 요청한다.

청약서의 기재 내용이 고지(disclosure)사항이 되므로 최대선의의 원칙에 따라 성실하게 기재해야 한다. 청약에 대하여 보험자가 승낙하면 해상보험계약이 성립된다. 승낙에는 일정한 방식이 없기 때문에 명시적이든 묵시적이든 상관없으나 실무에서는 적하나 선박의 보험증권을 발행·인수함으로써 승낙의 의사표시를 하게 된다.

보험계약의 체결과 동시에 보험계약자는 보험자 또는 그 대리인에게 보험료를 지급하여야 한다. 한편 계약체결시 중개인이 개입되는 경우에는 보험계약자로부터 청약서를 받은 중개인이 이를 보험자로부터 승낙을 받기 위하여 Slip을 사용하고 있다.

해상보험계약에 관련되는 당사자는 보험자, 보험계약자 및 피보험자에 한하지만, 보험대리점과 보험중개인도 보험계약에 관련될 수 있다. 특히 보험대리점은 특정의 보험자의 위임을 받아 업무를 수행

11) MIA 제21조: 해상보험계약은 피보험자의 청약을 보험자가 승낙한 때에 성립된 것으로 간주하며, 그 당시 보험증권의 발행여부는 불문한다. 청약의 승낙된 시간을 증명하기 위하여 Slip이나 Covering Note 등의 관용적인 계약각서를 이용할 수 있다.

한다는 점에서 보험중개인과 구별된다. 우리나라에서는 일정한 자본 및 요건을 가진 주식회사에 한하여 보험업을 허가하고 있다.[12)]

나. 해상보험계약과 위험담보조건

해상보험계약은 피보험자가 보험자에게 보험료를 지급하고 반대로 보험자는 피보험자에게 피보험목적물에 대한 위험을 담보하는 계약이다. 따라서 계약의 내용은 보험자가 담보하는 위험의 종류와 손해보상의 범위이다.

참조 p.291
증권 제11조
보위험약관

.330
ICC 제5조
보위험약관

.357
ICC 제1조
험약관

.430
가약관

적하보험에 있어서는 ① S.G. Policy Form에서 본문약관의 위험약관(Perils Clause)에 열거된 위험과 특별약관인 ICC(A/R), ICC(WA), ICC(FPA) 및 기타특별약관을 첨부함으로써 본문약관상의 담보위험을 제한하거나 확대한다. 그러나 ② 1983년부터 사용되고 있는 신해상보험증권에서는 ICC(A), (B), (C) 약관 중 하나와 필요하다면 특별부가약관으로 부보되고 있다.

보험계약시 피보험자는 화물의 성질, 포장상태, 운송용구의 위험도, 운송방법, 선적항 및 하역항의 화물취급시설, 취급자들의 자질 등을 고려하여 담보조건을 결정해야 한다. 실무적으로 무조건 ICC(A)나 (A/R)로 부보하는 것보다 ICC(C) 및 특별부가조건을 선택하는 것이 보다 유리할 수 있다.

다. 해상보험계약의 효력

해상보험계약이 성립되면 계약당사자인 보험자와 피보험자는 약관에 따라 권리와 의무를 갖게 된다.

보험자는 보험기간 중 담보한 위험에 의하여 피보험목적물에 손해

12) 보험업법, 제5조, 제6조.

가 발생하면 이를 보상할 의무가 있으며, 기간이 경과한 손해에 대하여는 보상하거나 보험료를 반환할 의무가 없는데, 이것은 보험자는 보험료를 받을 대가로 약정된 기간에 대한 위험담보라는 급부가 제공되었기 때문이다. 보험계약이 전부 또는 일부가 무효가 되거나 보험계약이 해지[13]되는 경우, 보험계약자는 미경과 보험료의 반환을 청구할 수 있다(상법 제648조 및 제649조 참조).

피보험자는 보험계약 성립 후 자신의 귀책사유가 아닌 위험의 변경에 대하여 보험자에게 통지하여야 한다. 이것은 보험자 입장에서 보면 담보위험의 증가를 의미하기 때문이다. 또 담보위험에 의하여 손해가 발생할 경우에 이를 지체 없이 보험자에게 통지하여 보험자로 하여금 손해의 방지나 손해경감조치를 취할 수 있도록 하여야 한다. 피보험자 자신도 손해를 방지하거나 경감하기 위하여 합리적인 조치를 강구해야 하며, 이를 위해 지출한 비용은 보험자가 피보험자에게 지급하여야 한다.[14]

라. 해상보험계약의 효력소멸

해상보험계약의 효력은 당사자의 의사와는 관계없이 소멸하는 경우와 당사자의 의사표시에 의하여 소멸되는 경우가 있다.

전자의 경우는 보험계약의 목적인 피보험이익이 소멸되는 경우나 위험의 소멸 및 약정된 보험기간이 종료되면 자동적으로 보험계약의 효력이 소멸된다.

---

13) 해지(解止)는 계속적인 채권관계를 해지시점부터 미래에 소멸시키는 것을 말하며, 해제(解除)는 계약을 소급적으로 무효로 하는 법률행위이다.

14) 이를 ICC(A)의 제16조 제1항의 '피보험자의 의무약관'에 규정하고 있는데, 이는 S.G. Form의 "Sue and Labour Clause", 구약관 제9조의 "Bailee Clause", 및 MIA 제78조 제4항의 내용과 같은 취지이다.

후자의 경우는 당사자의 의사표시에 의한 경우로 보험계약자가 고지의무를 위반하면 보험계약은 해지되며,[15] 보험료를 지급하지 않아도 계약이 해제 또는 해지된다.[16] 또한 위험의 변경증가시 이에 대한 통지를 해태하거나,[17] 보험계약자 등의 고의나 중과실로 인하여 위험이 증가하면 보험자는 보험료의 증액을 요구하거나 계약을 해지할 수 있다.[18]

보험계약자는 보험자가 파산선고를 받을 경우에는 보험계약을 해지할 수 있고[19] 보험사고가 발생하기 전에는 언제든지 보험계약의 일부 또는 전부를 해지하고 별다른 약정이 없는 한 미경과 보험료의 반환을 청구할 수 있다.[20]

제2절 고지의무 및 담보

1 고지의무

가. 고지의무의 의의

해상보험계약도 다른 보험계약과 마찬가지로 최대선의에 기초한 계약(contract uberrimae fidei)이다. 이러한 최대선의가 어느 한 계

15) 상법, 제651조
16) 상법, 제650조
17) 상법, 제652조
18) 상법, 제653조
19) 상법, 제654조
20) 상법, 제649조

약당사자에 의하여 지켜지지 않으면 다른 당사자는 그 계약을 최소할 수 있다.[21)]

보험계약 체결시 보험계약자는 보험자에게 보험계약의 인수여부 또는 계약내용 결정에 영향을 줄 수 있는 '모든 중요한 사실'(every material circumstance)을 알려야 하는 고지의무(告知義務, duty of disclosure)가 있다.

상법에도 "보험계약 당시에 보험계약자 또는 피보험자가 고의 또는 중대한 과실로 인하여 중요한 사항을 고지하지 아니하거나 부실의 고지를 한 때에는 보험자는 그 사실을 안 날로부터 1개월 내, 계약을 체결한 날로부터 3년 내에 계약을 해지할 수 있다. 그러나 보험자가 계약당시에 그 사실을 알았거나 중대한 과실로 인하여 알지 못한 때에는 그러하지 아니하다."(제651조 제1항)라고 규정하여 영법과 같은 입장을 취하고 있다.

보험계약자의 고지의무 근거를 기술적·과학적 기초에 두고 있다. 즉, 보험계약을 통하여 보험자는 보험의 합리적 경영을 위해 보험료 산출시 가급적 위험률의 정확한 측정을 위해 보험계약자의 협력을 얻어야 하므로 고지의무를 인정하게 되었다는 것이다.

고지의무 당사자는 보험계약자나 피보험자이다. 이들이 동일인이 아닌 경우에는 보험계약자에게 고지의무가 있다. 만약 보험계약이 피보험자의 대리인에 의하여 체결될 경우에는 그 대리인에게 고지의무가 있다.[22)] 이렇게 피보험자나 보험계약자에게 고지의무를 부과하는 것은 보험자가 모든 중요한 사항을 점검하는 부담을 덜려는 것이다.

21) MIA 제17조 및 18조; Greenhill v. Frederal Insurance Co.(1927) 1KB 65 at 76.
22) MIA 제19조.

영법에서 "assured"란 계약체결 전의 보험계약자(proposer)와 계약체결 후의 피보험자(assured)를 지칭한다.

고지 시기는 영법에는 계약체결 전이라고 명시하고 있고, 상법은 계약체결 시라고 규정하고 있지만, 계약이 체결될 때까지 고지되어야 이를 근거로 보험자가 승낙이나 보험료의 산정을 확정할 수 있기 때문에 가능한 기간 내에 고지되어야 한다. 보험계약의 성립 후 위험의 변경 시 이를 보험자에게 알리는 보험계약자의 통지의무는 고지의무와 구별되어야 한다.

고지 방법은 법규상 제한이 없으므로 문서나 구두의 어느 방법으로도 가능하다.

나. 고지 필요사항

영법에는 보험자가 보험계약을 체결할 당시에 보험료를 확정하거나 계약의 인수여부를 결정함에 영향을 줄 수 있는 모든 중요한 사항(every material circumstance)중 보험계약자가 알고 있는 내용을 고지하여야 한다고 규정하고 있다.

무엇이 중요한 사항인가에 대하여는 "고지되지 않은 어떤 특정한 사항이 중요한 것인가 아닌가는 각 경우에 있어서 사실문제(question of fact)이다."[23)]

'사항'(circumstance)이란 피보험자가 행한 일체의 통신과 피보험자가 받은 일체의 정보를 포함한다. 따라서 '중요한 사항'은 사실문제로서 합리적인 재판에서 사건별로 결정되어야 하며, 한 사건에서 중요한 사항이 아니라고 해서 다른 사건에서 중요하지 않다고 할 수 없다.[24)]

23) MIA 제18조 제4항 및 5항.
24) Joel v. Law Union and Crown Insurance Co.(1908) 2K.B. 863; E.R. Hardy Ivamy, Marine Insurance, 4th ed., London Butterworths, 1985, pp. 54~66.

다. 고지 불필요 사항

영법에는 문의가 없는 한 다음 사항은 고지할 필요가 없다고 규정하고 있다.[25)]

(1) 위험 감소사항

보험자의 위험부담이 줄어들 사항은 고지할 필요가 없다. 왜냐하면 보험자는 불고지로 인하여 불이익을 받지 않기 때문이다. 만약 피보험자가 이를 고지하여 보험료율의 부담을 줄일 수 있으나, 이것이 의무가 될 수는 없다.

예컨대 3년의 기간보험계약에서 그 기간이 2년으로 단축될지도 모른다거나 이로(離路) 자유조항으로(with liberty of deviation) 부보하면서 이로하지 않을 것이라는 사항[26)] 등이다.

(2) 보험자가 알고 있거나 알고 있는 것으로 추정되는 사항

보험자는 피보험목적물에 관한 관습을 알고 이에 따라 계약을 체결할 것으로 본다. 따라서 피보험목적물의 성질이나 양상에 관하여 보험자가 마땅히 알아야 하거나 통상적으로 알고 있다고 여겨지는 다음 사항에 대하여는 고지할 필요가 없다.

① 보험증권상 명시된 항구에서의 적재방식[27)]
② 도착항에서의 양륙방식[28)]
③ 갑판적재(stowage on deck)는 어떤 경우 무역관습에 따른다.[29)]
④ 전쟁의 발발이 임박했으며, 지구의 어느 곳에서 발발하고 있음

25) MIA 제18조 제3항.
26) Carter v. Boehm(1766) 3 Burr 1905.
27) Moxon v. Atkins(1812) 3 Camp. 220.
28) Stewart v. Bell(1821) 5 B & Ald 238; Gould v. Oliver(1837) 4 Bing NC. 134.
29) Da Costa v. Edmunds(1815) 4 Camp 142.

이 국내신문에 보도된 경우[30]

⑤ 재보험자는 원보험증권에 연속약관(Continuation Clause)을 포함하고 있다는 것[31]

어떤 중요한 사항을 알고 있다고 추정하는 것은 최근 일이어야 하며, 과거 한때 알고 있었다는 사실만으로는 피보험자는 보험자가 이를 알고 있다고 추정할 수 없다.[32] 국내 신문에 게재되었거나 보험자가 익숙한 간행물에 발표된 사항은 보험자가 알고 있다고 추정하는 합리적인 근거가 된다.

(3) 보험자에 의하여 면제된(waived) 사항

피보험자가 고지의무를 성실하게 이행하여 계약요건을 충족하였다면, 또 자신이 제공한 정보가 보험자로 하여금 그러한 사실이 존재하였음을 알 수 있을 정도로 충분한 고지였다면, 피보험자는 그 후 중요한 것으로 판명된 사실을 명시적으로 고지하지 않는데 대하여 책임을 지지 않는다. 피보험자의 고지로 인하여 신중한 사람이 문의할 정도라면 계약요건은 달성된 것이다.

(4) 담보(warranty)에 의하여 불필요한 고지

조 p.337
ICC 제8조
항 승인약관

388
ICC 제5조
내항 및 부적합
책약관

항해보험증권에서 항해 개시 시 선박은 부보된 항해구간을 항해하기 위하여 내항성이 있어야 한다는 것은 묵시담보이다.[33] 따라서 피보험자가 비록 항해보험에서 부보된 선박이 내항성이 없음을 알아도 이는 고지할 필요가 없다.[34]

30) Schloss Bros v. Stevens(1906) 2KB 665; Bolivia Republic v. Indemnity Mutual Marine Assurance Co. (1906) 1KB 785.
31) Charlesworth v. Faber(1900) 5 Com. 408.
32) Bates v. Hewitt(1867) LR 2QB 595(ER Hardy Ivamy, op. cit., p. 46
33) MIA 제39조 제1항.

기간보험증권에서는 선박이 항해 중에 있지 않을 때에는 내항성을 확보해야 할 필요가 없으므로 피보험자가 선박의 불내항성을 알았다면 반드시 고지해야 한다.[35)]

적하보험에서 피보험자가 본선이나 부선의 불내항성을 알고도 이를 고지하지 않았다면 화물손해에 관하여 보험자는 책임을 지지 않는다.[36)] 한편 화물의 성질이 부당한 적재(bad stowage)를 유발할 경우에는 비록 내항성에 대한 묵시담보가 부당한 적재나 과적에 의해 파기된다 해도 보험자에게 고지해야 한다.[37)]

라. 고지의무 위반의 효력

피보험자가 고지의무를 위반하면 보험자는 보험계약을 취소할 수 있다.[38)] 즉, 보험자는 자신이 받은 보험료를 반환하고 보험계약이 종료되었음을 선언하거나 자신이 원한다면 계약의 효력을 지속시킬 수 있다.[39)] 보험자의 계약취소권리는 계약체결시부터 존재하며, 고지의무 위반을 인식하고 보험계약을 확인하거나 확인한 것으로 간주할 때까지 계속된다. 그리고 보험자가 피보험자의 고지의무 위반의

34) Schoolbred v. Nutt(1872) 1 Park's Marine Insurances(8th Ed), p. 493; Haywood v. Rodger(1804) 4 East 590; Gandy v. Adelaide Insurance Co., (1871) LR 6 QB 746.

35) Russell v. Thornton(1859) 4 H & N 788; Cantiere Mecanico Brindisino v. Janson (1912) 3KB 452, CA.

36) ICC(A) 제5조 제1항; In no case shall this insurance cover loss damage or expense arising from unseaworthiness of vessel or craft……where the Assured or their servants are privy to such unseaworthiness or unfitness, at the time the subject · matter insured is loaded therein.

37) Foley v. Tabor(1861) 2 F & F 663.

38) MIA 제18조 제1항.

39) 원래 계약의 해지는 당해 계약이 장래에 그 효력을 상실하기 때문에 보험자는 보험금지급의무가 면제되며 보험계약자는 장래에 대한 보험료지급의무가 없다. 또한 보험자는 이미 받은 보험료를 반환할 필요가 없으나, 영법은 반환을 명시하고 있다(MIA 제18조 제1항, 제19조, 제20조).

사실을 충분히 알았을 경우에도 계약을 확인하는데 걸리는 상당한 시간을 누릴 권리가 있다.

보험자는 계약해지권을 포기할 수 있는데, 포기의 의사표시는 명시 또는 묵시적 방법으로 할 수 있다. 예를 들면 보험자가 피보험자의 고지의무 위반을 알면서도 보험료를 받고 보험증권을 교부할 수도 있으며, 또한 상당한 기간이 경과하도록 계약해지권을 발동하지 않을 때 이를 묵시적으로 포기한 것으로 볼 수 있다. 고지의무 위반은 불고지(non-disclosure)뿐만 아니라 부실표시(misrepresentation)도 포함된다.

손해발생시 불고지 사실은 그 손해와 어떤 관련이 있든 없든 보험자의 계약해지권에 영향을 주지 않는다. 계약해지권은 중요한 사항이 계약체결시 고지되지 않았기 때문에 행사될 수 있는 것이다.[40)]

상법[41)]에서는 피보험자의 불고지나 부실고지만으로 고지의무 위반이 되지 않는다. 고지의무자의 귀책사유, 즉 보험계약자나 피보험자의 악의 또는 중대한 과실에 의하여 불고지 또는 부실고지를 한 경우에만 고지의무 위반이 성립된다. 반면에 고지가 된 것으로 믿고 중요사항을 고지하지 않거나 잘못 알고 부실고지가 된 경우에는 고지의무 위반이 성립되지 않는다.

피보험자가 보험중개인을 통하여 보험계약을 체결할 때, 만약 보험중개인이 중요한 사항을 고지하지 않았다면, 보험자는 피보험자가

40) Lynch v. Hamilton(1810) 3 Taunt 37; Seaman v. Fonereau(1743)2 Stra 1183; Rivaz v. Gerussi(1880) 6 QBD 222.

41) 상법 제651조 제1항; "보험계약 전에 보험계약자 또는 피보험자가 고의 또는 중대한 과실로 인하여 중요한 사항을 고지하지 아니하거나 부실의 고지를 한 때에는 보험자는 그 사실을 안 날로부터 1개월 내에, 계약을 체결한 날로부터 3년 내에 한하여 계약을 해지할 수 있다. 그러나 보험자가 계약당시에 그 사실을 알았거나 중대한 과실로 인하여 알지 못한 때에는 그러하지 아니하다."

고지의무를 위반한 것과 마찬가지로 보험계약을 해지할 수 있다. 이 경우 보험자의 계약해지로 피해를 입은 피보험자는 보험중개인의 태만을 이유로 중개인에게 손해배상을 청구할 수 있다.[42)]

중개인에게는 피보험자에게 부여된 고지의무보다 추가적인 의무를 부여하고 있다.[43)]즉 그는 피보험자가 고지할 사항을 고지하여야 할 뿐만 아니라 자신이 통상의 업무상 당연히 알고 있어야 하거나 또는 당연히 자신에게 통지되었을 일체의 사항을 고지하여야 한다.

마. 고지와 표시와의 관계

최대선의의 원칙은 피보험자나 그 대리인에게 고지의무를 요구하는 것과 같이 그러한 고지가 진실하게 표시될 것을 요구한다. 예를 들면 화물이 통상 나무상자에 포장되어 운송되는데, 골판지상자에 포장하고 이를 고지하지 않았다면, 고지의무 위반이다. 그러나 피보험자가 얇은 골판지상자 포장을 튼튼한 수출용 상자에 포장했다고 말하였다면, 표시(representation)로서 부실고지(misrepresentation)가 된다. 그것이 중요하다면 보험자는 계약을 해지할 수 있다.[46)] 표시가 진실이 아닌 경우가 바로 부실고지이다.

표시는 사실문제에 관한 표시일 때도 있고 기대 또는 신념에 관한 표시일 때도 있다. 따라서 선의로 행동한 피보험자나 중개인이 사실이라는 신념을 갖고 표시한 것이 나중에 사실이 아님이 판명되었을 때는 부실고지가 성립되지 않는다. 또한 표시된 내용과 현실적으로

42) R. H. Brown, Marine Insurance, vol, 1–Principles & Basic Practice, Witherby & Co. Ltd., London, 1986, p. 89.
43) MIA 제19조. 대리인(agent)은 피보험자를 대신하여 보험계약을 체결하는 중개인"(broker)을 지칭한다.
46) MIA 제20조 제1항; R.H. Brown, op. cit., pp. 89~90.

정확한 것과의 차이가 신중한 보험자가 보기에 중요한 것으로 보이지 않는다면 이러한 표시는 진실한 표시이다.[47] 표시에 진실성을 부여하기 위하여 비록 고지된 사항이라도 계약성립 전에는 이를 취소 또는 정정할 수 있다.

일반적으로 큰 금액의 보험계약의 신청을 받으면 보험자는 피보험자에게 과거에 클레임 경험이 있었는지를 문의한다. 그러한 문의가 없는 한 피보험자가 과거의 클레임 경험을 고지하지 않았다고 해서 보험자는 계약을 해지할 수 없다. 그러나 보험자의 문의가 있으면 이에 대한 표시는 진실하고 정확해야 한다.

2 담보 및 피보험이익

가. 담보

(1) 담보의 의의

담보(warranty)란 피보험자가 지켜야 할 약속으로서 어떤 특정한 일을 행하거나 또는 행하지 않을 것을 피보험자가 약속하는 사항이다. 피보험자가 어떤 조건이 충족될 것을 약속하는 사항이나, 특정한 사실상태의 존재를 긍정하거나 부정하는 약속사항을 말한다.[48]

여기에서 담보는 약속담보(promissory warranty)로 분손부담보(warranted free from average)[49]나 포획나포부담보약관(F.C. & S. Clause; warranted free of capture…) 등에서 위험이나 손해를 책임지지 않는 면책적 의미의 "warranted"란 용어와 혼동하지 말아야 한다.

47) MIA 제20조 제4항 및 5항 참조
48) MIA 제33조 제1항.
49) ICC(WA)의 제5조.

신증권의 여러 약관에서는 위험을 담보한다고 할 경우에는 "to cover"란 표현을 사용하고 있다. 따라서 "warranty"와 "to cover"를 모두 '담보'란 용어로 사용하지만 혼동하지 않도록 유의하여야 한다.

담보란 위험에 대하여 중요한 것이든 아니든 반드시 충족되어야 한다. 담보는 문자 그대로 해석해야 하며,[50] 피보험자가 이를 충족하지 못하면 이는 담보위반(a breach of warranty)이 되며, 보험자는 담보위반일로부터 그 책임이 해제된다.

보험자가 담보사항을 두는 이유는 담보가 일종의 안전밸브 구실을 하기 때문이다. 즉, 보험계약이 최대선의에 기초한 계약이며, 피보험자는 고지의무에 따라 중요한 모든 사항을 고려하여 진술하게 되지만, 실제로 보험자 측에서 고지위반 또는 부실고지가 있었다는 것을 증명하기란 대단히 어려운 것이다. 따라서 보험자는 피보험자가 반드시 이행하거나 충족시켜야 할 사항을 명시담보로서 명시하여 안전대책을 마련코자 하는 것이다.[51]

(2) 담보의 종류

(가) 명시담보(Express Warranties)

명시담보는 보험증권에 기재되거나 보험증권이 언급한 서류에 기재된 것으로 육안으로 읽을 수 있도록 보험증권이나 기타 서류에 기재했거나, 타이프, 각인 또는 인쇄되어 있어야 한다.[52] 명시담보는 그것과 저촉되는 어떤 것보다 우선하며, 선박보험증권에서 주로 명시담보를 사용하고 있다. 명시담보의 대표적인 예로 적하보험증권의 "Warranted professionally packed", 선박보험증권의 "Warranted

50) R.H. Brown, op. cit., p. 91.
51) 김정수, 해상보험론, 박영사, 1990, p. 26.
52) R.H. Brown, op. cit., p. 92.

not north of 50°N" 등이 있다.

명시담보는 그 성질에 따라 안전담보, 중립담보, 선비담보, 항해담보 등으로 구분된다.

① 안전담보(warranty of good safety)는 피보험목적물이 특정일에 무사(well) 또는 안전(in good safety)할 것을 담보한 경우에 그 날짜 또는 그 기간 동안 임의의 시간에 안전하면 충분하다.[53)]

② 중립담보(warranty of neutrality)는 보험증권상에 피보험목적물이 중립적(neutral)이어야 한다고 명시조항이 삽입된 경우로 이때에는 피보험목적물이 위험이 개시될 때뿐만 아니라 전체의 보험기간 중에 중립적 성격을 지녀야 한다. 또한 본선상에는 선박이나 적하가 중립국의 재산이라는 것을 증명할 만한 서류(necessary papers to establish her neutrality)를 비치하고 있어야 한다.[54)] 이것은 18세기 해상전쟁이 치열할 때 화물이나 선박을 보호하기 위하여 사용하던 것으로 오늘날에는 별 의미가 없다.

③ 선비담보(disbursement warranties)는 선박보험에 추가하여 선비(船費)를 부보할 때 선비의 보험금액을 선박보험금액의 일정비율(25%) 이상을 넘지 못하도록 한 것을 말한다.

ITC・Hulls(1995) 제22조에 선비담보약관[55)](Disbursement Warranty Clause)을 두고 있다. 그 이유는 선주들이 선박보험 부보시 보험금액을 낮게 책정하여 과도한 보험금 지출을 피하고자 하는 것이다. 만

53) MIA 제38조.

54) MIA 제36조에서는 중립담보의 위반에 대하여 보험자의 책임이 해제된다고 규정하지 않고, 보험자가 계약을 취소할 수 있다(the insure may avoid the contract)고 규정하고 있다. R.H.Brown은 중립담보를 묵시담보로 취급하고 있다(R.H. Brown, op. cit., p. 93).

55) 22.1.1; Disbursement, Managers Commissions, Profits or Excess or Increased Value of Hull and Machinery. A sum not exceeding 25% of the value stated herein.

약 손해가 분손이면 보험금액 한도내에서 수리비 전액을 보상받고, 전손의 경우에는 TLO의 추가 부보로 보험료를 절약할 수 있다. 이때 TLO와 같은 추가보험을 선비보험이라고 하여 선박보험의 일정비율을 초과하지 못하게 한 것은 부당하게 낮은 선박보험 금액 책정을 막고자 하는 것이다.

④ 항해담보(institute warranty)는 특정지역의 선박항해를 금지하는 명시담보이다. 항해담보는 6개 지역의 항해금지를 명시하는 것으로, North American Warranty, Baltic Warranty, Arctic Warranty 및 Behring Sea Warranty 등은 겨울철에 항해가 금지되는 지역이고, Antarctic Warranty는 남극항해 금지구역이며, 자연발화의 가능성이 높은 석탄에 대하여 Indian Coal Warranty는 인도양의 여름철 석탄수송항해를 금지한 것이다.[56]

(나) 묵시담보(Implied Warranties)

묵시담보는 그 내용이 보험증권에 명시되어 있지는 않으나 피보험자가 묵시적으로 제약을 받으며 법적으로 계약서에 포함된 것으로 이해되는 담보이다. 영법에서 가장 중요한 묵시담보는 영법 제39조와 제40조에 나타나 있는 선박의 내항담보(warranty of seaworthiness of ship)와 적법담보(warranty of legality)이다.

1) 선박의 내항담보

항해보험에서 선박은 항해 개시 시 부보된 특정 항해사업을 수행하기 위하여 내항성을 지녀야 한다. 내항성이란 선박이 부보된 항해사업의 '통상의 해상고유의 위험'(the ordinary perils of the seas)에 대항하는데 모든 면에서 합리적으로 적합할 때 내항성이 있다고 본다.[57]

56) Institute Warranties(76.7.1)(E.R.H. Ivamy, op. cit., pp. 561~562).
57) MIA 제39조 제4항.

선박이 수개의 구간을 항해하게 되는 항해보험증권에서는 구간 내 있는 각 항구 또는 지역을 출발할 때 반드시 내항성이 있어야 한다. 그러나 선박의 기간보험에서는 어느 단계에서도 내항성이 있어야 한다는 묵시담보는 없다.[58] 그러나 기간보험에서도 선주가 내항성이 없는 줄 알면서 출항하여 불내항성 때문에 손해가 생긴 경우에는 보험자는 책임을 지지 않는다.

선박의 항해보험에서 그 개시시에 내항성을 지녀야 한다는 묵시담보의 이유는 선주가 선박이 항해 중에 있을 때는 내항성을 유지할 아무런 조치도 취할 수 없기 때문이다.[59]

운송계약에서도[60] 운송인은 선박의 발항전과 발항시에 내항성을 갖추기 위하여 상당한 주의(due diligence)를 기울여야 한다고 규정하여 절대적 내항성이 아닌 상대적 내항성을 규정함으로써 사고 발생시 그것이 선박의 불내항성과 인과관계가 있고 운송인이 상당한 주의를 기울였다고 하는 것을 입증하지 않는 한 면책되지 않도록 하고 있다.

참조 p.337
구ICC 제8조

p.387
신ICC 제5조

적하보험에서는 하주는 선박에 대한 지배권이 없으므로 적재선박이 내항성을 가져야 한다는 묵시담보는 없다. 그러나 협회적하약관에서는 보험자와 피보험자인 하주 간에 선박의 내항성을 인정한다는 약관이 삽입되어 있다.[61] 따라서 선주가 불내항 선박을 이용하였을

58) MIA 제39조 제5항.

59) R.H. Brown, op. cit., p. 93.

60) Hague Rules(1924), 제3조 제1항 a호.

61) ICC 구약관 제8조 내항승인약관(Seaworthiness Admitted Clause)과 ICC 신약관 제5조 불내항 및 부적합 면책약관(Unseaworthiness and Unfitness Clause)이 그것이다. 그러나 여기서는 불내항성이 자동적으로 인정되는 것은 아니다. 즉, 피보험자가 모르고 불내항선박에 적재했다는 것을 증명할 수 있는 경우에는 내항성담보의 위반이 면제를 받게 된다.

경우 보험자는 이에 의한 화물의 손해를 피보험자에게 보상하고 운송계약에 따라 하주의 선주에 대한 구상청구권을 대위하여야 하며, 선주의 선박보험에 대해서는 담보위반으로 대응해야 한다. 단, 1982년 협회적하약관은 내항성을 자동 인정하지는 않지만 피보험자가 내항성이 없는 선박에 물품 적재를 알지 못했음을 인정하는 경우에 한하여 담보위반이 면제된다.

적하보험에서 하주가 선박의 불내항성을 확인하거나 내항성이 있는 선박을 확보해야 할 의무는 없으며, 화물 자체의 내항성에 관한 묵시담보도 없다. 그러나 불충분하거나 부적합한 포장으로 인하여 생긴 손해는 보험자가 보상하지 않는다.[62] 충분하고 적합한 포장이란 객관적 기준이 없으나 화물의 성질·항해구간과 기간·거래관습 등을 고려하여 결정되어야 하며, 이를 보험에서 면책으로 규정한 것은 이를 피보험목적물의 고유의 하자로 보기 때문이다. 따라서 이 경우에는 수출상이 책임을 져야 한다.

영법은 내항성담보와는 별도로 본선의 적절성담보를 요구하고 있다.[63] 그러나 협회적하약관은 본선이나 부선의 적절성을 내항성과 같이 취급하고 있다. 즉, 피보험자가 알면서 그러한 운송용구에 적재했을 경우 컨테이너, 지게차 또는 육상운송수단의 부적절성에 의한 손해를 보험자로부터 보상받을 수 없다. 헤이그규칙은 운송인에게 물품을 운송하기 위해 내항성이 있고 적절한 선박을 제공하기 위해 상당한 주의를 다하도록 규정하고 있다. 따라서 피보험자가 보험자로부터 보상받지 못할 경우 운송인으로부터 손해를 배상받을 수 있다.

62) ICC 제4조 제3항; In no case shall this insurance cover loss damage or expense caused by insufficiency or unsuitability of packing or preparation of the subject-matter insured …….

63) MIA 제40조 제2항 참조.

2) 적법담보

적법담보는 모든 항해사업은 합법적이어야 하며, 피보험자가 지배할 수 없는 경우를 제외하고 합법적으로 진행되어야 한다는 담보이다.[64] 적법담보는 기간보험이나 항해보험 여부를 불문하며, 피보험 목적물이 선박이든 적하이든 마찬가지다. 그러나 피보험자가 지배할 수 없는 불법에 의한 손해에 대해서는 보험자가 보상해야 한다.

적법담보의 내용은 첫째로 밀무역[65] 또는 적대국가와 통상이 아니어야 하고, 둘째는 출항허가를 받고 출항할 것과 항해금지구역을 항해하지 않을 것 등이 해당한다.[66]

(3) 담보의 위반

담보는 명시담보든 묵시담보든, 위험에 대하여 중요하든 중요하지 않든 정확하게 충족되어야 한다. 보험자는 보험증권에 별도의 명시 규정이 있는 경우를 제외하고 피보험자의 담보위반일로부터 그 책임이 해제된다. 그러나 담보위반 전에 발생한 손해는 보상해야 한다. 담보위반은 고지의무 위반과 같이 보험계약 그 자체가 취소되는 것이 아니기 때문에 이미 받은 보험료를 반환할 필요는 없다.[67]

영법에는 ① 사정의 변경으로 담보가 계약사정에 적합하지 않을 경우나 담보를 충족하는 것이 그 후의 법률에 의하여 위법이 될 경우, ② 담보위반이 보험자에 의하여 묵인될 경우 등에는 담보위반이 허용되는 것으로 하고 있다.

보험증권을 질권으로 한 담보권자는 보험계약자의 담보위반으로 보험금을 수령할 수 없게 되었을 때는 자신의 채권을 확보하기 어렵

64) MIA 제41조.
65) Pipon v. Cope(1808) Camp. 434; Cory. v. Burr(1883). 8 App. Cas. at. 399.
66) 김정수, 전게서, p. 30.
67) MIA 제34조; R.H. Brown, op. cit., p. 91.

기 때문에 보험증권상에 이에 대비한 조항을 두거나 저당권 이익보험(mortgagee interest cover)을 부보하여 채권보전을 강구해야 한다.

피보험자가 담보를 위반했을 경우 이를 허용하는지 여부는 보험자의 결정에 달려 있다. 물론 영법 제34조와 같이 사정의 변경이나 법률에 의하여 그 위반이 허용되는 경우도 있으며, 보험자가 담보위반에 대한 자신의 권리를 포기함으로써(waived) 담보위반이 허용될 수 있다. 담보위반의 입증책임은 보험자에게 있다.[68]

나. 피보험이익

(1) 피보험이익의 의의

해상보험계약의 목적은 담보위험에 의하여 입은 피보험목적물에 대한 손해를 피보험자로 하여금 보상받도록 하는 것이다. 피보험자는 위험에 직면한 부보 재산에 이해관계(interest)가 있어야 한다.

피보험이익(insurable interest)이란 피보험목적물에 대한 특정인의 이해관계를 의미한다. 만약 이해관계가 없다면 손해를 당할 일도 보상받을 일도 없게 된다.[69]

---

68) Simons v. Gale(The Cap. Tarifa)(1957) 2 Lloyd's Rep. 485.

69) MIA 제5조. "Insurable interest defined.

(1) Subject to the provisions of this Act, every person has an insurable interest who is interested in a maritime adventure.

(2) In particular a person is interested in a maritime adventure where he stands in any legal or equitable relation to the adventure or to any insurable property at risk therein, in consequence of which he may benefit by the safety or due arrival of insurable property, or may be prejudiced by its loss, or by damage thereto, or by the detention thereof, or may incur liability in respect thereof."

(1) 본 법에 별도의 규정이 있는 경우를 제외하고 해상사업에 이해관계가 있는 자는 모두 피보험이익을 갖는다.

(2) 특히 해상사업 또는 위험에 노출된 일체의 피보험재산에 대하여 정당한 관계를 갖고,

"이익이 없으면 보험도 없다."는 법언과 같이 피보험이익이 없는 보험계약은 무효이며[70], 피보험이익이 있으면 보험이 가능하기 때문에 하나의 피보험목적물에 대해서도 각종 보험계약이 존재할 수 있다.[71]

실무에서도 피보험목적물 자체를 '이익'(interest)이라고 부른다. 적하보험증권에서 적하나 이에 관련된 이해관계를 '적하이익'(cargo interest)이라 부르고, 선박보험증권에서 선박과 이에 관련된 것을 '선박이익'(hull interest)이라 부른다.[72]

상법(제668조)은 "보험계약은 금전으로 산정할 수 있는 이익을 보험계약의 목적으로 할 수 있다."고 규정하여 보험계약의 목적이 '이익'임을 명확히 하고 있다. 즉, 보험계약의 대상이 선박이나 적하와 같은 피보험목적물이지만, 보험계약의 목적은 이러한 피보험목적물에 대한 특정인이 갖는 이해관계(relation, concern)이다.

(2) 피보험이익의 존재시기

참조 p.281
증권 제3조
급약관

해상보험에서는 계약 시에 반드시 피보험이익을 가질 필요가 없으며 손해 발생시에만 피보험이익이 있으면 된다. 단, 보험이 "손실여부를 불문함"(lost or not lost)과 같은 조건으로 부보되었을 경우에는 피보험자가 손해 발생시까지 보험계약을 체결하지 않아도 손해를 보험자로부터 회수할 수 있다. 그러나 보험계약 체결시 피보험자가 이

그 결과로 피보험재산이 안전하게 또는 예정된 시간에 도착함으로써 이익을 얻거나, 피보험재산의 손실, 손상 또는 압류로 인하여 손해를 입거나, 피보험재산에 관하여 책임을 진 경우에는 그 해상사업에 이해관계를 갖는다.)

70) MIA 제4조 제2항 a호 참조.

71) 소유이익 외에 담보이익, 채권이익, 저당이익, 수익이익, 대상이익, 비용이익 및 책임이익 등이 있다(木村 榮一, 海上保險, 千倉書房, 1983, p. 41).

72) R. H. Brown, op. cit., p. 66.

미 손해발생의 사실을 알고 보험자는 몰랐을 경우에는 그렇지 않다.[73)]

적하보험증권은 물품에 관한 이익이 한 당사자로부터 다른 당사자에게 이전하므로 관습적으로 양도되며, 항해중 이들 각 당사자들은 이익을 갖는 시기가 다르기 때문에 동일한 보험증권으로 각각 자신이 필요시 보상청구를 하는 것은 가능하지 않다. 또한 화물이 손상을 입은 상태로 도착하였을 때 손해발생시를 정확히 알아낸다는 것도 어렵다. 따라서 이러한 문제점을 해결하기 위하여 대부분의 표준적하보험에서는 "Lost or not Lost"[74)]와 같은 조건으로 부보된다.

보험계약 체결시 양 당사자가 손해발생 사실을 알지 못하고 계약을 체결한 후 보험증권을 양도했을 때는 보험계약상의 모든 권리는 양수인이 갖게 되며, 또한 자신이 피보험이익을 갖기 전에 발생한 손해에 대하여 손해보상을 청구할 수 있다.[75)]

"Lost or not Lost" 조건과는 별도로 손해 발생시에 피보험이익을 갖지 못한 피보험자는 손해발생사실을 알고 난 후에는 그러한 피보험이익을 취득할 수 없다.[76)]

73) MIA 제6조 제1항 참조.

74) 일명 '소급약관'이라고 한다. 피보험목적물이 "Lost or not Lost" 조건으로 부보된 경우에 피보험자는 손해 발생 후까지 피보험이익을 취득하지 않아도 손해를 보험자로부터 회수할 수 있다. 그러나 보험계약 체결시 피보험자가 손해발생의 사실을 알고 보험자가 몰랐을 경우에는 그러하지 아니하다.

75) R. H. Brown, op. cit., p. 66.

76) MIA 제6조 제2항 참조.

(3) 피보험이익의 요건

(가) 경제성

피보험이익은 반드시 금전적으로 평가할 수 있어야 한다. 손해보험은 피보험목적물에 대한 경제적 손해를 보상하는 것이 목적이다. 따라서 아무리 중요한 것이라도 그 가치를 금전적으로 산정할 수 없다면 경제성을 갖지 못하므로 보험계약이 성립될 수 없다.

예를 들면 연인으로부터 받은 편지나 조상대대로 물려받은 골동품 등은 아무리 큰 정신적 가치나 전통적인 가치가 있다 하더라도 그 가치를 금전적으로 산정할 수 없다면, 특정인은 이에 대한 피보험이익을 가졌다고 할 수 없고 보험계약의 대상이 될 수 없다.

상법도 "보험계약은 금전으로 산정할 수 있는 이익에 한하여 보험계약의 목적으로 할 수 있다."(제668조)고 규정하여 피보험이익의 경제성을 명시하고 있다.

(나) 적법성

피보험이익은 적법해야 한다는 것은 다음과 같은 의미가 있다.

첫째, 법률에 금지된 항해사업이나 공서양속에 반하는 항해사업에서의 피보험목적물의 피보험이익은 부보될 수 없다. 예를 들면 밀무역에 종사하는 선박의 보험, 수출입이 금지된 화물의 부보 등이 이에 속한다.

둘째, 법률에서 부보하는 것을 금지하고 있는 피보험이익은 부보하지 않는다. 예를 들면 선원의 급료는 부보하는 것을 금지하고 있는 국가에서 이를 부보하는 경우이다.

영국 해상보험법[77]도 "Every lawful marine adventure may be the object of a contract of marine insurance"(일체의 적법한 해상사업은 해상보험계약의 목적이 될 수 있다.)고 규정되어 있다.

(다) 확정성

피보험이익은 손해 발생시까지 금전적으로 확정되고 귀속이 결정되어야 한다. 그렇지 않으면 보험사고가 발생하더라도 보험금과 이를 지급받을 피보험자가 불확실하게 된다. 따라서 보험계약체결시에는 피보험이익이 존재하지 않아도 되지만, 손해 발생시까지는 확정되어야 한다.

물이나 공기 등은 아무리 귀중하다고 해도 확정성이 없기 때문에 보험의 목적이 될 수 없다. 또한 CIF가격의 희망이익이 부보될 수 있는 것이나, FOB조건으로 수출할 때 물품이 아직 매도인의 창고에 있을지라도 매수인의 부보가 가능한 것은 장래에 매수인이 피보험이익을 취득할 가능성이 있기 때문이다.

보험계약 체결시로부터 보험기간이 종료될 때까지 피보험이익이 불변일 필요가 없다. CIF조건으로 수출할 경우 수출상이 부보하기 때문에 물품이 본선에 적재될 때까지는 피보험이익이 수출상에 귀속되지만, 그 이후에는 수입상이 갖게 된다.

(4) 피보험이익의 분류

피보험이익은 피보험목적물과 피보험자와의 이해관계이므로 이해관계의 발생이유 및 참여관계의 여하에 따라 여러 가지로 분류할 수 있다.

77) MIA 제3조 제1항 참조.

❙ 피보험이익 분류 ❙

<table>
<tr><th>분류기준</th><th colspan="2">피보험이익 분류</th></tr>
<tr><td rowspan="2">① 재산 성격에 따른 분류</td><td>㉠ 적극재산에 관한 피보험이익</td><td>ⓐ 소유이익, ⓑ 담보이익, ⓒ 수익이익</td></tr>
<tr><td>㉡ 소극재산에 관한 피보험이익</td><td>ⓐ 비용이익
ⓑ 책임이익</td></tr>
<tr><td rowspan="2">② 보험목적에 따른 분류</td><td colspan="2">㉠ 적하이익</td></tr>
<tr><td colspan="2">㉡ 선주이익</td></tr>
<tr><td rowspan="2">③ 이익존재에 따른 분류</td><td colspan="2">㉠ 현재이익</td></tr>
<tr><td>㉡ 기대이익</td><td>ⓐ 미필이익[78]
ⓑ 소멸가능이익</td></tr>
<tr><td>④ 이해관계자 내용에 따른 분류</td><td>이해관계자의 내용에 의한 분류</td><td>ⓐ 소유이익, ⓑ 담보이익
ⓒ 수익이익, ⓓ 대상이익
ⓔ 비용이익, ⓕ 책임이익</td></tr>
</table>

(가) 재산의 성격에 따른 분류

1) 적극재산에 관한 이익

적극재산에 관한 피보험이익은 피보험자가 현재 소유하는 재산이 해상위험으로 인하여 상실되거나 또는 장래에 재산을 취득할 기대가능성이 해상위험으로 말미암아 저해되는 것으로 ① 소유자이익, ② 담보이익, ③ 대상이익, ④ 사용이익, ⑤ 수익이익 등이 있다.

소유자이익은 피보험목적물의 소유자가 가지는 이익이다. 보통 소유자가 피보험목적물에 대하여 위험부담을 하고, 사용・수익・처분의 권리를 행사할 수 있는 경우의 피보험이익을 말한다. 예를 들면

78) 미필이익(contingent interest)은 매도인이 선적한 후 매수인이 어떤 이유로 선적서류를 인수하지 않아 화물의 위험이 선적시에 소급해서 매도인에게 돌려지는 것과 같은 어떤 조건의 성취에 달려 있는 이익을 말한다. 이에 반하여 소멸가능이익(defeasible interest)은 피보험자의 선택에 따라 해제 가능한 계약상의 이익을 말한다. 미필이익은 일명 불확정이익이라고도 하는데 관세지급 후 화물이 도난 등의 사고로 멸실된 경우의 관세(customs duty), 착지불운임의 경우 운임지급 후 화재 등의 사고로 화물이 멸실될 경우 운임에 대한 하주의 피보험이익은 불확정이익이며, 포획자의 피보험이익은 소멸가능이익이다.

선주가 선박에 대하여 하주가 적하에 대하여 갖는 이익이다.

담보이익은 채권자가 채권의 변제를 위해 피보험목적물에 대하여 질권, 저당권, 선취특권 또는 유치권 등의 담보권을 가질 때, 이들의 해상재산에 대한 이해관계를 말한다.

이것은 담보권자는 해상재산의 안전한 도착으로 채권담보가 확보되는 반면 해상재산의 손해로 채권담보가 곤란하게 되기 때문이다.

대상이익은 투자적 지출로서 비용을 투입했음에도 불구하고 대상을 얻지 못하고 낭비된 비용에 대한 특정인의 이해관계이다.

예를 들면 선주가 연료, 선원들의 식료품, 소모품, 선원의 급료 등의 선비(disbursement charge)를 지급했음에도 불구하고, 해상위험의 발생으로 착지불 운임을 취득할 수 없는 경우나 선주가 선급운임을 지급했음에도 해상위험의 발생으로 희망이익을 얻을 수 없는 경우에 이러한 낭비된 비용에 대한 특정인의 이해관계가 대상이익이며 부보가 가능하다. 이들 비용은 다른 것을 얻기 위하여 해상사고의 발생 전에 지급된다는 점에서 해상사고의 발생 후에 지급되는 비용에 대한 이해관계인 비용이익과 다르다.[79)]

사용이익은 타인의 물건을 사용하는 자가 그 사용물에 대한 이해관계를 말한다. 사용이익은 반드시 물권에 대해서만 존재하는 것이 아니고 채권이나 기타의 권리에 대해서도 존재할 수 있다. 예를 들면 해상보험에서 선박임차인의 사용선박에 대한 임차권의 이익이 그것이다.

수익이익은 피보험목적물로부터 기대할 수 있는 수익에 대하여 존

79) Michael J. Mustill, Jonathan C.B. Gilman, *Arnould's Law of Marine Insurance and Average*, London, Stevens & Sons, 16th ed. 1981, vol. 1, p. 253.

재하는 피보험이익을 말한다. 즉, 선박소유자가 항해 후 받게 될 운임, 선주가 용선자에게 용선 후 받게 될 용선료, 선주가 화물을 매각하고 받게 될 희망이익 등이 피보험목적물의 소유자가 소유권을 통하여 얻을 수 있는 수익으로 이에 대한 특정인의 이해관계가 바로 수익이익이다.

2) 소극재산에 관한 이익

소극재산에 관한 이익은 해상위험의 발생으로 피보험자의 자산에 대한 피보험이익이 아니라 계약상 또는 법률상 채무자적인 입장에서 비용을 지출하거나 손해배상책임을 부담하는 것을 말한다. 책임이익과 비용이익이 있다.

책임이익은 어떤 사람이 해상위험의 발생으로 제3자에게 손해가 생겼을 경우 법률의 규정에 의하거나 계약에 따라서 일정한 급부를 부담해야 할 책임의 피보험이익이다.

예를 들면 피보험자의 선박이 타선과 충돌한 경우 타선의 선주에 대한 손해배상책임(collision liability), 공동해손희생(general average sacrifice)에 대한 공동해손 분담책임, 선주의 선원에 대한 상병수당 부담책임 및 물품을 약정일까지 매수인에게 인도할 수 없는 경우에 매도인이 매수인에 대한 위약금지급책임 등이 모두 제3자에 대한 책임에 따른 피보험이익이다.

책임이익은 손해배상책임액을 미리 예측할 수 있는 일반배상책임이익과 미리 예측할 수 없는 특정배상책임이익으로 구분할 수 있다.

비용이익은 피보험목적물의 해상위험으로 말미암아 부득이 비용을 지출하게 된 경우에 이렇게 지출된 비용에 이해관계가 있는 사람이 갖는 피보험이익이다. 예를 들면 해난으로 환적이 불가피한 경우의 환적비용, 해손에 대한 손해방지비용(sue and labour charges), 손해

조사비용, 구조료[80](salvage), 항해의 지연에 따른 선원의 급료나 식료품 등이다.

(나) 보험 목적에 따른 분류

피보험이익을 피보험목적물에 따라서 적하이익과 선박이익으로 분류할 수 있다.

적하이익이란 적하를 피보험목적물로 하는 피보험이익으로 화물소유자의 소유자이익이 그 중심이 된다.[81] 적하 또는 화물은 운송의 객체로 목적지까지 운송을 목표로 하지 않는 선용품이나 여행 시 휴대하는 수하물은 적하가 아니기 때문에 화물이라는 명칭으로 부보될 수 없고 고유의 명칭을 붙여서 부보되어야 한다.

영법[82]에도 "화물이란 말은 상품의 성질을 가지는 화물을 의미하며 사유물이나 선내에 소비하기 위한 식료품 및 소모품은 포함되지 아니한다. 반대의 관습이 없는 한 갑판적 화물[83] 및 생동물은 그 명칭을 붙여서 부보되어야 하며 화물이라는 총괄적 명칭으로 부보되어서는 안 된다."고 규정하여 적하의 범위를 명확히 하고 있다. 화물에 대하여 적하이익을 갖는 하주는 이에 대한 권리를 갖고 있는 동안 계속하여 그 이익을 가지며, 이를 담보로 하고 대부를 받았을 경우

80) 구조료는 임의적 구조행위에 대하여 해사규정에 정한 바에 따라 지급되는 보수이고, 구조비(salvage charges)는 인위적으로 계약에 의하여 구조행위를 한 자에게 지급되는 보수이다.

81) CIF나 CFR조건으로 매매될 때 화물이 본선에 적재되면 매수인의 위험부담으로 화물에 대한 피보험이익의 수익이익을 갖지만, 이는 소유권은 대금이 지급되어야 하기 때문에 이때 매도인은 담보이익을 갖는다고 할 수 있다.

82) RCP 제17조; The term "goods" means goods in the nature of merchandise, and does not include personal effects or provisions and stores for use on board. In the absence of any usage of the contrary, deck cargo and living animals must be insured specifically, and not under the general denomination of goods.

83) 갑판적화물과 생동물은 선회증권통일조약(1924)에서도 화물의 범위에서 제외하고 있으나, Hamburg Rules(1978)에서는 이들을 '화물'의 범위에 포함하고 있다.

에도 마찬가지다.

선주이익은 선박에 대하여 선주가 갖는 소유자이익이다. 피보험이익은 보험증권상 "Hull and Machinery"로 표시된다. 따라서 선박에 대한 선주보험은 선체와 다른 구성부분인 기관, 조타기, 양화기, 돛대 기타의 속구를 포함한다. 또한 여기에 소모품, 연료, 음료수 등의 선용품도 포함된다.[84)]

(5) 피보험이익의 양도

해상보험에서 피보험이익이나 보험증권은 양도될 수 있다.[85)] 양도는 권리와 이익을 이전하는 것으로, 이전하는 자를 양도인(assignor), 이전받는 자를 양수인(assignee)이라고 한다.

한 당사자가 자신의 피보험이익을 양도하면 그는 그 이익 내 모든 권리를 양수인에게 양도하게 되고, 자신이 부보한 보험증권상의 어떤 피보험이익도 가질 수 없다. 그러나 영국해상보험법[86)]에는 "피보험자가 피보험목적물에 대하여 자신이 갖고 있는 피보험이익을 양도하거나 또는 분할 처분하는 경우에 보험계약상의 피보험자의 권리는 양수인에게 이전한다는 취지의 명시 또는 묵시의 합의가 없는 한 이전되지 않는다. 그러나 본조의 규정은 법률의 작용에 의한 이익의

84) MIA 제16조 제1항; 선박에 관한 보험에 있어서는 보험가액은 의장선구, 고급선원 및 보통선원용 식료품과 소모품, 해원 급료의 전도금과 보험증권에 정한 항해나 해상사업에 대하여 선박의 내항성을 위하여 지출한 기타 일체의 선비를 포함한 위험개시시의 선박의 가액에다 상기 전체에 대한 보험의 비용을 가산한 금액이다. 기선의 경우, 보험가액은 상기 외에 기계, 기관 및 석탄을 포함하며, 또 피보험자의 소유에 속한다면 기계용소모품도 포함된다. 그러나 특수한 사업에 종사하는 선박의 경우에는 특수사업에 필요한 통상의 의장품을 포함한다.

85) MIA 제50조 제2항; A marine policy is assignable unless it contains terms expressly prohibiting assignment. It may be assigned either before or after loss.

86) MIA 제15조.

이전에는 영향을 주지 않는다."고 규정하고 있다. 이 규정은 명시 또는 묵시의 합의가 없는 한 단순한 피보험이익의 양도는 보험증권의 양도를 가져오지 않는다는 것이다.

일단 피보험이익이 이전하면 피보험자의 보험증권은 그 권리가 소멸되기 때문에 피보험이익의 이전 후 양도는 효력이 없다. 그러나 실제 적하의 경우에는 피보험이익이 이전할 때 보험증권이 양도된다는 묵시의 합의가 있었다고 볼 수 있다.[87] 보험증권의 양수인은 보험계약상의 피보험자의 모든 권리를 갖게 되기 때문에 자기의 명의로 보험증권에 의하여 소송을 제기할 수 있다.[88]

CIF조건에서 매도인이 부보하고 화물을 본선인도 후 보험증권과 다른 선적서류를 매수인에게 양도한다. 화물이 본선에 적재된 때 피보험이익이 매수인에게 이전되지만, 그 후에 매도인이 매수인에게 보험증권을 양도하여도 그 시점을 기준으로 매수인이 보험증권상의 모든 권리를 행사할 수 있으므로 하나의 보험증권으로 '계속적인 담보'(continuous cover)가 가능하다.

FOB조건에서 매수인이 비록 부보를 늦게 하였다고 하여도 '소급약관'[89](Lost or not Lost)으로 부보되기 때문에 손해발행시에 보험계

87) Lloyd's S.G. Form의 보통보험약관에는 양도약관(Assignment Clause)이 있어 명시적으로 보험증권에 양도가능성을 규정하고 있다. 즉, "as well in their own name as for and in the name and names of all and every person or persons to whom the some doth, may or shall appertain, in part or in all, doth make assurance and cause themselves and them, and every of them, to be insured"(자기의 명의로 피보험목적물의 일부나 혹은 전부가 귀속하는, 귀속할 수 있는, 귀속하게 된 모든 사람을 위하여서나 또는 그들 명의로서 보험계약을 체결하여 자기 등 모든 사람들이 부보할 수 있는 것으로 한다.)

88) MIA 제50조 제2항; ……the assignee of the policy is entitled to sue thereon in his own name…….

89) S.G.양식의 "Lost or not Lost"는 "손해가 계약 성립 전에 발생한 때에는 계약 성립 시에

약의 체결 여부는 문제되지 않는다.

보험증권의 양도로 양수인은 양도인과 꼭 같은 법률적 위치에 서기 때문에 만약 원래의 양도인이 최대선의의 원칙을 위반하였다면 보험자는 선의의 양수인에 대하여 보험계약을 해지할 수 있다.[90)]

보험증권의 양도는 일반적으로 배서(endorsement)에 의하여 이루어지며, 배서의 방법은 양수인을 명기하지 않고 양도인만 서명하는 백지배서(blank endorsement)의 방법에 의한다.[91)]

(6) 피보험이익의 평가

해상보험은 손해보상계약이므로 피보험자와 피보험목적물의 관계인 피보험이익이 손해 발생 전과 같이 회복되기 위해서는 정당하게 평가되어야 한다. 이러한 피보험이익의 금전적 평가액을 보험가액(insurable value)이라고 한다. 보험가액은 항상 변할 수 있으나, 해상보험에서는 계약당사자의 협정에 의하여 사전에 확정하고, 보험기간중 이를 변경할 수 없는 것으로 하고 있는데, 이를 '보험가액 불변의 원칙'이라고 한다.

선박이나 적하의 소유이익은 보험가액의 보험계약 체결 시에 확정되기 때문에[92)] 이를 협정보험가액(agreed insured value)이라고 하

피보험자가 손해발생의 사실을 알고 보험자가 이를 알지 못했을 경우를 제외하고 이에 대하여 보험자의 책임은 부담한다."(RCP 제1조). 이 소급약관은 신증권에서 피보험이익약관(Insurable Interest Clause)으로 바뀌었다.

90) R. H. Brown, op. cit., p. 82.; MIA 제50조 제2항; P. Samuel & Co. v. Dumas H.L. (1924)18L1.L.Rep. 211.

91) MIA 제50조 제3항 참조.

92) MIA 제27조 제3항; "본법에 별도의 규정이 있는 경우를 제외하고, 사기가 없는 한 보험증권에 의하여 정하여진 가액은 보험자와 피보험자와의 사이에서는 전손·분손을 불문하고 부보하려고 의도한 목적물의 보험가액으로서 결정적인 것이다."; 상법은 "선박보험의 보험가액은 보험자의 책임이 개시될 때의 선박가액으로 하고"(제696조 제1항), "적하보험

고, 보험가액이 협정된 보험증권을 기평가보험증권(valued policy)이라고 한다.

비용이익이나 책임이익은 손해가 발생하기 전에는 정할 수 없기 때문에 보험가액을 정할 수 없는데, 이러한 보험증권을 미평가보험증권(unvalued policy)이라고 한다.

영국해상보험법[93]은 "화물이나 상품에 관한 보험에 있어서는 보험가액은 피보험재산의 원가에 선적비용 및 선적에 부수하는 비용과 이상 전체에 대한 보험비용을 가산한 금액이다."라고 규정하고 있다. 그러나 실무에서는 수익이익의 일종인 희망이익을 합하여 CIF Value의 110%로 평가한다.

보험금액(insured amount)은 현실적으로 부보된 금액으로 손해발생시 보험자의 손해보상책임의 최고 한도액이다. 보험금액은 보험가액의 범위 내에서 계약당사자가 자유로이 정할 수 있다. 그러나 실손보상의 원칙에 따라 보험금액이 보험가액을 초과할 수 없다.

보험금액과 보험가액과의 관계에 따라 전부보험(full insurance), 일부보험(under insurance), 초과보험(over insurance), 공동보험(co-insurance)[94] 및 중복보험(double insurance) 등으로 구분한다.

(가) 전부보험(full insurance)

보험금액과 보험가액이 일치하는 경우를 전부보험이라고 한다. 손

의 보험가액은 선적시와 장소의 가액으로 한다."(제697조)고 규정하고 있다. 보험가액이 손해발생시 및 발생장소에서 결정되는 것이 실손보상이란 점에서 합당하지만, 이것이 현실적으로 불가능하기 때문에 계약시 보험가액을 협정하게 된다.

93) MIA 제16조 제3항.

94) 공동보헌은 동일피보험이익 및 동일위험에 대하여 보험기간이 같은 2개 이상의 보험계약의 보험금의 합계가 협정보험가액보다 적은 경우를 말한다.

해발생시 보험자의 보상금액은 피보험자의 손해액이기 때문에 실손보상의 원칙이 적용된다.

보험금액이 보험가액보다 적은 경우를 일부보험이라고 하는데, 일부보험은 보험계약 체결시 보험료를 절감하기 위하여 의도적으로 체결하는 경우도 있고, 계약을 체결할 때는 전부보험이었는데 물가의 등귀로 자연적으로 일부보험이 되는 경우도 있다.[95]

(나) 일부보험(under insurance)

일부보험에서 손해보상방법에는 비례보상방식(average)과 제1차 위험담보방식(first · loss insurance)이 있다.

비례보상방식은 전손인 경우에는 보험금액 전액을 지급하지만, 분손인 경우에는 보험금액의 보험가액에 대한 비율만큼 보상되고 나머지 손해에 대해서는 피보험자가 책임지게 된다. 비례보상방식은 해상보험에서는 적용되지 않는다. 상법[96]에도 일부보험에 관하여 "보험가액의 일부를 보험에 붙인 경우에는 보험자는 보험금액의 보험가액에 대한 비율에 따라 보상할 책임을 진다. 그러나 당사자간에 다른 약정이 있는 때에는 보험자는 보험금액의 한도 내에서 그 손해를 보상할 책임을 진다."고 규정하고 있고, 영국해상보험법에서도 일부보험의 보상을 비례보상방식에 의할 것을 규정하고 있다.[97]

일부보험으로 부보한 경우 피보험목적물이 적하인 경우에는 비례보상방식이 적용되지 않지만, 공동해손분담금, 구조비의 정산, 선주의 충돌손해배상책임손해 등은 비례보상의 원칙이 적용된다. 한편

95) 이기태, 전게서, p. 65.
96) 상법, 제674조.
97) MIA 제71조 제3항.

일부보험의 경우에도 비례보상방식을 적용하지 않고 보험금액을 한도로 하여 손해액을 보상하기로 약정하는 보험을 제1차 위험담보방식 또는 실손보상방식이라고 한다. 이 경우의 보험료는 비례보상방식보다 비싸다.

(다) 초과보험(over insurance)

보험금액이 보험가액을 초과하는 경우를 초과보험이라고 하고, 초과보험이 보험계약자의 사기로 인하여 체결된 때에는 그 계약은 무효이다(상법 제669조 참조). 초과보험은 보험계약이 체결된 때만 성립되는 것이 아니라 보험기간 중에 보험가액이 현저하게 감소될 때에도 성립될 수 있다.

영국해상보험법은 피보험자가 중복보험에 의하여 초과보험이 된 경우에는 초과분을 무효로 하는 보험금액 감액을 청구할 수 있도록 규정하고 있다.[98]

만약 초과보험이 인정되면 손해발생시 피보험자는 실제의 손해액 이상을 보상받게 되므로 실손보상의 원칙에 어긋나며, 이는 바로 복권이나 도박성을 띠게 된다.

초과보험이 보험계약자의 사기에 의하지 않고 선의로 체결되었을 경우에는 보험자 또는 보험계약자는 보험료와 보험금액의 감액을 청구하며, 보험계약자는 보험료의 환불을 청구할 수 있지만, 이것도 장래에 대해서만 효력이 있다(상법 제669조 제1항 참조). 그러나 초과보험이 보험계약자의 사기에 의한 경우에는 그 계약은 무효가 되기 때문에 보험료는 환불되지 않을 뿐더러 보험자는 그 사실을 안 때까지의 보험료만을 청구할 수 있다.[99]

98) MIA 제32조 제2항; 상법, 제669조 제1항.
99) 상법, 제669조4항; MIA 제17조; A contract of marine insurance is a contract based upon the utmost good faith, and if the utmost good faith be not observed by either

초과보험이 성립되는지의 여부를 판단하는 기준시기에 관해서는 상법은 계약 당시의 보험가액과 보험금액을 기준으로 한다고 규정하고 있으면서도(제669조 제2항), 보험기간 중 보험가액이 현저하게 감소할 경우에는 초과보험을 인정하고 있다(제669조 제3항).

(라) 중복보험(double insurance)

중복보험은 동일한 피보험이익 및 위험에 대하여 복수의 보험계약이 존재하고, 개별 보험금액의 합계가 보험가액을 초과하는 경우를 말한다.

상법[100]에는 "동일한 보험계약의 목적과 동일한 사고에 관하여 수개의 보험계약이 동시에 또는 순차로 체결된 경우에 그 보험금액의 총액이 보험가액을 초과한 때에는 보험자는 각자의 보험금액의 한도에서 연대책임을 진다. 이 경우에는 각 보험자의 보상책임은 각자의 보험금액의 비율에 따른다."고 규정하여 중복보험에서의 보험자의 책임한도를 명확히 하고 있다.

그러나 복수의 보험계약이 체결되어도 피보험이익이 다르면 중복보험이라 할 수 없고,[101] 복수의 보험계약에서 보험금액의 합계가 보험가액을 초과하지 않으면 중복보험이라 할 수 없다.

복수의 보험계약이 위험에 대하여 전면적으로 중복될 필요는 없고 일부만 중복되어도 중복보험이 된다. 예를 들면 CIF계약에서 매도인이 자신의 창고로부터 매수인의 창고까지 해상보험에 부보했는데도

---

party, the contract may be avoided by the other party.

100) 상법, 제672조 제1항.

101) 예를 들면 창고에 보관중인 화물을 하주가 화물보험에 부보하는 것과는 별도로 창고업자가 하주에 대한 자신의 책임을 책임보험에 부보하는 것은 중복보험이 아니며, 동일한 피보험목적물인 화물에 대하여 소유자는 소유이익을, 담보권자는 담보이익을 부보하는 것도 마찬가지다(木林榮一, 海上保險, 千倉書房, 1983, p. 54).

매수인은 양륙항부터 자신의 창고까지의 운송위험에 대하여 별도로 운송보험에 부보했다면 육상운송 위험에 대해서는 중복보험이 된다. 화물이 손해를 당하면 보험자는 하주에서 보험금을 지급하고 창고업자의 보험자에게 구상할 수 있다.

보험금액이 보험가액을 초과하더라도 둘 이상의 보험계약이 체결되지 않으면 단순히 초과보험이며, 둘 이상의 보험계약이 체결되었더라도 보험금액의 합계가 보험가액을 초과하지 않으면 이는 공동보험(co-insurance)이 된다.

중복보험의 효과는 보험계약자의 계약체결시의 동기에 따라 다르다. 사기에 의한 중복보험의 경우는 보험자는 이를 무효로 하고, 그 사실을 안 때까지의 보험료를 청구할 권리가 있다.[102)]

중복보험의 경우 각 보험자의 책임액을 결정하는 방법에는 우선주의, 비례분담주의, 연대책임주의 등이 있다.[103)]

우선주의(primary coverage)는 보험계약체결시기가 빠른 보험자로부터 순차적으로 보상받는 방법이다. 선순위보험자가 먼저 보상하고 그것이 손해액에 이르지 못하면 그 부족분을 다음 순위의 보험자가 보상하는 방법이다. 그러나 예정보험이나 포괄보험이 사용되는 해상보험에서 우선순위를 가리기는 쉽지 않다.

비례분담주의(pro-rata coverage)는 중복보험의 각 보험자가 보험금액의 비례에 따라 보상하는 방법이다. 중복보험에서는 보험금액이 보험가액을 초과하기 때문에 이 초과분에 대해서는 보험금액에 비례

102) 상법, 제672조 제3항.
103) 木村榮一, 전게서, pp. 54~55.

하여 무효로 하고, 그 나머지에 대하여 비율에 따라 보상한다. 문제점은 어떤 보험자의 지급불능시에 피보험자는 그 보험자에게 받을 보험금을 받지 못하게 되고, 피보험자는 중복보험의 모든 보험자에게 개별적으로 보상청구를 해야 하는 번거로움이 있다. 특히 적하보험에서 담보조건이 다른 경우에 보상액을 비율별로 나누기가 어렵다.

연대책임주의(excess coverage)는 일명 타보험주의 또는 총괄책임주의라고 한다. 여기서는 2개 이상의 보험계약이 모두 유효하게 성립하며, 피보험자는 자신의 선택에 따라 어느 보험자에 대하여서도 먼저 보험금의 지급을 청구할 수 있다. 따라서 피보험자의 입장에서 보면 가장 편리한 방법이다.

한편 각 보험자는 보험가액을 한도로 연대책임을 지기 때문에 어느 한 보험자가 부담액을 초과해서 보험금을 지급하였다면 타보험자에게 각자가 보상할 금액에 비례하는 분담액을 부담하도록 요구할 수 있다.

MIA 제32조 제2항(a)[104)]에는 "피보험자가 중복보험에 의하여 초과보험이 되었을 경우에는 피보험자는 보험증권에 별도의 규정이 있는 경우를 제외하고는 자기가 적당하다고 생각하는 순서에 따라 각 보험자에게 지급청구를 할 수 있다. 단, 피보험자는 본법이 허용하는 보상액을 초과하는 금액을 수취할 권리가 없다."고 규정하고 있으며,

104) Where the assured is over-insured by double insurance (a) the assured, unless the policy otherwise provides, may claim, payment from the insurers in such order as he may think fit, provided that he is not entitled to receive any sum in excess of the indemnity allowed by this Act; 본 규정에서 "unless the policy otherwise provides"라고 규정하고 있으나, 현실적으로는 화물의 적재항의 창고에 있는 동안의 화재위험을 담보하기 위하여 화재보험을 부보하므로 해상보험과 함께 중복보험이 된다. 이 경우에는 화재보험증권상에 화재보험에 의한 손해의 보상청구는 먼저 화재보험에 의할 것을 규정하는 약관을 삽입한다.

또한 동법 제80조 제1항[105]에는 "피보험자가 중복보험에 의하여 초과보험이 되었을 경우에는 각 보험자는 자기와 타보험자와의 사이에서는 계약상 자기가 부담하는 금액의 비율에 따라 비례적으로 손해를 분담할 의무가 있다."고 규정하고 있는데, 이들 규정에서 나타난 대로 영국해상보험법은 연대책임주의를 원칙으로 삼고 있다.

상법은 "……보험자는 각자의 보험금액의 한도에서 연대책임을 진다. 이 경우에는 각 보험자의 보상책임은 각자의 보험금액의 비율에 따른다."고 규정[106]하고 연대책임주의를 원칙으로 하면서 비례분담주의를 가미하고 있다.

마) 공동보험(Co-insurance)

둘 이상의 보험자가 하나의 피보험이익의 일부를 담보할 때를 공동보험이라고 한다. 공동보험에서 각 보험자는 피보험자와 독립된 계약을 체결하고 자신이 인수한 금액에 대해서만 책임을 진다.

보험중개인이 개입할 경우 중개인은 동일한 피보험이익을 가능한 한 국내에서 많이 인수하도록 하고 나머지를 같은 조건으로 해외보험시장에 오퍼한다. 이 경우는 재보험의 경우와 유사하지만 양자 사이에는 근본적인 차이가 있다. 즉, 재보험자는 원보험자에게만 책임을 진다. 만약 원보험자가 재보험자의 책임이 아닌 손해를 보상하지 않는다면 원래의 피보험자는 어떤 경우에도 재보험자를 상대로 보험금을 청구할 수 없다. 한편 공동보험자는 피보험자로부터 직접 보상청구를 받는다는 점에서 원보험자의 입장이다.

105) Where the assured is over · insured by double insurance, each insurer is bound, as between himself and the other insurers, to contribute rateably to the loss in proportion to the amount for which he is liable under this contract.

106) 상법, 제672조 제1항.

제3절 보험료 및 보험금(손해액)

1 보험료의 종류 및 반환

가. 보험료의 의의

해상보험계약에서 보험자는 위험을 담보하고, 피보험자는 보험료를 지급하기로 합의하므로 보험료는 보험자의 위험부담에 대한 대가이다.

보험료는 보험자에게 매우 중요한 의미를 갖는다. 보험료 수입이 축적되어 손해가 발생하면 보험금을 지급하고 그 나머지는 보험자의 이윤이 된다. 따라서 보험자는 많은 소득을 확보하기 위하여 정확한 판단과 전문적인 지식이 필요하다. 통상적으로 보험료는 보험금액에 대한 백분비의 율(rate)로 표시되며, 이러한 율은 보험계약이 체결될 때 합의에 의하여 확정된다.[107)]

영국과 같이 보험계약이 중개인(broker)에 의하여 체결되는 경우에는 중개인이 보험료의 지급에 대한 책임을 지며, 보험금의 지급에 대하여는 보험자가 피보험자에게 직접 책임을 진다.[108)]

중개인이 보험료에 대한 지급의 책임이 있기 때문에 만약 피보험

---

107) 그러나 항해의 변경(change of voyage)과 같은 위험에 변동이 생기면 추가보험료를 지급하고 이를 담보할 수 있다. 협회적하약관의 제10조에는 "이 위험이 개시된 후에 피보험자에 의하여 목적지가 변경되는 경우에는 보험자에게 이를 지체 없이 통지할 것을 조건으로 추후 협정되어야 할 추가보험료와 보험조건에 따라 담보가 계속된다."(Where, after attachment of this insurance, the destination is changed by the Assured, held covered at a premium and on conditions to be arranged subject to prompt notice being given to the Underwriters); MIA 제45조 및 제31조 참조.

108) MIA 제53조 제1항; "반대의 협정이 있는 경우를 제외하고 해상보험계약이 피보험자를 위하여 중개인에 의하여 체결된 경우에는 중개인은 보험료의 지급에 대하여 보험자에게 직접적으로 책임을 지며, 보험자는 보험금이나 환급보험료에 관해서 지급하게 된 금액에 대하여 피보험자에게 직접적으로 책임을 진다."

자가 보험료를 지급하지 않을 경우에 대비하여 영국해상보험법[109]은 중개인에게 보험증권상의 유치권을 갖도록 규정하고 있다. 이러한 유치권은 중개인으로 하여금 피보험자에게 보험료를 받을 때까지 보험증권을 보류할 수 있는 권리이다. 한편 보험료의 지급이 늦어짐에 대비하고 또 보험료를 받지 않고 중개인이 보험증권을 피보험자에게 양도하는 것을 막기 위하여 비록 보험증권상에 보험료의 영수를 승인하고 있지만, 이는 또한 보험자와 피보험자 사이에는 결정적인(conclusive) 것이지만 보험자와 중개인 사이에는 결정적인 것이 아니다.[110]

참조 p.310
구증권 제16조
약인약관

p.346
신증권 제3조
약인약관

보험료의 지급과 보험증권의 발행은 계약 당사자간에 별도의 약정이 있는 경우를 제외하고 동시이행조건(concurrent conditions)이다.[111] 그러나 경우에 따라서는 보험료가 확정되는 즉시 지급을 조건으로 가보험증권(Provisional Policy)이 발행되는 경우도 있다.

나. 보험료의 종류

보험료는 순보험료와 부가보험료로 구성되며, 이를 합하여 총보험료(gross premium)라고 한다.

순보험료(net premium)는 장래사고 발생시 지급할 보험금에 충당하는 금액으로 손해의 발생빈도 및 손해액에 기초를 두어 대수의 법칙(law of large numbers)[112]에 따라 확률계산으로 산출되어야 한다.

109) MIA 제53조 제2항; Unless otherwise agreed, the broker has, against the assured, a lien upon the policy for the amount of the premium and his charges in respect of effecting the policy; …….

110) MIA 제54조; Where a marine policy effected on behalf of the assured by a broker acknowledges the receipt of the premium, such acknowledgement is, in the absence of fraud, conclusive as between the insurer and the assured, but not as between the insurer and broker.

111) MIA 제52조 참조.

그러나 실제로 발생빈도를 측정하기란 어렵기 때문에 과거의 실적을 기초자료로 하여 산출된 손해율(loss ratio)을 순보험료율로 하고 있다. 이러한 손해율은 경험적 수치의 통계적 방식에 따라 확률계산방식으로 산정된다.

부가보험료는 보험사업 경영에 수반되는 비용으로 보험자의 사업경비 및 보험회사의 이윤이다. 이 비용은 경영방법과 마케팅 전략에 따라 인상되거나 인하될 수 있다. 보험료율은 보험자가 독자적인 판단에 따라 스스로 결정하는 자유요율과 보험자 상호간의 협정이나 법률 또는 법령에 따라 소정의 방식에 의하여 산정하여 공동으로 적용하는 협정요율로 구분된다.[113] 우리나라에서는 적하보험의 경우 보험시장개방에 맞추어 협정요율제도가 자유요율제도로 바뀌었다.

다. 보험료의 반환

영국해상보험법[114]에는 동법에 따라 기지급된 보험료의 반환이나 미지급된 보험료의 유보를 규정하고 있다. 동법[115]은 합의에 의한 반환(return by agreement)과 약인의 결함에 의한 반환을 규정하고 있다.

112) 대수의 법칙(law of large numbers)이란 확률의 기본법칙의 하나로 개개의 관찰에서는 그 현상의 발생을 예측할 수 없을 때라도 다수를 관찰해보면 그 안에 어떤 법칙이 일어나 장래에 그 발생의 경향을 예측할 수 있는 것을 말한다.

113) 일본의 경우 주요수입화물요율협정(Major Import Cargo Tariff Agreement; MICA)이 주요 협정요율로 소맥, 쌀, 콩, 비료, 사탕, 철광석, 석탄, 중유 등 14개 품목에 대해서는 보험조건 및 보험료율을 협정하고 있다(加藤修, 貿易保険の實務, 同文館, 1985, p. 17.).

114) MIA 제82조; Where the premium, or a proportionate part thereof, is by this Act, declared to be returnable.
(a) If already paid, it may be recovered by the assured from the insurer; and,
(b) If unpaid, it may be retained by the assured or his agent.

115) MIA 제83조 및 제84조.

(1) 합의에 의한 반환

영국해상보험법에는 "보험증권에 일정한 사유가 발생하였을 때에는 보험료 또는 그 비례부분을 반환한다는 취지의 약관이 삽입되어 있는 경우에 그리고 그 사유가 발생하였다면 보험자는 보험료 또는 그 비례부분을 반환한다.[116]"고 규정하고 있다.

합의에 의한 보험료반환의 가장 일반적인 경우는 선박보험에서 생긴다. 선박의 기간보험증권에서는 12개월을 단위로 부보된다. 그러나 보험기간 동안 선박이 계선(lay up)되면 보험자의 위험이 줄어들기 때문에 보험증권상 보험료의 일부반환에 관한 약관을 삽입하는 것이 관행이다.

보험료를 환불받기 위한 계선의 최저기간은 연속적인 30일이고, 또한 선박보험증권은 유효기간 전에 보험계약이 취소될 경우에 보험료를 반환하도록 하는 약관을 포함하고 있다. 이때 보험계약의 취소가 강제적이든 합의에 의해서든 관계없다. 어떤 유형의 적하보험에서 특정보험 부문에 손해보상을 청구하지 않는다는 조건으로 보험자는 보험료의 반환에 동의할 수 있다.

대표적인 예는 거절위험보험[117](insurance of rejection risks)에서 볼 수 있다. 부보시 해상위험과 거절위험을 합하여 "overall rate"로 보험료를 납부하지만, 거절위험에 대한 보험금의 청구가 없으면 일정률의 보험료가 반환된다.

---

116) MIA 제83조; Kellner v. Le Mesurier(1803), 4 East 396; 7 R.R. 581; Hunter v. Wright(1830), 10 B & C. 714.

117) 미국과 같은 수입국 정부의 수입규제 때문에 수입이 거절된 경우에 이에 따른 손해를 보상하는 보험이다.

(2) 약인의 결함에 의한 반환

영국해상보험법[118)]에는 "보험료의 지급에 관한 약인이 전부 소멸되었을 경우에는 피보험자 및 그 대리인 측에 사기 또는 위법이 없었을 때에는 보험료는 피보험자에게 반환된다."고 규정하고 있다. 보험료는 계약이행의 약인이며 계약이행은 보험료에 대한 약인이다. 보험자가 피보험자의 통제를 넘어서는 사정에 따라 계약이행에 결함이 생겼다면 보험료를 반환하는 것은 당연하다. 단, 피보험자나 그 대리인의 사기(fraud)나 위법(illegality)이 없어야 한다.

영국해상보험법[119)]은 "보험료의 지급에 대한 약인을 할당할 수 있는 경우 약인이 할당한 부분이 전부 소멸하였을 때의 보험료의 비례부분이 전항과 동일한 조건으로 피보험자에게 반환된다."고 규정하고 있으며, 특히 다음의 6가지 가운데 4가지 경우[120)]에는 보험료가 반환되지 않는다고 규정하고 있다.

① 위험이 불가분이고 그 위험이 일단 개시하였을 경우에는 보험료는 반환되지 않는다. 그러나 보험계약이 무효가 되면 보험료는 반환된다.

② 피보험목적물이 소급약관(Lost or not Lost Clause)으로 부보되고 그것이 계약 성립 시 안전하게 목적지에 도달하였을 경우 이를 보험자가 알지 못했을 때는 반환되지 않는다.

③ 피보험자가 보험기간을 통하여 피보험이익을 갖지 않을 경우에는 반환된다. 단, 사행 또는 도박으로 체결된 계약에는 적용되지 않는다.

④ 피보험자가 소멸가능이익(defeasible interest)을 갖고 그 이익이 보험기간 중에 소멸한 때는 보험료는 반환되지 않는다.

118) MIA 제84조 제1항.
119) MIA 제84조 제2항.
120) MIA 제84조 제3항.

⑤ 피보험자가 미평가보험증권에 의하여 초과보험이 되었을 경우에는 보험료의 비례부분이 반환된다.

⑥ 피보험자가 중복보험에 의하여 초과보험이 되었을 경우 각 보험료의 비례부분이 반환된다. 그러나 피보험자가 중복보험임을 알고 계약하였을 경우에는 반환되지 않는다.

2 보험요율의 산정

가. 보험요율의 결정요인

보험자가 보험계약자로부터 고지된 내용에 따라 위험을 측정하여 요율을 결정하는 것을 "Underwriting"이라고 한다. 적하보험의 요율 산정 시 고려해야 하는 요소는 다음과 같다.

(1) 적재 해양선박

화물을 적재하여 수송하는 국제해양선박(ocean going vessel)은 런던보험자협회가 제정한 협회선급약관에서 열거하고 있는 요건을 충족한 표준규격선박이라야 한다. 주요요건은 ① 주요 해운선진국의 선급협회로부터 고가의 선급을 취득하고, ② 선령 15년 이하(단, 정기선은 25년 이하)이며, 강철제선박으로 기계적인 추진 장치를 갖추고, 1,000톤을 초과할 것 등이다. 이러한 요건을 갖추지 못한 선박에 대해서는 선령 할증 보험요율(age additional premium : Age A/P), 최고 선급 무취득 할증 보험요율(Unclassed Vessel A/P) 또는 소형선 할증 보험요율(Small Vessel A/P) 등이 부과된다.

(2) 수송구간

해상보험에서 담보되는 수송구간은 port to port의 해상구간은 말할 것도 없고, 정형거래조건이나 운송계약의 내용에 따라 선적전이나 양륙후의 수송구간도 담보되고, 해육공이 결합된 국제복합운송의 Land Bridge방식도 포함한다. 따라서 선적항·양륙항의 시설, 혼재여부, 환적 여부, 항로전체 상황, 오지수송의 방법이나 교통사정, 발착항 또는 경유지의 정치·경제적 정세 및 도덕성, 우회여부 및 자연조건 등을 감안하여 요율이 산정된다.

(3) 화물의 성질 및 상태

화물의 성질에 대하여는 해수, 우수, 담수 등에 대한 영향, 기온이나 습도 등에 대한 반응, 화물의 성질과 적합한 개품포장의 상태 및 컨테이너의 종류 등을 감안한다.

(4) 손해율

통상 1회계연도 중 받은 보험료에 대하여 동기간 중에 지급한 보험금의 비율을 손해율이라고 하지만, 계약자별·화물별로 과거 손해발생의 경향을 요율산정에 참고한다.

나. CIF 또는 CIP조건의 보험료

보험금액은 CIF 또는 CIP가액의 110%로 산정된다. 그러나 FOB나 CFR 또는 FCA 또는 CPT가격에는 보험료 및/또는 운임이 가산되어 있지 않기 때문에 이것으로 CIF가격이나 CIP가격을 산출할 수 없다. 이 경우에 보험료 또는 보험금액은 다음과 같은 방법으로 계산된다.

① 보험료$=\dfrac{(C+F)\times 1.1R}{1-1.1R}$[121]　② 보험금액 $=\dfrac{1.1(C+F)}{1-1.1R}$

121) 보험금액$=S$, 보험료율$=R$, 보험료$=SR$, 원가$=C$, 운임$=F$라고 하면, 보험금액은 CIF Value의 110%이기 때문에 보험금액 $S=(C+SR+F)\times 1.1$에서

예를 들어 CFR가격이 US$10,000이고 보험료율이 0.1%라면 위의 ①의 공식에 따라

$$보험료=\frac{10,000\times0.0011}{1-1.1\times0.001}=\frac{11}{0.9989}=11.01$$

∴ CIF가격=US$10,000+US$11.01=US$10,011.01

이 된다.

위의 공식에서 $\frac{1.1R}{1-1.1R}$를 보험료지수라고 하고, 보험료율에 따라 보험료지수가 미리 계산되어 있다.

다. 중개인 수수료

영국 등에서는 대부분의 보험계약이 중개인(broker)에 의하여 체결되기 때문에 중개인의 서비스에 대한 대가를 중개인수수료(Brokerage)라고 한다. 중개인은 보험자를 대신하여 보험계약을 체결했기 때문에 보험자로부터 수수료를 받는다. 중개인은 자신이 보험계약자로부터 받은 보험료 가운데 자신의 수수료를 공제하고 나머지를 보험자에게 지급하지만, 보험증권상에는 공제하기 전의 총보험료가 표시된다. 과거 런던보험시장에서 그 수수료는 총보험료의 5% 정도이며, 피보험자가 보험료를 빨리 지급할 경우 5%의 수수료를 공제한 후 다

$$S=1.1C+1.1SR+1.1F$$
$$S-1.1SR=1.1C+1.1F$$
$$S(1-1.1R)=1.1(C+F)$$
$$S=\frac{1.1(C+F)}{1-1.1R}$$

이며, 보험료는

$$SR=\frac{1.1(C+F)R}{1-1.1R}$$

이 된다.

시 10%의 할인이 허용되었다.

3 보험금(손해액)의 산정[122)]

가. 전손에서 손해액의 산정

① 전손 또는 추정전손의 경우 기평가보험에서는 보험증권에서 확정된 금액을 보상하고, 미평가보험에서는 보험목적의 보험가액을 보상한다.

② 화물 일부가 전손인 경우에는 기평가보험에서는 멸실된 일부 보험가액이 전부의 보험가액에 대하여 차지하는 비율을 보험증권상 확정가액을 곱하여 산출한다. 즉, 「손해액=멸실한 부분의 법정보험가액÷전부의 법정보험가액×보험금액」이다. 그리고 미평가보험에서 보상한도는 멸실된 부분의 법정보험가액이다.

예를 들어, US$1,000/set(부보가액이 US$1,100/set, 부보비율 110%)인 TV세트를 운송 도중에 50set가 멸실된 경우 보상액 산정은 다음과 같다. 부보가액은 TV 100set×US$1,100=US$110,000이고, 멸실된 TV 50set의 보상액은 TV 50set×US$1,100=US$55,000이다.

나. 단독해손에서 손해액의 산정

① 일부가 손상된 상태로 목적지에 도착한 경우에는 도착지에서의 정상품 총가격과 손상품 가액의 차액이 정상품 총가액에서 차지하는 비율을 기평가보험에서는 보험증권상 확정가액을 보상한도로 한다. 그리고 미평가보험에서는 법정보험가액에 곱한 금액을 보상하도로

122) 김환, 해상보험의 이론과 실무, 고시아카데미, 2017, pp. 71~74

한다.

예를 들어, 한국의 aT센터가 쌀(rice)을 CIF US$100.00/bag으로 10,000bag을 한국으로 수입하였는데, 부보금액은 US$1,100,000(=10,000bag×US$100×110%)이었으며, 운송 도중에 해수손으로 500bag이 손해를 입고 부산항에 도착되었다. 해수에 의해 손상된 500bag에 대해 30%의 감가율이 합의되었을 경우 보험금은 다음과 같다.

500bag의 부보가격은 US$55,000(=500bag×US$100×110%)이다. 따라서 지급 보험금은 US$16,500(=US$55,000×30%)이다.

② 중간에 손상된 상태로 매각된 경우에는 최종 도착항 도착 전에 화물을 매각하는 것이 최선의 경우에 사용하는 방식이다. 이 경우에는 보험금액에서 순 매각금을 차감하여 보상한다. 순 매각금은 총 매각금에서 매각 비용 등을 차감한 금액이다.

예를 들어, 한국의 aT센터가 쌀(rice) 10,000bag을 한국으로 수입하였다. 운송 도중에 해수손을 입고 홍콩에서 US$500,000(=10,000bag×US$50)에 매각하였는데, 정상품이었다면 도착지에서 US$100.00/bag에 판매되었을 것이었다. 그리고 매각비용으로 US$5,000이 소요되었다면 지급보험금은 다음과 같다. 협정 부보금액은 US$120/bag이었다.

지급보험금은 US$695,000[=보험가액(US$1,200,000)−매각대금(US$500,000)−매각비용(US$5,000)]이다.

2 해상보험증권 양식과 해상보험약관의 개정

제1절 해상보험증권의 양식

1 해상보험증권 양식

가. 보험증권 양식

해상보험증권(Marine Insurance Policy)이란 수출상이나 수입상 가운데 일방이 계약당사자가 되어 보험자와 해상보험계약을 체결하면, 보험자가 계약성립의 증빙으로 발급하는 보험서류를 말한다. 보험계약은 매매계약의 종속계약이기 때문에 주계약인 매매계약에서 정한 대로 보험계약의 체결 당사자, 계약 내용이 결정된다. 따라서 FOB나 FCA계약에서는 매수인이 부보하지만, CIF나 CIP계약에서는 매도인이 부보한다.

무역거래에서 발생하는 위험에는 상업위험(commercial risk), 비상위험(emergency risk), 신용위험(credit risk), 운송위험(transportation risk) 등이 있다.[1)] 이 가운데 상품의 운송 및 보관 중 발생하는 운송위험을 담보하기 위해 해상보험이 이용되고 있다.

1) ① 상업위험: 거래활동의 기대와 결과의 불일치를 초래하는 위험으로 물품의 부적합, 투입비용의 회수불능, 시세변동 등의 위험
② 비상위험: 계약당사자의 책임으로 돌릴 수 없는 불가항력적 사유의 발생에 의해서 계약의 이행이 불가능하게 되는 위험
③ 신용위험: 수출계약에 있어서 채권자의 지위에 대해서 발생할 수 있는 위험

CIF계약에서 매도인은 자신의 비용부담으로 매수인이나 물품에 피보험이익을 갖는 자가 보험자에게 직접 보험금을 청구할 수 있도록 적하보험에 부보하고 보험증권 등 보험서류를 제공하여야 한다.

보험은 반대의 명시적 합의가 없는 한 평판이 좋은 보험자와 런던보험자협회의 협회적하약관의 최저담보조건이나 유사한 약관으로 부보되어야 한다. 최저부보금액은 계약금액의 110%로 하며, 매매계약과 동일한 통화로 부보되어야 한다. 매수인의 요청이 있을 경우 매수인의 비용부담으로 전쟁, 동맹파업, 폭동, 소요의 위험을 담보하여야 한다.

화환신용장은 신용장에 환어음과 선적서류를 첨부한 것이다. CIF나 CIP조건에서는 신용장에 규정하고 있는 보험서류가 첨부되어야 한다. 보험회사 또는 보험업자 또는 그 대리인이 발행하거나 서명한 것이어야 하고, 신용장에서 특별히 허용되어 있으면 보험중개인이 발행한 보험각서(cover note)는 수리하지 않는다.

보험서류의 종류에는 해상보험증권(insurance policy), 해상보험증명서(certificate of insurance), 보험각서(cover note) 등이 있으나 가장 대표적인 보험서류는 해상보험증권[2]이다.

계약 체결시 고지사항이 명확한 확정보험계약에서는 주로 보험증권이 발행되고, 불명확한 사항이 있는 예정보험계약에서는 포괄보험증권(open policy)이나 개별예정보험증권(provisional insurance policy)이 발행되며, 고지사항이 확정되면 포괄보험에 부보되어 있다는 증명으로 보험증명서를 발행한다.[3]

2) "Policy"의 어원은 '서면'이라는 어미인 이탈리아어의 "polizza"에서 유래된 것으로 Lloyd's Policy에서는 "the surest writing or policy of assurance"나 문언이 사용되었다.

3) 영국의 판례는 CIF계약에서 매수인은 합의나 관행이 없는 한 보험증권 대신 보험증명서를

보험각서(cover note)는 중개인이 보험계약자에게 발행하는 서류로, 중개인이 보험자와 교섭하여 부보하였거나 부보할 것이라는 통지서에 불과하다. 보험계약자가 직접 보험자에게 손해보상을 청구할 수 없으며, 반드시 중개인을 거쳐서 보상청구가 이루어져야 하므로 CIF계약에서 매수인은 보험증권 대신 보험각서를 수리할 필요가 없다.

나. 해상보험증권의 기재사항

① Policy No(보험증권 번호): 보험자가 피보험자에게 보험증권을 교부할 때 붙이는 일련번호이다.

② Assured(피보험자 or 보험계약자): 수출입자명을 기입. CIF의 경우 별도의 약정이 없다면 수출자 자신을 피보험자로 하여 환어음 매도시 백지배서(blank endorsement)에 의해 양도한다.

③ Ref. No(참조번호): 보험자가 업무상 참조하기 위한 일련번호로서 신용장 No, 상업송장 No 또는 수출입승인번호 등을 기재한다.

④ Amount Insured(보험금액): 보험계약자가 부보하는 금액으로 보험사고가 발생시 보험자가 보험금(Loss or Claim Paid)으로 지불하는 최고 한도액이다.

⑤ Condition(보험조건): 화물의 종류, 포장, 운송방법, 예상 항해기간을 감안하여 이상적인 조건으로 결정한다. 기본조건으로 ICC약관과 특별조건으로 전쟁위험약관, 동맹파업약관 등을 선택한다. CIF조건에서는 최소 부보조건인 ICC(FPA) 또는 ICC(C) 조건으로 부보비율은 110%로 부보한다.

⑥ Claims, if any, payable at(보험금 지불지): 일반적으로 수출의 경우 화물의 최종목적항이 기재되고, 수입의 경우에는 당해

수리할 의무가 없지만 보험증명서의 소지인에게 보험증권의 발행을 요구할 수 있는 권한이 있는 경우 보험증권과 같은 효력을 갖는다.(C.M. Schmitthoff, Export Trade, 8th ed., p. 425 ; Diamond Alkali Export Corporation v. F1. Bourgeois(1921) 3 K.B., 443; Phoenix Insurance Co. of Hartford v. De Monchy(1929) 45 T.L.R. 543)

보험자명이 기재된다.

⑦ Survey should be approved by(손해사고 통지): 피보험화물에 손해가 발생하였을 때 통지해야 하는 곳이다. 수출은 목적항 보험자 대리점의 상호 및 주소가 명시되고, 수입의 경우는 보험자명이 기재된다.

⑧ Local Vessel or Conveyance(국내운송 용구), From(interior port or place of loading(출하항/출하지): 화물의 출하지와 선적지가 다른 경우에 출하지로부터 선적지까지의 운송화물에 대한 부보시 기재한다.

⑨ Ship or Vessel called the(선박명): 화물 적재하는 선박이다.

⑩ Sailing on or about(출항일): 적재선박이 출항하는 일자이다. 수출의 경우 선하증권과 일치해야 한다.

⑪ at and from(선적항), transshiped at(환적항), Arrived at(양륙항)

⑫ thence to(최종목적지): 최종목적지(final destination)가 양륙항과 다른 경우에 양륙항에서 최종목적지까지 부보하는 경우에 최종목적지와 운송용구를 기재한다. 예를 들어 thence to Beijing by rail 또는 thence to Beijing land conveyance 등으로 표기한다.

⑬ Goods and Merchandise(물품의 명세): 보험목적물의 품명, 수량, 화인 등을 신용장이나 선하증권과 동일하게 작성한다.

⑭ Place and Date(발행지와 발행일): 보험증권의 발행일은 선하증권 발행일보다 앞서야 한다.

⑮ No of Certificates issued(발행통수): 보통 2부가 발행된다.

⑯ By…….(발행자의 성명): 보험자 또는 보험자의 대리인에 의해 발행되고 서명되어야 한다.

⑰ Important Condition(중요사항 약관): 클레임 발생시에 피보험자가 취해야 할 조치 및 절차를 규정한다. 신증권에는 본문약관이 명시되어 있다.

‖ 보험증권 ‖

<table>
<tr><td colspan="3">MARINE CARGO INSURANCE POLICY</td></tr>
<tr><td colspan="3">Assurd(s), etc CHARLIE'S TRADING CORPORATION</td></tr>
<tr><td colspan="2">Policy No. 00264782A2700</td><td rowspan="2">Ref. No.
Invoice No. HS-070413
L/C No. IMP101133</td></tr>
<tr><td colspan="2">Claims, if any, payable at :
GELLATLY HANKEY MARINE SERVICE
30, Calingford Rd., Epping, NSW 2121, Australia</td></tr>
<tr><td colspan="2">Survey should be approved by :
THE SAME AS ABOVE</td><td>Amount insured
US$27,500.00
(US$25,000 × 110%)</td></tr>
<tr><td>Local Vessel or conveyance</td><td>From(interior port or place of loading)</td><td rowspan="4">Condition

Institute Cargo Clause(A), 1982
Claims are payable in Australia
in the Currency of the draft.</td></tr>
<tr><td>Ship or Vessel called the
ELROY</td><td>Sailing on or about
March 3, 20xx</td></tr>
<tr><td>At and from
BUSAN, KOREA</td><td>transshipped at</td></tr>
<tr><td>Arrived at
Sydney, AUSTRALIA</td><td>thence to</td></tr>
<tr><td colspan="3">Goods and Merchandises

2,000 pcs of Jean pants

Subject to the following Clauses as per back hereof
Institute Classification Clause. On-Deck Clause(A)
Institute Radioactive Contamination Exclusion Clause
Marks and Numbers as per Invoice No. specified above Co-Insurance Clauses</td></tr>
<tr><td colspan="3">Place and Date signed in Seoul, Korea. March 2, 20XX No. of Policies issued : Two

IMPORTANT CONDITION
Notwithstanding anything contained herein or attached hereto to the contrary, this insurance in understood and agreed to be subject to English law and practice only as to liability for and settlement of any and all claims.
This insurance does not cover any loss or damage to the property which at the time of the happening of such doss or damage is insured by or would but for the existence of this Policy be insured by any fire or other insurance policy or policies except in respect of any excess beyond the amount which would have been payable under the fire or other insurance policy or policies hand this insurance not been effected.
We, LG Insurance Co., Ltd. hereby agree, in consideration of the payment to us by or on behalf of the Assured of the premium as arrange, to insure against loss damage liability or expense to the extent and in the manner herein provided.

For LIG INSURANCE CO., LTD.

PRESIDENT
BY______________________</td></tr>
</table>

▎보험증권-실제서식 ▎

【보험증권 앞면】

SAMSUNG FIRE & MARINE INSURANCE

SAMSUNG INSURANCE BUILDING EULJIRO 1GA, CHOONG-KU, SEOUL, KOREA

C.P.O. BOX 469
FAX. ( )758-7815
www.samsungfire.com

Policy No.
90100977940000

MARINE CARGO INSURANCE POLICY

Assured(s), etc
ENT SYSTEM

Claim, if any, payable at :
BULGARKONTROLA
P.O.BOX106 SOFIA 1080 SOFIA,
BULGARIA
TEL: 359 2 85151
FAX: 359 2 882354

Claims are payable in the USA DOLLAR

Survey should be approved by :
BULGARKONTROLA
P.O.BOX106 SOFIA 1080 SOFIA,
BULGARIA
TEL: 359 2 85151
FAX: 359 2 882354

Ref. No.
INV. NO : KOBI/0803-01

Amount insured
USA DOLLAR EXCH:@1,303.9000
************************1,287.00
CARGO: USD *************1,287.00
<USD **********1,170.00 X 110.00 %>

Conditions. Subject to the following Clauses as per back hereof.
CARGO CLAUSES(ALL RISKS-AIR)

Local Vessel or Conveyance

Ship or Vessel called the
BY AIR

Sailing on or about 20 .08.04

at and from INCHON,KOREA

transhipped at

arrived at TIRANA,ALBANIA

thence to

Goods and Merchandises
TFT-LCD MONITOR(15.1")
TOTAL : 3

ORIGINAL
DUPLICATE UNPAID

TRANSIT TERMINATION CLAUSE (30 DAYS) (1/2/08)
applicable only for cargoes imported to Korea

It is specially understood and agreed that the words "60 days" in [8(3)/8] of the paragraph of the transit Clause of the Institute Cargo Clauses are substituted by the words "30 days"

-Institute Classification Clause,
-Institute Radioactive Contamination Exclusion Clause,
-On-Deck Clause,
-Special Replacement Clause (applying to machinery)
-Special Replacement Clause for Secondhand Machinery (applying to used machinery)
-Label Clause (applying to labelled goods)
-Inland Transit Extension
-Computer Millennium Clause(Cargo)

Place and Date signed in SEOUL , KOREA ON 03 AUG 20
Numbers of Policies issued TWO

In the event of loss or damage arising under this Policy, no claims will be admitted unless a survey has been held with the approval of this Company's Office or Agents specified in this Policy.

In case of loss or damage, please follow the "IMPORTANT" clause printed on the back hereof.

SAMSUNG FIRE & MARINE INSURANCE CO.,LTD

Lee soo Chang

AUTHORIZED SIGNATORY

【보험증권 뒷면】

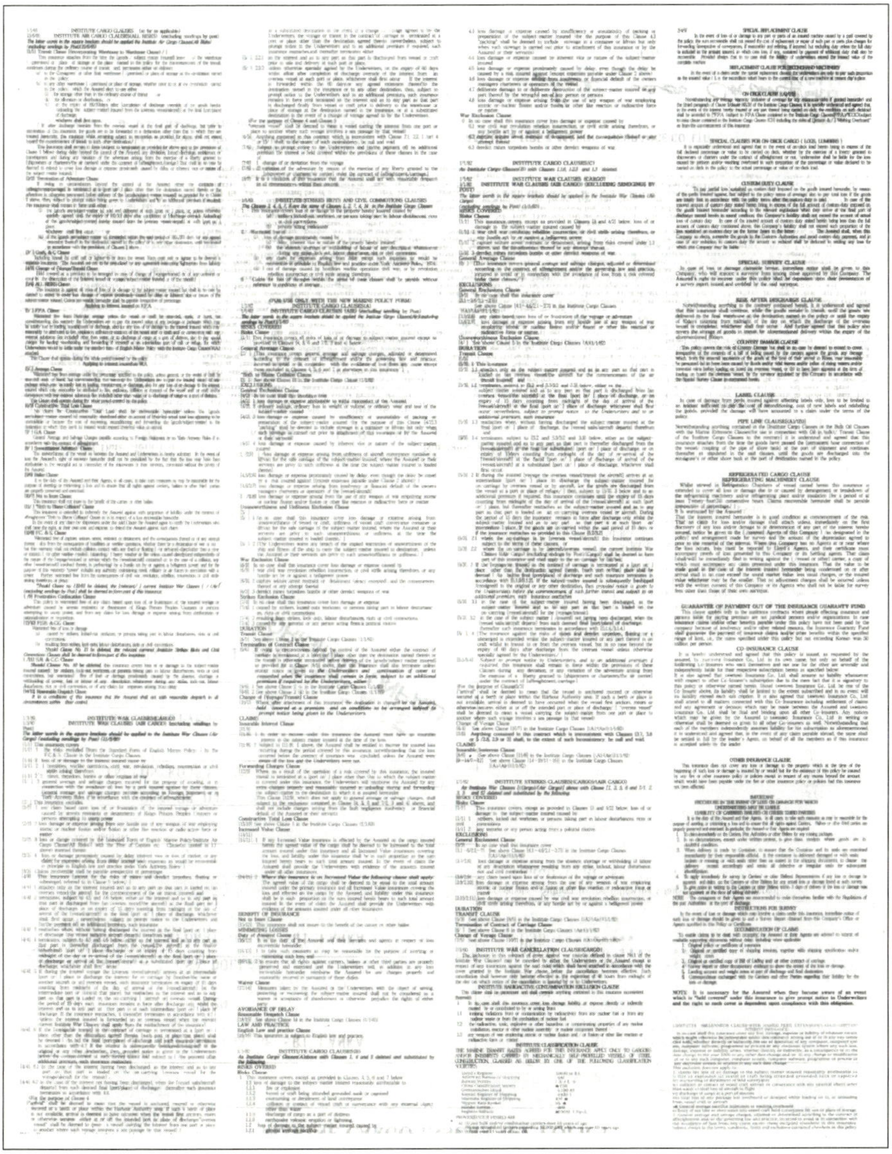

| 보험증명서 |

AIG AMERICAN HOME ASSURANCE COMPANY
(AIG General Insurance)

60-1,CHUNG MU RO 3-KA, CHUNG-GU SEOUL, 100-705 KOREA
TEL:02-2260-6800 FAX:02-2260-6840

MARINE CARGO INSURANCE CERTIFICATE

COPY

AHA(AIG General Insurance) is the non-life insurance company of AIG in Korea.

NO.: YQ76974C00 YOP0015C

Assured Name KOREA TDK CO., LTD.	Invoice No.,etc INVOICE NO. TKRA171505
Claim Agent AIU INSURANCE COMPANY 2-4, KINSHI 1-CHOME, SUMIDA-KU, TOKYO 130-8560, JAPAN TEL:(813)5611-0388 FAX:(813)5619-2645	Amount Insured Cargo USD4,552.72 (USD4,138.83 * 110 %)
Survey Agent SAME AS ABOVE	Conditions INSTITUTE AIR CARGO CLAUSES(ALL RISKS)
Conveyance: AIR / Sailing on or about: 20 -06-13	
At and From: KOREA / Transhipped at	
Arrived at: NAGOYA / Thence to	
Goods and Merchandises 275,000 PCS PEAKING COIL	

SPECIMEN

Subject to the following Clauses as per back hereof.
- Institute Cargo Clauses specified above.
- Institute Classification Clause
- Transit Termination Clause(30 days) [(A)/(B)] (applicable only for cargo imported to Korea)
- Special Replacement Clause for secondhand Machinery.
- Special Replacement Clause(applying to machinery)
- Co-Insurance Clause(if applicable)
- On-Deck Clause.
- Other Insurance Clause.
- Institute Radioactive Contamination Exclusion Clause.

Computer Millennium Clause(cargo)/with named peril extension
- Termination of Transit clause(Terrorism)

Marks and Numbers as per Invoice No. specified above

Place and Date Signed in.		No. of Policies Issued.
KOREA	20 -06-13	TWO

Be it known that

In the event of loss or damage arising under this Policy, no claims will be admitted unless a survey has been held with the approval of this Company's Office or Agents specified in this Policy.

In case of loss or damage, please follow the "IMPORTANT" clause printed on the back hereof.

For AMERICAN HOME ASSURANCE COMPANY KOREA

AIG American Home Assurance Company (AIG General Insurance)
AIG 손해보험
ME569822

인지세현금납부증
승인 제2001-120호
세액 100 원정
승인 2001.12.19
중 구 세 무 서

AUTHORIZED SIGNATORY

2 해상보험증권의 구성

보험증권은 기명식, 지시식, 무기명식 등이 있으며, 주로 선박보험은 기명식으로, 적하보험은 지시식으로 발행된다.

기명식은 증거증권에 불과하지만, 지시식 또는 무기명식은 증거증권이며 동시에 유가증권이다. 지시식 보험증권의 피배서인과 무기명식 보험증권의 소지인은 배서 또는 소지로 증권상 권리를 주장할 수 있으며 보험자는 이들에게 보상의무를 진다.

보험증권은 유인증권이므로 보험자는 보험계약에 기초한 각종의 항변, 예를 들면 보험료의 미지급이나 고지의무위반 등을 이유로 피보험자를 상대로 항변할 수 있다.[4)]

상법 제640조 제1항에는 "보험자는 보험계약이 성립한 때에는 지체 없이 보험증권을 작성하여 보험계약자에게 교부하여야 한다. 그런 보험계약자가 보험료의 전부 또는 최초의 보험료를 지급하지 아니한 때에는 그러하지 아니하다."고 규정하고 있다.

그러나 화재보험이나 선박보험의 경우 보험계약자의 청구가 없어도 보험계약이 성립하면 보험계약자에게 보험증권을 교부하고 있으며, 적하보험에 있어서는 화환취결을 위해 보험증권을 발행하지만, 그렇지 않을 경우 증권의 발행이 생략되는 경우도 있다.

가. 舊해상보험증권(Lloyd's S.G. Policy)

최근까지 사용되어 온 해상보험증권은 1779년 Lloyd's총회에서 채택된 Lloyd's S.G. Policy('Lloyd's보험증권')이다.[5)] 그 후 200여 년간

4) 木村榮一, 前揭書, pp. 35~36.

증권이 수정과 보완을 거듭하였지만 실질적인 내용에 있어서는 1779년의 양식 그대로이다.

실무적 측면에서 Lloyd's S.G. Policy의 부족한 부분은 협회적하약관이라는 FPA, WA, A/R약관 등 특약을 첨부하여 사용해 왔다.[6] Lloyd's S.G. Policy의 본문약관은 많은 판례에 의하여 의미가 확정되어 1906년 영국해상보험법(MIA, 1906)에 수용 입법화되었다.

1795년 영국 의회법(Act of Parliament)은 개인보험업자에게는 반드시 Lloyd's S.G. Policy를 사용하도록 규정하면서도 회사형태의 보험자에게는 S.G. Policy를 채택하도록 강요하지 않았다.

보험회사들은 19세기 시장이 확대됨에 따라 S.G. Policy를 채택하지 않는 대신 "S"와 "G"가 분리된 증권의 개발을 선호하였다. 이것이 런던보험자협회(I.L.U.)[7]의 "Companies Combined Policy, Hull"과

5) Lloyd's S.G.의 "S"와 "G"는 "Ship's"와 "Goods"의 첫 글자이다. 17세기에는 선박에 사용되는 S. Policy와 적하에 사용되는 G. Policy, 선박과 적하에 동시에 사용되는 S.G. Policy가 있었으나, 1779년 Lloyd's는 이 가운데 S.G. Policy를 표준 Lloyd's증권으로 채택하였다. S.G. Form은 선박, 적하, 운임, 이윤, 채권 또는 유가증권 등의 보험에도 사용되었다(R.J.Lambeth, Templeman on Marine Insurance, Pitman, 16th ed., 1986, p. 56.).
1850년에 본문약관의 모두문언이 "in the name of God, Amen"이 "Be it known that ……"으로 수정되었고, 1874년에 위부포기약관(Waiver Clause)이 추가되었고, 1898년에 난외약관인 포획나포부담보약관(FC & S Clause)이, 1919년에 항해중절약관(Frustration Clause)이 추가되었다. 또한 적하와 선박보험의 양식이 19세기말에 분리되었으며, 1937년에 협회위험약물약관(Institute Dangerous Drugs Clause)이 추가되었다.

6) 협회약관 중 FPA는 1912년에, WA는 1921년에, A/R은 1951년에 제정되어 1963년에 개정된 것이 오늘날의 약관이다.

7) ① 런던보험자협회(ILU: Institute of London Underwriters)는 1884년 6월 5일 영국정부로부터 설립인가를 얻어 발족된 회사형태의 보험자 단체이다. Lloyd's 보험자들의 대표들과 함께 합동적하위원회(JCC: Joint Cargo Committee), 합동선박위원회(JHC: Joint Cargo Committee) 등을 두고 보험회사시장과 로이즈시장 상호간의 이해관계를 조정하여 왔다. 여기서 정한 약관을 "Institute Clauses"라고 한다.
② **런던보험자협회(ILU)**는 1998년 12월에 런던국제보험·재보험시장연합(LIRMA: London International Insurance and Reinsurance Market Association)과 합병하여 국제언더라이팅협회(IUA: International Underwriting Association of London)가 되었다.

"Companies Combined Policy, Cargo"이다.

나. 新해상보험증권

Lloyd's S.G. Policy의 본문약관 문언이 어려워 실무적으로 사용에 불편이 따르자 1982년 약인약관[8)](Consideration Clause)과 재판관할권약관[9)](Jurisdiction Clause)만을 남기고 나머지는 삭제하거나 협회적하약관(Institute Cargo Clause)에 포함시켰다.

그래서 Lloyd's S.G. Policy에서는 협회적하약관 A/R, WA, FPA가 특별약관이었지만, 1982년 新해상보험증권양식에서는 반드시 ICC (A), (B), (C) 등 협회적하약관 중 하나를 선택해야 하였다.

新해상보험증권의 신증권('MAR Form')양식은 Lloyd's보험시장에서 사용하는 New Lloyd's Marine Policy Form과 Company보험시장에서 사용하는 New I.L.U. Marine Policy Form이 있다.

위의 두 양식은 내용면에서 큰 차이가 없으나 과거의 Lloyd's S.G. Policy와는 다음 몇 가지 면에서 차이를 나타내고 있다.

---

③ **국제언더라이팅협회(IUA)**는 해상보험분야와 손해보험분야를 위한 런던의 대표기구들을 통한 것으로 국제적 대형보험회사와 재보험회사들을 위한 세계적인 대표기구이다.

④ **런던국제보험 · 재보험시장연합(LIRMA)**는 비해상보험사업과 재보험사업을 지원하기 위해 1960~70년대 설립된 보험협회들을 통합하여 1991년 설립되었다.

⑤ **로이즈시장협회(LMA**: Lloyd's Market Association)는 로이즈보험자들의 연합체인 로이즈보험자협회(Lloyd's Underwriter Association, LUA)는 ILU에 대하여 대립되는 단체이나 각종의 공동위원회를 설치하여 공동보조를 취하고 있다.

8) "Confessing ourselves paid the consideration due unto us for this Assurance by the Assured, at and after the rate of……percent"

9) "notwithstanding anything contained herein or attached hereto to the contrary, this insurance is understood and agreed to be subject to English law and practice only as to liability for and settlement of any and all claims"

① S.G. Policy의 본문약관 중 위험약관(perils Clause)이 없어졌다.

② S.G. Policy 본문약관 중 양도약관, 보험증권의 효력에 관한 약관, 면책률약관 등과 난외약관의 교사약관, 타보험약관 등이 없어졌다.

③ S.G. Policy의 본문약관 중 소급약관(Lost or not Lost Clause), 보험기간약관, 기항·정박약관(Touch and Stay Clause), 손해방지약관(Sue and Labour Clause), 포기약관(Waiver Clause), 준거법약관 등은 신증권에 첨부하여 사용하는 신협회적하약관 피보험이익약관(Insurable Interest Clause), 운송약관(Transit Clause), 항해변경약관(Change of Voyage Clause), 피보험자의 의무약관(Duty of Assured Clause), 포기약관(Waiver Clause), 영국의 법과 관습(English Law and Practice) 등으로 각각 대체되었다.

S.G. Policy의 난외약관의 포획나포부담보약관(FC&S Clause)과 동맹파업소요폭동부담보약관(FSR & CC Clause)도 신증권의 협회적하약관상의 전쟁위험면책약관(War Exclusion Clause)과 동맹파업면책약관(Strikes Exclusion Clause)으로 바뀌었다.

④ 보험계약에 필수적인 준거법약관, 타보험약관, 약인약관 및 선서약관만 남겨두었다.

신증권은 피보험목적물의 종류와 담보범위에 따라 협회약관[10]을

10) • 협회약관은 런던보험자협회에서 인정한 것으로 Lloyd's Market과 Company Market을 대표하는 보험자와 해손정산인(Average Adjuster)으로 구성된 기술 및 약관위원회(Technical and Clauses Committee)에서 제정

첨부하여 사용한다. 또한 보험계약 내용을 기재하는 Schedule(명세표)이 도입되었다.

신증권에는 본문약관으로 준거법약관, 타보험약관, 약인약관, 선서약관으로만 구성하고 기타의 계약내용인 선박명(name of the vessel), 증권번호(policy number), 피보험자 성명(name of the assured), 항해 또는 보험기간(voyage or period of insurance), 피보험목적물(subject-matter insured), 보험금액(amount insured) 등의 중요사항을 스케줄에 명기하고 있다.[11)]

증권은 협회적하약관이 19조나 되어 표면에 여백이 없으므로 종래 표면에 적색으로 인쇄되어 있던 클레임절차에 관한 약관인 “Important Clause”가 전면의 여백에 인쇄되어 있다.

다. 보험증권의 구성

구증권 양식은 표면사항과 이면사항으로 구성된다. 표면사항에는 명세표(schedule)로서 피보험자명, 보험금지급지, 적재선박명, 보험금액, 보험조건 등을 기재한다. 아울러 증권의 본문(body)으로서 여러 가지 약관이 오른쪽 하단에 있고, 왼쪽 하단에는 이탤릭체약관이 기재된다. 이면사항에는 협회적하약관(ICC약관) 등 여러 가지 약관이 인쇄되어 있다.

- 협회약관: Time Clauses • Hulls (1/11/95), Voyage Clauses • Hulls (1/10/83),Cargo Clauses(A) (1/1/82), Cargo Clauses(B) (1/1/82), Cargo Clauses(C) (1/1/82), Time Clauses–Freight(1/10/83), Voyage Clauses–Freight(1/10/83), War and Strike Clauses–Hulls–Time(1/10/83), War and Strike Clauses–Hulls–Voyage(1/10/83), War Clauses(Cargo)(1/10/82), Strike Clauses(Cargo) (1/10/82), War and Strikes Clauses–Freight–Time(1/10/83), War and Strikes Clauses–Freight–Voyage(1/10/83)

11) E. R. Hardy Ivamy, op. cit., Butterworths Insurance Library, 1985, p. 104.

신증권 양식은 구증권의 본문약관 일부를 ICC약관에 통합시키고, 이탤릭서체약관과 본문약관 일부를 삭제하여 협회적하약관(ICC약관)을 중심으로 하게 되었다. 따라서 ICC약관 없이는 신증권은 보험증권으로써 역할을 할 수 없게 되었다.

| 신 · 구증권 구성 |

	구증권	신증권
본문약관*	• 19개조	• 4개조(준거법약관, 타보험약관, 약인약관, 선서약관)
난외약관*	• 이탤릭서체약관 3개조 • 손해통지약관 1개조	• 3개조(중요사항약관, 손해사정을 위한 지침약관, 보상청구 서류에 관한 약관)
적하약관	• ICC약관 14개조 • 제5조에 따라 FPA, WA, A/R로 나뉨	• ICC약관 19개조 • 제1·4·6조에 따라 A, B, C로 나뉨
특별약관	• 포획나포부담보약관(8개조) • 동맹파업소요폭동부담보약관(8개조)	• 전쟁위험면책약관(8개조) • 동맹파업면책약관(8개조)

※ 구증권의 본문약관과 난외약관을 S.G. Policy라고 함

제2절 해상보험약관의 개정

1 신약관(ICC 1982)의 개정

가. 신약관의 개정 배경

1982년에 협회적하약관을 개정한 배경은 런던보험시장 내부로부터 개혁론과 UN무역개발회의(United nations Conference on Trade and Development : UNCTAD)에서 개발도상국의 개정요구에 따른 것이다.

먼저, Lloyd's S.G. Policy가 지나치게 고어체로 되어 있고 용어가 난해하다는 비판이 있었지만, 이들에 대한 200년 동안 축적된 판례에 의하여 거의 모든 문언에 대한 법률적 의미가 확정되어 있고, 보수적이고 전통을 좋아하는 영국인의 성향 때문에 오늘날까지 사용하여 왔다.

그러나 영국의 관습과 S.G. Policy의 문언에 대한 판례는 1906년에 제정된 MIA에 반영되었고 Lloyd's S.G. Policy와 협회적하약관을 개정해도 MIA를 준거법으로 하기 때문에 별 문제가 없다는 이유로 런던보험시장의 내부로부터 개혁론이 대두되었다.

다음으로, 1969년 UNCTAD실무반회의에서 개발도상국가들은 "보험자가 작성한 보험증권양식에는 국가별로 통일성 있게 해석될 수 없는 복잡하고도 고대 영어가 많기 때문에 보험증권의 내용이 국제적으로 통일되지 않는 한 단순한 법규의 통일만으로는 보험자와 피보험자간의 분쟁을 해소시킬 수 없다."고 주장하였다.

1978년 UNCTAD 사무국 '해상보험/해상보험계약에 관한 법률 및 보험서류상의 문제'라는 연구보고서를 제출하였는데, 이것이 런던보험시장에서 개정한 신해상보험증권 및 협회약관에 거의 그대로 반영되고 있다.

UNCTAD의 국제해운입법에 관한 실무반은 1979년 6월 회의에서 '비강제적 국제표준약관'의 제정을 개도국과 선진국이 합의하고, 1980년 선박보험약관을 우선 심의하여 위험약관(Perils Clause)과 충돌책임약관(Collision Liability Clause)을 제정하였다. 1981년 회의에서 Lloyd's S.G. Policy의 개정안과 신약관을 발표하고 1983년 4월 1일부터 시행하였다.[12)]

1779년에 채택되어 1795년 런던보험시장에서 채용된 이후 약 200

년 동안 거의 그대로 사용되어 온 구증권은 구약관(Lloyd's S.G. Policy, S.G. Form)에 협회적하약관(Institute Cargo Clause : ICC) ICC(A/R), (WA), (FPA)는[13] 특약으로 첨부하여 사용하여 왔다. 구증권에 첨부되어 보완적 역할을 하던 신증권에서는 각각 ICC(A), (B), (C)로 독립된 약관으로 사용하고 있다. 따라서 신증권에서는 구증권의 본문약관, 특히 위험약관이 삭제되어 담보위험을 포괄하거나 열거한 협회적하약관을 반드시 첨부해야 된다.

전쟁위험과 동맹파업위험도 구증권에서는 확장담보 형식으로 인수하였으나, 신증권에서는 Institute War Clause 및 Institute Strike Clause 등으로 독립되었다. 14개의 약관으로 구성된 구약관은 신약관에서는 19개 약관으로 늘어났으며 8개 그룹[14]으로 묶어 배열하고 있다.

구증권에서 협회적하약관은 S.G. Form의 약관을 기초로 화물의 종류나 특성에 따라 보상범위를 확장하거나 제한하기 위하여 사용된다. 즉, ICC(협회적하약관)는 Lloyd's Market과 Company Market을 대표하는 보험자와 해손정산인(Average Adjuster)으로 구성되는 런던보험자협회(Institute of London Underwriters : I.L.U.)[15]의 기술 및 약관위원회(Technical and Clauses Committee)에서 1912년에 제정한

12) 1981년에 제정된 약관은 5개 기본 협회약관과 1개의 특별약관이다. 즉, 기본협회약관은 ICC(A), (B), (C), Institute War Clause(Cargo) 및 Institute Strikes Clause(Cargo)이고, 특별약관은 ICC(B), (C)에 첨부하여 사용할 수 있는 Institute Malicious Damage Clause를 말한다.

13) 1982년 ICC(A), (B), (C)가 출현할 때까지 사용해온 ICC(A/R), (WA), (FPA)는 1963년 1월 1일부터 개정 시행된 것이다.

14) 8개 그룹은 "Risk Covered"(담보위험), "Exclusion"(면책), "Duration"(보험기간), "Claims"(보험금청구), "Benefit of Insurance"(보험이익), "minimising of Losses"(손실의 경감), "Avoidance of Delay"(지연의 회피), "Law and Practice"(준거법) 등이다.

15) I.L.U.는 1998년 11월 London International Insurance and Reinsurance Market Association (LIRMA)와 합병하여 International Underwriting Association(IUA)로 출범하였다.

것으로 1963년 1월 1일자에 개정하였으며, ICC(A/R), (WA) 및 (FPA)가 있다.[16)]

나. 신약관의 특징

① 신증권은 Lloyd's S.G. Policy에 비하여 증권에 인쇄된 약관이 매우 단순화되었다.

협회약관은 신협회적하약관(Institute cargo Clauses(A), (B), (C)), 신협회전쟁약관(Institute War Clause-Cargo), 신협회동맹파업약관(Institute Strikes Clause-Cargo)으로 구증권에서 보완적 기능을 하던 이들 약관들이 이젠 독립된 표준협회적하약관이 되어 위의 (A), (B), (C) 약관 가운데 어느 하나의 보험조건을 선택하도록 하고 있다. 구증권에는 ICC(WA), (FPA), (A/R) 등의 특약을 첨부하여 사용해 왔으며 이들 특약은 손해의 형태를 중심으로 나누어 있었으나, 신증권에 첨부하게 될 ICC(A), (B), (C)는 담보위험을 중심으로 나누어져 있기 때문에 보다 평이하고 명료하다.

신증권에는 단지 보험계약서로서 필수적인 약관인 준거법약관, 타보험약관, 약인약관 및 선서약관만 남겨 놓았다. 전세기의 유물이던 위험약관(Perils Clause)을 없애고 소급약관, 손해방지약관, 위부포기약관 등은 협회약관으로 흡수하였다.

16) Institute Cargo Clauses(FPA)는 1912년에 제정되었으나, Institute Cargo Clauses(WA)는 1921년에 제정되었고, 담보위험을 열거책임에서 포괄책임주의로 변경한 Institute Cargo Clauses(A/R)은 1951년에 제정되었다. WA와 FPA에서 담보범위를 확대하기 위하여 처음에는 Memorandum Percentage를 면제해 오다가 1951년 처음으로 A/R약관이 발행되었다(D. O'May, Marine Insurance Law and Policy, London, Sweet & Maxwell, 1993. pp. 164~165).

② 담보범위가 명료해졌다.

구협회약관의 A/R은 전위험담보, WA는 분손담보, FPA는 단독해손부담보를 의미하는 약관이다. A/R을 제외한 WA나 FPA는 손해의 형태에 따라 담보위험을 열거하고 있기 때문에 담보범위가 명료하지 않고 혼란이 생길 수 있다.

신협회적하약관은 손해의 원인이 되는 담보위험만을 열거하고 있기 때문에 담보범위가 명료하고 평이하다. 개념이 모호한 구증권 본문약관의 악천후(heavy weather)라는 용어 대신 ICC(B)에서 "해수의 침입 또는 갑판유실"(entry of sea water, washing overboard)이라는 구체적이고 명확한 용어를 사용하고 있다.

구약관에서 보험자의 담보범위를 알기 위해서는 증권의 본문약관, MIA 및 구약관을 모두 검토해야 하지만 신약관은 이들을 모두 포괄하고 있으므로 신약관만 검토하면 쉽게 담보위험이 무엇인지 알 수 있다.[17)]

③ 담보 및 면책위험의 내용이 명확하다. 신약관(B), (C)에서는 담보위험은 제1조에 열거하고 면책위험은 제4, 5, 6, 7조에 열거하여 담보 및 면책위험의 내용이 명확해졌다.

④ 담보위험의 종류를 열거하여 '분손', '단독해손', '공동해손'의 개념에서 탈피하였다. 또한 본문약관의 위험약관이 삭제됨으로써 '해상고유의 위험'이나 '면책비율'의 개념도 없어지게 되었다.

17) 구증권의 본문약관 중 소급약관(lost or not lost clause), 보험기간약관(duration of the risk clause), 기항정박약관(touch and stay clause), 위험약관(perils clause), 손해방지약관(sue and labour clause), 및 포기약관(waiver clause) 등이 신협회적하약관으로 흡수되었고, MIA §55(2)(a)의 "피보험자의 고의적불법행위에 따른 손해"와 동조 (c)의 "통상의 누손 통상의 자연소모"에 따른 손해가 일반면책약관(General Exclusion Clause)에 반영되어 피보험자가 협회약관만 검토하여 보험계약을 체결할 수 있게 되었다.

⑤ 구약관의 FPA에서는 선박 또는 부선에의 적재, 환적 또는 양하 중 포장의 전손(…any package or packages which my be totally lost in loading, transhipment or discharge…)은 담보하고 있으나 (C) Clause에서는 부담보로 되어 있기 때문에 담보위험이 축소되었다.

⑥ WA와 FPA는 분손의 담보 또는 부담보 등 보상범위 차이가 구별의 중심이지만, (B)와 (C) Clause는 담보위험의 종류와 수의 차이로 구분되었다.

⑦ 신약관은 컨테이너를 이용한 국제복합운송에 적용될 수 있도록 하기 위하여 ICC(A), (B), (C)의 제4조 제3항[18] 및 제5조[19]에 포장의 개념에 컨테이너를 포함시키거나 선박의 불내항성에 컨테이너의 불내항성도 포함시킴으로써 복합운송을 수용할 수 있도록 하였다. ICC(B) 및 (C)의 제1조 제1항 (3)[20]과 ICC(B)의 제1조 제2항 (3)[21]에도 육상운송용구의 전복이나 탈선 및 컨테이너에 해수나 강수의 침입 등 육상운송 중의 위험에 관한 규정을 두고 있다.

---

18) ICC 제4조 제3항 ; In no case shall this insurance cover loss damage or expense cause by insufficiency or unsuitability of packing or preparation of the subject.. matter insured(for the purpose of this clause 4.3 "packing" shall be deemed to in-clude stowage in a container or liftvan……).

19) ICC 제5조 제1항 ; In no case shall this insurance cover loss damage or expense arising from unseaworthiness of vessel or craft, unfitness of vessel craft convey-ance container or liftvan for the safe carriage of the subject matter insured……

20) ICC(B)·(C) 제1조 제1항 (3) ; This insurance covers, except as provided in Clauses 4,5,6 and 7 below, loss of or damage to the subject matter insured reasonably be attributed to overturning or derailment of land conveyance.

21) ICC(B) 제1조 제2항 (3) ; This insurance covers, except as provided in Clauses 4,5,6 and 7 below, loss of or damage to the subject..matter insured caused by entry of sea lake or river water into vessel craft hold conveyance container liftvan or place of storage.

⑧ 해적(piracy)은 구약관에서 전쟁위험의 하나로 간주하고 있으나, 신약관 ICC(A)의 제6조 War Exclusion Clause에서 전쟁위험으로부터 제외하여 담보위험에 포함하고 있다.[22)]

⑨ 전쟁위험과 동맹파업위험이 신약관에서 (A), (B), (C) Clause로부터 독립되어 있다.

우리나라는 신·구 증권을 별도로 사용해 오다가 1997년부터 신·구 증권을 하나로 통합하여 사용하고 있다.

2 신약관(ICC 2009)의 개정

2009년 1월 1일 공표된 ICC(2009)약관은 ICC(1982)에 비해 테러리즘 면책의 신설을 제외하고 포장불충분 면책과 선주 등의 파산면책 등 면책범위가 피보험자에게 유리하도록 축소되고 운송조항과 항해 변경조항 등이 피보험자에게 유리하게 개정되었다.[23)]

하주입장에서 ICC(2009)약관은 테러리즘 면책의 신설을 제외한 포장불충분 면책, 선주 등의 파산면책 등과 같이 면책범위가 축소되고, 운송조항, 항해 변경조항 등이 피보험자에게 유리하게 개정되었다. 보험용어도 underwriter, servant, goods and cargo를 각각 in-

22) ICC(B) 및 (C)의 제4조 "War Exclusion Clause"에 "piracy"를 제외한다는 문언이 없고, 열거된 담보위험에 이를 열거하고 있지 않기 때문에 이를 담보하기 위해서는 협회전쟁약관으로는 불가능하고, 할증보험료를 내고 협회악의손해약관(Institute malicious Damage Clause)을 첨부해야 한다.

23) 국제언더라이팅협회(IUA)와 로이즈시장협회(LMA) 합동위원회(JCC)가 ICC(1982)의 개정작업을 2006년부터 수행하여 2009년 1월 1일 ICC(A), (B), (C) 및 전쟁약관, 스트라이크약관을 공표함

surer, employee, subject matter insured로 수정하였다.

구체적으로 표에서 보는 바와 같이 제4조, 제5조, 제7조, 제8조, 제10조, 제16조 등 6개 약관의 내용이 변경되었다.

또한 1982년 약관에서는 모든 조항에서 약관을 붙였지만, 2009년 약관에서는 약관명칭이 혼란을 야기할 수 있는 경우에는 삭제한 경우도 있다. 예를 들어, 제1조의 경우 1982년 약관에서는 위험약관(Risks clause)이지만 2009년 약관은 위험(Risk)으로 되어 있다. 그리고 2009년 약관의 4, 5, 6, 7, 15, 18, 19조의 경우에는 제목(title)이 없다.

ICC(1982) · ICC(2009)의 비교 – ICC(A)기준

신협회적하약관			변경내용		
구분	1982년 약관	2009년 약관	실질	문구	없음
담보위험	1. 위험약관(Risks Clause)	1. 위험		○	
	2. 공동해손약관(General Average Clause)	2. 공동해손		○	
	3. 쌍방과실충돌약관(Both to Blame Collision Clause)	3. 쌍방과실충돌약관		○	
면 책	4. 일반면책약관(General Exclusions Clause)	4.	○		
	5. 불내항 · 부적합면책약관(Unseaworthiness and Unfitness Exclusion Clause)	5.	○		
	6. 전쟁위험면책약관(War Exclusion Clause)	6.			○
	7. 동맹파업위험면책약관(Strikes Exclusion Clause)	7.	○		
보험기간	8. 운송약관(Transit Clause)	8. 운송약관	○		
	9. 운송계약종료약관(Termination of Contract of Carriage Clause)	9. 운송계약종료		○	
	10. 항해변경약관(Change of Voyage Clause)	10. 항해변경	○		
보험금청구	11. 피보험이익약관(Insurable Interest Clause)	11. 피보험이익		○	
	12. 계반비용약관(Forwarding Charges Clause)	12. 계반비용		○	
	13. 추정전손약관(Constructive Total Loss Clause)	13. 추정전손		○	
	14. 증액약관(Increased Value Clause)	14. 증액		○	
보험이익	15. 보험이익불공여약관(Not to Inure Clause)	15.	○		
손해의 경감	16. 피보험자의무약관(Duty of Assured Clause)	16. 피보험자의무		○	
	17. 포기약관(Waiver Clause)	17. 포기		○	
지연의 회피	18. 신속조치약관(Reasonable Despatch Clause)	18.			○
법률과 관습	19. 영국의 법률과 관습약관(English Law and Practice Clause)	19.			○
유의사항	'Held covered' note			○	

(자료 : 이시환, 신무역보험론 제6판, 대왕사, pp. 294–295)

무역보험

4 해상보험증권 · 약관

1. 구증권 · 구약관
2. 신증권 · 신약관
3. 특별약관

1 구증권 · 구약관

제1절 Lloyd's S.G. Policy

1779년 로이즈 총회에서 채택되어 MIA 부칙1(first schedule)에 게재된 Lloyd's S.G. Policy는 선박과 적하보험 겸용이다. I.L.U.의 적하용 보험증권도 런던보험자협회가 Lloyd's S.G. Policy를 기초로 작성한 것이다.

어떤 보험증권을 사용하더라도 재판에서는 수백 년에 걸쳐 확립된 일반원칙에 따라 해석되며, 특히 S.G. Form의 문언에 대한 판례가 MIA 부록인 RCP(보험증권해석규칙)에 성문화되었기 때문에 신증권이나 약관에 이들이 사용되었을 경우 그대로 적용된다.[1)]

S.G. Form은 선박보험, 적하보험, 기간보험, 항해보험뿐만 아니라 운임, 이윤 및 채권이나 다른 유가증권의 보험에도 사용되기 때문에 Baring v. The Marine Insurance Co.[2)] 사건에서 Esher경은 이 증권을 '곡예적 이행물'(acrobatic performance)이라고 부르고 있다.

이 증권의 용어가 계약당사자의 요구를 수용하지 못할 경우 조건을 붙이거나 추가로 약관을 첨부하여 사용하므로 급변하는 계약자의 다양한 요구를 수용하지 못한다는 비판을 받아왔다. 이러한 비판을 수용하고 증권 문언을 단순화하여 필요한 경우 표준약관이나 특별약

1) R.J. Lambeth, Templeman on Marine Insurance, Pitman, 6th ed., 1986, p. 56.
2) (1984) 10 T.L.R. 276.

▌신 · 구증권 및 약관대조표▐

Lloyd's S.G. Policy의 본문약관	신증권, 협회적하약관 및 MIA
1. 모두약관	• 삭제
2. 양도약관	• 삭제 : 참고 MIA 제15, 50, 51조
3. 소급약관	• 삭제 : 협회약관 제11조 '피보험이익약관'이 됨
4. 위험개시약관	• 삭제 (필요항목에 따라 별도의 기재난이 있음)
5. 보험목적물의 표시약관	• 삭제 (필요항목에 따라 별도의 기재난이 있음)
6. 적재선박명의 표시약관	• 삭제 (필요항목에 따라 별도의 기재난이 있음)
7. 선박 및 선명의 표시약관	• 삭제 (필요항목에 따라 별도의 기재난이 있음)
8. 보험기간약관	• 삭제 : 협회약관 제8조 '운송약관'이 됨
9. 기항 · 정박약관	• 삭제 : 협회약관 제10조 '항해변경약관'이 됨
10. 보험가액평가약관	• 삭제 : 증권표면에 "Valued at the same as amount insured"로 표현됨
11. 위험약관	• 협회약관 제1조 '담보위험약관'이 됨
12. 손해방지약관	• 협회약관 제16조의 '피보험자 의무약관'이 됨
13. 포기약관	• 협회약관 제17조의 '포기약관'이 됨
14. 보험증권의 효력에 관한 약관	• 삭제
15. 구속약관	• 삭제
16. 약인약관	• 신증권 표면에 그대로 표시됨
17. 면책률약관	• 삭제
18. 준거법약관	• 신증권 표면 및 협회약관 제19조에 표시됨
19. 선서약관	• 신증권 표면에 그대로 표시됨
난외약관	**신증권, 협회적하약관**
1. 포획나포부담보약관 (FC&S Clause)	• 협회약관 제6조 '전쟁위험면책약관'이 됨
2. 동맹파업소요폭동부담보약관 (FSR & CC Clause)	• 협회약관 제7조 '동맹파업면책약관'이 됨
3. 교사약관(Grounding Clause)	• 삭제 : 협회약관(B), (C)의 제1조에 명시됨
4. 타보험약관[3]	• 신증권 표면에 그대로 표시됨
5. 손해통지약관	• 삭제

3) "This insurance does not cover any loss or damage to the property which at the time of the happening of such loss or damage is insured by or would but for the existence of this Policy be insured by any fire or other insurance policy or policies except in respect of any excess beyond the amount which would have been pay-

관을 첨부하도록 개정한 것이 신해상보험증권이다.

해상보험증권은 해상보험계약에 대한 증거증권[4]이므로 보험계약의 내용이 약관에 나타난다. 약관의 모체는 S.G. Policy이므로 해상보험을 이해하기 위해서는 이 약관을 이해하지 않으면 안 된다. 이들 약관 가운데 가장 중심이 되는 것은 보험자가 어떤 위험을 담보하느냐 하는 위험약관이다.

1 본문약관

(1) 모두문언

> "Be it known that……" (that 이하를 인증한다.)

"that" 다음에는 보험계약자명이 명시되며, 적하보험에서 수출상이 부보할 경우에는 자신의 이름을 기재한다.[5] 비록 매수인이 피보험자이더라도 보험증권의 양도에 의하여 자신의 권리행사를 합법적으로 할 수 있기 때문이다.

(2) 양도약관(Assignment Clause)

> "as well in his or their own Name, as for and in the Name and names of all and every other Person or Persons to whom the same

able under the fire or other insurance policy or policies had this insurance not been effected"

4) MIA 제22조: Subject to the provisions of any statute, a contract of marine insurance is inadmissible in evidence unless it is embodied in a marine policy in accordance with this Act.

5) 1850년 이전에는 "in the name of God, Amen" 하는 문언이 사용되었다.

doth, may, or shall appertain, in part or in all, doth make Assurance, and cause themselves and them, and every of them, to be insured."

(……는 자기명의로 또한 보험목적의 일부 또는 전부가 귀속하는, 귀속할지도 모르는, 또는 장차 귀속하게 되는 모든 사람을 위하여, 또는 모든 사람의 명의로서 보험계약을 체결하며, 자기와 상기한 모든 사람이 부보된 것으로 한다.)

본 약관은 피보험이익의 이전에 따라 보험증권이 양도될 수 있음을 명시한 것이다. 영국해상보험법도 보험증권의 양도를 규정하고 있으며, 양도방법은 배서(endorsement) 또는 기타 관습적 방법으로 할 수 있음을 규정한다.[6)]

MIA 제15조에는 피보험이익의 양도를 명시 또는 묵시의 합의로 가능하도록 규정하고 있다. CIF나 CIP계약에서는 매도인이 부보하고 화물이 본선에 적재되거나 운송인의 관리 하에 인도되면 피보험이익이 매수인에게 이전되기 때문에 매도인은 보험증권을 매수인에게 양도한다.

보험증권의 양도로 보험자는 양도자에게 가졌던 항변권을 피양도인에 대하여도 갖게 되며, 피보험자의 신의성실의무 위반으로 보험자가 보험계약을 해지할 자격을 가졌다면 비록 보험증권이 이러한 사실을 모르는 피양도인에게 양도되었더라도 계약을 해지할 수 있다.

6) MIA 제50조 제1항; A marine policy is assignable unless it contains terms expressly prohibiting assignment. It may be assigned either before or after loss. 동조 제3항; A marine policy may be assigned by endorsement thereon or in other customary manner.

(3) 소급약관(Lost or not lost Clause)

"lost or not lost" (멸실 여부를 불문한다.)

보험계약자가 보험계약을 체결할 당시 이미 위험이 개시되어 보험사고가 발생했다 하더라도 보험계약자가 이를 모르고 계약을 체결하였다면 그 계약은 유효하다는 취지의 약관이다.[7)]

"손해가 계약성립 전에 발생한 때에는 계약성립 전에 피보험자가 이를 알고 보험자가 이를 알지 못하였을 경우를 제외하고 보험자는 책임을 진다."(RCP 제1조). 그러나 피보험자는 손해 발생시에 반드시 피보험이익을 갖고 있어야 한다.

이 약관은 신증권에서는 ICC 제11조 피보험이익약관[8)]으로 대체되었다. 이 소급약관은 통신이나 교통시설이 발달하지 못했던 시대에는 가장 바람직한 조항이다. 그러나 문제는 사고발생의 사실을 보험계약자가 알지 못했음을 어떻게 증명할 것인가 하는 것으로 이는 최대선의(utmost good faith)를 기준으로 이해해야 한다.

(4) 위험의 개시(Attachment of risk)

"at and from…" (……에서 그리고부터)

7) 상법 제643조에 "보험계약은 그 계약전의 어느 시기를 보험기간의 시기로 할 수 있다."고 규정하여 소급보험을 인정하고 있고, 동 644조에 "보험계약당시에 보험사고가 이미 발생하였거나 또는 발생할 수 없는 것인 때에는 그 계약은 무효로 한다. 그러나 당사자 쌍방과 피보험자가 이를 알지 못한 때에는 그러하지 아니하다."고 규정하여 영법의 규정과 그 내용에 있어서 동일하다.

8) ICC 제11조 제2항; Subject to 11.1 above, the Assured shall be entitled to recover for insured loss occurring during the period covered by this insurance, notwithstanding that the loss occurred before the contract of insurance was concluded, unless the Assured were aware of the loss and the Underwriters were not.

"from" 다음에는 출항지명이나 계약개시일자가 기재된다. 보통 항해보험[9]의 경우에는 출항지명, 기간보험의 경우에는 계약개시일자 그리고 혼합보험의 경우에는 둘 다 기재된다. 적하보험에서 위험이 개시되어 종료되는 시간까지를 보험기간(duration of the risk)이라 하며, 비록 보험계약의 체결이 늦어져도 소급약관에 의하여 위험의 개시부터 담보된다.

RCP 제2조는 "피보험목적물이 특정지역으로 '부터'(from)로 부보되었다면 위험은 선박이 부보된 항해를 위해 발항하기 전에는 개시하지 않는다."고 규정하고 있다.

RCP 제3조는 "선박이 'at and from'으로 부보되고 계약 체결시에 선박이 특정의 장소에 안전하게[10](in good safety) 있을 때에는 위험은 즉시 개시된다. 그러나 선박이 계약 체결시에 특정한 장소에 있지 않을 경우에는 그곳에 안전하게 도착하자마자 위험은 개시된다."고 규정하고 있다.[11]

(5) 피보험목적물(Subject-matter insured)의 표시

> "upon any kind of Goods and Merchandises, and also upon the body, tackle, apparel, ordnance, munition, artillery, boat and other furniture."
>
> (화물・상품 또는 적하선박의 선체, 양하 기구, 선구, 병기, 군수품, 군용포, 보트 기타 의장에 관하여)

9) 적하보험에 있어서는 피보험자가 한 지역으로부터 타 지역에 운송되는 적하에 보험보호를 받기 때문에 일반적으로 항해보험이며, 선박의 경우도 한 지역으로부터 타 지역까지 운항할 경우에는 항해보험이 적절하고, 부두나 항해에 일정기간 정박한 경우에는 기간보험이 적절하다.

10) "good safety"는 "good physical safety"를 의미한다.: Bell v. Bell(1810) 2 Camp 475; Aorneyer v. Lishington(1812) 15 East 46.

11) Williamson v. Innes(1831) 8 Bing 81n: Foley v. United Fire and Marine Insurance Co. of Sydney (1870) LR 5 CP 155: Parmeter v. Cousins(1809) 2 Camp 235.

Lloyd's S.G. Policy는 선박과 적하에 관계없이 사용되기 때문에 피보험목적물에 적하와 선박에 관한 용어가 열거되어 있다. 그러나 그 뒤에 나타난 I.L.U.의 Companies Combined Policy의 경우 Cargo policy에는 "Goods and Merchandises"만 남겨놓고, Hull Policy에는 "the Body, Tackle, Apparel, Ordnance, Munition, Artillery, Boat and other Furniture, of and in the Good Ship or Vessel"로 표시되어 있다.

여기서 "Good Ship or Vessel"은 내항성(seaworthiness)을 확보한 선박을 의미한다. 물론 이러한 표현이 없어도 선박의 내항성은 묵시담보(implied warranty)조건이기 때문에 선박보험에서 불내항성에 기인한 손해는 보험자가 책임을 지지 않는다.

적하보험에서는 하주가 선박의 내항성에 영향을 줄 수 없기 때문에 선박이 내항성이 없거나 화물수송에 적합하지 않다는 사실을 알고 그러한 선박에 적재한 경우를 제외하고 보험자는 적재선박의 불내항성에 의한 화물의 손해를 보상한다.[12)]

(6) 선박명의 표시(Name of ship or vessel)

> "in the good ship or vessel called the……"
> (……라고 하는 양호한 선박에)

선박명은 보험자가 보험을 인수할 것인지 거절할 것인지에 영향을 주는 중요한 정보(material information)[13)]이기 때문에 반드시 고지

12) ICC 제5조 제1항; In no case shall this insurance cover loss damage or expense arising from unseaworthiness of vessel or craft, unfitness of vessel craft conveyance container or liftvan for the safe carriage of the subject-matter insured, where the Assured or their servants are privy to such unseaworthiness or unfitness, at the time the subject-matter insured is loaded therein.

13) MIA 제18조 제2항; Every circumstance is material which would influence the judge-

되어야 한다. 만약 화물이 여기에 명시된 선박과는 다른 선박에 적재하게 되면 이는 피보험자의 부실고지가 되어 보험계약이 취소될 수 있다.

한편 선박이 다른 선박으로 대체될 가능성이 있는 경우에는 선박명 다음에 "&/or steamer" 또는 "&/or steamers"를 첨부하여야 대체된 선박에 적재된 화물이 계속 담보된다.[14]

(7) 선장의 표시(Name of master)

> "Whereof is master under God, for this present voyage,……or whosoever else shall go for Master in the said Ship, or by what-soever other Name or Names the said Ship, or the master thereof, is or shall be named or called."
>
> (본 항해에 있어서 ……가 선장이며, 장래에는 다른 선장으로 대체될 수 있다. 또한 상기 선박 또는 선장은 다른 명칭 또는 명의로 명시되더라도 무방하다.)

선장명을 기재하는 곳이지만 실무적으로 별 의미가 없다. 과거에는 선장의 항해기술에 따라 선박의 안전도가 결정되었지만, 지금은 선박이 대형화되어 각종 장비를 갖추고 있기 때문에 선장이 면허증을 소지하고 있으면, 이는 일정 수준 이상의 기술을 소지한 것으로 간주하여 선장명을 기입하지 않고 있다. 따라서 선장이나 선장의 명의를 변경해도 무방하다고 규정하고 있다.[15]

---

ment of a prudent insurer in fixing the premium, or determining whether he will take the risk.

14) R.H. Brown, Marine Insurance vol. 2 Cargo Practice, Witherby & Co. Ltd. 1985, pp. 4~5.

15) 상법도 제705조에 "보험계약에서 선장이 지정된 경우에도 선장의 변경은 계약의 효력에 영향을 미치지 아니한다."라고 규정했으나, 1991년 개정상법은 이 조항을 삭제하였다.

그러나 자격증 없는 선장이 승선하거나 자격증은 있지만 승선에 하자가 있는 선장이 승선했다면 보험계약자의 내항성에 대한 묵시담보의 위반이다.

(8) 보험기간(Duration of risk)

"beginning the adventure upon the said goods and merchandises from the loading thereof aboard the said ship, as above upon the said ship, & C., as above and so shall continue and endure, during her abode there, upon the said ship, & C. And further, until the said ship, with all her ordnance, tackle, apparel, & C., and goods and merchandises whatsoever shall be arrived at as above upon the said ship, & C., until she hath moored at anchor twenty four hours in good safety; and upon the goods and merchandises, until the same be there discharged and safely landed."

(상기 화물 및 상품에 대한 위험은 상기 선박에 적재될 때 개시하며 선박의 정박중 계속된다. 나아가 동 선박이 모든 병기, 양화기구, 선구 등과 화물이나 상품을 싣고 상기 장소에 도착하여 안전하게 투묘 후 24시간 경과할 때까지 계속되며, 그곳에서 화물이 안전하게 하역되고 양륙될 때까지 지속된다.)

위의 Lloyd's S.G. Policy의 보험기간약관이 I.L.U.의 Companies Combined Policy에서는 다음과 같이 Cargo Policy의 기간약관과 Hull Policy의 기간약관으로 나눠진다.

1) Duration of Cargo Policy

beginning the Adventure upon the said Goods and Merchandises from the loading thereof aboard the said Ship and so shall continue and endure during her abode there, upon the said Ship, & C, and further, until the said ship, with all her Goods and Merchandises whatsoever, shall be arrived at and until the same be there discharged and safely landed.

(상기 화물 및 상품에 대한 위험은 상기 선박에 선적될 때 개시되며, 선박의 정박 중 계속되고, 화물 및 상품을 적재한 선박이 항구에 도착할 때까지 계속되며, 그 곳에서 하역하게 되고 안전하게 양륙될 때까지 계속된다.)

2) Duration of Hull Policy

beginning the Adventure upon the said Ship, & C., as above……and shall so continue and endure has abode there;and further, until the said Ship, with all her Ordnance, Tackle, Apparel, & C., shall be arrived at as above,……and until she hath moored at Anchor in good safety.

(상기 선박과 기타에 대한 위험은 상기한 바와 같이……에서 개시되고, 선박이 정박중 계속되며, 다시 동선박이 모든 병기, 양화기구, 선구 등을 완비하고 상기한 장소에 도착하여 안전하게 투묘할 때까지 계속된다.)

S.G. Policy의 기간약관과 Companies Combined Policy의 기간약관의 차이가 있다. 전자는 선박과 화물에 공통적으로 사용되는 약관이라는 점과 보험기간의 종기가 선박이 양륙항에 도착하여 투묘(投錨, anchoring) 후 안전한 상태에서 24시간이라는 문언이 있지만, 후자는 양륙항에 도착하여 투묘할 때까지만 담보되는 것으로 되어 있다.

선박보험에서는 "at and from" 다음에 출항지명을 기재하여 보험계약체결시에 선박이 그 항구에 있으면 계약체결과 동시에 보험의 효력이 발생하고 계약체결시에 동 항구에 선박이 없을 경우에는 선박이 도착하자마자 보험계약의 효력이 발생한다.

적하보험에 있어서는 “from the loading thereof”(적재로부터)로 규정되어 있기 때문에 화물이 갑판에 적재될 때 보험계약의 효력이 개시된다. RCP 제4조[16]에는 “화물 또는 기타 동산이 ‘from the loading thereof’ 조건으로 부보된 경우 위험은 그 화물 또는 동산이 실제로 선박에 적재될 때까지는 개시하지 않는다. 그러나 보험자는 육지로부터 선박까지 운송되고 있는 동안 화물 또는 동산에 대하여는 책임을 지지 않는다.”고 규정하고 있다.

우리나라의 상법[17]은 적하보험인 경우에는 보험기간은 화물의 선적을 착수한 때에 개시하도록 규정하고 있기 때문에 영법의 내용과 차이가 있다.

선박보험의 종기는 S.G. Policy의 경우 양륙항에 도착하여 안전하게 투묘한 후 24시간 경과할 때까지지만, Companies Combined Policy는 선박이 양륙항에서 안전하게 투묘할 때까지로 되어 있어 내용상 차이가 있다. 그러나 적하보험의 경우는 어느 증권이나 모두 화물이 양륙항에서 하역되어 안전하게 양륙할 때까지 보험자가 담보하도록 되어 있다.

“RCP 제5조[18]는 “safely landed”(안전한 양륙)에 관하여 화물 또는 기타 동산의 위험이 안전하게 양륙될 때까지 계속될 경우에는 당해 화물 또는 동산은 양륙항 도달 후에 관습적 방법에 의하여(in the cus-

16) RCP 제4조; “Where goods or other moveables are insured "from the loading there-of," the risk does not attach unitl such goods or moveables are actually on board, and the insurer is not liable for them while in transit from the shore to the ship.”

17) 상법, 제699조 제2항 참조.

18) RCP 제5조; “Where the risk on goods or other moveables continues until they are “safely landed”, they must be landed in the customary manner and within a rea-sonable time after arrival at the port of discharge, and if they are not so landed the risk ceases.”

tomary manner) 상당한 기간 내에(within a reasonable time) 양륙되지 않으면 안된다. 상기 방법으로 또는 상기의 기간 내에 양륙되지 않을 경우에 위험은 종료한다."고 규정하고 있다.

적하보험의 종기에 관해서는 상법의 규정도 영법의 규정과 같은 내용이다.[19] 결국 Lloyd's S.G. Policy나 I.L.U. Companies Combined Policy의 보험자의 적하에 대한 담보구간은 "from the loading thereof"(적재로부터)로부터 "until safely landed"(안전하게 양륙할 때까지)라고 할 수 있지만, 이러한 시종에 관한 규정은 오늘날 피보험자의 요구에 적합하지 않다.

따라서 1963년 ICC 특별약관은 종전의 창고간약관(Warehouse to Warehouse Clause)을 포함하여 제1조에 운송약관[20](Transit Clause)을 규정함으로써 보험자의 책임은 화물선적의 개시를 위해 창고를

19) 상법, 제700조 참조.

20) 1. "This insurance attaches from the time goods leave the warehouse or place of storage at the place named in the policy for the commencement of the transit, continues during the ordinary course of transit and terminates either on delivery.

(a) to the Consignee's or other final warehouse or place of storage at the destination named in the policy,

(b) to any other warehouse or place of storage, whether prior to or at the destination named in the policy, which the Assured elect to use either.

(i) for storage other than in the ordinary course of transit or

(ii) for allocation or distribution,

(c) on the expiry of 60days after completion of discharge overside of the goods hereby insured from the oversea vessel at the final port of discharge, whichever shall first occur."

본 약관이 개정되기 전의 창고간약관(Warehouse to Warehouse Clause)은 다음과 같다.

"This insurance attaches from the time the goods leave the warehouse at the place named in the policy for the commencement of the transit and continues until the goods are delivered to the consignees' or other final warehouse at the destination named in the policy. In no case however shall the period of cover after completion of discharge overside of the goods from the oversea vessel at the final port of discharge extend beyond 60 days".

출발할 때부터 적재작업, 운송과정, 도착항에서의 하역작업, 보험창고 또는 최종창고에 반입될 때까지 계속되는 것으로 규정하고 있다.

그 후 1982년 ICC에서도 제8조에 운송약관을 두어 보험자가 매도인의 창고로부터 매수인의 창고까지 화물을 담보하기 때문에 S.G. Policy의 보험의 시기 및 그 종기는 그 의미가 없어졌다.

(9) 기항 · 정박약관(Touch and Stay Clause)

> "And it shall be lawful for the said ship, & C., in this voyage, to proceed and sail to and touch and stay at any ports or places whatsoever and wheresoever for all purposes without prejudice to this insurance."
>
> (또한 본 선박과 삭구가 본 항해 중 모든 목적으로 어느 항구 또는 장소로 향하든지, 항해하든지, 기항 · 정박하든지 적법하며 이 보험에 영향을 주지 않는다.)

본 약관은 선박이 항해 중 중간 항구에 기항하거나 정박하는 것을 허용한 조항이다. 그렇다고 선박이 무제한으로 기항이나 정박을 허용받거나 이로나 항해의 변경이 허용되는 것이 아니다. "at any ports or places whatsoever"에 관하여 RCP 제6조[21)]에는 "특별한 허가 또는 관습이 없는 한 어떤 항구 또는 장소에서, 기항 또는 정박의 자유는 출발항부터 도착항까지 선박의 항해항으로부터 이탈하는 것을 허용하는 것은 아니다."라고 규정되어 있다.

21) "In the absence of any further license or usage, the liberty to touch and stay "at any port or place whatsoever" does not authorize the ship to depart from the course of her voyage from the port of departure to the port of destination"; Gairdner v. Senhouse(1810), 3 Taunt 16; Ashley v. Pratt(1846), 16 M. & W. 471.

즉, 기항이나 정박의 자유가 있는 대신 특별한 허가나 관습이 없는 한 선박은 보험증권상의 정상적 항로(normal course)를 벗어나는 것은 허용되지 않고 통상적 항로 중에서 기항할 권리만 있다.

MIA 제45조 제2항에는 항해 변경시에 보험자의 면책을 규정하고 있으나 신 ICC 제10조의 항해변경약관[22]에 의하여 피보험자에 의한 목적지 변경은 사전 보험자에 대한 통지와 추가보험료(additional premium)를 조건으로 계속 담보가 가능하도록 규정되어 있다.

(10) 보험가액 평가약관(Valuation Clause)

> "The said Ship, & C., Goods and Merchandises, & C., for so much as concerns the assured by agreement between the assured and assurers in this policy, are and shall be valued at……".
>
> (본 선박과 그 삭구, 화물 및 상품은 본 증권에 있어서 피보험자와 보험자간의 합의에 의하여 피보험자에 관한 한 다음 금액으로 하고, 장차에도 동일한 금액으로 평가하는 것으로 한다.)

화물이나 선박과 같은 피보험목적물의 가액을 확정하기에는 여러 가지 문제점이 있지만 보험평가액이 확정되지 않으면 손해발생시 분쟁이 생기기 쉽다. 이를 피하기 위해 부보시 계약당사자간에 보험평가액을 합의하게 되는데 이를 협정보험가액이라고 하고, 보통은 약관의 "…valued at" 다음에 협정보험가액과 피보험목적물의 명세를 동시에 기재한다.[23]

22) 신 ICC 제10조; Where, after attachment of this insurance, the destination is changed by the Assured, held covered at a premium and on conditions to be arranged subject to prompt notice given to the Underwriters.

23) 예를 들면 적하의 경우 "…valued at U.S.$500,000 of Color T.V. Sets", 선박의 경우 "…valued at U.S. $1,500,000 Hull and Machinery" 등으로 기재된다.

보험가액(insurable value)과 보험금액(amount insured)을 혼동해서는 안된다. 보험금액은 보험계약금이므로 통상 보험증권의 좌측 상단에 명시된다. 보험가액과 보험금액이 동일한 경우는 전부보험이며, 일부보험의 경우 보험금액은 보험가액보다 적다.

(11) 담보 위험약관(Perils Clause)

"Touching the Adventures and Perils which we the assurers are contented to bear and do take upon us in this voyage, they are, of the Seas, Men-of-War, Fire, Enemies, Pirates, Rovers, Thieves, Jettisons, Letters of Mart and Countermart, Surprisals, Taking at Sea, Arrests, Restraints and Detainments of all Kings, Princes and People, of what Nation, Condition, or Quality soever, Barratry of the Master and Mariners, and of all other Perils, Losses, and Misfortunes, that have or shall come to the Hurt, Detriment, or Damage of the said Goods and Merchandises, and Ship; & C., or any part thereof."

(본 보험자가 본 항해에 있어서 담보할 것을 약속하는 모험 및 위험에 관하여서는 다음과 같다. 즉, 해상고유의 위험 · 군함 · 화재 · 외적 · 해적 · 표도 · 강도 · 투하 · 포획면허장 및 보복포획면허장 · 습격 · 해상탈취, 국적상황 또는 성질의 여하를 불문하고 모든 국왕 · 군주 및 국민의 강류 · 억지 및 억류, 선장 및 선원의 악행, 화물 · 상품 또는 선박 및 기타에 대하여 혹은 그들 일부에 대하여 파손 · 훼손 또는 손상을 발생케 했거나 또는 발생케 할 기타 일체의 위험과 멸실 혹은 불행으로 한다.)

보험자가 담보할 위험이 위와 같이 열거되어 있는 경우를 열거책임주의라고 한다. "perils of the seas" 이하의 다수의 위험이 무질서하고 궤변스럽게 나열되어 있다. 여기에 열거된 위험들이 지난 200년 동안 많은 판례에 의하여 그 내용이 명확해졌다. 이들 위험은 그 후에 ICC나 I.T.C. 등에 의하여 삭제, 제한 또는 추가 확장 담보되었다.

S.G. Policy상 열거된 위험을 분류하는 방법은 여러 가지가 있지만[24] 편의상 ① 해상고유의 위험(perils of the seas), ② 해상위험(perils on the seas), ③ 전쟁위험(war perils), ④ 기타 일체의 위험(all other perils) 등으로 나누어 설명한다.

❙ 담보위험약관의 위험 분류 ❙

분류기준	위험 분류
① 해상고유의 위험 (perils of the seas)	㉠ SCC: sinking(침몰), stranding(좌초), collision(충돌)
	㉡ heavy weather(악천후)
② 해상위험 (perils on the seas)	㉠ fire(화재), ㉡ jettison(투하), ㉢ barratry(선원 악행), ㉣ pirates, rovers, thieves(해적, 표도, 강도)
③ 전쟁위험 (war perils)	㉠ men-of-war(군함), ㉡ enemies(외적) ㉢ surprisals and taking at sea (습격 및 해상탈취) ㉣ arrests, restraints and detainment of kings, princes and people(통치권자의 강류, 억지, 억류) ㉤ letters of mart and countermart (포획면허장 및 보복포획면허장)
④ 기타 일체의 위험 (all other perils)	

(a) **해상고유의 위험**(perils of the seas)

"바다의 우연한 사고 또는 재해를 말하며 파도의 통상적 작용을

24) Gow에 의하면 이들 위험을 ① 자연현상의 성질을 갖는 사고(예, perils of the seas, fire), ② 선박에 있는 자가 행하는 사고(예, jettison, barratry), ③ 선박 외에 있는 자가 행하는 사고(예, enemies, surprisals), ④ 그 외의 사고 등으로 분류하고 있다.

포함하지 않는다."(RCP 제7조)[25] "peril"이란 단어에는 우연적이고 예상할 수 없던 것이란 뜻이 포함되어 있다. 즉, 이것은 바다의 작용을 원인으로 해서 해상에서 발생하는 우발사고로서 구체적인 내용으로는 침몰(sinking), 좌초(stranding), 촉초(touch and go), 충돌(collision) 및 풍파의 이례적인 작용(extraordinary actions)인 황천(heavy weather) 등을 들 수 있다.[26] S.G. Policy의 대표적인 두 가지 해상고유의 위험은 충돌과 좌초라는 주장도 있다.[27]

(i) 침몰(sinking)

선박이 부력을 상실하고 수중에 가라앉는 것을 말한다.[28] "sinking"은 반드시 선체가 보이지 않아야 할 필요는 없다. 천해에서 선박이 가라앉아 선체가 보여도 상관이 없으나 심해에서 구조불능의 침몰을 심몰(foundering)이라고 하고, 천해에서 구조 가능한 침몰을 천몰(submersion)이라고 한다.

전자는 현실전손(actual total loss)이 되어 위부가 필요 없으나 후자는 추정전손(constructive total loss)이 되어 피보험자가 보험자에게 위부하고 보험금의 전액을 청구해야 한다.

(ii) 좌초 · 교사

좌초(坐礁, stranding)란 선박이 암초나 기타의 견고한 물체 위에 우연하고도 이상하게 올라앉아 일정기간 움직일 수 없는 상태를 말한다.

교사(膠沙, grounding)란 선박이 모래나 진흙과 같은 부드러운 물

25) The term "perils of the seas" refers only to fortuitous accidents or casualties of the seas. It does not include the ordinary action of the winds and waves.
26) N.E. Neter & Co. Ltd. v. Licences & General Insurance Co. Ltd.(1943) 77 L1. Rep. 22 ; Lloyd Instruments Ltd. v. Northern Star Insurance Co. Ltd. (1985) 1 Lloyd's Rep. 264 ; Rhesa Shipping Co. S.A. v. Edmunds, etc. (1985) p. 201.
27) R.H. Brown, Marine Insurance, Vol. 1, p. 110
28) 선박이 가라앉지 않는 위험은 전복(capsizing)으로 침몰과 동종의 위험이다.

체 위에 올라앉아 일정 기간 움직일 수 없는 경우이다.

영법에서는 좌초와 교사를 구별하지 않고 있기 때문에 "stranding"에 "grounding"이 포함되는 것으로 해석하는 것이 타당하지만,[29] 수에즈 운하, 파나마 운하, 기타의 운하, 해항, 하항, 하천 등의 특정지역에서의 통상적인 교사는 좌초로 인정하지 않기 때문에 난외약관(marginal clause)인 교사약관(Grounding Clause)을 두어 이를 담보하도록 하고 있다.[30]

좌초와 비슷한 것으로 촉초(touch and go)라는 것이 있는데, 선박이 암초 등의 물체 위에 얹혔다가 항진하는 힘에 의하여 저절로 이초(refloating)하는 것으로 이것은 해상고유의 위험에 속하지 않는다.[31] 촉초가 좌초로 되기 위해서는 15분에서 20분 이상 정지된 상태로 있어야 한다는 판례[32]가 있다.

(iii) 충돌(collision 또는 running down)

협의의 충돌은 타선박(any other ship or vessel)과의 충돌을 의미하며, 광의의 충돌은 타선박뿐만 아니라 물 이외의 타물질과 접촉(contact with any external substance (ice included) other than water)을 포함한다.

충돌은 타물과의 접촉이기 때문에 선박이 적재화물과의 충돌이나

29) 한동호, 해상보험요론, 박영사, 1980, p. 98.
30) Grounding Clause; "Grounding or stranding in the Suez, Panama or other canals, harbours or tidal rivers not to be deemed a stranding under the terms of the policy but to pay any damage or loss which may be proved to have directly resulted therefrom".
31) Dover, Victor, A Handbook to Marine Insurance, 7th ed., London, 1970, p. 315.
32) Ellenborough C.J., Macdougle v. Royal Exchange Assurance 4M. & S. 503 ; Baker v. Towry 1, Starkie, 436(John S. James, Stroud's Judicial Dictionary of Words and Phrases, vol. 5, London, Sweet & Maxwell, 1986, p. 2503).

선체와 그 속구와의 접촉은 충돌이 아니다. Lloyd's S.G. Policy의 해상고유의 위험은 위의 광의의 충돌을 의미한다고 할 수 없다. S.G. Policy에는 "collision"이나 이에 상응하는 용어가 없으나 ICC (B) 및 (C)에는 제1조에 "Collision or contact vessel craft or conveyance with any external object other than water"(본선, 부선 또는 운송용구와 물 이외의 타물과의 충돌 또는 접촉)를 담보한다고 규정하고 있다.

충돌은 원인별로 과실에 기인하는 충돌과 무과실의 충돌이 있다. 전자는 다시 일방과실에 의한 충돌과 쌍방과실에 의한 충돌이 있고, 후자는 불가항력에 의한 충돌과 원인불명의 충돌이 있다.

해상고유의 위험에서 충돌손해를 담보하므로 선박 자체의 물적 손해는 보상받을 수 있지만, 쌍방과실충돌의 경우 자선의 선주는 상대의 하주에게, 자선의 하주는 상대의 선주에게 배상받도록 쌍방과실 충돌약관(Both to Blame Collision Clause)을 두고 있다.

"This insurance is extended to indemnify the Assured against such proportion of liability under the contract of affreightment 'Both to Blame Collision Clause' as is in respect of a loss recoverable hereunder……"

(이 보험은 손해보상의 범위를 확대하여 해상운송계약의 '쌍방과실충돌약관'에 의한 피보험자의 부담액 가운데 이 보험증서에서 보상을 받을 수 있는 손해에 관한 부분을 지급해 준다….)

(iv) 악천후(heavy weather)

일명 '황천'이라고도 하는 것으로 풍파의 이례적 작용에 의한 손해도 해상고유의 위험에 포함된다.[33)]

악천후에 의한 손해로는 화물의 해수침손, 갑판적화물의 풍랑유실,

악천후에 의한 곰팡이 손해 등이 있으며, 이들의 위험은 적하보험의 ICC(FPA)나 ICC(C), 선박보험의 TLO 및 FPA조건으로는 담보되지 않는다.[34] 물론 악천후로 인하여 선박이 좌초, 침몰 또는 대화재를 만난 경우는 그렇지 않다. 그러나 A/R은 말할 것도 없고 ICC(B)나 WA는 악천후에 의한 손해를 보상한다.[35]

(b) **해상위험**(perils on the sea)

(i) **화재**(fire)

Lloyd's S.G. Policy뿐만 아니라 ICC (A), (B), (C)에서도 담보한다.[36] 그러나 화재가 해상에서 발생하지 않으면 그것은 화재보험에서 담보되어야 한다.

자연발화(spontaneous combustion)에 의하여 화재가 생길 때는 피보험목적물의 고유의 하자 또는 성질에 의한 것으로 보험자는 보상하지 않는다.[37] 이때 보험자는 화재가 자연발화에 의하여 발생하였음을 입증하지 않으면 안 된다.[38] 특히 석탄이나 어분 등 자연발화의 위험이 있는 화물에 대해서는 보험자는 할증보험료를 받고 자연발화 위험을 담보하고 있다. 선박 내 다른 화물의 자연발화로 선박 또는 화물에 생긴 손해는 화재에 의한 손해로 보상되며 화재로부터 생

33) RCP 제7조 참조.

34) R. H. Brown, Marine Insurance, vol. 2, p. 100.

35) ICC(B) 1.2.2.의 "washing overboard"와 1.2.3.의 "entry of sea lake or river water into vessel craft hold conveyance container liftvan or place of storage"의 규정으로 악천후에 의한 위험을 담보하도록 하고 있다.

36) Lloyd's S.G. Policy를 사용하거나 I.L.U.의 Companies Combined Policy를 사용하면 ICC(A/R), WA 또 FPA는 특약으로 사용되지만, 신증권에서는 대부분의 본문약관이 삭제되었기 때문에 반드시 ICC(A), (B), (C) 가운데 하나를 선택하여 첨부하여야 한다.

37) MIA 제55조 제2항(c) ; Unless the policy otherwise provides, the insurer is not liable for ordinary wear and tear, ordinary leakage and breakage, inherent vice or nature of the subject-matter insured, or for any loss proximately caused by rats or vermin, or for any injury to machinery not proximately caused by maritime perils.

38) Caunt v. British & Foreign Marine Insurance Co.(1921) 2A.C. 41.H.L.

긴 연기에 의한 손해 및 소화를 위해 사용한 물에 의한 손해도 화재손해로 보상된다.[39]

낙뢰손해는 화재에 의한 손해로 보상되지 않지만 낙뢰에 의한 화재손해는 화재에 의하여 보상된다. 폭발(explosion)의 경우도 낙뢰의 경우와 마찬가지다.[40]

S.G. Policy에서 화재를 담보하기 때문에 화재에 의한 폭발은 "all other perils"의 범주 내에 속한다. 그러나 면책위험에 의하여 발생하는 화재나 폭발은 ICC(B)나 (C)로도 담보되지 않는다.

(ii) 투하(jettison)

해난을 만나 선박을 가볍게 하기 위하여 선장이 화물이나 선박의 의장의 일부를 바다에 던져버리는 희생적 행동이다.[41] 예를 들면 선박이 악천후로 침몰 위기에 있거나 좌초한 선박을 부상, 이초시키기 위해 행하여지는 공동해손이 대표적이다.

공동해손(general average)손해는 후에 공동해손단체에 의하여 분담되지만 1차적으로는 보험자에 의하여 보상된다. 그러나 선박의 일부를 투하하는 것은 비록 공동해손은 아니지만 S.G. Policy는 담보한다.

일반적으로 갑판상 화물의 투하는 보험자가 부담할 위험이 아니지만, 화물의 종류 또는 성질에 따라 갑판적의 관습이 있거나 그 취지를 명시하여 부보한 화물 투하의 손해는 보험자가 부담한다.[42] 반대

39) Sir Michael J. Mustill and Jonathan C.B. Gilman, Arnould's Law of Marine Insurance and Average, vol. ..., 16th ed., Stevens & Sons, 1981, p. 670.
40) 신 ICC의 (B) Clause에서는 화재, 폭발 및 낙뢰를 담보하고 있지만 (C) Clause에서는 화재와 폭발만 담보한다.
41) E.R. Hardy Ivamy, Marine Insurance, 4th ed., 1985, p. 153.
42) RCP 第17条 ; "In the absence of any usage to the contrary, deck cargo and living animals must be insured specificially, and not under the general denomination of

로 화물이 부패하거나 화물 자체의 고유 하자 때문에 투하된 경우에는 S.G. Policy에서 담보하지 않는다.

ICC(B) 및 (C)의 제1조에 공동해손희생(general average sacrifice)과 투하(jettison)를 담보한다고 규정하고 있으며, 갑판적화물의 투하나 갑판유실을 담보하기 위해서는 “On Deck Clause”[43] 특약을 첨부해야 한다.

(iii) 선원의 악행(barratry)

선장 또는 선원이 선주 또는 용선자에게 고의적으로 행하는 모든 비행(wrongful act)을 포함한다.[44] 선원의 악행은 스스로 고의(wilfully) 또는 의도적으로(intentionally) 저지른 행위이기 때문에 선주 또는 용선자가 악행에 관여하거나 그것을 묵인한 경우는 악행이 아니다. 예를 들면, 선박을 밀수목적에 사용하거나 방화, 고의적인 좌초, 침몰, 천공, 고의적 이로, 사기적 의도를 갖고 화물의 매각처분, 선박을 갖고 도주하는 행위 등이 이에 속한다.

“선원의 악행”이란 선박보험에만 적용되지만, 적하보험에 적용되는 경우는 적하의 피보험자가 선주나 용선자인 경우에 한한다. 즉, 이 위험이 화물에 적용되는 경우는 선주가 화물에 피보험이익을 갖

goods.”

43) On-Deck Clause ; Notwithstanding any average warranty(inclusive of coverage for any extraneous risks if granted hereunder) and the Clause 8(8.3) of the Institute Cargo Clauses, it is specially understood and agreed that in the event of the interest hereby insured or any part thereof being carried on deck, the conditions on such deckload shall be amended to “ICC(C) [subject to Risks Clause contained in the Institute Cargo Clause(C)] including the risks of Washing Overboard” as from the commencement of this insurance.

44) RCP 제11조 ; The term “barratry” includes every wrongful act wilfully committed by the master or crew to the prejudice of the owner, or, as the case may be, the charterer.

고 있는 경우에 한한다.[45)]

(iv) 해적행위(pirates)

해적이란 법률상 권한 없이 자기 이익을 위해 해상에서 타인의 선박을 탈취하는 자를 말한다. 따라서 정치적 목적을 갖고 무장한 집단을 조직하여 정부에 대항하는 것은 사적인 목적이 없기 때문에 "pirates"에 해당하지 않는다.[46)]

RCP 제8조에 "해적이라는 용어에는 여객으로 폭동을 일으키는 자 및 해안으로부터 선박을 습격하는 폭도까지 포함한다."고 정의하고 있으나 적절한 정의라고 할 수 없다.

영국에서는 해적위험을 해상고유의 위험이 아니므로 S.G. Policy의 위험약관에 포함시켰으나, 1948년 I.L.U.의 F.C. & S.약관에 의하여 보험자의 면책으로 규정되어[47)] 담보를 위해서는 협회악의손해약관(Institute Malicious Damage Clause)을 특약해야 한다.[48)]

해적위험은 협회전쟁위험면책약관인 제6조 제2항에서 "piracy"를 제외하고 있기 때문에 (A) Clause에서 담보되지만 (B) 및 (C) Clause에서는 면책위험으로 되어 있다.[49)]

45) Shell International Petroleum Co. Ltd. v. Gibbs (The "Salem") H.L.(1983) 1 Lloyd's Rep. 342.

46) Republic of Bolivia v. Indemnity Mutual Marine Insurance Co., 1909.

47) "Further warranted free from the consequences of civil war, revolution, rebellion, isurrection, or civil strife arising therefrom, or piracy"

48) 龜井利明 교수는 "해적"을 전쟁위험에 포함시키고 있으나(전게서, p. 94), 한동호 교수는 이를 해상위험으로 간주하고 있다(전게서, p. 105).

49) "In no case shall this insurance cover loss damage or expense caused by capture seizure arrest restraint or detainment (piracy excepted) and the consequences thereof or any attempth thereat" ; 그러나 1970년 전쟁약관에는 "piracy"를 전쟁위험에 포함시키고 있다.

(v) 표도(rovers)[50)]

약탈물을 구하려고 해상을 배회하는 자로 "pirates"와 동의어이다. 역사적으로는 16~19세기에 걸쳐 지중해에 접한 북아라비아의 바바리해안에서 일어난 무어인이나 아라비아인의 해적을 의미한다. 메리여왕 종교박해시대에 포획면허장 없이 노략질 하던 선박도 "Rovers"라고 한다.

Lloyd's S.G. Policy의 "Pirates, Rovers, Thieves"는 같은 위험을 열거한 것으로 동종제한의 원칙에 적용된다고 볼 수 있다.

(vi) 강도(thieves)

하주 대신 화물의 감독자가 승선하던 시대에 사용되던 용어로 화물 감독자가 습격을 받아 화물을 강탈당하는 것을 말한다. 강도란 폭력을 수반한 습격을 의미하며, 은밀한 절도[51)](clandestine theft) 또는 승선자에 의한 절도[52)]는 포함하지 않는다.[53)]

"Theft"는 난외약관인 F.C. & S. Clause에 의하여 면책되지 않지만 (B)와 (C)에서 이를 담보하기 위하여 협회도난·발화·불착약관[54)](Institute Theft, Pilferage and Non-delivery Clause)을 첨부해야 한다.

50) 해적행위(piracy)는 해적(pirate)과 표도(rovers)를 포함하는 말로, 표도란 말은 특정지역에서 해적행위를 하던 무어족(Moors)이나 아랍족(Arabs)을 일컫는 말이다(William Gow, Marine Insurance(A Handbook), 5th ed., MacMillan & Co. Ltd. 1931, p. 113.).

51) 이를 소도 또는 발화라고 한다.

52) RCP 제9조 ; "The term 'thieves' does not cover clandestine theft, or a theft committed by any one of the ship's company, whether crew or passengers."

53) La Fabrique de Produits Chimiques Soc. Anon. v. Large(1923) 1KB. 203.

54) Institute Theft, Pilferage and Non-Delivery Clause(1/12/82) ; "In consideration of an additional premium, it is hereby agreed that this insurance covers loss of or damage to the subject-matter insured caused by theft or pilferage, or by non-delivery of an entire package, subject always to the exclusions contained in this insurance".

협회기간 및 항해약관(Institute Time and Voyage Clause, Hull and Freight)은 S.G. From의 "thieves"에 해당하는 "선외로부터의 폭력적 도난"(violent theft by persons from outside the vessel)을 담보하는 것으로 규정하고 있다.[55)]

적하보험에서 강도를 담보하기 위해서는 ICC(A)로 부보하거나, 만약 ICC(B)나 (C)로 부보할 경우에는 협회도난 · 발화 · 불착약관을 특약으로 첨부해야 한다.

(C) **전쟁위험**(War perils)

(i) **군함**(Men-of-War)

해군의 군함으로 국적을 불문한다. 과거에는 해상에서의 통신이 곤란하므로 전쟁상태의 확인도 쉽지 않았다. 따라서 전시 여부를 가리지 않고, 외국 또는 자국의 군함으로부터 공격을 받는 경우가 드물지 않았다. 물론 군함 자체는 위험이 아니고 군함의 가해행위가 위험이다.

"men-of-war"는 "enemies"와 함께 전쟁위험이기 때문에 난외약관인 F.C. & S.(Free of Capture and Seizure…)에 의하여 면책되지만 이를 담보하기 위하여 협회전쟁약관(Institute War Clause)을 첨부해야 한다.

(ii) **외적**(enemies)

군함을 제외한 전쟁에 사용되는 일체의 선박, 항공기, 병기 및 군부대에 의한 위험을 의미한다. 즉, 이러한 것들에 의하여 피보험목적물이 나포, 포획, 습격, 격침 등을 통하여 손해를 입는 위험으로 "men-of-war"와 함께 전쟁위험으로 간주된다.

55) ITC-Hulls(1983) 제6조 12항 3호; This insurance covers loss of or damage to the subject-matter insured caused by violent theft by persons from outside the Vessel.

(iii) **습격 및 해상탈취**(surprisals and taking at sea)

S.G. Policy 이외에는 거의 나타나지 않는다. "surprisals"은 신증권에서의 '포획'(capture)에 "taking at sea"는 나포[56](seizure)로 바뀌어 전쟁위험으로 담보된다.

Salem[57]사건에서 상원은 "taking at sea"는 해상사업에서 이방인에 의한 포획이나 나포를 의미하며 선주에 의한 화물의 부당한 부실충당이나 선원이나 승객에 의한 도난은 포함하지 않는다고 판시했다.

습격은 선박을 탈취하기 위한 기습적인 행위이다. 16~17세기에는 해적이나 노략질하는 선박으로부터 자선을 보호하기 위하여 일반상선도 무장했었다. 따라서 상선을 습격할 경우에는 안개나 어두움을 틈타 가까이서 정박 중인 상선을 기습하였다.

해상탈취는 전쟁 중 전시금지물품을 수송할 혐의가 있다고 생각되는 적국의 선박이나 중립국의 선박을 사로잡아 이를 심판하기 위하여 항구로 회항하는 것으로 이러한 조치가 영구적이든, 일시적이든, 또 그 조치가 적법이든 위법이든 불문한다. 피보험자가 선박을 탈취당하고 상당한 기간 동안 회복될 가망이 없을 때 이는 추정전손이 되어[58] 보험자에게 위부할 수 있다.[59]

---

56) 나포는 한 나라의 선박이 국제적인 범죄행위를 한 외국 선박이나 정당한 포획의 이유가 있다고 인정한 교전국 또는 중립국 선박을 해상에서 그 지배 하에 두고 점유하는 행위를 말하며, 나포가 포획보다 광의의 개념이다(pan American World Airways Inc. v. Aetna Casualty & Surety Co. U.S. Ct. of Apps.(1975) 1 Lloyd's Rep. 77.).

57) Shell International Petroleum Co. Ltd. v. Gibbs.(1981) 2 Lloyd's Rep. 316; (C.A.) (1982) 1 Lloyd's Rep. 369; (H.L.)(1983) 1 Lloyd's Rep. 342.

58) MIA 제60조 제2항(i); In particular, there is a constructive total loss (i) Where the assured is deprived of the possession of his ship or goods by a peril insured…

59) 상법, 제710조 제1항; MIA 제61조.

(iv) 국왕, 군주 및 인민의 강류, 억지 및 억류

긴 문언이지만, 동종제한의 원칙에 따라 하나의 위험을 지칭한다. RCP 제10조[60]에는 "국민, 군주 및 인민의 강류, 억지 및 억류란 말은 정치적 또는 행정적 행위를 가리키며 폭동이나 통상의 재판상 수속에 의하여 생기는 손해를 포함하지 않는다."고 규정하고 있다.

"Arrests, Restraints and Detainments" 등은 피보험목적물의 소유권을 탈취할 목적이 아니라 나중에 소유자에게 반환할 의도를 갖고 이를 일시적으로 구속하는 행위로 피보험목적물을 전리품으로 포획하려는 "capture"와는 그 성격이 근본적으로 다르다.

예를 들면 선박이 정부의 명령을 받고 징발되거나 외국 정부에 의하여 입출항이 금지되어 억류되는 경우가 여기에 속한다. 즉, 출항금지, 양륙금지, 봉쇄, 공용징수 및 항해중지 등이 이에 속한다.

"kings, princes and people"은 국가의 통치권의 주체를 의미한다. 이들 용어의 엄격한 구별은 없지만[61] 동종제한의 원칙에 따라 합법적인 국가나 국가권력기관의 일시적인 점유행위로 보아야 한다. 이러한 위험은 꼭 전시에만 발생하는 것이 아니다.

예를 들어 어떤 선박이 전시에 적대국에 의하여 항해중지를 당하거나, 평상시에 전염병을 우려하여 가축의 양륙이 금지될 수 있다.

Lloyd's S.G. Policy에서 담보하는 이들에 대한 위험은 피보험목적물의 물리적 손해에 국한하며 이에 따른 비용의 손해는 포함하지 않는다. 강류 등의 위험에 기인한 전손에 대하여 보험금이 지급된

60) The term "arrests, etc., of kings, princes and people" refers to political or executive acts, and does not include a loss caused by riot or by ordinary judicial process.

61) J. Arnould, On the Law of Marine Insurance and Average, London, Stevens & Sons, 1981, §832.

후 선박이 풀려났다면 그 선박은 보험자의 소유가 된다.[62]

협회전쟁 및 동맹파업약관(Institute War and Strikes Clause, Hull, Freight) 제3조에는 피보험자가 연속 12개월 동안 선박의 처분권을 상실하면 이를 추정전손으로 보상청구를 할 수 있도록 규정하고 있다.[63]

적하보험이나 선박보험에서 생기는 이들 위험은 전쟁으로부터 발생될 경우에 한하여 협회전쟁약관(적하)이나 협회전쟁 및 동맹파업약관(선박이나 운임)으로 담보된다.[64]

(v) 포획 면허장 및 보복포획 면허장

포획면허장은 국가가 개인에게 적의 상선을 습격하여 포획할 권리를 부여한 일종의 포획권리수여증서이며, 보복포획면허장은 포획면허장과 같은 성질로서 적선을 보복하는 권한을 정부가 부여한 것이다. 면허증을 소지했다는 점에서 해적(pirate)과 구별된다.

16세기경부터 영국 국왕은 국민에게 선박을 무장하여 적선을 공격할 권한을 부여하였다. 성 프란시스 드레이크가 1570년에 영국의 엘리자베스 1세로부터 포획면허증을 받은 사실은 유명하다. 이러한 면허증의 발행은 1856년 파리선언에서 금지되었고 1907년 헤이그협정에서 완전히 없어졌다. 따라서 1906년에 제정된 영국해상보험법의 제3조에 열거된 위험 가운데 이에 관한 문언이 없다.

62) R. H. Brown, op. cit., p. 115.

63) In the event that the Vessel shall have been the subject of capture seizure arrest restraint detainment confiscation or expropriation, and the Assured shall thereby have lost the free use and disposal of the Vessel for a continuous period of 12 months then for the purpose of ascertaining whether the Vessel is a constructive total loss the Assured shall be deemed to have been deprived of the possession of the Vessel without any likelihood of recovery.

64) R. J. Lambeth, op. cit., p. 184.

(d) 기타 일체의 위험

위험약관에 "상기 화물 및 상품 또는 선박 및 기타에 대하여, 혹은 그들 일부에 대하여 파손, 훼손 또는 손상을 발생하게 하였거나 또는 발생케 할 기타 일체의 위험, 멸실 또는 불행"(and of all other perils, losses, and misfortunes, that have or shall come to the hurt, detriment, or damage of the said goods and merchandises, and ship, & C., or any part thereof)이라고 표시되어 있다.

13개의 열거위험의 마지막에 "all other perils…"라는 문언은 앞에 열거된 위험을 제외한 "기타 일체의 위험"이라는 포괄적 의미를 갖는 것이 아니라 동종제한의 원칙(principle of ejUS$em generis ; principle of the like or same kind)에 따라 앞에서 열거한 위험과 동일한 성격의 위험으로 앞의 열거에서 빠진 위험을 총괄한다고 할 수 있다.

RCP 제12조[65]도 "(all other perils)란 문언은 특히 보험증권에 기재된 위험과 같은 종류의 위험만을 포함한다."고 규정하고 있다.

예를 들면 smoke는 fire와 동종의 위험이며 해수가 언 해빙과의 접촉은 "perils of the sea"의 충돌과 동종의 위험이므로 담보되지만 freshwater는 seawater와 동종의 위험이 아니므로 본 증권만으로는 우담수손은 담보되지 않는다.[66]

결국 이 문언의 효과는 이종위험의 확대에 있지 않고 동종위험에 대한 확대로, 만약 보험계약에서 이들 이외의 특약을 첨부하게 되면 여기에 대해서는 본 문언이 적용된다고 보아야 한다.

65) The term "all other perils" includes only perils similar in kind to the perils specifically mentioned in the policy.

66) R.H. Brown, op. cit., vol. 1, p. 116.

(12) 손해방지약관(Sue and Labour Clause)

> "And in case of any loss or misfortune it shall be lawful to the assured, their factors, servants and assigns, to sue, labour, and travel for, in and about the defence, safeguards, and recovery of the said goods and merchandises, and ship, & C., or any part thereof, without prejudice to this insurance ; to the charges where-of we, the assurers, will contribute each one according to the rate and quantity of his sum herein assured."
>
> (그리고 어떠한 멸실 또는 불행이 발생한 경우에 피보험자, 그 대리인, 사용인 또는 양수인이 화물, 상품, 선박의 전부 또는 일부에 대하여 방위(defence), 보호(safeguard) 및 회복(recovery)을 위하여 조치를 취하고 노력하고 사고지를 답사하는 것은 적법이며, 보험계약에 영향을 주지 않는다. 그러한 행위에 소요된 비용은 부보된 금액의 비율에 따라 보험자가 부담할 것이다.)

담보위험에 관한 손해는 보험자가 보상해야 하기 때문에 보험자의 부담을 덜어주기 위해 피보험자, 그 대리인, 사용인 또는 양수인이 손해방지를 위해 지출한 비용을 손해방지비용이라고 하고 이를 보험자가 부담하도록 규정한 것이 손해방지약관(Sue and labour Clause; S/L Clause)이라고 한다.

영법에는 보험증권에 손해방지약관이 있을 경우에 이 약관은 보충적 성격(supplementary nature)을 띠게 되어 비록 보험자가 전손보험금을 지급한 경우라도 추가로 손해방지비용을 지급하도록 규정하고 있으며, 보험증권에서 담보하지 않는 손해를 방지하거나 경감하기 위하여 지출한 비용은 손해방지약관으로도 회수할 수 없고, 이 약관으로 인하여 피보험자 및 그 대리인은 손해의 방지와 경감을 위해서 모든 조치를 취해야 할 의무가 있다고 규정하고 있다.[67]

상법 제680조 제1항에 "보험계약자와 피보험자는 손해의 방지와 경감을 위하여 노력하여야 한다. 그러나 이를 위하여 필요 또는 유익하였던 비용과 보상액이 보험금액을 초과한 경우라도 보험자가 이를 부담한다."고 규정하여 영법의 취지와 같은 입장을 취하고 있다. 비록 일부 보험이라고 해도 보험자는 손해방지비용의 전액을 지급해야 한다.

Lloyd's S.G. Policy의 손해방지약관은 ICC 구약관 제9조의 수탁자약관[68](Bailee Clause)을 거쳐 ICC약관 제16조의 피보험자의무약관(Duty of Assured Clause)으로 흡수되었다. 또한 ITC-Hulls(1995) 제11조에 동일한 취지가 명시되어 있다.[69]

손해방지비용은 손해의 확대를 적극적으로 막으려는 구조행위에 소요되는 비용과, 제3자의 귀속채무의 경우에는 제3자에 대한 구상비용까지를 합한 것으로 구체적으로는 구조료, 공동해손비용 및 특별비용으로 구성된다.

67) MIA 제78조 참조.

68) Bailee Clause; It is the duty of the Assured and their Agents, in all cases, to take such measures as may be reasonable for the purpose of averting or minimising a loss and to ensure that all rights, against carriers, bailees or other third parties are properly preserved and exercised.

69) 13.1 ; In case of any loss or misfortune it is the duty of the Assured and their servants and agents to make such measures as may be reasonable for the purpose of averting or minimising a loss which would be recoverable under this insurance.

(13) 위부 포기약관(Waiver Clause)

"And it is especially declared and agreed that no acts of the insurer or insured in recovering, saving, or preserving the property insured shall be considered as a waiver, or acceptance of abandonment."

(부보재산을 회복하거나 구조, 혹은 보존하기 위하여 보험자나 피보험자가 취하는 여하한 조치도 그것이 곧 위부의 포기나 수락으로 간주하지 않을 것을 특별히 선언하고 약속한다.)

위부란 추정전손이 발생한 경우에 피보험목적물에 잔존하고 있는 일체의 것, 즉 일체의 소유에 관한 권리(proprietary rights)와 제3자에 대한 구상권을 피보험자가 보험자에게 양도하는 것을 의미한다. 따라서 추정전손이 성립하기 위해서는 반드시 피보험자가 보험자에게 위부의 통지(notice of abandonment)를 하여야 한다.[70)]

보험자가 위부의 수락여부를 결정하기 이전에 피보험자가 피보험목적물의 회복, 구조 또는 보존을 위하여 필요한 조치를 취했다고 해서 이를 위부철회의 의사표시로 간주하지 않으며, 반대로 보험자가 필요한 조치를 취했다고 해서 위부의 수락으로 간주하지 않는다는 취지의 약관이다.

이 약관은 보험자나 피보험자는 위부와는 별도로 피보험목적물의 손해를 막기 위하여 서로 미루지 말고 공동의 노력을 해야 함을 규정한 것으로 손해방지약관의 보충적 약관이다. 만약 이 약관이 없다

70) MIA 제62조 제1항; Subject to the provisions of this section, where the assured elects to abandon the subject-matter insured to the insurer he must give notice of abandonment. If he fails to do so, the loss can only be treated as a partial loss;

면 피보험자는 위부의 철회로 간주될까 두려워 구조행위를 기피할 것이기 때문이다. 이 약관의 내용대로 이행하기 위해 소요된 비용은 손해방지비용으로 보험자로부터 회수할 수 있다.

Lloyd's S.G. Policy의 위부포기약관은 신 ICC 제17조[71]의 포기약관(Waiver Clause)으로 바뀌었다.

(14) 보험증권의 효력에 관한 약관(Force and Effect Clause)

"And it is agreed by us, the insurers, that this writing or policy of assurance shall be of as much force and effect as the surest writing or policy of assurance heretofore made in Lombard Street, or in the Royal Exchange, or elsewhere in London."

(그리고 이 보험의 서면 또는 보험증권은 롬바드가, Royal Exchange 또는 런던의 기타 장소에서 작성된 가장 확실한 서면 또는 증권과 동일한 효력을 갖는 것으로 보험자가 동의함.)

10세기경에 영국에 입국하여 16세기 영국에서 추방될 때까지 영국 상권을 장악하고 오늘과 같은 형식의 해상보험을 발전시켰던 롬바드 상인 및 16세기에 개업하여 17세기 로이드 커피점이 설립되기까지 보험업을 해온 로열 익스체인지와 같은 과거의 역사적 유물을 표시하므로 Lloyd's S.G. Policy의 역사성을 선언한 문언이다.

본 약관의 실무적 의미는 없다고 하더라도 증권의 역사성을 강조함으로써 관습의 중요성을 나타내고 있다.

71) ICC 제17조: Measures taken by the Assured or the Underwriters with the object of saving, protecting or recovering the subject-matter insured shall not be considered as a waiver or acceptance of abandonment or otherwise prejudice the rights of either party.

보험증권의 효력에 관한 약관은 일종의 준거법약관이라고도 할 수 있다. 나중에 신해상보험증권의 본문약관에 준거법약관을 다음과 같이 규정하게 되었다.

(15) 구속약관(Binding Clause)

"And so we, the assurers, are contended, and do hereby promise and bind ourselves, each one for his own part, our heirs, executors, and goods to the assured their executors, administrators, and assigns, for the true performance of the promises."

(본 보험자는 피보험자, 그 유언집행인, 관리인 및 양수인에 대하여 약속을 충실하게 이행하기 위하여 각자 해당부분에 대하여 본 보험자 자신, 그 상속인, 유언집행인 및 재산을 구속하는데 만족하고 확약한다.)

본 약관은 보험자가 보험증권상 규정하고 있는 각종 약속내용을 책임지고 이행하겠다는 의사표시를 한 것이다.

보험증권상의 모든 약관이 보험계약의 내용이기 때문에 계약당사자인 보험자가 이를 이행하여야 하는 것은 너무나 당연하며, 이를 별도의 구속약관을 둘 필요가 없기 때문에 신증권에서는 삭제되었다.

(16) 약인약관(Consideration Clause)

"confessing ourselves paid the consideration due unto us for this assurance by the assured, at and after the rate of."

(이 보험에 대해 피보험자가 ……의 비율로 보험료를 지불했음을 확인한다.)

보험계약도 유상계약이기 때문에 보험자의 위험담보에 대하여 피보험자가 대가인 보험료를 지급하여야 한다. 약인(Consideration)이란 약속에 대한 대가로 보험계약과 같은 불요식계약에서는 당사자간의 합의 외에 약인의 존재를 계약 성립의 근거로 삼고 있다.

보험자가 보험료 지급을 약속한 약인약관(Consideration Clause)으로 피보험자의 유가약인(valuable consideration)인 보험료를 지급함으로써 보험자의 위험담보라는 반대급부가 약속된다. confess(인정하다)라는 용어가 Companies Combined Policy에서는 promise(약속하다)라는 용어로 대체되었다.

실무에서는 일단 보험증권이 발행되면 실제로 보험료를 지급하지 않았다고 하더라도 본 약관으로 인하여 보험료가 지급된 것으로 간주된다. 한편 중개인(broker)을 통한 보험계약에 있어서도 보험증권에 동약관이 삽입되어 있으면 피보험자와 보험자 사이에 보험료 지급의 결정적인 증빙이 된다고 보아야 한다.[72)]

Lloyd's S.G. Policy의 약인약관은 신해상보험증권에도 그대로 남아 있다.

> "We, the ××× Insurance Co., Ltd. hereby agree, in consideration of the payment to us by or on behalf of the Assured of the premium as arranged, to insure against loss damage liability or expense to the extent and in the manner herein provided."
>
> (당 ×××보험회사는 피보험자 또는 그를 대신한 자가 정해진 보험료를 당회사에 지급함으로써 피보험 목적물의 멸실, 손상, 책임 또는 비용을 본 보험증권에 규정된 비율과 방법으로 보상할 것에 합의한다.)

72) MIA 第54조; Where a marine policy effected on behalf of the assured by a broker acknowledges the receipt of the premium, such acknowledgement is, in the absence of fraud, conclusive as between the insurer and the assured but not as between the insurer and broker.

(17) 소손해 면책률 약관(memorandum Clause)

"N.B.-Corn, fish, salt, fruit, flour, and seed are warranted free from average, unless general, or the ship be stranded : Sugar, tobacco, hemp, flax, hides and skins are warranted free from average, under five pounds per cent., and all other goods, also the ship and freight, are warranted free from average, under three pounds per cent., unless general, or the ship be stranded."

(주의; 공동해손 혹은 선박의 좌초사고가 발생한 경우를 제외하고는 곡류, 어류, 염, 과실, 곡분 혹은 종자의 해손에 대하여 일체 담보하지 않으며, 사탕, 연초, 대마, 아마 및 피혁에 대하여는 5% 미만 그리고 기타 모든 화물, 또한 선박 및 선임에 대하여서는 3% 미만의 해손은 담보하지 않는다.)

본 약관은 1749년 Lloyd's가 S.G. Policy를 표준증권으로 채택하기 오래전에 S.G. Policy에 삽입되었으며 초기에는 이 약관을 "Policy Franchise"라고 불렀다.

본 약관의 취지는 보험자로 하여금 보험금 정산비용에도 미치지 못하는 일정비율 미만의 소손해를 담보하지 않도록 하므로 보험경영의 측면에서 담보범위를 소멸 또는 감소시키려 한 것이다.

이 약관은 ICC(FPA), (W/A) 및 (A/R) 등의 조건으로 발전하는 중간 단계의 약관으로 ICC의 역사를 이해하는데[73] 큰 의의가 있다.

FPA Warranty(단독해손부담보)에 관한 것으로 "corn", "fish", "salt", "fruit", "flour", "seed" 등과 같은 해수손에 민감한 화물은 좌초나 공동해손을 제외하고 분손을 담보하지 않는 내용이다.

73) "Memorandum Clause"의 첫번째 부분이 FPA Warranty의 내용에는 ICC(FPA)로, 5% 조항 및 3% 조항의 둘째 및 셋째 부분은 ICC(W/A)로 발전해 왔지만 오늘날 ICC(FPA) 및 ICC(W.A)는 다시 ICC(C) 및 (B)로 바뀜에 따라 면책비율에 관한 것은 없어졌다.

사탕, 연초, 대마, 아마 및 피혁과 같은 특정화물에 대하여는 5% 미만, 기타 불특정의 모든 화물, 선박 및 선임에 대해서는 3% 미만의 손해를 담보하지 않도록 되어 있으나, 전자의 경우 5%, 후자의 경우 3%에 달하면 면책비율 없이 전액보상하여야 한다.

공동해손이나 선박의 좌초,[74] 침몰[75] 혹은 대화재[76]의 경우는 면책비율에 관계없이 보상하여야 한다. 이들 위험과 해손과의 관계에서 인과관계는 필요하지 않고 비록 인과관계가 없었다고 해도 손해발생시 선박이 좌초, 침몰, 대화재의 상태에 있었다고 하면 그 손해는 보상된다.

Lloyd's S.G. Policy의 소손해 면책비율에 차별주의를 채택하고 있으나, 독일은 3%, 일본은 2%, 프랑스는 1%의 획일주의를 채택하고 있으며,[77] 일본의 경우 면책률을 초과해야 보상하는데 반하여 본 약관은 면책률에 달하면 보상한다. 또한 동약관은 면책률에 달하면 전액지급하는 전액지급주의를 택하고 있으나 면책률을 초과한 부분에 대해서만 보상하는 초과액지급주의도 있다.

(18) 준거법약관(Governing Clause)

> "All questions of liability arising under this policy are to governed by the laws and customs of England."
>
> (이 보험증권에서 발생하는 모든 책임문제는 영국의 법률과 관습에 따라 처리한다.)

74) M'Dougle v. Royal Exchange Assurance Corpn (1816) 4 M. & S. 503.
75) Bryant & May v. London Assurance Corpn (1886) 2 T.L.R. 591.
76) The Glenlivet (1894) p. 48; 7 Asp. M.L.C. 395.
77) 상법 제707조 제1항에서 2% 획일주의를 채택하여, 2%를 초과할 경우에 한하여 전액지급하도록 규정하고 있었으나 1991년 개정에서 이 조항을 삭제하였다.

본 약관은 보험계약상의 책임문제에 관한 준거법을 규정한 것이다.

(19) 선서약관(Attestation Clause)

> "In witness whereof, the assurers, have subscribed our names and sums assured in London."
>
> (상기 보험증권의 증빙으로 보험자는 런던에서 기명하고 부보할 금액을 기재할 것을 확약한다.)

본 약관은 보험자가 보험계약체결의 증빙으로 보험증권에 기명하여 발행하므로 자신이 인수하기로 서명한 금액에 대하여는 자신이 책임질 것을 선언한 약관이다. 이 선서약관은 신증권의 표면에 그대로 남아 있다.

> "In witness whereof, I the Undersigned of The ××× Insurance Co., Ltd. on behalf of the said Company have subscribed My Name in the place specified as above to the policies, the issued numbers thereof being specified as above, of the same tenor and date, one of which being accomplished, the others to be void. as of the date specified as above."
>
> (이에 본인, 즉 ××× 보험주식회사의 아래 서명자는 동회사를 대신하여 상기 장소에서 동일문언 및 일자의 보험증권에 서명하였다. 이 보험증권 중 한통에 대하여 손해보상의무가 이행되었을 때에는 남은 보험증권은 그 효력을 상실하는 것으로 한다.)

위의 약관은 보험회사의 책임자가 보험회사를 대신하여 보험증권에 서명하였음을 나타내고 있다. 보험증권은 보험자나 그 대리인에 의하여 서명되어야 하며, 보험자가 법인인 경우에는 인감(the corporate seal)만으로 충분하다.[78]

2 난외약관

(1) 이탤릭서체약관

MIA의 First Schedule에 나타난 Lloyd's S.G. Policy에는 이탤릭서체약관이나 난외약관을 찾아볼 수 없다. 그러나 S.G. Form의 해상보험증권이나 I.L.U.의 Companies' Combined Policy(Cargo)에는 다음과 같은 3개 약관이 이탤릭체로 인쇄되어 있다.

① 포획·나포부담보약관(Free of Capture and Seizure clause ; F. C&S Clause),[79]

② 동맹파업·소요·폭동부담보약관(Free of Strikes, Riots and Civil Commotions Clause : F. SR&CC Clause) [80]

③ 항해중절부담보약관[81](Frustration Clause) 등

이탤릭서체약관은 난외약관으로 본문약관보다 우선하므로 비록 본문약관의 위험약관에서 "Surprisals"(습격) 및 "Taking at Sea"(해상탈취)가 담보되는 것으로 열거되어 있고, 기타의 전쟁위험이 열거되어 있어도 본 난외약관에 의하여 이들 위험이 담보되지 않으며, ICC에서도 제외해두었기 때문에 이를 담보하기 위해서는 추가 보험료를 내고 협회전쟁약관(Institute War Clause)을 특약해야 한다.

항해중절부담보약관은 F. C&S약관을 삭제시킬 경우에 한하여 약관으로서 효력을 갖는다. 왜냐하면 '군주의 억류'(arrests restraints

78) MIA 제24조 제1항; A marine policy must be signed or on behalf of the insurer, provided that in the case of a corporation the corporate seal may be sufficient, but nothing in this section shall be construed as requiring the subscription of a corporation to be under seal.

79) 1898년에 처음으로 Lloyd's S.G. Policy에 삽입되었다.

80) 1912년에 처음으로 도입되었다.

81) 1919년에 처음으로 Lloyd's S.G. Policy에 삽입되었다.

or detainments of Kings Princes People…)가 F. C&S Clause의 "arrest, restraint or detainment"와 중복되기 때문이다.

이탤릭서체약관의 포획·나포 부담보약관 및 동맹파업, 소요, 폭동 부담보약관에 따라 S.G.Policy상 열거된 13가지 위험 중 해상고유의 위험, 화재, 강도, 투하 4가지 위험만이 보상되는 위험이 된다. 이 4가지 위험을 바탕으로 구약관의 FPA, WA조건의 보상범위가 축소 또는 확대되어 결정된다.

(가) 포획 · 나포 부담보약관(C&S Clause)

"Warranted free of capture, seizure, arrtest, restraint or detainment, and the consequences thereof or of any attempt threat and also the consequences of hostilities or warlike operations, whether there be a declaration of war or not ; but this warranty shall not exclude collision, contract with any fixed or floating object(other than a mine or torpedo), stranding, heavy weather or fire unless caused directly (and independently of the nature of the voyage or service which the vessel concerned or, in the case of a collision any other vessel concerned or, in the case of a collision any other vessel involved therein, is performing) by a hostile act by or against a belligerent power;and for the purpose of this warranty "power" includes any authority maintaining naval, military or air forces in association with a power.

Further warranted free from the consequences of civil war, revolution, rebellion, insurrection, or civil strife arising therefrom, or piracy."

(포획, 나포, 강류, 억지 또는 억류와 이러한 행위의 결과 또는 이러한 행위를 하려고 하는 기도의 결과를 담보하지 않는다. 그리고 선전포고의 유무를 불문하고 적대행위 또는 군사적 행동의 결과를 담보하지 않는다. 그러나 본 면책약관은 교전국에 의하여 또는 교전국에 대하여 행하여진 적대행위로 인하여 직접(그리고 당해 선박 또는 충돌의 경우에 있어서는

충돌에 관계없이) 발생한 것이 아닌 한 고정 또는 부유물체(기뢰 또는 어뢰를 제외)와의 충돌 또는 접촉, 좌초, 황천 또는 화재를 면책하는 것이 아니다. 또한 이 면책약관에 관한 한 국가라 함은 어느 국가와 제휴하고 육해공군을 보유하고 있는 모든 정권을 포함한다.

그리고 내란, 혁명, 모반, 반란 또는 이로 인하여 발생하는 국내투쟁의 결과 또는 해적행위를 담보하지 않는다.)

(나) 동맹파업 · 폭동 · 소요 부담보약관(SR&CC)

"Warranted free of loss or damage

(a) caused by strikers, locked-out workmen, or persons taking part in labour disturbances, riots or civil commotions :

(b) resulting from strikers, lock-outs, labour disturbances, riots or civil commotions."

(다음 사유에 의한 멸실 또는 손상을 담보하지 않는다.

(a) 동맹파업자, 직장폐쇄를 당한 노동자, 또는 노동분쟁, 폭동 또는 소요에 가담한 자에 의하여 발생한 것

(b) 동맹파업, 직장폐쇄, 노동분쟁, 폭동 또는 소요의 결과로 인하여 발생한 것)

(다) 항해중절 부담보약관(Frustration Clause)

(a) Should the risks excluded by Clause 1(F.C. & S. Clause) be reinstated in this Policy by deletion of the said Clause, or should the risks or any of them mentioned in that clause or the risks of mines, torpedoes, bombs or other engines of war be insured under this Policy, Clause (b) below shall become operative and anything contained in this contract which is inconsistent with Clause (b) or which affords more extensive protection against the aforesaid risks than that afforded by the Institute War Clauses relevant to the particular form of transit covered by this insurance so null and void.

(b) This Policy is warranted free of any claim based upon loss of, or frustration of, the insured voyage or adventure caused by arrests restraints or detainment of Kings Princes People Usurpers or persons attempting to usurp power."

(a) 이 보험이 제1조(포획 · 나포 부담보약관)에서 제외된 위험을 당해 약관 말소로서 복구하거나 또는 당해 약관의 모든 위험 및 기뢰, 어뢰 폭탄 기타 병기로 인하여 발생한 멸실 또는 손상이 이 증권에 의하여 담보될 경우에는 아래 (b)항이 효력을 발생하며, 이 약관에 포함된 어떠한 사항이라도 (b)항과 상이하거나 또는 이 보험에 의하여 담보된 특정한 운송방법에 상응하는 협회전쟁약관의 소정 사항보다 더 광범위한 보호가 허용될 경우에는 무효이다.

(b) 국왕, 군주, 인민, 국권 찬탈자 또는 찬탈을 기도하는 자에 의한 강류, 억지 또는 억류에 의하여 발생하는 피보험 항해 및 모험의 중지 또는 중절에 기인하는 어떠한 보상청구에도 책임지지 않는다.)

(2) 난외약관(marginal Clause)

Lloyd's S.G. Policy나 I.L.U. Companies' Combined Policy (Cargo)의 뒷면 하단 왼편에 이탤릭서체나 일반서체로 인쇄되어 있는 약관으로 본문약관에 우선한다. 이 약관은 원래의 S.G. Form에서는 찾아볼 수 없었던 것이나 나중에 첨가된 것이다.

앞의 이탤릭서체약관도 난외약관에 포함되지만 본문약관 가운데 있기 때문에 편의상 본 난외약관과 구분하여 놓았다.

대표적으로 협회위험약물약관(Institute Dangerous Drugs Clause), 교사약관(Grounding Clause), 타보험약관(Other Insurance Clause), 손해통지약관(Claim Notice Clause), 인지첨부약관 등이 있다.

(가) 협회위험약물약관

본 약관은 무허가나 불법적인 아편 운송시에 발생하는 손해를 면책사항으로 규정한 것으로 1937년에 Lloyd's S.G. Policy에 삽입되었다.

신증권에는 이러한 약관이 없지만 영법상 적법담보(warranty of legality)가 묵시담보(implied warranty) 사항이기 때문에[82] 아편수송과 같은 법률이나 국제관행상 불법적인 것은 묵시담보의 위반에 속하기 때문에 이를 위반했을 경우 보험자는 보상책임이 해제된다.

INSTITUTE DANGEROUS DRUGS CLAUSE

"It is understood and agreed that no claim under this Policy will be paid in respect of drugs to which the various International Conventions relating to Opium and other dangerous drugs apply unless.

(1) the drugs shall be expressly declared as such in the Policy and the name of the country from which, and the name of the country to which they are consigned shall be specifically stated in the Policy."

and

(2) the proof of loss is accompanied either by a licence, certificate or authorisation issued by the Government of the country to which the drugs are consigned showing that the importation of the consignment into that country has been approved by that Government, or alternatively by a licence, certificate or authorisation issued by the Government of the country from which the drugs are consigned showing that the export of the consignment to the destination stated has been approved by that Government.

and

(3) the route by which the drugs were conveyed was usual and customary."

82) MIA 제41조; There is an implied warranty that the adventure insured is a lawful one that, so far as the assured can control the matter, the adventure shall be carried out in a lawful manner.

(나) 교사약관(Grounding Clause)[83)]

위험약관의 해상고유의 위험(perils of the sea)에서 좌초나 교사가 담보된다. 그러나 수에즈운하, 파나마운하, 기타의 운하, 해항, 하항 또는 하천 등 특정수역에 있어서의 통상적인 교사나 좌초는 위험약관에서 담보하는 좌초로 인정하지 않기 때문에 이에 직접 기인하는 손해만은 보험자가 보상할 것을 약속하는 별도의 약관인 교사약관(Grounding Clause)을 두게 된다.

> "Grounding or stranding in the Suez, Panama or other canals, harbours or tidal rivers not to be deemed a stranding under the terms of the policy but to pay any damage or loss whcih may be proved to have directly resulted therefrom."

(다) 타보험약관

이 약관은 보험손해가 발생하였을 경우 해상보험계약이 없었다면 화재보험이나 다른 보험에 부보되었을 손해는 담보하지 않는다는 규정이다. 만약 타보험증권에 의하여 보상된 금액 외의 잔액이 있을 경우에는 이 보험증권에서 보상한다는 취지이다.

만약 본 보험증권에도 타보험약관이 있고, 다른 보험증권에도 타보험약관이 있을 경우에는 피보험자는 보상을 받을 수 없기 때문에 두 증권 보험자의 인수비율에 따라 분담한다.

한 화물에 대하여 수출상과 수입상이 별도로 부보하여 계약이 중복되는 경우와 육상위험까지 확장담보를 하다가 화재보험과 중복될 수 있다.

83) 신증권에서는 교사약관이 삭제되고 신협회적하약관의 (B) Clause와 (C) Clause의 제1조 제1항(2)에 "grounded"를 담보하도록 열거하고 있다.

화물이 생산지의 창고로부터 선적항까지와 양륙 후 최종창고까지 위험은 ICC 제8조의 운송약관에 의하여 담보되지만 이와 별도로 화재보험에 부보할 수 있다. 이 경우에는 해상보험은 없는 것으로 간주하여 일단 화재보험에 의하여 보상받고 화재보험금액을 초과하는 부분에 대하여만 해상보험에서 보상받을 수 있다.

> "This insurance does not cover any loss or damage to the property which at the time of the happening of such loss or damage is insured by or would but for the existence of this policy be insured by any fire or other insurance policy or policies except in respect of any excess beyond the amount which would have beem payable under the fire or other insurance policy or policies had this insurance not been effected."

(라) 손해통지약관

본 약관은 손해가 발생한 경우에 피보험자가 지켜야 할 처리절차를 규정한 것이다. 손해가 발생하면 피보험자는 먼저 보험회사의 대리점에 통지하고 손해증명서에 대리점의 서명을 받아야 보상받을 수 있다는 내용의 약관에 피보험자의 주의를 환기시키기 위한 손해사정에 관한 클레임 절차를 요약한 "Important Clause"가 첨부되어 있다.

> "In the event of loss or damage which may involve a claim under the insurance, no claim shall be paid unless immediate notice of such loss or damage has been given to and a Survey Report obtained from this Company's Office or Agents specified in this policy. In case of loss or damage, please follow the "IMPORTANT" Clause printed on the back hereof."

제2절 ICC구약관(ICC 1963)

구약관에는 여러 가지가 있고, 화물종류에 따라 특별한 약관이 있지만, 기본약관은 1963년에 개정된 ICC(FPA), ICC(WA), ICC(A/R)가 있다. 제5조를 제외하고는 그 내용이 모두 동일하다.

▌신 · 구 협회적하약관의 비교▐

舊 ICC약관	新 ICC약관
1. 운송약관(Transit Clause)	제8조 운송약관(Transit Clause)
2. 항해종료약관(Termination of Adventure Clause)	제9조 운송계약종료약관(Termination of Contract of Carriage Clause)
3. 부선약관	삭제
4. 항해변경약관(Change of Voyage Clause)	제10조 항해변경약관(Change of Voyage Clause)
5. 분손부담보약관(FPA Clause) 분손담보약관(WA Clause) 전위험담보약관(A/R Clause)	제1조 (C) Clause 제1조 (B) Clause 제1조 (A) Clause
6. 추정전손약관(Constructive Total Loss Clause)	제13조 추정전손약관
7. 공동해손약관(General Average Clause)	제2조 공동해손약관
8. 내항성담보약관(Seaworthiness Admitted Clause)	제5조 불내항 · 부적합 면책약관(Unseaworthiness and Unfitness Exclusion Clause)
9. 수탁자약관(Bailee Clause)	제16조 피보험자의무약관(Duty of Assured Clause)
10. 보험이익불공여약관(Not to Inure Clause)	제15조 보험이익불공여약관(Not to Inure Clause)
11. 쌍방과실충돌약관(Both to Blame Collision Clause)	제3조 쌍방과실충돌약관(Both to Blame Collision Clause)
12. 포획 · 나포부담보약관(F.C. & S. Clause)	제6조 전쟁위험면책약관(War Exclusion Clause)
13. 동맹파업 · 소요 · 폭동부담보약관(F.S.R. & C.C. Clause)	제7조 동맹파업면책약관(Strikes Exclusion Clause)
14. 신속조치약관(Reasonable Despatch Clause)	제18조 신속조치약관(reasonable Despatch Clause)
15. 주의사항	주의사항

(1) 운송약관(창고 간 약관 포함)

1. Transit clause

This insurance attaches from the time the goods leave the warehouse or place of storage at the place named in the policy for the commencement of the transit, continues during the ordinary course of transit and terminates either on delivery;

(a) to the Consignees' or other final warehouse or place of storage at the destination named in the policy,

(b) to any other warehouse or place of storage, whether prior to or at the destination named in the policy, which the Assured elect to use either

(i) for storage other than in the ordinary course of transit or

(ii) for allocation or distribution, or

(c) on the expiry of 60 days after completion of discharge overside of the goods hereby insured from the oversea vessel at the final port of discharge, whichever shall first occur.

If, after discharge overside from the oversea vessel at the final port of discharge, but prior to termination of this insurance, the goods are to be forwarded to a destination other than that to which they are insured hereunder, this insurance whilst remaining subject to termination as provided for above, shall not extend beyond the commencement of transit to such other destination.

This insurance shell remain in force (subject to termination as provided for above and to the provisions of Clause 2 below) during delay beyond the control of the Assured, any deviation, forced discharge, reshipment or transhipment and during any variation of the adventure arising from the exercise of a liberty granted to shipowners or charterers under the contract of affreightment, but shall in no case be deemed to extend to cover loss damage or expense proximately caused by delay or inherent vice or nature of the subject matter insured.

1. 운송약관

이 보험은 화물이 보험증권에 기재된 지역의 창고 또는 장치에서 수송개시를 위하여 떠날 때부터 담보가 개시되고 통상의 수송과정 중에 계속되며,

(a) 보험증권에 기재된 목적지에서 수하주 또는 기타 최종창고 또는 보관 장소에 인도될 때이거나,

(b) 보험증권에 기재된 목적지나 또는 그 이전이거나 피보험자가

(i) 통상의 수송과정을 벗어난 보관이나,

(ii) 할당 또는 분배를 위하여 사용하고자 선택한 기타의 창고나 혹은 보관장소에 인도될 때, 또는

(c) 최종 하역항에서 하역한 후 60일이 경과할 때 중에서 어느 것이 먼저 발생하든 그때에 담보가 종료됨.

만약, 화물이 최종 하역항에서 외항선으로부터 하역 작업 후, 그러나 본 보험기간의 만료이전에 이 보험증권 하에서 담보된 목적지 이외의 곳으로 수송되는 경우에는 이 보험은 전항에서 규정된 보험종료의 조건에 따라 계속되나, 그러한 목적지를 향해서 수송을 개시할 때 종료됨.

이 보험은 피보험자가 좌우할 수 없는 지연, 이로, 부득이한 양하, 재선적, 환적 및 해상운송계약에 의거, 선주나 용선자에게 부여된 자유재량권의 행사 결과로 생기는 위험의 변경기간 중(본조 상기한 바에서 규정된 보험종료의 조건 및 제2조의 규정에 따라) 유효하게 계속됨. 그러나 여하한 경우에도 지연 또는 보험목적물의 고유의 하자 혹은 성질을 근인으로 해서 생기는 멸실, 손상 또는 비용까지 확장 담보하는 것으로 간주하여서는 안 된다.

적하보험 계약은 ICC의 운송약관에 명시된 대로 화물이 보험증권에 기재된 지역의 창고 또는 보관장소에서 운송개시를 위해 떠날 때 효력이 발생하기 시작한다.

보관장소라 함은 창고 이외에 공장, 점포, 사무소, 야적 화물의 노천보관소 혹은 유류탱크 등을 포함한다.

"떠날 때부터(from the time … leave)"란 비, 바람, 도난 등의 위험에 노출되는 장소로 나간다는 뜻으로 만약 운송개시를 위해 창고 및 보관장소에서 자동차에 화물을 적재하였다 하더라도 그러한 장소

를 떠나지 않으면 해상보험의 위험이 개시된다고 볼 수 없다.

창고나 보관소 밖에서 자동차에 적재될 예정으로 화물이 창고 문이나 보관소 문을 벗어난 경우는 자동차에 적재 여부와 관련 없이 그러한 문을 벗어나는 순간 위험이 개시된 것으로 보아야 한다.

보험계약의 효력이 종료되는 시점을 3가지로 구분하고 그 중 어느 하나가 먼저 도래하면 보험은 종료된다.

① 화물이 보험증권에 기재된 목적지의 하주창고 또는 기타의 최종창고 혹은 보관장소에 인도될 때 해상보험의 보험기간이 종료되는 것으로 한다. 화물을 적재한 운송수단이 하주의 창고 등의 건물 내에 들어갔다 하더라도 그 화물이 하주 또는 관련 수탁자에게 인도될 때까지는 보험자의 책임이 계속된다. 왜냐하면 화물을 적재한 자동차가 창고 내에 들어왔다 하더라도 동 화물을 자동차에서 하차시킬 때 발생할 수 있는 위험이 아직 존재하므로 인도가 끝났다고 볼 수 없기 때문이다.

따라서 창고 등에 입고됨과 동시에 해상위험이 종료된다고 함은 화물자동차가 창고 내에 들어갔을 때를 의미하는 것이 아님을 유의해야 한다. 창고 내에 들어갔다 하더라도 하차시켜 하주에게 화물이 인도되었을 때 인도된 것으로 본다.

② 보험증권에 명시된 목적지인지 여부를 불문하고 통상의 운송과정이 아닌 보관, 할당(allocation), 분배(distribution)를 위한 장소에 인도하게 될 경우는 그 장소에 인도와 동시에 위험이 종료되는 것으로 간주한다.

화물이 수입국의 총대리점에 일괄 운송된 후 본 대리점의 창고에서 바로 각 지역의 하부대리점으로 이송되는 경우에 본 조항이 적용될 수 있으며 보험목적물이 총대리점에 인도된 시점에서 보험은 종료되고 이후의 운송은 무보험 상태가 될 수 있다.

하주는 이 운송을 위해 별도로 다른 보험에 가입하거나 적하보험에서 최종목적지까지 계속 담보받길 희망한다면 "Special Transit Clause"를 첨부하여 보험에 가입하는 방법을 이용할 수 있다.

본 약관이 첨부된 보험계약에서 보험자는 화물이 할당이나 분배를 위한 창고에 입고되어도 수송약관 (C)항의 하역 후 60일 혹은 별도로 약정된 기한이 있다면 본 기한을 전제로 최종목적지에 보험목적물이 인도될 때까지 계속해서 위험부담을 하게 된다.

③ 본선으로부터 하역을 종료한 후 60일이 경과하면 담보하지 않는다. 수송약관상 규정해 놓은 각종 창고 혹은 장소에 입고, 인도되기 이전에 중간운송 과정 중에 있는 경우는 하역종료 후 60일을 초과할 수 없다.

60일을 선박 전체화물의 하역완료일로부터 기산한다면 노동자 파업 이전에 하역되었던 화물에 대해서는 60일을 훨씬 넘는 기간 동안 즉, 동맹파업이 종결되어 나머지 화물이 하역된 후 60일을 경과할 때까지 보험자가 위험담보를 계속하지 않으면 안 된다.

그러므로 선박의 전체화물이 하역되지 않았다 하더라도 실무상 으로는 선박회사 측에서 화물을 하역할 때 발급하는 본선협정 서상에 명시되는 하역 종료일로부터 60일간 계상하면 된다.

우리나라 증권상 30 days clause를 첨부하여 수입화물에 대해서 수송약관 중 하역 후 60일 대신 30일로 변경하고 있다. 만일, 피보험운송이 하역 후 60일 혹은 30일 이내에 종료될 수 없다면 사전에 보험자에게 요청하여 그 기한을 연장할 수 있는데, 이때 사용되는 약관이 Inland Storage Extension(I.S.E.)이다.

보험증권상 명시한 목적항에 화물이 하역되어 수하주의 최종창고에 입고되기 이전 그리고 수송약관(C)항의 60일이 경과되기 이전에 동화물의 도착지를 변경시킬 경우 그러한 곳으로 출발하게 되는 시점에서 보험 기간이 종료되는 것으로 한다.

수송약관의 최종문언에서 피보험자가 지배할 수 없는 사정으로 인한 지연, 이로, 강제하역, 재선적·환적되거나 해상화물운송계약상 허용된 선주의 자유재량권의 행사로 인한 위험의 변경 사유가 발생했을 때는 보험자의 위험부담에 관한 책임이 계속된다.

이러한 위험의 변동은 보험계약을 체결할 당시 보험료 산정의 기초자료인 위험의 정도가 변동한 것이므로 원칙적으로는 위험변동 상황이 발생된 이후부터 보험자의 책임은 면제되어야 한다는 위험변동의 원칙이 적용되어야 하겠지만, 이 경우에 피보험자의 불리한 입장을 면하기 위한 취지이다.

2. Termination of Adventure Clause

If owing to circumstances beyond the control of the Assured either the contract of affreightment is terminated at a port or place other than the destination named therein or the adventure is otherwise terminated before delivery of the goods as provided for in Clause I above, then, subject to prompt notice being given to Underwriters and to an additional premium if required, this insurance shall remain in force until either,

(a) the goods are sold and delivered at such port or place or, unless otherwise specially agreed, until the expiry of 60 days after completion of discharge overside of the goods hereby insured from the oversea vessel at such port or place, whichever shall first occur, or

(b) if the goods are forwarded within the said period of 60 days (or any agreed extension thereof) to the destination named in the policy or to any other destination, until terminated in accordance with the provisions of Clause I above.

2. 운송종료약관

피보험자가 좌우할 수 없는 사정에 의하여, 해상운송계약이 그 계약서에 기재된 목적지 이외의 항구 또는 지역에서 종료되거나 또는 기타의 사정으로 제1조에서 규정된 화물의 인도 이전에 수송이 종료되었을 경우에는 지체 없이 그 취지를 보험자에게 통보하고, 또한 청구를 받으면 추가 보험료를 지급할 것을 조건으로 하여

(a) 화물이 상기의 항구 또는 지역에서 매각된 후 인도되거나 또는 별도의 합의가 없는 한, 그러한 항구 또는 지역에서 외항선으로부터의 양하작업 완료 후 60일이 경과되거나, 그 중의 어느 한쪽이 먼저 생길 때 또는,

(b) 만약, 화물이 상기 60일의 기간(또는 합의하에 연장한 기간)내에 보험증권에 기재된 목적지 또는 기타의 목적지에 계속 운반될 경우에는 상기 제1조의 규정에 따라 보험이 종료될 때까지, 이 보험은 유효하게 존속된다.

(2) 항해 종료약관

피보험자의 의사와 상관없이 운송이 중단되는 경우 보험의 효력에 대한 규정이다. 이와 달리 피보험자의 의사로 항해의 변경이 발생하는 경우에 대해서는 (4) 항해변경약관에 규정하고 있다.

(3) 부선약관

3. Craft, etc. Clause
   Including transit by craft, raft or lighter to or from the vessel. Each craft, raft or lighter to be deemed a separate insurance. The Assured are not to be prejudiced by any agreement exempting lightermen from liability.

제3조 부선약관
   본선까지 및 본선으로부터의 부선 및 뗏목에 의한 수송을 포함한다. 각 부선 및 뗏목은 각기 별도의 부보된 것으로 간주한다. 피보험자는 부선운송인의 책임을 면제하는 계약에 의하여도 자기의 권리를 침해받지 않는다.

부선 등에 의한 선적 또는 하역은 그 사용이 당해 항구에서 관습이 되어 있을 때에 한하여 담보되는 것으로 해석한다.

부선 등을 사용한 경우 전손이냐 또는 소손해 면책금액에 달하느냐를 결정함에 있어서 각 부선별로 계산할 것을 규정하고 있다.

부선운송인이 제공하는 운송조건에 의하여 운송을 할 수밖에 없는 피보험자의 편의를 위한 조항이기도 하다.

4. Change of Voyage Clause
   Held covered at a premium to be arranged in case of change of voyage, or any omission or error in the description of the interest

vessel or voyage.

제4조 항해변경약관
항해의 변경이 생기는 경우 혹은 보험의 목적, 선박 또는 항해에 관한 기재상의 탈루나 오기가 생기는 경우에는 추후 협정되어야 할 추가보험료에 의하여 담보가 계속된다.

(4) 항해변경약관

제2조 항해 종료약관은 피보험자가 좌우할 수 없는 상태에서 운송계약이 종료된 경우의 보험효력에 대한 규정이지만, 본 약관은 피보험자 의사에 의해 항해의 변경이 발생하는 경우에 대한 규정이다.

(5) 담보위험약관

① 단독해손부담보(FPA)

5. FPA Clause
Warranted free from Particular Average unless the vessel or craft be stranded, sunk, or burnt, but notwithstanding this warranty the Underwriters are to pay the insured value of any package or packages which may be totally lost in loading, transhipment or discharge, also for any loss of or damage to the interest insured which may reasonably be attributed to fire, explosion, collision or contact of the vessel and/or craft and/or conveyance with any external substance (ice included) other than water, or to discharge of cargo at a port of distress, also to pay special charges for landing, warehousing and forwarding if incurred at an intermediate port of call or refuge for which Underwriters would be liable under the standard from of English Marine Policy with the Institute Cargo Clauses (WA) attached. This clause shall operate during the whole period convered by the policy.

제5조 단독해손부담보 약관

선박 또는 부선이 좌초되거나 침몰되거나 혹은 대화재를 입었을 경우 이외에는 단독해손을 담보하지 않음. 그러나 상기 면책조건에도 불구하고 보험자는 선적, 환적 혹은 양하 시 전손이 된 화물 1포마다의 보험금액을 보상하고, 다시 화재, 폭발, 선박간의 충돌 혹은 선박 및/또는 부선 및/또는 운송용구와 물 이외의 타 물체(얼음 포함)와의 접촉 혹은 조난항에서의 양하작업에 기인된 것으로 정당하게 간주될 수 있는 보험의 목적의 멸실 또는 손상에 대해서도 보상한다. 또한, 중간의 기항항 혹은 피난항에서의 양하작업, 입고 및 계속운반을 위해 특별비용을 지출했을 경우, 만약, 이들 특별비용이 협회적하약관(분손담보)이 첨부된 표준 해상보험증권에 의거하여 이 보험자가 보상해야 할 것이라면 그 특별비용까지지도 보상함. 이 약관은 이 보험증권 하에서 담보되는 전 기간에 걸쳐서 적용되는 것으로 한다.

단독해손부담보 조건이므로 S.G.Policy상의 담보위험으로 야기된 손해 중 현실전손, 추정전손, 비용손해를 보상하나 단독해손은 원칙적으로 보상하지 않는다. 그러나 본 약관에서 특별히 규정하고 있는 다음의 특정사고에 의하여 발생된 단독해손을 예외적으로 보상한다.

① 침몰, 좌초, 화재, 폭발, 충돌 및 접촉(S.S.F.E.C.C.)으로 발생된 단독해손,
② 선적, 환적, 양하 중의 추락으로 인한 포장당 전손
③ 피난항에서 하역으로 인한 단독해손 등

단독해손부담보 조건임에도 불구하고 선박이 항해 중 침몰, 좌초 대화재(S.S.B)를 당할 경우 당시 선적되어 있었던 화물은 분손담보조건에서 보상되는 위험으로 단독해손이 발생된 경우라 하더라도 본 조건에서 보상하여 준다. 즉, 선박이 항해 중 침몰, 좌초, 대화재를 당한 경우에는 해상고유의 위험에 포함되는 악천후 또는 강도로 인한 단독해손도 보상이 가능하다는 의미이다.

S.G.Policy의 담보위험조항, 포획, 나포 부담보약관, 동맹파업, 폭동, 소요 부담보약관 및 FPA clause의 내용을 총괄하여 해석할 경우 손해별 보상 위험은 다음과 같다.

▌손해별 보상위험▐

전손과 공동해손 비용손해	해상고유의 위험, 화재, 강도 및 투하를 원인으로 한 것
단독해손과 비용손해	1. SSB 사고를 겪은 화물이 해상고유의 위험, 화재, 강도 투하를 원인으로 단독해손을 입은 경우 2. 화재, 폭발, 충돌, 접촉을 원인으로 한 단독해손 3. 선적·환적·양하 중 포장당 전손 4. 조난항에서 양하에 기인된 손해
공동해손분담금 및 구조료	피보험자의 고의의 위법행위, 지연, 화물고유의 하자나 성질로 인한 사고를 제외한 모든 경우

② 분손담보(W.A)

5. Average Clause

Warranted free from average under the percentage specified in the policy, unless general, or the vessel or craft be stranded, sunk or burnt, but notwithstanding this warranty the Underwriters are to pay the insured value of any package which may be totally lost in loading, transhipment or discharge, also for any loss of or damage to the interest insured which may reasonably be attributed to fire, explosion, collision or contact of the vessel and/or craft and/or conveyance with any external substance(ice included) other than water, or to discharge of cargo at a port of distress. This clause shall operate during the whole period covered by the policy.

제5조 분손담보약관

분손은 그것이 공동해손이 성립되었을 때 혹은 선박 또는 부선이 좌초되거나 침몰되거나 또는 대화재를 입었을 경우를 제외하고는 증권에 기재된 퍼센트 미만인 경우에는 이를 담보치 않음. 그러나 상기 면책비율에 불구하고, 보험자는 선적, 환적, 혹은 양하시에 전손이 된 화물 1포마다의 보험금액을 보상하고, 다시 화재, 폭발, 선적간의 충돌 혹은 선박 및/또는 부선 및/또는 운송용구와 물 이외의 타물체(얼음포함)와의 접촉 혹은 조난항에서의 양하작업에 기인된다고 정당하게 간주될 수 있는 보험목적의 멸실 또는 손상에 대해서도 보상함. 이 약관은 본 보험증권 하에서 담보되는 전 기간에 걸쳐서 적용되는 것으로 한다.

분손담보조건이므로 S.G.Policy상의 담보위험으로 규정된 해상고유의 위험, 화재, 강도, 투하에 기인된 일체의 담보손해 및 ICC에 추가로 인정된 선적, 환적, 양하 시 포장당 전손과 조난항에서 양하작업에 기인된 전손과 분손 비용손해를 보상하여 준다.

따라서 전손, 공동해손 및 비용손해에 대한 보상범위는 단독해손부담보 조건과 동일하나 단독해손의 경우에는 상기 언급된 6가지 위험을 원인으로 한 것을 보상하게 되므로 단독해손 부담보조건보다 보상 범위가 넓다. 즉, 해상고유의 위험중의 하나인 악천후를 원인으로 한 단독해손 또는 해상위험 중 투하나 강도로 인한 단독해손 등을 단독해손부담보조건과 달리 보상하게 된다.

실무적으로는 WA 3%(With Average 3%)와 WAIOP(With Average Irrespective of percentage)의 두 조건으로 보험을 인수하는데 WA 3% 조건은 악천후, 투하, 강도 등 FPA 조건에서는 보상이 되지 않지만 WA조건에서는 보상이 가능한 사고의 경우 그 손해가 3% 이상이어야 전액 보상하여 주는 조건이고 WAIOP는 그러한 손해가 발생되었을 때 손해율과 상관없이 보상하여 주는 조건이다.

③ 전위험담보(A/R)

5. All Risks Clause

This insurance is against all risks of loss of or damage to the subject-matter insured but shall in no case be deemed to extend to cover loss damage or expense proximately caused by delay or inherent vice or nature of the subject-matter insured. Claims recoverable hereunder shall be payable irrespective of percentage.

제5조 전위험 담보약관

이 보험은 보험의 목적의 멸실 또는 손상의 모든 위험을 담보함. 그러나 여하한 경우에도 지연 또는 보험목적물의 고유의 하자 혹은 성질을 근인으로 해서 생기는 멸실, 손상 또는 비용까지도 확장 담보하는 것으로 간주하여서는 안 됨. 이 보험에 의거 청구할 수 있는 보상금은 손해율의 다과에 관계없이 지급된다.

전위험 담보조건이므로 면책위험 및 보험요율서상에서 제외되는 위험 이외의 일체의 손해를 보상하여 주는 조건이다. 그러나 A/R 조건이라 하더라도 다음의 경우는 면책된다.

① 피보험자의 고의 또는 악의적 비행

② 화물고유의 성질이나 하자로 기인된 손해: 통상의 손해 또는 자연소모 및 포장의 불완전에 기인된 손해도 화물고유의 성질이나 하자로 인한 손해가 되기 때문에 보상이 되지 않는다.

③ 항해의 지연에 근인한 손해 또는 비용: 보상하는 위험으로 인해 지연이 발생하였다 하더라도 지연을 근인으로 한 손해는 보상이 되지 않는다.

| ICC 구약관 담보범위 |

<table>
<tr><td rowspan="9">담보
범위</td><td rowspan="9">A/R</td><td rowspan="8">WA</td><td rowspan="7">FPA</td><td>1. 부보화물의 전손(현실전손 및 추정전손)</td></tr>
<tr><td>2. 본선 또는 부선의 좌초, 침몰, 대화재를 당했을 경우의 단독 해손(인과 관계 유무를 불문함)</td></tr>
<tr><td>3. 공동해손 희생손해, 공동해손 비용, 공동해손 분담액, 구조료, 손해방지비용</td></tr>
<tr><td>4. 적재, 환적 또는 하역작업 중 포장 1개당 전손</td></tr>
<tr><td>5. 화재, 폭발, 충돌, 접촉에 기인되는 단독해손</td></tr>
<tr><td>6. 조난항에서 하역에 기인하는 단독해손</td></tr>
<tr><td>7. 중간 기항항(피난지)에서의 양화, 보관 및 계반을 위한 특별비용. 단, WA첨부 보험이라면 보험자의 부담으로 귀책 되는 경우에 한함</td></tr>
<tr><td colspan="2">8. 악천후에 기인하여 발생한 분손(단독해손)</td></tr>
<tr><td colspan="3">9. 하기 면책사항 이외의 모든 외부의 우발 원인에 의하여 발생한 손해</td></tr>
<tr><td rowspan="4">면책
사항</td><td colspan="4">1. 보험계약자 또는 피보험자의 고의적인 불법행위로 인한 일체의 손해</td></tr>
<tr><td colspan="4">2. 부보화물의 고유의 결함, 성질, 운송지연으로 인한 손해</td></tr>
<tr><td colspan="4">3. 위험의 요건을 구비하지 않은 사유에 의한 손해, 즉 통상의 손해</td></tr>
<tr><td colspan="4">4. 전쟁, 폭동, 파업 등에 기인한 손해</td></tr>
</table>

(6) 추정전손약관

6. Constructive Total Loss Clause

No claim for Constructive Total Loss shall be recoverable here-under unless the goods are reasonably abandoned either on account of their actual total loss appearing to be unavoidable or because the cost of recovering, reconditioning and forwarding the goods to the destination to which they are insured would exceed their value on arrival.

제6조 추정전손약관

추정전손에 대한 보상금 청구는 화물의 현실전손이 불가피하다고 생각될 때, 또는 화물을 회복시켜 거기에 손질을 하고 그것을 목적지까지 계속 운반하는데 소요되는 비용이 그 목적지에 도착했을 때의 화물의 가액을 초과할 것 같기 때문에 화물을 정당하게 위부하지 않는 한, 이 보험증권 하에서는 보상되지 않는다.

추정전손의 요건마다 차이가 있지만 협회적하약관을 보험증권에 첨부하여 사용하면, 현실전손이 불가피하다고 생각되는 경우나 손상이 너무 심해서 복구비용이 가액의 100%를 초과하는 경우에 추정전손으로 처리할 수 있다.

7. G/A Clause

General average and salvage charges payable according to Foreign Statement or to York-Antwerp Rules if in accordance with the contract of affreightment.

제7조 공동해손약관

공동해손 및 구조료는 외국에서 작성된 정산서에 의거하거나, 또는 해상화물운송계약에 그렇게 규정되어 있으면 'York-Antwerp'규칙에 의한 정산서에 의해 지급한다.

(7) 공동해손 약관

공동해손이 발생되어 그 희생손해와 비용손해를 정산하게 될 경우 준거법으로서 해상화물운송계약에 YAR로 규정되어 있는 경우에는 그에 따르고, 규정이 없는 경우에는 화물의 양륙항이 속하는 나라의 법률에 따르도록 밝힌 조항이다.

본 조항은 공동해손에 관한 보험자의 보상 책임에 대한 직접적인 규정은 두고 있지 않으나 MIA상 피보험위험과 관련된 공동해손만 보상되는 규정에도 불구하고 이 조항에 따라 피보험위험이 아닌 경우에도 면책위험에만 해당되지 않는다면 작성된 정산서에 따라 공동해손 분담책임을 부담하겠다는 의미로 해석된다.

따라서 본 조항에 따라 공동해손분담금 및 구조료는 면책위험에 해당되지 않는 한 보험조건과 상관없이 전부 보상되고 있다.

(8) 감항 승인약관

8. Seaworthiness Admitted Clause

The seaworthiness of the vessel as between the Assured and Underwriters is hereby admitted. In the event of loss the Assured's right of recovery hereunder shall not be prejudiced by the fact that the loss may have been attributable to the wrongful act or misconduct of the shipowners or their servants, committed without the privity of the Assured.

제8조 감항 승인약관

피보험자와 보험자와의 사이에서는 선박이 감항성 있는 것으로 인정함. 손해가 발생했을 때 이 보험증권에 따른 보상청구권은 그 손해가 피보험자의 관여 없이 행하여진 선주 또는 그 사용인의 불법행위나 비행에 기인될지도 모른다는 사실 때문에 침해받지는 않는다.

화물의 적재선박이 감항성을 가져야 함은 MIA상 규정된 묵시적 담보이다. 선박이 불감항 상태로 출항하게 되면 보험계약은 실효되어야 하나 적재선박을 관리하지 않는 피보험자인 하주에게 감항의 확보 및 입증을 요구함은 곤란한 일이어서 하주인 피보험자의 의무를 면제하여 주기 위한 약관이다.

(9) 수탁자약관

9. Bailee Clause

It is the duty of the Assured and their Agents, in all cases, to take such measures as may be reasonable for the purpose of averting or minimising a loss and to ensure that all rights against carriers, bailees or other third parties are properly preserved and exercised.

제9조 수탁자약관

모든 경우에 손해의 방지 및 경감을 위해 적절한 조치를 취하고, 또한 운송인, 수탁자 또는 기타 제3자를 상대로 한 모든 권리를 확보해 놓은 것은 피보험자 및 그 대리인의 의무이다.

본 의무의 위반시 피보험자가 필요한 조치를 적절히 이행한 경우 보험금을 지급한 보험자가 운송인 및 수탁자 등으로부터 구상받을 수 있는 금액을 보험금에서 차감하고 지급하고 있다.

(10) 보험이익불공여약관

10. Not to Inure Clause

This insurance shall not insure to the benefit of the carrier or other bailee.

제10조 보험이익불공여약관

이 보험은 운송인 및 기타의 수탁자에게 유리하게 이용되어서는 안 된다.

선하증권 등 운송서류에서 운송 중 발생한 화물의 손상에 대한 보험회사로부터 보상받지 못하는 손해에 대해서만 책임을 진다고 하는 보험이익약관(Benefit of Insurance Clause)이 삽입되는 경우에 보험자가 대위권에 의한 구상청구가 불가능하게 되므로 이를 방지하기 위해서 제정된 것이다.

따라서 보험이익약관이 첨부된 운송계약서에 의하여 화물이 수송될 경우 그로 인해 보험자에게 불이익을 주는 손해에 대해서는 보험자가 책임을 지지 않는다.

(11) 쌍방과실충돌약관

11. "Both to Blame Collision" Clause

This insurance is extended to indemnify the Assured against such proportion of liability under the Contract of Affreightment "Both to Blame Collision" Clause as is in respect of a loss recoverable hereunder.

In the event of any claim by shipowners under the said clause the assured agree to notify the underwriters who shall have the right, at their own cost and expense, to defend the assured against such claim.

제11조 쌍방과실충돌약관

이 보험에서는 손해보상의 범위를 확장하여 해상화물운송계약상 쌍방과실충돌 약관에 의한 피보험자의 부담액중 본 보험증권에서 보상을 받을 수 있는 손해에 관한 부분을 지급해 줌.

상기 약관에 의거 선주로부터 청구를 받았을 경우에는, 피보험자는 그 취지를 보험자에게 통지할 것을 약속함. 보험자는 자기의 비용으로 선주의 청구에 대하여 피보험자를 보호할 권리를 가진다.

선박이 쌍방과실로 충돌할 경우 하주에 대한 배상책임과 관련하여 영법과 미국법의 차이가 있어 창안된 것이다.

영국의 경우는 쌍방과실충돌의 경우에는 그 손해를 과실의 정도에 따라 분담하는 이른바 과실비례주의원칙을 채택하였다.

그러나 미국은 쌍방과실로 충돌한 경우 1975년까지는 과실의 정도에 관계없이 그 손해를 균등하게 분담(즉, 50% 대 50%)하였고, 현재까지 제3자에 대한 화물손해에 대해서는 연대책임주의를 취하고 있다.

따라서 하주는 자기 화물의 손해액 전액을 상대 선박으로부터 회수할 수 있고 피해화물의 적재선박은 비적재선 측으로부터 그가 배상한 금액의 반액에 대한 배상청구를 받게 된다. 그 결과 피해화물의 적재선 측에서 보면 일방과실의 경우에는 항해과실을 이유로 면책됨에도 불구하고 쌍방과실이기 때문에 화물손해의 반액을 상대선박을 거쳐 간접적으로 배상하는 결과가 된다.

따라서 이와 같은 모순을 시정하기 위해 미국의 선주는 선하증권상에 쌍방과실충돌약관을 삽입하여 상대선박을 거쳐 간접적으로 배상한 자기의 분담액을 하주에 청구할 수 있도록 하였다. 그 이후 이 약관은 미국선을 상대로 하는 경우를 대비하여 대부분의 다른 나라에서도 선하증권에 삽입하고 있다.

이 선하증권상의 쌍방과실충돌약관에 의해 운송인은 결국 자선의 화물손해를 부담하지 않게 되지만 하주는 충돌 상대선으로부터 회수한 손해배상금의 반액을 적재선주에 반환하여야 하므로 결과적으로 충돌에 의한 화물손해의 반액밖에 배상받지 못하게 된다.

여기서 피보험자를 보호하기 위해 보험증권에 삽입하게 된 것이 동일한 명칭의 쌍방과실충돌약관이다. 즉, 이 약관에 의해 피보험자가 선하증권상의 동명약관에 따라 선주에게 지불하여야 하는 금액을 보험자가 피보험자에게 지급한다. 그리고 보험자는 선주가 피보험자에게 이러한 청구를 한 경우에는 그 뜻을 자기에게 통지할 것을 요구하고, 또 피보험자에 대한 선주의 청구에 대하여 보험자는 자기의 비용으로 피보험자를 보호할 권리를 유보하였다.

12. F.C & S. Clause

Warranted free of capture, seizure, arrest, restraint or detainment, and the consequences thereof or of any attempt thereat; also from the consequences of hostilities or warlike operations, whether there be a declaration of war or not; but this warranty shall not exclude collision, contact with any fixed or floating object (other than a mine or torpedo), stranding, heavy weather or fire unless caused directly (and independently of the nature of the voyage or service which the vessel concerned or, in the case of a collision, any other vessel involved therein, is performing) by a hostile act by or against a belligerent power; and for the purpose of this warranty "power" includes any authority maintaining naval, military or air forces in association with a power.

Further warranted free from the consequences of civil war, revolution, rebellion, insurrection, or civil strife arising therefrom, or piracy.

Should Clause No. 12 be deleted, the relevant current Institute War Clauses shall be deemed to from part of this Insurance.

제12조 포획, 나포 부담보약관

포획, 나포, 강류, 억지 또는 억류와 이러한 행위의 결과 또는 이러한 행위를 하고자 기도한 결과를 담보하지 않음. 또한 선전포고의 유무에 관계없이 적대행위 또는 군사적 행동의 결과를 담보하지 않는다. 그러나 본 면책약관은 교전국에 의하여 혹은 교전국에 대하여 행해진 적대행위로 인하여 직접(또한 당해 선박 또는 충돌의 경우에 있어서는 충돌에 관련된 타선박이 수행하고 있었던 항해의 임무 또는 성질과는 관계없이) 발생되지 않는 한, 고정 혹은 부유 물체(기뢰 또는 어뢰는 제외)와의 충돌 또는 접촉, 좌초, 황천 또는 화재를 면책하는 것은 아님. 또한 본 면책약관에 관한 한, 「국가」라 하는 것은 어느 국가와 제휴하고 해군, 육군 또는 공군을 보유하고 있는 모든 정권이 포함됨.

또한 내란, 혁명, 모반, 반란 또는 이로 인해서 생기는 국내투쟁의 결과와 해적행위를 담보하지 않음.

만약, 제12조가 말소되었을 경우에는 적하보험용의 현행 협회전쟁약관이 이 보험의 일부를 구성하는 것으로 간주한다.

(12) 포획 · 나포 부담보약관

난외에 이탤릭서체로 기재된 포획 나포 부담보약관과 동일하다. 현행 협회전쟁약관으로 규정된 것은 전쟁약관이 수시로 변경되므로 전쟁위험을 담보하는 계약을 체결한 시점에서 약관을 지정하려는 취지이다.

13. Strikes, riots and civil commotions.

Warranted free of loss or damage

(a) caused by strikers locked-out workmen or persons taking part in labour disturbances riots or civil commotions;

(b) resulting from strikes, lock-outs, labour disturbances, riots or civil commotions.

Should Clause No. 13 be deleted, the relevant current Institute Strikes, Riots and Civil Commotions Clauses shall be deemed to from part of this Insurance.

제13조 동맹파업, 폭동, 소요 부담보약관

하기 사유로 인한 멸실이나 손상을 담보하지 않는다.

(a) 동맹파업자, 직장폐쇄를 당한 직공 또는 노동분쟁, 폭동 소요에 가담한 자에 의하여 발생한 것

(b) 동맹파업, 직장폐쇄, 노동분쟁, 폭동 또는 소요의 결과로 생긴 것

만약, 제13조가 말소되었을 경우에는 적하보험 용의 현행 협회동맹파업폭동소요약관이 이 보험의 일부를 구성하는 것으로 간주한다.

(13) 동맹파업, 폭동, 소요 부담보약관

난외에 동맹파업소요폭동 부담보 약관과 동일하다. 본 약관이 말소되면 협회동맹파업소요폭동약관이 보험계약의 일부를 구성한다.

14. Reasonable Despatch Clause

It is a condition of this insurance that the Assured shall act with reasonable despatch in all circumstances within their control.

제14조 신속조치약관

피보험자는 자기가 좌우할 수 있는 모든 여건 하에서 가능한 한, 신속하게 행동하는 것이 이 보험의 조건이다.

(14) 신속조치약관

본 약관은 손해가 발생하지 않는 상태에서 화물이 피보험자의 관리에 있는 동안에는 필히 지켜야 할 의무를 규정하고 있다. 따라서 피보험자가 스스로 조치할 수 있는 한 신속하게 조치할 것을 조건으로 하고 있다.

2 신증권 · 신약관

제1절 본문약관과 난외약관

신약관은 본문약관과 난외(중요)약관으로 구성되어 있고, 본문약관은 준거법약관, 타보험약관, 약인약관, 선서약관 등으로 되어 있으며, 보험조건을 포함한 기타의 보험계약내용은 Schedule Form으로 되어 있다.

1 본문약관

(1) 준거법약관

"Notwithstanding anything contained herein or attached hereto to the contrary, this insurance is understood and agreed to be subject to English law and practice only as to liability for and settlement of any and all claims."

(본 보험증권의 규정 또는 첨부된 어떠한 반대규정에도 불구하고, 이 보험은 어떠한 모든 보상청구에 대한 책임과 결제에 대해서 영국의 법률과 관습만 따를 것을 합의한다.)

이 약관은 피보험자의 보상청구에 대한 보험자의 책임유무 및 클레임의 해결에 관하여 영국의 법과 관습에 따를 것을 규정한 것이다. 영국의 관습이 입법화된 것이 MIA(1906)이며 이를 준거법으로 하여 채택한 계약조건이 협회약관이다.

이 약관은 협회적하약관 제19조의 "이 보험은 영국의 법률 및 관습에 준거한다."의 취지를 "only as to liability for"로서 클레임 청구시에만 영국의 법률과 관습에 따르도록 제한하고 있다.

우리나라의 보험시장은 영국과 다르기 때문에 "오직 일체의 모든 클레임에 대한 책임과 결제에 대해서만" 영국의 법과 관습에 따르고 클레임과 관련 없는 보험계약의 체결, 보험료의 수납, 계약의 해지 등에 관해서는 우리의 상법을 적용하도록 한 것이다.

(2) 타보험약관

"This insurance does not cover any loss or damage to the property which at the time of the happening of such loss or damage is insured by or would but for the existence of this Policy be insured by any fire or other insurance policy or policies except in respect of any excess beyond the amount which would have been payable under the fire or other insurance policy or policies had this insurance not been effected."

(피보험재산의 멸실 또는 손상이 발생한 때에 그것이 화재보험증권 또는 기타의 보험증권으로 부보되어 있는 경우 또는 본 보험증권이 없었다면 화재보험증권 또는 기타의 보험증권에 의하여 부보되었을 경우에는 본 보험은 그러한 피보험재산의 일체의 멸실 또는 손상을 담보하지 아니한다. 단 본 보험에 부보되어 있다면 화재보험증권 또는 기타 보험증권에서 지급되었을 금액을 초과한 금액에 대해서는 본 보험에서 지급한다.)

이 약관은 보험손해가 발생한 경우 화재보험이나 타보험증권과 중복되었다면 화재보험이나 타보험증권으로 먼저 보상받고, 잔액이 있다면 본 증권으로 보상한다는 취지이다. 만약 타보험증권도 이러한 약관이 있을 경우에는 보험자의 인수비율에 따른다.

중복보험은 수출항이나 수입항에서 별도로 부보한 경우도 있고 또 ICC 제8조 운송약관(Transit Clause)의 내륙운송위험과 창고보관중의 위험에 대하여 육상운송보험이나 화재보험과 중복되는 경우도 있다.

영법 제32조 제2항에의 규정과 같이 중복보험에서 피보험자가 별도의 규정이 없는 경우에 자기가 적당하다고 생각하는 순서에 따라 보험금지급을 청구할 수 있다는 규정에 대한 별도의 규정에 해당한다.

(3) 약인약관

"We, ××× Co., Ltd. hereby agree, in consideration of the payment to us by or on behalf of the Assured of the premium as arranged, to insure against loss damage liability or expense to the extent and in the manner herein provided."

(우리 ××× 보험주식회사는 피보험자 또는 그 대리인이 정해진 보험료를 당사에 지급함으로써 피보험목적물의 멸실, 손상, 책임 또는 비용을 본 증권에서 규정된 비율과 방법으로 보상할 것을 합의한다.)

이 약관은 보험자가 피보험자로부터 보험료를 받은 대가로 피보험목적물의 경제적 손해를 보상할 것을 약속하는 약인약관이다.

(4) 선서약관

"In witness whereof, I the Undersigned of ×× Co., Ltd. on behalf of the said Company have subscribed My Name in the place specified as above to the policies, the issued numbers thereof being specified as above, of the same tenor and date, one of which being accomplished, the others to be void, as of the date specified as above."

(이에 본인, 즉 ××보험주식회사의 아래 서명자는 동 회사를 대신하여 상기 장소에서 동일문언 및 일자의 보험증권에 서명하였다. 이 보험증권 중 1통에 대하여 손해보상의무가 이행되었을 때에는 남은 보험증권은 그 효력을 상실하는 것으로 한다.)

본 약관은 보험계약체결의 증빙으로 보험회사를 대표하여 그 책임자가 서명함을 선언하는 약관이다. 또한 보험증권은 original과 duplicate가 발행되더라도 어느 하나로 보상청구가 이루어지면 나머지는 무효가 됨을 선언하고 있다.

선하증권이나 환어음이 복수로 발생되지만 어느 것으로 화물이나 대금청구가 이루어지면 나머지는 무효가 되는 것과 같은 원리이다.

2 난외(중요)약관

IMPORTANT

PROCEDURE IN THE EVENT OF LOSS OR DAMAGE FOR WHICH UNDERWRITERS MAY BE LIABLE

LIABILITY OF CARRIERS, BAILEES OR OTHER THIRD PARTIES

It is the duty of the Assured and their Agent, in all cases, to take such measures as may be reasonable for the purpose of averting or minimizing a loss and to ensure that all rights against carriers, Bailees or other third parties are properly preserved and exercised. In particular, the Assured or their Agents are required;

1. To claim immediately on the carriers, Port Authorities or other Bailees for any missing packages.
2. In no circumstances, except under written protest, to give clean receipts where goods are in doubtful condition.

3. When delivery is made by Container, to ensure that the Container and its seals are examined immediately by their responsible official.
   If the Container is delivered damaged or with seals broken or missing or with seals other than as stated in the shipping documents, to clause the delivery receipt accordingly and retain all defective or irregular seals for subsequent identification.
4. To apply immediately for survey by Carriers' or other Bailees' Representatives if any loss or damage be apparent and claim on the carriers or other Bailees for any actual loss or damage found at such survey.
5. To give notice in writing to the Carriers or other Bailees within 3 days of delivery if the loss or damage found at such survey.

NOTE : The Consignees or their Agent are recommended to make themselves familiar with the Regulation of the Port Authorities at the port of discharge.

중요절차

보험자가 보상책임을 질 수 있는 멸실 또는 손상의 경우에 있어서의 중요 절차

운송인, 수탁인 또는 기타 제3자의 책임.

모든 경우에 있어서 손해의 방지와 경감을 위하여 합리적인 조치를 취하고 또한 운송인, 수탁인 또는 기타 제3자를 상대로 한 모든 권리가 적절히 보존되고 행사되도록 확실히 하는 것은 피보험자와 그 대리인의 의무이다. 특히 피보험자 또는 그 대리인은 다음과 같은 사항을 이행하여야 한다.

1. 행방불명된 여하한 포장물품에 대하여 운송인, 항만당국 또는 수탁인에게 즉시 클레임을 청구할 것.

2. 서면의 해난보고서에 의한 경우를 제외하고, 화물이 불명한 상태에 있으면 어느 경우에도 무사고 수취증을 교부하지 않을 것.
3. 컨테이너에 의하여 화물이 인도되는 경우, 컨테이너 및 그 봉인이 그들의 책임 있는 직원에 의하여 즉시 검사되도록 확실히 할 것. 컨테이너가 손상된 채로 인도되거나 또는 봉인이 파손되거나 없어진 채로 컨테이너가 인도되거나 또는 선적서류에 기재된 것과 다른 봉인으로 컨테이너가 인도되는 경우에는 그에 따라 화물수취증에 사고로 기재할 것. 그리고 결함이 있거나 규격이 다른 모든 봉인은 추후 확인을 위하여 보존할 것.
4. 멸실이나 손상이 분명한 경우 운송인이나 기타 수탁인의 대리인들에게 즉시 손해사정을 의뢰할 것. 그리고 그러한 검정에서 발견된 실제 멸실이나 손상에 대하여 운송인 또는 기타 수탁인에게 클레임을 청구할 것.
5. 화물의 인수시 멸실이나 손상이 분명하지 않을 경우 인수후 3일 이내에 운송인 또는 기타 수탁인에게 서면으로 통지할 것.

주의: 수하인 또는 그 대리인에게 양하항에서의 항만당국이 모든 규정을 숙지할 것을 권고한다.

(1) "Important Clause"의 취지

구증권의 난외약관으로 있던 것으로 화물이 인도되지 않거나 손상된 채로 인도된 경우에 운송인이나 항만당국을 상대로 클레임을 제기함에 있어서 법률상 필요한 조치를 취해야 할 필요성을 피보험자에게 인식시키기 위한 것이다. 일명 "Red Line Clause"라고도 부른다.

이 조항은 손해발생시 보험자의 대리인에게 통지할 것을 명시한 "Survey Clause"인 "Instructions for Survey"가 포함되어 있고, 보험자에게 클레임을 입증하는데 필요한 서류의 목록을 명시한 "Documentation of Claims"를 포함하고 있다. 결국 손해발생시 피보험자와 그 대리인의 의무와 피보험자 등이 취해야 할 조치나 절차 및 클레임의 구비서류 등을 규정하고 있다.

(2) 피보험자의 손해방지의무

운송 중에 화물 손해가 발생하면 이를 방지하고 경감시키기 위한 조치를 피보험자가 취해야 된다는 것을 강조하고 있다. 영법 제78조 제4항에[1] 피보험자의 의무를 규정하고 있고, ICC 제16조 피보험자의 무약관에 규정한 것을 반복하여 주의를 환기시키기 위한 조항이다.

(3) 제3자에 대한 손해배상청구권의 확보

"Important Clause"에는 피보험자가 운송인이나 대리인에 대하여 손해배상청구권의 확보를 위하여 이행할 사항들을 규정하고 있다. 즉, 운송중 화물이 상업과실[2] 등 운송인의 책임에 의한 손해시 보험을 통하여 보상을 받았다면 이들 운송인에 대한 손해배상청구권은 보험자가 자신이 지급한 보험금의 한도 내에서 대위취득하게 된다.

이 경우 피보험자나 그 대리인은 보험자의 이러한 대위권 행사를 원만하게 수행할 수 있도록 여러 가지 필요한 조치를 이행할 것을 규정하고 있다.

(4) 손해의 통지 및 검정

INSTRUCTIONS FOR SURVEY

In the event of loss or damage which may involve a claim under this insurance, immediate notice of such loss or damage should be

1) (4) It is the duty of the assured and his agents, in all cases, to take such measures as may be reasonable for the purpose of averting or minimising a loss.

2) 상업과실(errors of cargo handling and custody)은 물품의 선적, 적부, 운송, 보관 또는 양하가 적절하고 신중하게 행하여지지 않아서 일어난 손해로 Hague Rules(1924)에서도 운송인이 책임을 지도록 되어 있다.

given to and a Survey Report obtained from this Company's Office or Agents specified in this Policy or Certificate.

손해조사를 위한 지침

이 보험하의 클레임에 포함될 수 있는 멸실이나 손상이 있는 경우에는 이 보험증권이나 보험증명서에 기재된 당회사의 사무소 또는 대리점에 그러한 멸실이나 손상에 관하여 즉시 통지하여야 하고 그 사무소 또는 대리점으로부터 손해검정보고서를 확보하여야 한다.

"Instruction for Survey"에는 피보험자는 손해가 발생하면 보험서류에 명시된 보험회사나 그 대리점에 지체 없이 통지하고 Survey Report를 확보할 것을 규정하고 있다. 또한 보험회사나 그 대리점의 승인은 얻지 않고 검정이 이루어질 경우 어떤 클레임도 인정하지 않는다.

실무에서는 예비손해통지(preliminary loss advice : PLA)를 전화, FAX, e-mail 등을 통하여 이루어진다. 여기에는 Surveyor의 선정의뢰를 위해 사고일자, 장소, 원인 및 추정손해액 등이 기재된다.

그 후 피보험자는 보험회사가 지정하는 손해검정인을 통하여 검정을 통해 검정보고서를 입수하여 기타 서류와 함께 보험회사에 제출한다. 그러면 보험회사는 이 보고서를 기초로 정산인(adjuster)이 정산한 보험금을 피보험자에게 지급한다.

우리나라 손해정산인은 검정인과 정산인의 기능을 동시에 갖고 있다. 손해검정인에게 지급되는 검정비용(survey fee) 등 소요비용은 그 손해가 보험자에게 보상책임이 있는 경우에는 보험자가 지급한다.[3]

3) 이재복, 적하보험약관론, 보험감독원, 1991, pp. 106~107.

(5) 클레임의 구비서류

DOCUMENTATION OF CLAIMS

To enable claims to be dealt with promptly, the Assured or their Agents are advised to submit all available supporting documents without delay, including when applicable;

1. Original policy or certificate of insurance.
2. Original or Certified copy of shipping invoices, together with shipping specification and/or weight notes.
3. Original or certified copy of Bill of Lading and/or other contract of carriage.
4. Survey report or other documentary evidence to show the extent of the loss or damage.
5. Landing account and weight notes at port of discharge and final destination.
6. Correspondence exchanged with the Carriers and other Parties regarding their liability for the loss or damage.

In the event of loss or damage arising under this policy, no claims will be admitted unless a survey has been held with the approval of this company's office or Agents specified in this policy.

클레임의 서류

클레임이 신속하게 처리될 수 있도록 피보험자나 그 대리인들이 적용 가능한 경우를 포함하여 다음과 같은 유효한 모든 구비서류들을 지체 없이 제출할 것을 권고한다.

1. 보험증권의 원본 또는 보험증명서의 원본
2. 선적명세서 또는 중량증명서와 함께 선적송장의 원본 또는 인정사본
3. 선하증권이나 기타 운송계약서의 원본 또는 인정사본
4. 멸실이나 손상의 정도를 입증하는 손해검정보고서 또는 기타 증거서류
5. 양하항과 최종 목적지에서의 양륙보고서 및 중량증명서
6. 멸실이나 손상에 대한 운송인과 기타 관계자들의 책임에 관하여 그들과 교환한 서신

이 보험증권하에서 발생하는 멸실이나 손상의 경우, 이 보험증권에 기재된 당회사의 사무소 또는 대리점의 승인을 얻어 손해검정이 이루어지지 않는 한 어떠한 클레임도 인정되지 않는다.

"Documentation of Claims"에 클레임에 필요한 서류를 열거하고 있다. 즉, ① 보험증권이나 보험증명서의 원본, ② 선적명세서나 중량증명서와 함께 선적송장의 원본 또는 인정사본, ③ 선하증권이나 기타 운송계약서의 원본 또는 인정사본, ④ 손해의 정도를 입증하는 손해검정보고서 또는 기타 증거서류, ⑤ 양하항과 최종 목적지의 양륙보고서와 중량증명서, ⑥ 손해에 대한 운송인 등의 책임에 관하여 교환한 서신 등이다.[4)]

이들 서류는 손해가 보험자의 담보위험에 의한 것임을 증명하는 보험서류, 손해액을 증명하는 손해검정보고서, 운송인에 대한 구상권 행사를 위하여 필요한 선하증권 등으로 나눌 수 있다.

보험회사는 서류를 제출받아 클레임이 타당하다고 인정되면 클레임을 정산하여 클레임영수증(claim receipt)과 대위증서(letter of subrogation)를[5)] 받고 보험금을 지급한다.

4) 우리나라 보험회사에 대한 클레임 신청서류는, ① 보험증권, ② 상업송상, ③ 포장명세서, ④ 선하증권, ⑤ 선사수신용 손해배상청구공문, ⑥ 검정보고서 및 검정수수료 영수증 등이다. 추가서류로 선적지중량증명서(shipping weight certificate), 화물양하명세서(cargo boat note), 검수표(tally sheet), 양하보고서(out turn report), 입고증명서(warehouse convention), 양하지중량증명서(landing weight certificate), 세관신고서(import declaration), 선사 회신공문, 해난보고서(sea protest) 화물적부구도(stowage plan), 사고확인서, 모든 비용을 증명하는 서류, 기타 등이다.

5) 대위증서는 하주가 운송인에 대한 손해배상청구권이나 기타의 모든 권리를 양도하며, 보험회사가 시행하는 구상에 협조한다는 취지의 약속장이다.

제2절 ICC신약관(ICC 1982 / 2009)

신협회약관은 ICC(A), (B), (C) 및 Institute War Clause(Cargo), Institute Strikes Clauses(Cargo), Institute Cargo Clause(Air), Institute War Clause(Air Cargo) 등 여러 가지가 있으나 그 가운데 기본적인 협회적하약관은 ICC(A), (B), (C) Clauses이다.

이들은 8개의 그룹 약관으로 구성되어 있고 이들이 다시 19개의 개별약관으로 나누어져 있다.

▌ICC 신약관 담보위험▐

<table>
<tr><th colspan="3">약관</th><th>담보위험</th></tr>
<tr><td rowspan="12">A</td><td rowspan="11">B</td><td rowspan="7">C</td><td>1. 화재 또는 폭발</td></tr>
<tr><td>2. 선박 또는 부선의 좌초, 교사, 침몰, 전복</td></tr>
<tr><td>3. 육상 운송용구의 전복 또는 탈선</td></tr>
<tr><td>4. 본선·부선·운송용구의 타물과의 충돌, 접촉</td></tr>
<tr><td>5. 피난항에서 양하 작업에 기인한 손해</td></tr>
<tr><td>6. 공동해손 희생손해</td></tr>
<tr><td>7. 투하</td></tr>
<tr><td colspan="2">8. 지진, 분화, 낙뢰</td></tr>
<tr><td colspan="2">9. 갑판유실</td></tr>
<tr><td colspan="2">10. 선박, 부선, 선창, 운송용구 등에의 해수, 호수, 하천수의 유입</td></tr>
<tr><td colspan="2">11. 선적, 하역작업 중 해수면으로 낙하, 추락하여 발생한 포장단위당 전손</td></tr>
<tr><td colspan="3">12. 면책사항 이외의 모든 손해</td></tr>
</table>

약관의 제1조는 위험약관(Risks Clause)으로 (A) Clause는 포괄담보를, (B) 및 (C) Clauses는 열거담보를 원칙으로 담보위험이 열거되어 있다. (A), (B), (C) Clauses는 제1조, 제4조, 제6조만 서로 다르

고 나머지는 내용이 동일하다.

전쟁면책약관을 규정하고 있는 제6조는 구증권에서 전쟁위험으로 취급하던 해적위험을 해상위험으로 취급하게 됨에 따라 A조건 괄호 안에 해적행위 제외(piracy excepted)라는 문구가 있다는 점이 (B)와 (C)조건과 차이가 있다.

ICC 신약관 면책위험

조항		면책위험	A	B	C
제4조	일반면책	1. 피보험자의 고의의 불법행위	×	×	×
		2. 통상의 누손, 중량손, 용적손, 자연소모	×	×	×
		3. 포장 및 준비의 불충분	×	×	×
		4. 보험목적물 고유의 하자, 성질	×	×	×
		5. 지연	×	×	×
		6. 선주 등의 지급불능, 채무불이행	×	×	×
		7. 핵무기	×	×	×
		8. 제3자의 불법행위에 의한 고의적 손상, 파괴	○	×	×
제5조	불내항 및 부적합 면책	1. 선박·부선의 불내항성	×	×	×
		2. 보험의 목적물의 안전운송에 대한 부적합성	×	×	×
제6조	전쟁면책	1. 전쟁위험(8개)	×	×	×
		2. 포획위험(8개)	×	×	×
		3. 유기병기위험(4개)	×	×	×
제7조	동맹파업 면책	1. 동맹파업자의 위험(5개)	×	×	×
		2. 동맹파업결과의 위험(5개)	×	×	×
		3. 폭력주의자의 위험(2개)	×	×	×

ICC 신 · 구약관 담보위험

위험의 종류	구ICC			신ICC		
	FPA	WA	A/R	C	B	A
화재, 폭발	○	○	○	○	○	○
좌초, 교사 침몰, 전복	○	○	○	○	○	○
육상운송용구의 탈선, 전복	○	○	○	○	○	○
충돌, 운송용구와 물 외의 타물과의 접촉	○	○	○	○	○	○
피난항에서 화물의 하역	○	○	○	○	○	○
공동해손 희생해손	○	○	○	○	○	○
투하	○	○	○	○	○	○
선적, 하역 작업 중 포장당 전손	○	○	○	×	○	○
해상에서 점유탈위(전쟁위험 제외)	○	○	○	×	×	○
선박외부로부터 해수침손 1) 전손	○	○	○	×	○	○
선박외부로부터 해수침손 2) 분손	×	○	○	×	○	○
선박외부로부터 강, 호수물의 침입 1) 전손	○	○	○	×	○	○
선박외부로부터 강, 호수물의 침입 2) 분손	×	○	○	×	○	○
갑판유실	×	○	○	×	○	○
지진, 분화, 낙뢰	×	×	○	×	○	○
도난, 발하, 불착	×	×	○	×	×	○
선원의 악행	×	×	○	×	×	○
해적행위	×	×	×	×	×	○
선주의 파산	×	×	○	×	×	×
타화물, 기름과 접촉	×	×	○	×	×	○
선박내의 오수와 접촉	×	×	○	×	×	○
Rough Handing	×	×	○	×	×	○
빗물	×	×	○	×	×	○
SWEAT 1) 악천후로 인한 SWEAT	×	○	○	×	×	○
SWEAT 2) 적도항해에 따른 온도차 SWEAT	×	×	×	×	×	×
SWEAT 3) 화물자체의 성질에 기인한 SWEAT	×	×	×	×	×	×
지연	×	×	×	×	×	×
포장불량 잠재적 하자	×	×	×	×	×	×
물건의 성질, 통상적인 손실	×	×	×	×	×	×

(1) 제1조 : 위험약관(Risk Clause)

(가) 제1조 담보위험(A Clause)

> 1. This insurance covers all risks of loss of or damage to the subject-matter insured except as excluded by the provisions of Clauses 4, 5, 6 and 7 below.
>
> 이 보험은 다음의 제4, 5, 6 및 7조에서 규정된 면책위험을 제외하고, 피보험목적물에 발생한 멸실 또는 손상의 일체 위험을 담보한다.

본 위험약관은 구약관(A/R) 제5조의 내용과 비슷하지만 구약관처럼 면책위험을 본조에서 열거하지 않고 제4조에 분리·규정하였다. A/R에서 많은 면책위험이 있는데도 '전위험담보'라는 용어가 적절하지 않기 때문에 (A) Clause로 이름을 바꾸어 제4, 5, 6 및 7조에서 제외한 위험을 빼고는 모든 위험을 담보하기 때문에 포괄담보주의라고 할 수 있다.

따라서 보험기간 중 발생하는 모든 손해는 보험자의 담보위험에 의한 손해로 추정한다. 피보험자는 발생한 손해가 보험기간 중에 발생했다는 것만 증명하면 보험자는 이러한 손해가 면책위험에 의하여 발생했다는 것을 증명하지 않는 한 보상책임이 있다.

ICC(A)의 면책위험은 제4조에 열거된 7개이지만, ICC(A/R)의 제1조에 명기된 면책위험은 지연 및 피보험목적물의 고유의 성질에 국한하고 있기 때문에 ICC(A)보다 ICC(A/R)의 담보범위가 넓다고 할 수 있다.

(A) Clause 대신 A/R Clause를 선택할 경우 포괄담보인 점에서는 같으나 A/R Clause 단서,[6] 전쟁위험(제12조), 동맹파업위험(제13조)

및 영국해상보험법 제55조 제2항의 피보험자의 고의의 악행(wilful misconduct of the assured), 지연(delay), 피보험목적물의 고유의 하자 또는 성질(inherent vice or nature of the subject-matter insured) 등을 제외하고 모든 위험을 담보한다.

또한 (A) Clause에서는 면책비율에 관계없이 보상하기 때문에 본문약관의 면책비율약관(Memorandum Clause)은 그 의미를 상실하게 된다.

(나) 제1조 담보위험(B Clause)

1. This insurance covers, except as excluded by the provisions of Clauses 4, 5, 6 and 7 below,

 1.1 loss of or damage to the subject-matter insured reasonably attributable to
 1.1.1 fire or explosion
 1.1.2 vessel or craft being stranded grounded sunk or capsized
 1.1.3 overturning or derailment of land conveyance
 1.1.4 collision or contact of vessel craft or conveyance with any external object other than water
 1.1.5 discharge of cargo at a port of distress
 1.1.6 earthquake volcanic eruption or lightning,

 1.2 loss of or damage to the subject-matter insured caused by
 1.2.1 general average sacrifice
 1.2.2 jettison or washing overboard
 1.2.3 entry of sea lake or river water into vessel craft hold conveyance container or place of storage,

 1.3 total loss of any package lost overboard or dropped whilst

6) …loss damage or expense proximately caused by delay or inherent vice or nature of the subject-matter insured.

loading on to, or unloading from, vessel or craft.

1. 이 보험은 다음의 제4조 · 5조 · 6조 및 제7조에서 규정한 면책위험을 제외하고 다음 손해를 담보한다.

1.1 하기의 사유에 상당인과관계가 있는 보험목적의 멸실 · 손상
1.1.1 화재 또는 폭발
1.1.2 본선 또는 부선의 좌초 · 교사 · 침몰 또는 전복
1.1.3 육상운송용구의 전복 또는 탈선
1.1.4 본선 · 부선 또는 운송용구와 물 이외의 타물과의 충돌 또는 접촉
1.1.5 피난항에서의 화물의 하역
1.1.6 지진, 화산의 분화. 낙뢰

1.2 하기의 사유로 생긴 보험목적의 멸실 · 손상
1.2.1 공동해손희생손해
1.2.2 투하 또는 갑판유실
1.2.3 본선 · 부선 · 선창 · 운송용구 · 컨테이너 또는 보관장소에 해수 · 호수 · 강물의 유입

1.3. 본선 · 부선으로의 선적 또는 하역작업 중 바다에 떨어지거나 갑판에 추락한 포장단위의 전손

ICC(B)는 ICC(A)와는 달리 열거책임주의를 채용하고 있으며, 이 조건에서 담보하는 위험은 제1조에 열거되어 있다.

제1조에 열거된 담보위험은 ① 상당인과관계에 의한 손해, ② 담보위험에 의한(caused by…) 손해, ③ 추락손(sling loss) 등 3가지로 나눌 수 있다.

제1항에 열거된 위험에 대하여는 근인설의 원리가 적용되지 않는다. 그 이유는 이들 위험에 대하여는 검정인이 근인을 결정하기 매우 어렵기 때문이다.

(a) 상당인과관계에 의한 손해(reasonably attributable to)

(ⅰ) 화재 혹은 폭발(fire or explosion)

화재는 화염에 의한 손해뿐만 아니라 화재에 의한 연기나 열에 의한 손해 및 소화작업 시 물에 의한 손해까지 포함한다. 그러나 자연발화(Spontaneous combustion)에 의한 손해는 화물 자체의 성질이나 하자에 의한 것으로 간주하여 원칙적으로 담보하지 않는다. 화재에 의한 폭발은 동종제한의 원칙에 따라 담보된다. 그러나 면책위험에 의한 화재나 폭발은 담보되지 않는다.

폭발도 화재의 경우와 유사하지만, Commonwealth Smelting v. Guardian Royal Exchange Assce Ltd.[7] 사건에서 날개의 구심력 실패에 의한 blower machine의 분해는 폭발이 아니라고 판시되었다. WA조건에 있는 "burnt"(대화재)가 (B)조건에는 없으나 (B)조건에서 담보하고 있는 "fire"에 대화재가 포함되어 있는 것으로 해석한다 ["Glenlivert"호 사건(1894)].

(ⅱ) 본선 또는 부선의[8] 좌초, 교사, 침몰 또는 전복
(vessel or craft being stranded grounded sunk or capsized)

선박의 좌초, 침몰 및 교사는 Lloyd's S.G. Policy의 해상고유의 위험(perils of the seas)에 포함되기 때문에 당연히 담보된다. 그러나 교사의 경우 수에즈운하, 파나마운하 또는 영국의 템스강 등 간만의 차이가 심한 항구에서의 손해는 별도로 S.G. Policy의 난외약관인 교사약관(Grounding Clause)에 의하여 담보하여야 하며 특정의 화물은 면책비율약관(Memorandum Clause)에 의하여 3% 또는 5% 미만은 담보하지 않았으나 신증권에서 위의 약관이 모두 폐기됨으로써

7) C.A.(1986) 1 Lloyd's Rep. 121, (R. J. Lambeth, op. cit., p. 140).
8) "Craft"(부선)이 포함된 것은 본선과 부두 사이의 운송에 부선이 동원될 경우를 예상한 것이다.

ICC(B) 및 ICC(C)에서 교사위험을 담보하게 되었다.

구증권에서는 '해상고유의 위험'(perils of the seas)이라는 문언으로 이들 위험이 담보되지만 신증권에서는 담보위험을 열거하고 있다. 특히 '전복'(capsized)은 해상에서 선박이 뒤집어지는 것으로 구증권에서는 "perils of the seas"의 침몰과 동종의 위험으로 간주되었으나, 신증권에는 침몰이나 좌초와 같은 중대한 위험이므로 여기에 열거하고 있다.

(iii) **육상운송용구의 전복 또는 탈선**(overturning or derailment of land conveyance)

Lloyd's S.G. Policy의 본문약관은 화물의 경우 적재로부터 양륙시까지 담보하지만 ICC의 제8조 운송약관에 의하여 적출지의 창고로부터 도착지의 최종창고까지 담보구간이 확장되었다. 그러나 신약관 ICC(B) 및 (C)에서 구체적으로 육상운송중의 위험을 열거하고 있다.[9] 이는 오늘날의 운송시스템이 복합운송을 수반하기 때문에 이를 수용하기 위한 약관이다.

이러한 위험을 구증권에서 위험약관에 열거된 14개 위험과 유사한 기타일체의 위험(all other perils)에서 담보되는 것으로 동종제한의 원칙이 적용된다. 특히 구약관에서는 실무상 '운송용구의 접촉'으로 보상되었다.[10]

신증권에서는 화물차가 트레일러를 부착한 채 높은 화물을 싣고

9) 사고발생시 화물이 육상운송용구상에 실려 있지 않는 경우에는 담보하지 않는다. 예를 들면 기차역에 놓아둔 화물이 탈선한 기차에 의하여 손해를 입었다면 ICC(B)에서는 담보되지 않는다.

10) 이재복, 전게서, p. 185.

과속하다 갑자기 모퉁이를 돌 때 전복되는 경우를 예상하고 본 조항을 삽입하였다.

(iv) **본선·부선 혹은 운송용구와 물 이외의 타물과의 충돌 혹은 접촉**(collision or contact of vessel, craft or conveyance with any external object other than water) :

구증권[11] 위험약관의 해상고유의 위험에서 충돌에 의한 손해를 담보한다. 영국에서와 같은 협의의 충돌(running down)은 타선박과의 충돌을 의미하지만 광의의 충돌은 물은 제외하고 얼음을 포함한 타물과의 접촉을 의미한다.

본 약관은 광의의 충돌의 개념으로 구체적으로 열거하고 있으며, 선박과 선박의 충돌은 신협회선박기간약관(Institute Time Clauses-Hulls (1995))의 제8조 3/4충돌손해배상책임약관(3/4 Collision Liability Clause)에 규정하고 있다.

충돌에 관하여 WA조건의 '타물(얼음물)'(external substance(ice included))이 (B)조건에서는 "external object"라고만 표기하고 있지만 "ice included"는 생략된 것으로 이해된다.

(v) **피난항에서의 양하**(discharge of cargo at a port of distress)

피난항이란 본래 목적했던 양하항에 도착하기 전에 수송을 계속할 수 없어 중간에 하역하는 항구로 여기서의 양하, 재선적 등의 작업과 관련하여 생긴 손해가 이들 작업과 상당인과관계가 있음이 증명되면 보험자는 보상해야 한다.

11) ICC(WA) 및 (FPA) 제5조는 "object"란 용어 대신 "substance"란 용어를 사용하고 있다. "object"란 용어에는 "water"는 포함되지 않으며 "ice"는 포함된다고 볼 수 있다(R. H. Brown, Marine Insurance, vol. 2, p. 108).

유의할 것은 피난항에서의 양하만 담보되고 부보된 화물에만 한한다. 예를 들어 부보되지 않는 화물의 양하과정에서 부보된 화물이 입은 손해는 담보되지 않는다. 또한 양하된 화물의 재적재나 피난항이 아닌 정상적인 항구에서의 양하에 따른 손해는 담보되지 않는다.

(vi) **지진, 화산의 분화, 낙뢰**(earthquake, volcanic eruption or lightning)

이들 위험은 ICC(C)에서는 담보되지 않는 ICC(B)의 열거위험이다. 이 가운데 지진과 화산의 분화는 구증권 위험약관으로 담보되는 위험이 아니며 ICC(WA) 제5조에서도 담보되지 않는 위험으로 신 ICC에서 복합운송을 의식하고 삽입된 위험이다. 즉, 지진이나 화산분출과 상당인과관계(reasonably attributable to)만 입증되면 담보된다.

낙뢰는 S.G. Policy의 위험약관 가운데 해상고유의 위험인 악천후(heavy weather)에서 담보된다. 또한 낙뢰에 의한 화재는 화재위험으로 담보된다. 이유는 낙뢰가 때로는 화재를 수반하기 때문에 화재와 동종제한의 원칙에 따르기 때문이다.[12)]

신 ICC에서 "all other perils"가 없기 때문에 이를 명시할 필요가 있게 되었고, 따라서 낙뢰의 경우 화재의 발생여부를 불문하고, 또한 해상이나 육상이나 이로 인한 손해를 보험자가 보상한다.

(b) **담보위험에 의한**(caused by ...) **손해**

(i) **공동해손 희생손해**(general average sacrifice)

공동해손 행위에 기인하여 희생된 화물의 손해를 보험자가 보상하도록 열거하고 있다. 구증권에는 공동해손의 원인인 투하(jettison)를

12) R. J. Lambeth, op. cit., p. 152.

담보하도록 규정하고 있지만, 신약관은 공동손해에 포함되는 투하는 공동해손 손해로 담보하도록 하고 공동해손에 포함되지 않은 투하는 별도로 명시하여 담보하도록 하고 있다.

여기서는 공동해손행위에 관련되는 손해만 담보한다. 즉, 운송인이 공동해손에 대한 클레임을 입증할 수 없을 경우 비록 희생이 있어도 담보되지 않는다(MIA 제66조 제6항). 보험자는 공동해손의 정산이 완료되기 전에 희생을 당한 피보험자에게 보험금을 지급하고, 정산 후 항해단체의 이해관계자들이 갖는 공동해손분담금(general average contribution)에 대한 피보험자의 청구권을 자신이 지급한 보험금의 한도 내에서 대위(subrogation)하게 된다.

(ii) 투하(jettison)

적하의 투하는 공동해손의 가장 오랜 전형적인 형태로, 선장이 다수의 이익을 위하여 현실적으로 공동의 중대한 위험에 직면하여 고의로 화물을 바다에 던지는 것을 말한다.[13] 공동해손이 발생하면 이에 대한 정산이 필요하며 정산을 위한 국제규칙은 요크·앤트워프규칙(York-Antwerp Rules : YAR, 2004)이다.

여기서의 투하는 화물고유의 성질 때문에 부패하여 불가피하게 투하하는 경우와 같은 공동해손 행위가 아닌 투하를 의미한다.[14]

(iii) 갑판유실(washing overboard)

갑판유실손은 ICC(C)에서는 담보하지 않는 위험이다. 그러나 ICC(B)로 부보했다고 해도 선창 내 적재를 전제로 한 화물이 갑판적이 되면 갑판적화물약관(On Deck Cargo Clause)에 의하여 담보조건

13) 본 약관은 운송인이 자기 소유의 화물을 운송할 경우와 같은 공동해손이 인정되지 않는 경우의 손해도 보상한다. 위험에 직면하지 않고 운송인이 자기 화물을 투하하는 것은 의도적 악행(wilful misconduct)으로 일반면책약관에서 제외하고 있다.

14) Taylor v. Dunbar(1869) L.R.4C.P. 206.

이 ICC(C)+J.W.O.B.[15]로 바뀌기 때문에 갑판유실에 대한 입증책임도 피보험자가 지게 된다.

그러나 ICC(C)에서 공동해손이 성립되지 않는 투하와 갑판유실을 담보하기 위하여 J.W.O.B.(Jettison & Washing Overboard)를 특약 부보해야 한다.

갑판유실은 S.G. Policy에서는 악천후와 동종제한의 원칙에 따라 담보되기 때문에 ICC(W.A)와 ICC(FPA)에서도 담보되는 위험이다. 그러나 신약관 ICC(B)에서 갑판유실을 담보하지만 악천후시 갑판적 화물이 적·양화과정에서 갑판 밖 해수에 추락하는 경우는 보상되지 않는다.[16]

(iv) **본선·부선·선창·운송용구·컨테이너·지게차 또는 보관장소에 해수, 호수, 강수의 침입**(entry of sea lake or river water into vessel craft hold conveyance container liftvan or place of storage)

이러한 위험한 ICC(C)에서는 담보하지 않는 위험이다. 해상이나 호수 또는 강에서 운송도중 해수나 담수가 화물이 저장되어 있는 선내나 컨테이너 등에 침입하여 입는 손해를 보상한다. 이러한 위험이 ICC(WA)에서 담보되도록 명시되어 있지 않기 때문에 ICC(B)가 ICC(WA)보다 담보범위가 넓다고 보기 쉬우나 ICC(WA)는 증권의 본

15) On Deck Clause; Notwithstanding any average warranty(inclusive of coverage for any extraneous risks if granted hereunder) and the clause 8(8.3) of the Institute Cargo Clauses, it is specially understood and agreed that in the event of the interest herby insured or any part thereof being carried on deck, the conditions on such deckload shall be amended to "ICC(C) [Subject to Risks Clause contained in the Institute Cargo Clause(C)] including the risks of Washing Overboard" as from the commencement of this insurance.

16) R. H. Brown, op. cit., p. 110.

문약관에 추가되는 추가위험이기 때문에 ICC(WA)의 경우 본문약관의 악천후(heavy weather)에서 폭풍 등의 악천후에 기인하는 물의 침입은 담보된다고 할 수 있다.[17)]

본 약관에서 우수에 의한 손해는 보상되지 않으며 컨테이너, 지게차 및 보관장소 등의 용어가 사용된 것은 컨테이너를 이용한 복합운송중의 위험까지 담보하기 위한 것이다.

구증권과 ICC(WA) 또는 (FPA)의 경우 '물'(water)에 의한 손해에 관하여 그것이 담수, 우수, 해수냐에 따라 또는 악천후에 기인하는지에 따라 명료하지 않았으나 ICC(B)에서 이 문제가 명료해졌다.[18)]

① ICC(C)에서는 "water"손해는 보상하지 않는다. 단, 침몰, 좌초 및 악천후 등과 상당인과관계가 있거나 투하나 공동해손과 근인관계가 있는 경우는 예외이다.

② ICC(B)에서는 "water"손해를 보상한다. 단, 화물이 선내, 컨테이너내, 보관창고 내에 있는 경우에 한한다.

③ 갑판적 화물은 컨테이너나 지게차 내에 실려있지 않는 한 "water"손해가 담보되지 않는다. 부두에서 적재나 양하의 대기중인 화물의 "water"손해는 보상되지 않는다. 그러나 이들이 보관창고에 있는 경우에는 예외이다.

④ ICC(B)에서 호수의 물이나 강수에 의한 손해도 보상한다.

그러나 ICC(B)에서 한유(ship's sweat)에 의한 손해는 보상되지 않는다.[19)]

---

17) 1851년 Montaya v. London Assurance Co. (1981 6 Ex. 451) 사건에서 가죽과 담배를 선적한 선박이 항해 중에 악천후로 인해 바닷물이 들어와 가죽이 물에 젖어 부패하였고, 여기서 나오는 악취로 담배가 손해를 입었으나 법정에서는 이를 "perils of the seas"에 의한 손해라고 판시했다.

18) R. H. Brown, op. cit., p. 111.

(c) 추락손(Sling Loss)

ICC(WA)와 ICC(FPA)에서 담보하는 추락손을 ICC(B)에서는 보상되지만 ICC(C)에서는 보상되지 않는다. 추락손은 선적, 재선적 또는 양하시 포장당 전손사고(total loss of any package)가 발생한 경우에 한하여 담보한다.

선적과 재선적도 본선과 부선에 한하며 육상운송 수단에서 적재와 하역시의 손해는 보상되지 않는다. 또한 비록 포장내 내용물이 전손을 당해도 추락하여 포장의 전손을 입지 않는 한 보험자는 보상하지 않는다.

(d) ICC(B)와 ICC(WA)의 차이

① ICC(B)는 19개의 약관으로 되어 있는데 반하여 ICC(WA)는 14개의 약관으로 되어 있다.

② 담보하는 위험을 열거하고 있다는 점에서는 같으나, ICC(B)는 제1조에 열거하고 있는데 반하여 ICC(WA)는 제5조에 담보위험을 규정하고 있다.

③ WA 조건은 본문의 면책률약관(memorandum Clause)에 뿌리를 두고 공동해손, 좌초, 침몰 또는 대화재의 경우를 제외하고 보험증권에 명시된 면책률(franchise) 미만의 단독해손은 보상하지 않으나, ICC(B)는 면책비율이 없이 제1조에 열거된 모든 위험에 의한 손해를 보상한다.[20]

④ WA조건에서 면책률의 적용을 원치 않을 경우 WAIOP(With Average irrespective of percentage) 조건을 사용해야 한다. 결국

19) ibid.
20) ICC(B)조건이 (C)조건과의 가장 큰 차이는 "water"에 의한 손해를 보상받는 점이기 때문에 종이류, 곡류, 섬유류 등 해수유손해를 입기 쉬운 화물의 경우에 자주 이용한다.

WA 조건은 손해의 유형에 따라 열거된 위험에 의한 손해를 보상하지만, ICC(B)는 손해의 유형과는 관계없이 열거된 위험에 상당인과관계가 있거나 근인관계에서 발생한 모든 손해를 보상한다.

⑤ WA조건은 구증권의 본문약관에 첨부되어 구증권의 보완적 기능을 했으나 ICC(B)는 본문약관 중 위험약관이 없어진 상태에서 생긴 독립된 약관이다.
따라서 양약관의 열거된 위험의 수만 가지고 담보범위를 판단할 수 없다. 예를 들면, 해수의 침입은 ICC(B)에서는 열거된 위험이지만 WA에는 열거되어 있지 않다. 그러나 이러한 위험은 WA 조건이 첨부된 구증권의 본문약관에서 해상고유의 위험(perils of the seas) 가운데 악천후(heavy weather)에 해당하는 위험이다.

⑥ ICC(B)의 "water"손해를 제외하고 "heavy weather"에 의한 손해를 ICC(B)에서는 보상하지 않는다.

⑦ '도난'(thieves)은 구증권 본문의 위험약관에 열거된 위험이지만 ICC(B)나 (C)에서는 이를 담보하지 않고 필요할 경우 협회도난·발화·불착약관(Institute Theft, Pilferage and Non-Delivery Clause)을 첨부해야 한다.

⑧ ICC(B)에서는 육상운송중의 위험인 육상운송용구의 전복 또는 탈선, 지진, 분화, 낙뢰, 해수, 하천수, 호수의 침입 등을 담보함으로써 복합운송에 따른 위험문제를 해결하였다.

결국 ICC(B)가 1963년의 ICC(WA)에 대응한 것이라고 하지만 이것은 편의상 비교에 불과하고 위험담보에 관한 접근방법과 내용에 있어서 서로 상이한 약관이다.

(다) 제1조 담보위험(C Clause)

1. This insurance covers, except as excluded by the provisions of Clauses 4, 5, 6 and 7 below,

1.1 loss of or damage to the subject-matter insured reasonably attributable to

1.1.1 fire or explosion

1.1.2 vessel or craft being stranded grounded sunk or capsized

1.1.3 overturning or derailment of land conveyance

1.1.4 collision or contact of vessel craft or conveyance with any external object other than water

1.1.5 discharge of cargo at a port of distress,

1.2 loss of or damage to the subject-matter insured caused by

1.2.1 general average sacrifice

1.2.2 jettison.

1. 이 보험은 하기 제4조, 5조, 6조 및 제7조에서 규정한 면책위험을 제외하고 다음의 손해를 담보한다.

1.1 하기의 사유에 상당인과관계가 있는 보험목적의 멸실・손상

1.1.1 화재 또는 폭발

1.1.2 본선 또는 부선의 좌초・교사・침몰・전복

1.1.3 육상운송용구의 전복 또는 탈선

1.1.4 본선・부선 또는 운송용구와 물 이외의 다른 물체와의 충돌 또는 접촉

1.1.5 피난항에서의 화물의 하역

1.2 하기의 사유로 생긴 보험의 목적의 멸실, 손상

1.2.1 공동해손 희생손해

1.2.2 투하

ICC(C)도 ICC(B)와 같이 담보위험을 열거하고 있으나 ICC(B)의 경우보다 담보위험 수가 적다.

ICC(B)에서 담보하는 위험 가운데 ICC(C)에서 제외되는 위험은 지진, 화산의 분화, 낙뢰, 갑판유실, 본선 · 부선 · 선창 · 운송용구 · 컨테이너 · 지게차 또는 보관장소에 해수 · 호수 · 강수의 침입 및 본선 · 부선으로의 선적 또는 양하작업 중 바다에 떨어지거나 갑판에 추락한 매 포장당 전손 등이다.

ICC(C)는 ICC(FPA)를 승계한 것이지만, FPA(Free From Particular Average : 단독해손부담보)가 손해유형에 따라 열거된 위험을 담보하는 대신 "C" Clause는 제1조에 열거된 위험을 면책률 없이 담보한다.

FPA는 적재된 화물이 좌초, 침몰, 대화재의 경우를 제외하고 단독해손은 담보하지 않는다. 즉, SSB의 3대사고가 발생하면 손해가 이들 위험과 인과관계가 없어도 단독해손은 담보되며, 화재, 폭발, 충돌사고의 경우에는 손해가 이들 위험과 인과관계가 있는 단독해손을 담보하는 것으로 본문의 면책률약관(memorandum Clause)의 전문이 발전된 것이다.[21]

FPA조건에서 보상되는 손해는 전손, 공동해손, 구조료(Salvage charges), 특별비용, 손해방지비용(Sue and Labour charge) 및 부수비용 등이다. FPA조건은 해수유손해가 생기기 어려운 화물인 광석, 원목, 석탄 등에 많이 사용된다.

21) 藤沢 順, 전게서, p. 132.

FPA는 단독해손부담보조건이지만 단독해손은 특정분손과 불특정분손으로 나눌 수 있으며, FPA는 불특정분손부담보조건이다.

특정분손에는 ① 선박의 침몰, 좌초, 대화재로 인한 적하의 단독해손, ② 선적・환적, 양하 중에 발생한 포장 1개당 추락손, ③ 화재・폭발・충돌・접촉 및 피난항에서의 양하로 인한 손해 등이다. 반면에 WA는 특정분손과 불특정분손을 가리지 않고 면책비율에 달하면 모두 보상한다.

(2) 제2조: 공동해손약관(General Average Clause)

> 2. This insurance covers general average and salvage charges, adjusted or determined according to the contract of carriage and/or the governing law and practice, incurred to avoid or in connection with the avoidance of loss from any cause except those excluded in Clauses 4, 5, 6 and 7 below.
>
> 이 보험은 다음의 제4조, 5조, 6조 및 제7조에서 표시한 면책위험을 제외한 어떤 다른 원인으로부터 발생하는 손실을 피하기 위해 발생한 경우라면 해상운송약관 혹은 효력이 있는 법률이나 관습에 따라 정산되거나 결정된 공동해손과 구조비를 보상한다.

본 약관은 ICC(A), (B), (C)의 공통조항으로 보험자의 공동해손과 구조비의 보상책임을 명시한 것이다. 공동해손행위는 해상보험과 다른 제도로 공동의 해상사업에서 위험에 처한 재산을 보존할 목적으로 의도적으로 또한 합리적으로 이례적인 희생이나 비용이 지출되는 경우를 말한다.[22)]

22) MIA 제66조 제2항; There is a general average act where any extraordinary sacrifice or expenditure is voluntarily and reasonably made or incurred in time of peril for the purpose of preserving the property imperilled in the common adventure.

공동해손은 공동해손 희생손해(General Average Sacrifice), 공동해손 비용손해(General Average Expenditure), 공동해손분담금(General Average Contribution)으로 나눌 수 있다.

공동해손 손해는 공동해손 희생손해(G.A. Sacrifice)와 공동해손 비용손해(G.A. Expenditure)를 합계한 것으로[23] 항해단체의 일부가 희생됨으로써 공동의 위험을 면했기 때문에 공동해손 손해에 의하여 이익을 본 이해관계자가 이러한 손해를 공평하게 분담하는 공동해손 분담금(G.A. Contribution)이다.

본 조항은 원래 담보위험에 의한 공동해손 발생시 운송계약에 따라 정산된 공동해손분담금을 담보하기 위한 조항이다. 공동해손행위가 발생하고 공동해손비용을 지출한 경우에 피보험자는 자신이 부담할 분담금에 대하여 보험자에게 직접 청구할 수 있다. 자신이 공동해손희생을 당한 경우에는 이를 분담할 당사자에게 분담청구권을 행사하지 않고 보험금액의 한도 내에서 손해의 전액에 대하여 보험자로부터 회수할 수 있다.[24]

공동해손비용은 공동해손행위로 인하여 지출되는 비용으로 구조비, 피난항비용, 정산비용 등이 있다. 구조비는 선박이 화물을 싣고 있는 상태에서 좌초하거나 혹은 화재사고가 발생하여 항해단체가 공동위험에 처했을 때 임의적 구조(voluntary salvage)나 계약적 구조(contractual salvage)로 지출된 비용으로 종종 공동해손으로 처리되며 실무적으로 불가분의 성격을 지닌다.

23) MIA 제66조 제1항.
24) MIA 제66조 제4항; Green Star Shipping Co., Ltd. v. London Assce., (1933) 1 K.B.378; Dickinson v. Jardine (1868) L.R. 3 C.P. 639.

구약관은 제7조에 공동해손약관을 두고 있으며, 대부분 국가가 선하증권[25)]과 보험증권에, 공동해손의 정산은 York-Antwerp Rules (20044)에 따르도록 명시하고 있기 때문에 공동해손에 관한 자국 상법은 별의미가 없다.

영국해상보험법은 제65조와 제66조에 구조비와 공동해손에 대한 보험자의 책임을 규정하고 있지만, 공동해손의 정산규칙에 관한 조항이 없다. 따라서 이 점에 관한 혼란을 피하기 위하여 ICC 제2조를 추가함으로써 공동해손이 York-Antwerp Rules에 따라 정산될 수 있도록 하고 있다.

(3) 제3조 : 쌍방과실충돌약관("Both to Blame Collision" Clause)

> 3. This insurance indemnifies the Assured, in respect of any risk insured herein, against liability incurred under any Both to Blame Collision Clause in the contract of carriage. In the event of any claim by carriers under the said Clause, the Assured agree to notify the Insurers who shall have the right, at their own cost and expense, to defend the Assured against such claim.
>
> 이 보험은 피보험자가 이 보험의 모든 담보위험에 관하여 해상운송계약의 '쌍방과실충돌'약관에 의해 부담하는 책임액을 보상한다. 위 약관에 따라 운송으로부터 청구를 받았을 경우에 피보험자는 그 취지를 보험자에게 통보할 것을 약속한다. 보험자는 자기의 비용으로 운송인의 청구에 대해 피보험자를 보호할 권리를 가진다.

본 약관은 ICC(A), (B), (C)의 공통약관으로 ICC 구약관 제11조와 동일하다.

25) 한진해운(주) 선하증권의 이면약관 제30조: "General Average shall be adjusted, stated and settled at Seoul or any other port or place at the Carrier's option according to the York Antwerp Rules, 2004 and……".

A, B선박이 쌍방과실로 충돌한 경우 A선의 하주는 A선의 선주와 B선의 선주로부터 과실의 비율에 따라 손해배상을 받아야 하지만, A선의 선주는 하주와의 운송계약에 따라 충돌이 항해과실[26]에 해당하므로 면책된다. 따라서 A선의 하주는 B선의 선주로부터 전액 배상받게 되고, B선의 선주는 이러한 배상액 가운데 A선의 과실비율만큼 A선의 선주에게 청구하게 된다.

A선의 선주는 선하증권상의 쌍방과실충돌약관[27]에 따라 상대선에 지급한 자신의 분담금을 자기 하주에게 청구할 수 있다. 이 경우 본

26) 항해과실은 선박의 운항 또는 관리에 관해 선장·선원·도선사 또는 사용인이 범한 태만 또는 과실을 의미하며 이에 대해서는 운송인이 선박의 내항성을 유지하고 적절히 선원을 승선시키며 선박을 의장하고 또한 소모품을 공급하는데 상당한 주의를 경주하고 있는 한 자기 선박내의 화물의 손해에 대해서는 운송인이 면책임을 선하증권이나 용선계약서(charter party) 등에 명시하고 있다.

27) (Both to Blame Collision Clause) : If the ship comes into collision with another ship as a result of the negligence of the other ship and any act, neglect or default of the master, mariners, pilot or the servants of the carrier in the navigation or in the management of the ship, the owners of the goods carried hereunder will indemnify the carrier against all loss or liability to the other or non-carrying ship or her owners in so far as such loss or liability represents loss of, or damage to, or any claim whatsoever of the owners of the said goods, paid or payable by the other or non..carrying ship or her owners to the owners of the said goods, and set..off, recouped or recovered by the other or non carrying ship or her owners as part of their claim against the carrying ship or the carrier. The foregoing provisions shall also apply when the owners, operators or those in charge of any ship or ships or objects other than, or in addition to, the colliding ships or objects are at fault in respect of a collision or contact.
(만일 본 선박이 상대방 선박의 과실과 본 선박의 선장, 선원, 도선사 또는 기타 운송인의 사용인이 선박의 항해 및 관리상의 행위, 부주의 및 과실에 의하여 타 선박과 충돌하였을 경우에는 본 증권하에서 운송되는 화물의 하주는 본 선박에 화물을 실은 하주가 상대방 선박, 즉 비적재선에 대하여 청구하는 화물의 멸실 및 손상에 관한 모든 클레임에 대해서 상대방 선박이나 그 소유자가 적재선 하주들에게 지급하였거나 지급하여야 할 금액 중에서 상대방 선박, 즉 비적재선과 그 소유자가 적재선 및 본 운송인에게 대하여 청구하는 클레임을 상쇄하고도 남는 상대방 선박, 즉 비적재선과 그 소유자에 대한 멸실과 부담금에 대해서 본 운송인에게 보상하여야 한다. 상기 규정은 충돌선 또는 충돌물체가 충돌 또는 접촉에 관한 과실이 있는 경우 외에도 충돌물체나 충돌선 이외의 물체나 선박을 관리하는 자, 운영하는 자 또는 소유자가 충돌이나 접촉에 관하여 과실이 있을 경우에도 적용된다.)

약관에 의하여 A선의 하주가 자신의 선주에게 지급할 금액을 보험자가 부담한다는 것이다.[28)]

또한 선주가 하주에게 이러한 청구를 한 경우 피보험자는 보험자에게 그 뜻을 통지하여야 하며 또한 보험자는 선주의 피보험자에 대한 청구에 대하여 자기의 비용으로 피보험자를 방어할 권리를 유보하고 있다.

(4) 제4조 : 일반면책약관(General Exclusions Clause)

4. In no case shall this insurance cover
   - 4.1 loss damage or expense attributable to wilful misconduct of the Assured
   - 4.2 ordinary leakage, ordinary loss in weight or volume, or ordinary wear and tear of the subject-matter insured
   - 4.3 loss damage or expense caused by insufficiency or unsuitability of packing or preparation of the subject-matter insured to withstand the ordinary incidents of the insured transit where such packing or preparation is carried out by the Assured or their employees or prior to the attachment of this insurance (for the purpose of these Clauses "packing" shall be deemed to include stowage in a container and "employees" shall not include independent contractors)
   - 4.4 loss damage or expense caused by inherent vice or nature of the subject-matter insured
   - 4.5 loss damage or expense caused by delay, even though the delay be caused by a risk insured against (except expenses payable under Clause 2 above)
   - 4.6 loss damage or expense caused by insolvency or financial default of the owners managers charterers or operators of the vessel where, at the time of loading of the subject-

28) 미국에서는 이러한 "Both to Blame Collision" Clause가 개품운송계약에서는 무효로 판시되었고, 용선운송계약서에서는 당사자가 자유롭게 체결할 수 있게 하였다(United States of America v. Atlantic Mutual Insurance Co. U.S. Sup. Ct. 1952 A.M.L. 659).

29) ICC(A)규정과 달리 (B)와 (C)의 제7항과 제8항은 다음과 같이 규정

matter insured on board the vessel, the Assured are aware, or in the ordinary course of business should be aware, that such insolvency or financial default could prevent the normal prosecution of the voyage.
This exclusion shall not apply where the contract of insurance has been assigned to the party claiming hereunder who has bought or agreed to buy the subject-matter insured in good faith under a binding contract

4.7 loss damage or expense directly or indirectly caused by or arising from the use of any weapon or device employing atomic or nuclear fission and/or fusion or other like reaction or radioactive force or matter.[29)]

4. 어떠한 경우에도 이 보험은 다음의 손해를 보상하지 않는다.
4.1 피보험자의 고의의 악행에 의한 멸실·손상 또는 비용
4.2 피보험목적물의 통상의 누손, 통상의 중량, 용적의 부족 또는 자연 소모
4.3 이 보험의 대상이 되는 운송에서 통상 발생하는 사고에 견딜 수 있는 피보험목적물의 포장 또는 준비의 불완전 또는 부적절로부터 생기는 멸실·손상 또는 비용. 단, 포장 또는 준비가 피보험자 또는 사용에 의해 실행되거나 이 보험의 개시 전에 실행되는 경우에 한한다(본조에서 포장은 컨테이너에 적부하는 것을 포함한다. 또한 사용인에는 독립계약자를 포함하지 않는다.).
4.4 피보험목적의 고유의 하자 또는 성질 따른 멸실·손상 또는 비용
4.5 지연이 피보험위험에 의하여 생긴 경우에도 지연 때문에 생긴 멸실·손상 또는 비용(위 제2조에 의하여 지급되는 비용은 제외함)
4.6 본선의 소유자, 관리자, 용선자 또는 운항자의 지급불능 또는 금전채무불이행으로 생기는 멸실·손상 또는 비용. 단, 보험의 목적을 본선에 적재할 때 피보험자가 지급불능 또는 금전채무 불이행이 그 항해의 정상적인 수행할 수 있다는 사실을 알았거나, 당연히 알았어야 하는 경우에 한한다.
이 면책규정은 구속력 있는 계약에 따라 선의로 보험의 목적을 구입한 자 또는 동의한 자에게 양도되어 양수인이 보험금을 청구하는 경우에는 적용되지 아니한다.
4.7 원자력 또는 핵분열·융합 또는 기타 이와 유사한 반응 또는 방사능이나 방사성 물질을 이용한 무기의 사용으로 인하여 발생하는 멸실·손상 또는 비용

일반면책위험은 ICC(A)의 경우 위와 같이 7가지이지만, (B)와 (C)는 8가지이다. 제7항도 (A)와 규정 내용이 상이하다.

ICC(A/R)인 경우 제5조에 면책위험을 피보험목적물의 지연(delay)이나 고유의 하자 및 성질에 근인한 손해에 국한하고 있다.

A/R의 규정을 보완하기 위하여 법률상(MIA 제55조 제2항) 명시된 면책위험은 피보험자의 고의적 불법행위(wilful misconduct), 지연(delay), 피보험목적물의 통상적 자연소모(ordinary wear and tear), 통상적 누손 및 파손(ordinary leakage and breakage), 쥐 또는 벌레(rats or vermin)에 근인하여 발생한 손해 또는 해상위험에 근인하여 생기지 않은 기관의 손상(injury to machinery) 등을 명시하고 있다.[30]

4.7 deliberate damage to or deliberate destruction of the subject-matter insured or any part thereof by the wrongful act of any person or persons

4.8 loss damage or expense directly or indirectly caused by or arising from the use of any weapon or device employing atomic or nuclear fission and/or fusion or other like reaction or radioactive force or matter.

30) MIA 제55조 제2항;

(a) The insurer is not liable for any loss attributable to the wilful misconduct of the assured, but, unless the policy otherwise provides, he is liable for any loss proximately caused by a peril insured against, even though the loss would not have happened but for the misconduct or negligence of the master or crew;

(b) Unless the policy otherwise provides, the insurer on ship or goods is not liable for any loss proximately caused by delay, although the delay be caused by a peril insured against;

(c) Unless the policy otherwise provides, the insurer is not liable for ordinary were and tear, ordinary leakage and breakage, inherent vice or nature of the subject matter insured, or for any loss proximately caused by rats or vermin, or for any injury to machinery not proximately caused by maritime perils.

이 MIA의 면책위험이 대부분 ICC(A)의 면책위험에 명시되지만 쥐 또는 충(rats or vermin)에 의한 손해는 ICC(A)의 면책위험에 열거되어 있지 않으므로 (A) Clause에서는 담보되지만 (B) 및 (C) clause에서는 면책이다. 특히 '충'에 의한 손해의 경우 (A) Claus에서 충에 의한 오염(vermin contamination)이 외부에서 생기면 이는 담보위험이 되지만 이것이 내부에서 발생되면 이는 화물의 고유의 악성에 의한 손해로 간주하여 면책된다.

ICC(A)는 ICC(A/R) 및 MIA 제55조 제2항 (2)에 추가하여 통상의 중량 및 용량 감소, 포장의 불완전, 선주 등의 도산, 핵무기 및 ICC(B) 및 (C)에서는 의도적인 손해를 추가하여 자기완결성을 나타내고 있다.

법률상 면책위험과 약관상 면책위험 관계를 이해할 필요가 있다. 협회적하약관도 영법에 준거하고 있기 때문에 법률상 면책조항으로 충분하다. 그러나 법률상 면책위험을 변경하거나 추가하는 경우에는 특약인 약관이 법률에 우선한다.

열거된 면책위험은 다음과 같다.

1) 피보험자의 고의의 불법행위(wilful misconduct of the assured)

법률이 피보험자에게 자신의 잘못을 이용하지 못하도록 하는 것으로 모든 보험의 공통된 원리이다. 피보험자의 고의의 선박천공(scuttling),[31] 선박유기(casting away),[32] 고의의 선박침몰 경우 등이다.

이러한 위험은 해상고유의 위험이 아니라 인간의 악행에 기인한 위험으로 어떤 경우에도 면책되는 절대적 면책위험이다. 그러나 피보험자의 고의에 의한 행위라도 이것이 불법행위가 아니고 정당한 행위의 경우, 예를 들면 공동해손행위나 손해방지를 위한 행위에 따른 손해는 보험자가 보상하여야 한다. 피보험자의 행위의 고의성에 대한 입증책임은 이를 통하여 면책되기를 원하는 보험자에게 있다.[33]

31) P. Seamuel & Co., Ltd. v. Dumas(1924) A.C. 431; Compania Naviora Martiartu v. royal Exchange Assurance Corpn.(1924) A.C. 850.
32) Lemos v. British and Foreign Marine Insurance Co., Ltd. (1931) 39 LIL Rep. 275 ; Northwestern Mutual Life Insurance Co. v. Linard The Vainqueur (1973) 2 Lloyd's Rep. 275 (SDNY).

2) 피보험목적물의 통상의 누손, 통상의 중량 또는 용적의 부족 또는 자연소모(ordinary leakage, ordinary loss in weight or volume, or ordinary wear and tear of the subject-matter insured)

이들 면책위험에 대하여는 MIA 제55조 제2항 (C)호에 유사한 취지의 내용이 있으며 영법에는 파손(breakage)에 관해서도 면책위험으로 규정하고 있으나, 본 약관에서는 파손에 관해서는 언급이 없다. '파손'은 통상적인 "중량 또는 용적의 부족"에 포함될 것으로 보았기 때문이다. 그러나 "통상적인 중량 또는 용적의 부족"에 포함되지 않는 파손도 있을 수 있지만 ICC(A)와 함께 MIA 제55조가 효력을 갖기 때문에 큰 문제가 없다.

(a) ordinary leakage(**통상적인 누손**)

이것은 포도주나 유류 등 액체상태의 화물이 증발이나 용기에의 흡수 등으로 자연손실이 생기거나 곡물 등이 감소되는 경우이다. 이러한 화물에서는 자연손실을 감안하여 합의된 비율을 공제하고 분손 클레임을 보상하는 것이 관행이다.[34)]

통상적인 누손이 아닌 이례적인 누손(extraordinary leakage)이 생기면 이는 보험자가 보상하여야 하다. 예를 들면 선박이 좌초 또는 충돌이나 용기의 파손 등으로 누손이 생길 수 있다. ICC(B) 및 ICC(C)에서도 누손에 각 제1조에 열거된 위험에 상당인과관계가 있지 않는 한 통상적인 누손으로 간주하여 담보하지 않는다.[35)]

33) Anghelatos v. Northern Assurance Co. (1924) 19 LIL Rep. 255, HL.
34) R. H. Brown, op. cit., p. 114.
35) R. J. Lambeth, op. cit., p. 165

통상적인 파손(ordinary breakage)은 ICC(A)에는 언급되지 않았으나 MIA의 면책사항 가운데 하나라는 이유로 그대로 유효하다. 즉, 통상적인 파손은 태만(negligence)에 의하여 생기며 그러한 태만은 보험에서 담보되지 않기 때문에 면책위험이지만 그렇지 않은 경우 ICC(A)에서 보험자는 파손을 담보하여야 한다.

(b) ordinary loss in weight or volume(통상적인 중량 또는 용적의 부족)

통상적인 중량 또는 용적의 부족은 MIA나 구약관에서는 명시되어 있지 않다. 이러한 손해는 화물 고유의 하자나 성질로 취급하거나, 구증권의 경우 본문약관에 면책률약관(Memorandum Clause)을 두어 보험자는 일정률 미만의 손해는 보상하지 않는다.[36] 통상적인 중량 또는 용적이 줄어들기 쉬운 화물은 곡류 및 유류 등이다.

중량이나 용적의 부족손을 화물 고유의 하자 또는 성질에 의한 손해와 분리하여 규정하여 이로 인한 손해에 대한 보험자의 면책을 명확히 할 뿐 아니라 구증권의 면책률약관이 없어진데 대한 대응조항이며 MIA의 자연손 면책(natural loss exclusions)에 대한 보완규정이다.

(c) ordinary wear and tear(통상적인 자연소모)

통상적인 자연소모는 통상적인 운송과정 또는 보관과정에서 일어나는 불가피한 손해(inevitable loss)로 MIA 제55조 제2항 (c)호에 면책으로 규정하고 있고 이에 관한 판례도 많다.[37]

36) 加藤由作, 海上保險新論, 春秋社, 1961, pp. 687~688.

37) Wadsworth Lighterage and Coaling Co. Ltd v. Sea Insurance Co. Ltd. (1929) 34 L1L. Rep. 285 ; Capital Coastal Shipping Corpn and Bulk Towing Corpn v. Hartford Fire Insurance Co. (1975) 2 Lloyd's rep. 100 ; Prudent Tankers Ltd. S.A. v. Dominion Insurance Co. Ltd., The Caribbean (1980) 1 Lloyd's Rep. 338 ; Rhesa Shipping Co. S.A. v. Edmunds, The Popi M. (1983) 2 Lloyd's Rep. 235, QBD.

3) 피보험목적물의 포장 또는 준비의 불충분이나 부적절성
(insufficiency or unsuitability of packing or preparation of the subject-matter insured)

판례에서는 포장 또는 준비의 불충분이나 부적절은 당해 화물의 고유의 하자로 간주하여[38] 이로 인한 손해는 보험자가 보상하지 않았다. 따라서 구약관이나 MIA에도 이를 별도로 명시하지 않았으나 신약관에는 명시하게 되었다.

컨테이너와 지게차를 이용하는 경우 포장을 생략할 경우가 있는데, 컨테이너와 지게차에의 적부를 포장으로 간주한다. 단, 이 경우에는 FOB조건의 수입화물에서와 같이 보험자의 책임은 화물이 본선에 인도될 때부터 개시하는데 반하여 화물은 그 전에 컨테이너에 적입될 때나, 컨테이너에의 적입이 피보험자 또는 그 사용인에 의하여 행하여지는 shipper's pack에 한하여 부적절한 포장에 대하여 보험자는 면책된다.

만약 보험증권에서 담보하고 있는 위험의 발생시에 포장이 부적절하거나 하자가 있으면 이로 인하여 생긴 손해는 보상되지 않는다. 그러한 손해는 불가피한 것이며 이는 "risk"라고 할 수 없다.[39]

충분한 포장이란 적하의 성질, 항해의 종류 및 시기, 거래관습 등을 고려하여 충분하다고 인정되는 포장이며, 적절한 포장이란 화물의 보관이나 운송시 화물의 가치를 보호·보존하기 위하여 적절한 것을 말한다.

38) F. W. Berk & Co. v. style(1955) 2 Lloyd's Rep. 382.
39) Gee Garnham Ltd., v. Whittall(1952) 2 Lloyd's Rep. 562 ; F. W. Berk & Co., Ltd. v. Style(1955) 2 Lloyd's Rep. 382 ; Liberian Insurance Agency Inc. v. Mosse(1977) 2 Lloyd's Rep. 560.

본 조항은 포장뿐만 아니라 운송준비의 불충분이나, 컨테이너 및 지게자동차에서 불충분한 또는 부적절한 적부까지 포함하고 있다.

적부의 면책에서는 이것이 위험개시(attachment of this insurance) 후에 행하여지거나 피보험자가 아닌 운송인이나 운송주선인에 의한 적부는 면책에서 제외하고 있다. 그 이유는 피보험자로 하여금 위험 개시시에 화물이 컨테이너에 적절하게 적부되는 것을 확인할 책임을 부여하고자 하는 것이며, 위험이 개시된 후나 운송인에 의한 적부는 피보험자가 어찌할 수 없는 것이기 때문에 선의의 피보험자를 보호하기 위함이다.[40)]

4) 피보험목적물 고유의 하자 또는 성질(inherent vice or nature of the subject-matter insured)

피보험목적물 고유의 하자 또는 성질에 관해서는 구약관 및 MIA 제55조 제2항 (c)호에 동일하게 명시되어 있다. 화물 자체의 성질에 따른 위험은 해상위험이 아니라 화물 자체에 내재하고 있는 성질에 기인한 위험이기 때문에 항해중이 아니라도 생길 수 있는 손해이며, 통상적인 항해과정에서 손해가 생길 수도 있다.

대부분의 경우 통상성이 있는 손해로서 예측이 가능하기 때문에 특약이 없는 한[41)] 보험자는 보상하지 않는 상대적 면책위험이다.[42)] 이러한 손해는 지연 등과 같이 우연적 손해(fortuitous loss)가 아닌 불가피한 손해(inevitable loss)이기 때문이다.

화물 고유의 하자는 피보험목적물에 내재하는 결함 또는 이상으로, 외래적 하자와 내재적 하자로 나눌 수 있다. 포장의 불량 등과

40) R. H. Brown, op. cit., p. 116.
41) Overseas Commodities v. Style(1958) 1 Lloyd's Rep. 546.
42) 여기에 속하는 위험으로 자연발화(spontaneous combustion), 녹(rust) 또는 변질 등의 위험은 특약을 첨부하는 것이 보다 보편화되고 있다.

같이 피보험자의 중대한 과실에 의한 경우는 전자의 예이고 인화성이나 발화성 물질에 의한 화물 자체의 손해는 후자의 경우이다.

고유의 하자는 피보험자가 상당한 주의를 기울이면 알 수 있는지 여부에 따라 가시적 하자와 잠재적 하자로 구분된다. 잠재적 하자는 피보험자가 상당한 주의를 기울여도 발견하기 어려운 하자이기 때문에 보험자가 이로 인하여 생긴 손해를 보상하는 것은 당연하다.

화물 고유의 하자 또는 성질에 의한 위험으로는 ① 통상의 선내 습기에 견디지 못하는 한유손, ② 통상의 항해과정에서 생기는 곡물의 곰팡이(mildew)나 금속류의 녹(rust), ③ 통상의 항해과정에서 생기는 면화, 석탄, 어분, 대마 등의 자연발화 또는 폭발(spontaneous combustion or explosion), ④ 야채나 과실[43]의 부패, 주류나 곡물의 변질[44](deterioration), 칠기류의 변색 등을 들 수 있다.

이러한 손해가 발생해도 담보위험이 근인인 경우에는 보험자가 책임을 져야 한다. 예를 들면 석탄의 자연발화로 화재가 발생하여 창고내의 다른 화물에 손해를 입혔다면 석탄을 제외한 다른 화물은 화재에 의한 손해를 보험자로부터 보상받을 수 있다. 손해가 발생하면 이것이 화물 고유의 하자나 성질에 의한 것인지의 입증책임은 이로 인하여 면책되기를 원하는 보험자가 져야 한다.

5) 지연에 근인한 손해(loss damage or expense proximately caused by delay)

지연에 근인한 손해는 MIA 제55조 제2항 (b)호 및 구약관에 모두 면책으로 규정하고 있다. 그러나 영법에는[45] 지연에 의한 손해(loss)

43) Dyson v. rowcroft (1803) 3 B. & P. 474.

44) Taylor v. Dunbar (1869) L.R. 4 C.P. 206; Soya G.m.b.H.v. White H.L. (1983) 1 Lloyd's Rep. 122.

만을 보험자의 면책으로 규정한데 반하여 본 약관에서는 지연에 의한 비용(expense)까지 면책으로 규정하고 있다.

항해지연으로 인한 비용손해는 폭풍우를 피하기 위하여 피난항에서 발생된 비용 또는 선박의 충돌・좌초로 인하여 피난항 등에서 발생된 적하의 하역비・보관비・재선적비 등이다.[46] 그러한 면책되는 비용손해에 공동해손분담금이나 구조비는 제외된다.

적하보험의 경우 항해의 지연에 의한 손해는 화물 자체의 손해, 비용손해, 시장손해로 나눌 수 있다.

화물 자체의 물적손해는 항해의 지연으로 화물이 부패, 변질, 변색되는 것이며, 시장손해(loss of market)는 항해의 지연으로 특정시장에서 판매기회를 상실하거나 가격변동으로 피보험자가 입은 손해로 이러한 손해는 엄격한 의미에서 해상손해가 아니다. 이러한 항해의 지연을 면책으로 규정한 이유는 비록 담보위험에 의하여 항해가 지연되고 이로 인하여 부패손해가 발생해도 손해발생의 근인은 지연이기 때문이다.[47]

6) 선주 등의 파산 또는 금전상의 채무불이행에 의한 손해(loss damage or expense arising from insolvency or financial default of the owners)

MIA나 구약관 등에는 선주의 파산이나 금전상의 채무불이행에 대

45) MIA 제55조 제2항 b호에도 지연에 근인한 손해에 대하여 보험자의 면책을 규정하고 있지만 MIA 제48조에는 항해보험에 대하여 다음과 같이 규정하고 있다.
"In the case of a voyage policy, the adventure insured must be prosecuted throughout its course with reasonable despatch, and, if without lawful excuse it is not so prosecuted, the insurer is discharged from liability as from the time when the delay become unreasonable."

46) 김정수, 전게서, p. 193.

47) St. Margaret's Trust Ltd. v. Navigators & General Insurance Co., Ltd. (1949) 82 L1L. Rep. 52.

한 명시가 없다.[48] 이것은 운송책임을 진 운송인이 파산하여 항해를 완료할 수 없을 경우 이에 따라 발생하는 각종 손해나 비용, 예를 들면 중간항에서 하역비, 창고료, 재선적비 또는 계반비용(forwarding expenses) 등이다.[49]

채무불이행(financial default)에 의한 손해를 면책위험으로 명시한 것은 운송인이 화물을 채무보증용으로 중간항에서 채권자의 관리 하에 넘겨줄 가능성이 있기 때문이다. 선주 등의 파산이나 채무불이행은 원래 그 원인이 해상위험이 아니므로 해상보험에서 담보할 것인가에 의문이 제기되어 이를 면책으로 규정하게 되었다.

7) 피보험목적물의 의도적인 손상 또는 파괴(deliberate damage or destruction)

MIA는 피보험자의 고의적 비행을 면책으로 규정하고 있으나(제55조 제1항 (a)호) 다른 당사자의 의도적인 손상은 면책으로 규정하고 있지 않다. 또 구 ICC에도 이에 관한 규정은 없다. 그러나 Lloyd's S.G. Policy에는 선원의 악행(barratry)이 담보되는 것으로 규정하고 있으나 이것이 적하보험에 적용되는지는 의문이다.[50]

피보험목적물의 의도적인 손상 또는 파괴의 대표적인 예가 "barratry"이며 이러한 위험은 ICC(B) 및 ICC(C)에서 면책위험이나 ICC (A)의 담보위험이다. ICC(A), (B) 및 (C)가 제1조를 제외하고 완전히 같다고 할 수 없는 이유가 바로 제4조 제7항이 (A) Clause에서는 담보위험인 반면 (B) 및 (C) Clause에서는 면책위험이라는 점이다.

48) 본조는 선주, 관리자, 용선자, 운영자의 파산 또는 채무불이행에 의한 손해를 면책으로 규정하고 있을 뿐이며 수탁자, 창고업자, 부선운항자 또는 육상운송인의 파산이나 채무불이행을 규정한 것은 아니다.

49) 신약관 제12조는 계반비용약관(forwarding charges clause)으로 담보위험에 의한 중간항에서의 하역비, 보관비 또는 계반비용은 보험자가 부담할 것을 규정하고 있다. 그러나 선주 등의 파산이나 채무불이행에 의한 계반비용은 보험자가 담보하지 않는다.

50) R. H. Brown, op. cit., p. 118.

WA나 FPA에서는 동맹파업약관을 첨부함으로써 '악의적 손상'(malicious damage)이 담보되었으나[51] 신약관의 신동맹파업약관은 악의적 손상을 담보하지 않기 때문에 이를 담보하기 위해서는 추가보험료를 내고 '악의적 손상약관'[52](Malicious Damage Clause)을 첨부해야 한다. 이 약관의 첨부로 악의적 행위(malicious acts) 외에 만행(vandalism)이나 사보타지(sabotage)까지 확장 담보가 가능하다. 유의할 것은 "malicious Damage Clause"를 특약으로 첨부하여도 ICC (B)나 (C)의 제1조에 열거된 위험이나 "malicious acts", "vandalism" …… "sabotage" 등 위험에 한하여 담보한다.[53]

동맹파업자나 정치적 동기를 갖고 행동하는 사람에 의한 악의적 손상이나 사보타지는 동맹파업약관에 의해서 담보된다. 선원의 악행에 의한 손해는 악의적 손상약관으로 담보되어야 하며 전쟁이나 동맹파업약관으로 담보되지 않는다. 그러나 선원이 폭발물을 악의로 폭파시켰다면 이는 전쟁이나 동맹파업담보약관으로 담보된다.

8) 핵무기의 사용(use of any weapon of war employing atom or nuclear)

핵무기 사용에 관한 위험은 ICC(A)의 제4조 제7항에서, ICC (B),

51) Institute Strikes Riot and Civil Commotions Clause (1963) 제1조 제1항 (b); This insurance covers loss of or damage to the property hereby insured by persons acting maliciously.

52) Malicious Damage Clause (82.1.1.) (For use with the New Marine Policy Form) (For use with Institute Cargo Clause (B) or (C); In consideration of an additional premium, it is hereby agreed that Clause 4.7 of the Institute Cargo Clauses is deemed to be deleted and further that this insurance covers loss of or damage to the subject matter insured caused by malicious acts vandalism or sabotage, subject always to the other exclusions contained in this insurance.

53) R. J. Lambeth, op. cit., p. 171.(Nishina Trading Co. Ltd. v. Chiyoda Fire and Marine Insurance Co., Ltd. (C.A) (1969) 1 Lloyd's Rep. 293).

(C)는 제4조 제8항에서 면책으로 규정하고 있다. 그 이유는 납입된 보험료로 (B) 및 (C)에서는 핵무기나 이와 유사한 파괴력을 가진 무기의 사용에 따른 손해를 담보할 수 없기 때문이다.

물론 ICC(B)나 (C)의 경우 제1조에 열거된 위험중에 이들 무기에 대한 손해를 보상한다는 명시가 없기 때문에 문제될 것이 없지만 만약 이러한 무기에 의한 위험과 다른 담보위험이 겹쳐서 화재나 폭발이 있었다면 인과관계에 의하여 담보여부가 결정될 것이다.

핵무기에 대한 위험을 보험자의 면책으로 취급한 것은 위험의 예측이 불가능할 뿐 아니라 그 손해의 정도가 예측할 수 없을 만큼 거대하기 때문이다.[54)]

(5) 제5조 : 불내항 및 부적합 면책약관(Unseaworthiness and Unfitness Exclusion Clause)

5.1 In no case shall this insurance cover loss damage or expense arising from

5.1.1 unseaworthiness of vessel or craft or unfitness of vessel or craft for the safe carriage of the subject-matter insured, where the Assured are privy to such unseaworthiness or unfitness, at the time the subject-matter insured is loaded therein

5.1.2 unfitness of container or conveyance for the safe carriage of the subject-matter insured, where loading therein or thereon is carried out prior to attachment of this insurance or by the Assured or their employees and they are privy to such unfitness at the time of loading.

5.2 Exclusion 5.1.1 above shall not apply where the contract of insurance has been assigned to the party claiming hereunder who has bought or agreed to buy the subject-matter

54) Victor Dover, A Handbook to Marine Insurance, Witherby & Co., Ltd. 1975, p. 143.

insured in good faith under a binding contract.

5.3 The Insurers waive any breach of the implied warranties of seaworthiness of the ship and fitness of the ship to carry the subject-matter insured to destination.

5.1 이 보험은 어떠한 경우에도 다음 사유로 발생하는 멸실·손상 또는 비용을 보상하지 않는다.

5.1.1 선박 또는 부선의 불감항, 본선 또는 부선의 피보험목적물의 안전한 수송에 부적합. 단, 보험의 목적을 적재할 때 피보험자가 그와 같은 불감항 또는 부적합을 알고 있을 경우에 한한다.

5.1.2 피보험목적물의 안전운송을 위한 컨테이너 또는 운송용구의 부적합. 단, 그 적재가 보험개시 전에 실행되는 경우 또는 피보험자 또는 사용인에 의해 실행되고 또한 그들이 적재 시에 부적합을 알고 있는 경우에 한한다.

5.2 상기 5.1.1규정은 구속력 있는 계약에서 선의로 보험의 목적을 구입한 자 또는 구매하는 것에 동의한 자에게 양도되어 양수인이 보험금을 청구하는 경우는 적용되지 않는다.

5.3. 보험자는 선박의 감항 및 피보험목적물의 운송을 위한 선박의 적합에 대한 묵시담보의 위반에 대한 권리를 포기한다.

1) 선박의 불내항 및 부적합면책(unseaworthiness and unfitness exclusion clause)

선박은 통상적인 항해과정에서 발생하는 위험을 견딜 수 있어야 한다. 또한 선박이 화물의 운송에 사용되는 경우에는 화물운송에 적합한 상태(cargo worthiness)이어야 한다.

선박의 내항성에는 선체나 기관의 결함과 같은 물적 하자 및 선원의 부족, 서류의 불비, 허가의 미취득 등도 포함한다.

MIA는 선박의 내항성에 관하여 항해보험의 경우와 기간보험의 경우를 달리 취급하고 있다.

항해보험의 경우는 선박의 내항성과 내화성은 명시의 합의를 필요로 하지 않는 묵시담보(implied warranty)의 하나로(제39조 1~4항) 위반시 그 위반과 손해간에 인과관계가 없어도 보험자는 묵시담보 위반일로부터 책임이 면제된다.

기간보험의 경우에 선박은 각 항해에 있어서 내항성을 갖추어야 한다는 묵시담보는 없으며, 단지 피보험자가 선박의 불내항성을 알고 이를 취항시킨 경우 보험자는 이에 따른 손해를 보상할 책임이 없다.[55] 즉, 선박이 요구하는 내항성은 보험기간 전체가 아닌 발항 당시에 국한한다.

통상 피보험자는 선박의 내항성에 관여할 입장이 되지 못하며 또한 이를 통제할 수도 없다. 따라서 본조 제1항은 피보험목적물의 적재시[56] 피보험자가 선박의 불내항성이나 다른 운송용구의 부적합성을 알고 있었을 경우에 한하여 보험자는 이로 인한 손해에 대하여 면책임을 규정하고 있다.

특히 신약관은 선박뿐만 아니라 부선, 운송용구, 컨테이너 또는 지게차 등의 부적합성까지 면책으로 규정한 것은 오늘날 운송방법이 컨테이너를 이용한 복합운송이 일반화됨에 따른 규정이라고 볼 수 있다.[57] 이러한 운송용구는 해상뿐만 아니라 육상에서의 운송에도 사용되기 때문에 '불내항(不耐航)'이란 용어보다 '부적합(不適合)'이란 용어가 적절하다.

55) MIA 제39조 제5항

56) 내항성에 대한 묵시담보는 항해의 개시시부터 적용되지만 보험자의 면책은 화물이 적재시부터이다. 비록 선박이 적재시에 내항성이 있어도 항해개시시에 불내항상태가 되었음을 피보험자가 알았다면 이는 묵시담보의 위반이다.

57) 신약관 제4조 제3항 참조.

선박의 불내항이 면책이기 때문에 이에 따른 공동해손 손해가 생겨도 공동해손희생이나 그 분담금을 보상받지 못하며, 이에 대한 비용손해도 마찬가지다.[58]

2) 내항성 및 적합성담보(seaworthiness and fitness warranties)

구약관 제8조는 내항성승인약관(Seaworthiness Admitted Clause)으로 보험자와 피보험자간 내항성담보를 인정하고 있다. "선주나 그 사용인의 악행 또는 비행"(wrongful act or misconduct of the ship-owners or their servants)에 의한 손해도 피보험자의 고의가 아닌 한 담보하도록 되어 있으나, 선원의 악행(barratry)은 S.G. Policy의 본문약관에서 담보하기 때문에 "barratry" 이외의 선주나 그 사용인의 비행을 담보하게 된다.

신약관 제5조 제2항은 MIA의 내항성담보에 관하여 직접 언급할 뿐 아니라 선박의 적합성담보를 명시한 것으로 보아 구약관보다 훨씬 구체적이고 포괄적이다.

적하보험의 피보험자는 선박의 내항성이나 적합성을 통제할 수 있는 입장에 있지 않기 때문에, 비록 선박이 내항성을 상실하여 화물에 손해를 입혔다 해도 피보험자가 그러한 불내항성을 알고 있지 않는 한, 보험자는 내항성에 대한 묵시담보의 위반을 이유로 보상을 거절할 권리를 포기해야 하는 것은 당연하다.

반대로 피보험자가 알고서 불내항 선박에 화물의 적재를 허락했다면 이는 묵시담보의 위반이 성립되며, 비록 화물의 손해가 선박의 상태로 인하여 발생했는지의 여부를 떠나 보험자는 화물이 선적일로부터 화물손해에 대하여 면책된다.

58) R. H. Brown, op. cit., pp. 152~153.

따라서 신약관은 피보험자의 입장에서 보면 내항성담보가 절대적인(absolute) 것에서 피보험자와 그의 사용자의 행위에 따라 결정되는 조건부적용(conditional application)으로 완화되었다.[59)]

해상운송에서도 운송인은 선박의 내항성과 내화성을 갖추도록 상당한 주의(due diligence)를 다할 의무가 있으며 이에 대한 입증책임이 있다.

ICC(2009)에 따르면 불내항·부적합 면책은 ① 피보험자가 선적시 불내항·부적합을 알고 있는 경우, ② 컨테이너 등 운송용구가 물품의 안전운송에 부적합하고 적재가 보험개시 전에 실행되었거나 또는 적재가 피보험자 또는 그 사용인에 의해 실행되고 부적합을 알고 있는 경우에는 적용된다. 따라서 ICC(2009)에 따르면 피보험자의 사용인이 불내항 사실을 알고 있더라도 보험자는 면책되지 않는다.

(6) 제6조 : 전쟁위험면책약관(War Exclusion Clause)

> 6. In no case shall this insurance cover loss damage or expense caused by
>
> 6.1 war civil war revolution rebellion insurrection, or civil strife arising therefrom, or any hostile act by or against a belligerent power
>
> 6.2 capture seizure arrest restraint or detainment(piracy excepted), and the consequences thereof or any attempt threat[60)]
>
> 6.3 derelict mines torpedoes bombs or other derelict weapons of war"

59) R. H. Brown, op. cit., p. 151 ; 본 항은 협회적하약관 제5조 제2항과 협회전쟁약관(institute War Clauses) 및 협회동맹파업약관(Institute Strikes Clauses) 제4조 제2항에 규정되어 있다.

6. 본 보험은 아래의 위험을 원인으로 해서 발생된 손실·손상 혹은 비용을 담보하지 않는다.
   6.1 전쟁·내란·혁명·반역·반란 또는 이로 인하여 생기는 국내 투쟁 또는 교전국에 의한 또는 교전국에 대한 적대행위
   6.2 포획·나포·강류·억지 또는 억류와 이러한 행위의 결과 또는 이러한 행위를 하고자 기도한 결과(해적위험 제외)
   6.3 유기기뢰·어뢰·폭탄 기타 유기된 전쟁 무기

전쟁위험은 Lloyd's S.G. Policy의 위험약관(Perils Clause)에서는 담보위험이었지만 본문약관의 이탤릭체약관의 포획나포부담보약관(F.C. & S. Clause)으로 보험자의 면책위험이 되었다. 그러나 첨부된 협회약관이 본문약관이나 난외약관보다 우선하기 때문에 부득이 협회약관에도 "War Exclusion Clause"를 반복하여 명시하고 있다.

그러나 본문약관에 위험약관이 없는 신증권의 경우 담보위험과 면책위험에 관해서는 협회적하약관에 규정하게 됨에 따라 신약관 제6조 전쟁위험면책약관은 구약관 제12조의 F.C. & S. Clause를 개정한 것으로 매우 간결하게 명시하였다.

신약관은 유기된[61] 기뢰와 어뢰를 전쟁위험에 포함시켰으며, 전쟁이란 용어인 "war"라는 단어를 직접 사용했다. 특히 ICC(A)의 제6조는 '해적'(piracy)을 전쟁위험에서 제외하여 일반위험으로 간주하여 이에 의한 손해를 (A)약관에서는 보험자가 담보하게 된다.

ICC(B) 및 (C)에서는 열거된 위험에 "piracy"가 없기 때문에 이로 인한 손해에 대해서는 보험자가 면책이다. 그렇지만 "piracy"는 "theft"

60) ICC(A)규정과 달리 (B)와 (C)에는 괄호(piracy excepted)의 내용이 없음
61) '유기된'(derelict)이란 용어를 사용한 것은 전시는 물론이고 전후나 평화시에도 전쟁무기에 의한 위험을 담보함을 규정한 것이다.

의 하나의 형태이기 때문에 협회도난, 발화, 불착약관(Institute of Theft Pilferage and Non-delivery Clause)으로 담보될 수 있다. 또한 (B) 및 (C) Clause에도 제6조에 전쟁위험면책약관을 규정하고 있다. 그 이유는 화재나 폭발 등도 호전적 행위(warlike act)에 의하여 생길 수 있기 때문이다.

제1항은 구체적인 위험에 의하여 발생하는 화물의 손해와 이들 위험의 직접적인 작용의 결과로 생기는 비용손해를 명기하고 있다.

① "war" 또는 "civil war"의 의미는 '통상적인 상업적 의미'(ordinary business meaning)를 가지며 반드시 국제법상의 의미와 일치할 필요가 없다.[62)]

② "revolution"과 "rebellion"은 군사적 힘으로 한 국가의 확립된 정부나 지도자를 밀어내려는 조직적인 시도를 포함하거나 영토의 일부를 장악하려는 시도이다.

③ "insurrection"은 혁명이나 반역의 수준에는 이르지 못한다 해도 이들과 유사한 목적을 갖고 기존의 권위에 저항하는 국민의 봉기이다.[63)]

④ "hostile acts"의 예로는 선박이 정박중이거나 항해중 기뢰의 폭발이나 외적에 의하여 본선 내에 장치한 폭탄의 폭발에 의하여[64)] 선박이 멸실되는 경우이다.

제2항은 제1항에 명시된 위험의 작용으로 화물이 포획되거나 나포되는 것을 말한다.

① "capture"는 적이나 교전국에 의하여 붙잡혀서 연행되는 모든

62) "통상적인 상업적 의미"란 전쟁이나 내란의 발생에 대한 국무장관의 발표나 정부의 공식적 발표를 요하지 않음을 의미한다(Spinney's v. Royal Insurance Co. Ltd. (1980) 1 Lloyd's Rep. at p. 426).

63) Spinney's v. Royal Insurance Co., Ltd. (1980) 1 Lloyd's Rep. at pp. 436, 437.

64) Atlantic Mutual Insurance Co. v. King(The 'Tennyson')(1919) 1 K.B. 307.

행위를 포함하지만[65] "seizure"는 "capture"보다 넓은 의미를 갖고 있으며 합법적인 당국이나 우세한 힘 때문에 강제적으로 점유되는 모든 행위를 포함한다.[66]

② "arrest", "restraint" 또는 "detainment"는 정치상이나 행정상의 행위를 가리키며 폭동이나 통상적인 재판과정에서 생기는 손해를 포함하지 않는다.[67]

제3항은 전쟁중에 적이 남겨놓은 기뢰나 어뢰에 선박이 부딪쳐서 입는 화물의 손해를 보험자가 보상하지 않기 위하여 제정된 조항이다.[68]

위에 열거된 전쟁위험을 담보하기 위하여 피보험자는 협회전쟁약관[69](Institute War Clause)을 특약으로 첨부하여야 한다.

(7) 제7조 : 동맹파업위험 면책약관(Strikes Exclusion Clause)

> 7. In no case shall this insurance cover loss damage or expense
> 7.1 caused by strikers, locked-out workmen, or persons taking part in labour disturbances, riots or civil commotions
> 7.2 resulting from strikes, lock-outs, labour disturbances, riots

65) Papadimitriou v. Henderson (1939) 64 Ll.L. Rep. 345.
66) Pan American World Airways Inc. v. Aetna Casualty & Surety Co.U.S. Ct. of Apps(1975) 1 Lloyd's Rep. 77.
67) RCP 제10조.
68) Coastain-Blankevoort(U.K.) Dredging Co. Ltd. v. Davenport(Inspector of Texes) (1979) (Lloyd's Rep. 395).
69) 협회전쟁약관(적하)은 총 14개 조항으로 구성되어 있으며 그 중 제1조가 위험약관(Risks Clause)으로 담보하는 전쟁위험을 열거하고 있는데 그 내용은 ICC, 제6조의 열거내용과 유사하다. ICC 제6조와 IWC 제1조의 차이는 전자는 전쟁으로 인한 비용(expense)과 손해(loss of or damage)를 모두 면책으로 규정하고 있지만 후자는 비용은 제외하고 손해만 담보하고 있으며, 전자는 포획(capture), 나포(seizure)의 경우 전시나 평상시 모두 면책으로 규정하고 있지만 후자는 이들 위험을 전시에만 담보한다.

or civil commotions

7.3 caused by any act of terrorism being an act of any person acting on behalf of, or in connection with, any organization which carries out activities directed towards the over-throwing or influencing, by force or violence, of any government whether or not legally constituted

7.4 caused by any person acting from a political, ideological or religious motive.

7. 이 보험은 어떠한 경우에도 아래의 멸실·손실 또는 비용을 담보하지 않는다.

7.1 동맹파업자, 직장폐쇄 노동자 또는 노동쟁의, 폭동 또는 소요에 가담한 자에 의하여 발생된 것

7.2 동맹파업, 직장폐쇄, 노동쟁의, 폭동 또는 소요의 결과로 발생된 것

7.3 일체의 테러행위, 즉 합법적 또는 불법적으로 설립된 일체의 정부를 무력 또는 폭력으로 전복 또는 영향력을 미치기 위하여 행동하는 조직을 위하거나 연대하여 행동하는 자의 행위에 의한 것

7.4 정치적·사상적·종교적 동기를 가지고 행동하는 자에 의하여 발생되는 것

동맹파업 면책약관은 1912년 협회적하약관에 도입된 이래 모든 적하약관에 포함되어 있으며, 특히 산업분쟁이 보편화되고 있는 오늘날 의의가 크다.

동맹파업위험은 Lloyd's S.G. Policy의 이탤릭체약관의 동맹파업·폭동·소요부담보약관(F.S.R.&C.C)과 구약관 제13조 F.S.R.&C.C.에 의하여 면책위험이 되었다. 적하약관을 사용하는 신증권은 본문약관에 위험담보약관이 없이 협회약관으로 수용하고 있기 때문에 본조에 이를 규정하고 있다.

1963년 Strikes Clause에는 '악의적 손상'(malicious damage)을 동맹파업위험과 연결하여 동맹파업을 담보하면 "malicious damage"가 담보 가능했다. 그러나 신약관 (B) 및 (C)에서는 일반면책약관에

"deliberate damage"를 포함시켰기 때문에 이를 담보하기 위해 동맹파업약관(Institute Strikes Clause) 외에 악의손상약관(Institute malicious Clause)을 첨부해야 한다.

제1항은 동맹파업을 근인으로 한 손해지만 제2항은 시장의 상실이나 화물의 품질저하와 같은 동맹파업의 결과로 인한 손해까지 면책으로 하기 때문에 본조의 적용이 확대될 소지가 있다.[70)]

제3항에서 테러리스트로 인한 손해로 한정하지 않고 테러행위 전반을 가리키는 일체의 테러행위로 인한 손해에 대하여 면책되는 것으로 하여 테러행위를 재정의 하고 있다. 면책이 적용되기 위해서는 테러행위가 조직을 대신하거나 그 조직과 연대하여 행동하는 자에 의하여 행하여져야 하므로 단독 테러리스트의 행위에는 적용하지 않는다.

제4항에서 테러주의자(terrorist)나 정치적·사상적 또는 종교적 동기를 갖고 행동하는 자(any person acting from a political ideo-logical or religious motive)에 의한 손해로 테러리스트의 행동범위를 확대하였으며, 동맹파업에 의한 비용손해까지 면책으로 규정하였다.

제1항과 제4항은 면책위험들과의 근인관계에 있는 손해 및 비용은 면책이 되고[71)] 제2항은 면책위험의 결과로 생긴 손해 및 비용이 면책된다. "Civil Commotion"은 폭동과 내란의 중간단계로 간주된다.[72)]

---

70) R. H. Brown, op. cit., p. 192.
71) 예를 들어 ICC(B) 및 (C)에서 화재(fire)는 담보하지만 동맹파업자에 의한 화재는 담보하지 않는다(R. H. Brown, op. cit., p. 191).
72) Bolivia Republic v. Indemnity Mutual Marine Assurance Co. Ltd. (1909) 1 KB 785.

(8) 제8조 : 운송약관(Transit Clause)

8.1 Subject to Clause 11 below, this insurance attaches from the time the subject-matter insured is first moved in the warehouse or at the place of storage (at the place named in the contract of insurance) for the purpose of the immediate loading into or onto the carrying vehicle or other conveyance for the commencement of transit, continues during the ordinary course of transit and terminates either:

8.1.1 on completion of unloading from the carrying vehicle or other conveyance in or at the final warehouse or place of storage at the destination named in the contract of insurance,

8.1.2 on completion of unloading from the carrying vehicle or other conveyance in or at any other warehouse or place of storage, whether prior to or at the destination named in the contract of insurance, which the Assured or their employees elect to use either for storage other than in the ordinary course of transit or for allocation or distribution, or

8.1.3 when the Assured or their employees elect to use any carrying vehicle or other conveyance or any container for storage other than in the ordinary course of transit or

8.1.4 on the expiry of 60 days after completion of discharge overside of the subject-matter insured from the oversea vessel at the final port of discharge, whichever shall first occur.

8.2 If, after discharge overside from the oversea vessel at the final port of discharge, but prior to termination of this insurance, the subject-matter insured is to be forwarded to a destination other than that to which it is insured, this insurance, whilst remaining subject to termination as provided in Clauses 8.1.1 to 8.1.4, shall not extend beyond the time the subject-matter insured is first moved for the purpose of the commencement of transit to such other destination.

8.3 This insurance shall remain in force (subject to termination as provided for in Clauses 8.1.1 to 8.1.4 above and to the provisions of Clause 9 below) during delay beyond the control of the Assured, any deviation, forced discharge, reshipment or transhipment and during any variation of the adventure arising from the exercise of a liberty granted to carriers under the contract of carriage.

8.1 이 보험은 아래 11조를 조건으로 운송개시를 위해 운송차량 또는 기타 운송용구에 피보험목적물을 즉시 적재할 목적으로 (보험계약에서 명시된 장소의) 창고 또는 보관장소에서 보험의 목적이 최초로 움직인 때에 개시되고 통상의 운송과정중에 계속되며,

8.1.1 이 증권에 기재된 목적지의 최종창고 또는 보관장소에서 운송차량 또는 기타 운송용구로부터 양하가 완료된 때

8.1.2 이 증권에 기재된 목적지에 도착하기 전후를 불문하고 피보험자 또는 통상의 사용인이 운송과정 상 보관 이외의 보관 및 할당 또는 분배를 위해 선택한 기타 창고 또는 보관장소에서 운송차량 또는 기타 운송용구로부터 양하가 완료된 때, 또는

8.1.3 피보험자 또는 그 사용인이 통상의 운송과정이 아닌 보관을 목적으로 운송차량 또는 기타 운송용구 또는 컨네이너를 사용하고자 선택한 때, 또는

8.1.4 최종 양륙항에서 외항선으로부터 피보험목적물의 양륙을 완료한 후 60일이 경과한 때 중에서 먼저 발생하는 때에 종료한다.

8.2 최종 양륙항 외항선으로부터 양륙 후 보험이 종료가기 전에 보험의 목적이 부보된 목적지 이외의 장소로 계속운송 되는 경우에는 8.1.1~8.1.4에 규정된 보험 종료 규정에 따라 계속되나, 피보험목적물이 목적지로 운송개시를 위해 최초로 움직인 때에 종료한다.

8.3 이 보험의 효력은 피보험자가 좌우할 수 없는 지연, 이로, 부득이한 양하, 재선적, 환적 및 운송계약상 운송인에게 부여된 자유재량권의 행사로 (제8.1.1~8.1.4조 및 제9조의 규정에 따라) 생기는 위험의 변경기간에도 계속된다.

1) S. G. Policy와 창고간 약관

Lloyd's S.G.Policy의 보험자의 위험담보구간은 화물이 선박에 실제로 적재될 때 개시하여 화물이 목적항의 부두에 양륙되었을 때 종료한다.[73] 이러한 담보구간을 확장하기 위하여 협회적하약관이 첨부된다. 협회적하약관 제1조가 19세기 말부터 사용된 창고간약관[74](Warehouse to Warehouse Clause)을 수용한 것으로 이 약관에 의하여 보험자의 담보구간은 화물이 적출지의 창고를 떠날 때부터 최종목적지의 수하인의 창고나 최종창고에 인도될 때까지로 확장되었다. 물론 여기에는 하역일로부터 60일이라는 한계가 있었다.

그 후 1963년 창고간약관이 협회적하약관 제1조에 수용되어 이들 전체를 운송약관(Transit Clause)이라 부르게 되었다. 이 운송약관은 신약관에서 제8조로 되었으며 내용은 거의 동일하다.[75]

2) 운송약관(Transit Clause)

(a) 담보의 시기(attachment of cover)

보험은 화물이 운송의 개시를 위해 보험증권상에 명시된 지역의 창고나 보관장소를 떠날 때 개시된다. 따라서 화물 운송을 위해 운

---

73) RCP 제4조 및 제5조 참조; 부선을 이용하여 선적할 때는 부선위험을 담보하지 않지만 양륙시 부선을 이용한 경우 그 위험은 담보한다.

74) This insurance attaches from the time the goods leave the warehouse at the place named in the policy for the commencement of the transit and continues until the goods are delivered to the consignees' or other final warehouse at the destination named in the policy. In no case however shall the period of cover after completion of discharge overside of the goods from the oversea vessel of the final port or discharge extend beyond 60 days.

75) 단, 구약관의 하단에 "but shall in no case be deemed to extend to cover loss damage or expense proximately caused by delay or inherent vice or nature of the subject matter insured"란 문언이 있으나 이는 이미 신약관 제4조 제4항과 5항에서 면책위험으로 규정되어 있기 때문에 중복될 필요가 없다.

송용구에 적재중이거나 또는 포장인의 구내(packer's premises)로 운송중인 때에는 담보되지 않는다.[76)]

여기서 '운송의 개시'(commencement of transit)란 보험증권상 약정된 운송장소만을 지칭한다. 그러나 화물을 컨테이너에 적부할 목적으로 컨테이너터미널로 발송되었을 때는 운송이 개시된 것으로 본다.[77)]

(b) **통상적인 운송과정**(ordinary course of transit)

개시된 담보는 통상적인 운송과정 동안에는 지속되지만 만약 화물이 통상적인 운송과정을 벗어나면 담보가 중지된다. '통상적'(ordinary)이란 화물의 종류, 그러한 화물에 대한 관습적인 운송방법 등을 고려하여 목적지까지 가장 가까운 항로를 의미한다.[78)]

따라서 본선의 도착을 기다리는 관습적인 지연은 "ordinary course of transit"에 포함되지만 피보험자의 태만에 의한 지연은 "ordinary course of transit"로 해석될 수 없다.

(c) **운송중 지연**(delay in transit)

MIA 제48조에는 "항해가 전 과정을 통하여 상당한 진도로(with reasonable despatch) 수행되어야 하며 적법한 이유 없이 상당한 진도로 수행되지 않으면 보험자는 지연이 부당할 때부터 그 책임이 해제된다."고 규정하고 있다. 본 약관도 피보험자에게 자신이 할 수 있는 한 모든 상황에서 상당한 진도로 행동할 것을 요구하고 있다.[79)]

피보험자가 통제할 수 없는 지연이 생기면 지연기간 동안은 보험담보가 계속되지만,[80)] 이 지연을 근인으로 한 손해는 면책된다.[81)]

76) Brammer Co. v. Holland America Insurance Co. (1962) A.M.C. 1584.
77) Sadler Bros. Co. v. Meredith (1963) 2 Lloyd's Rep. 293.
78) R. H. Brown, op. cit., p. 123.
79) ICC 제18조; It is a condition of this insurance that the Assured shall act with reasonable despatch in all circumstances within their control.

(d) 이로(deviation)

선박이 복귀하여 원래의 항해를 마칠 의도를 갖고 약정되거나 관습적인 항로를 떠날 때 이로가 발생한다. 만약 원래의 항해에 복귀할 의도가 없을 때는 목적지가 바뀌기 때문에 "deviation"이 아니고 '항해의 변경'(change of voyage)이 된다.

MIA 제46조에는 "선박이 적법한 이유 없이 보험증권에 정해진 항해로부터 이로한 경우에는 보험자는 이로시부터 책임이 해제된다."고 규정하고 있다. 그러나 보험자는 이로 전에 발생한 손해에 대해서는 책임을 져야 한다.

실제로 피보험자인 하주는 선박의 이로를 통제할 수 없기 때문에 보험자는 이로시나 ICC 제8조 제3항에 명시한 피보험자의 통제를 벗어나는 상황에서[82] 보험담보를 계속한다. ICC 제8조 운송약관이 육상운송까지 담보하고 있지만 제8조 제3항은 해상운송에 관한 항해의 변동에만 언급하고 있다.

(e) 환적(transhipment)

MIA 제59조는 "항해가 피보험위험으로 인하여 중간항구나 중간지점에서 중단되었을 경우에는, 해상화물운송계약상의 특약과는 관계없이, 선장이 화물 또는 기타의 동산을 양하하여 재선적하거나 이를 환적하여 그 목적지에 운송하는 것을 정당화하는 사정 하에서는 보험자의 책임은 양하 또는 환적이 있음에도 불구하고 계속된다."고 규정하고 있다.

그러나 그러한 환적이 관습이 아니거나 보험계약 체결시 보험자에

80) ICC 제8조 제3항; This insurance shall remain in force ……during delay….
81) ICC 제4조 제5항 참조.
82) 피보험자가 좌우할 수 없는 지연, 이로, 부득이한 양하, 재선적, 환적 및 해상운송계약상 선주 또는 용선주에게 부여된 자유재량권의 행사로 생기는 위험의 변경기간 등을 말한다.

게 고지되지 않았을 경우 보험자는 중요한 사항의 미고지를 이유로 보험계약을 취소할 수 있다. 즉, 피보험자의 힘으로 피할 수 있는 항해의 변동은 통상적인 운송과정이라고 볼 수 없다.[83)]

(f) 부선위험(craft risk)

MIA는 본선과 부두 사이에 화물을 운반하는 부선에 관하여 직접적인 언급이 없으나 구약관(1963)에는 별도로 부선약관(Craft & C. Clause)을 두고 있다. 특히 모든 부선적 화물은 FPA조건이나 면책률약관이 적용될 경우 별도의 보험으로 담보되었다.

그러나 신증권에서는 FPA조건이나 면책률약관이 없기 때문에 운송기간중 부선에 관한 명시가 필요 없고, 부선위험도 통상적 운송과정의 범주에 속하기 때문에 자동 담보된다.

(g) 하역후의 담보

본 약관에 의한 적하보험의 담보구간은 운송의 개시로부터 최종항구나 하역장소까지이다. 목적항에 도착한 선박으로부터 하역일까지의 시간적 제한은 없다. 그렇다고 선박운항자가 하주에게 선박이 화물의 보관장소로 사용되는 것을 허락하지 않을 것이다. 이러한 상황은 통상적 운송과정이 아닐 것이다.

보험담보의 시간적 제한은 화물이 하역되었을 때 가해진다. 한때는 시간적 제한의 기산점을 하역 최종일의 밤 12시부터 시작했으나 ICC(1963) 및 ICC(1982)에는 이에 관하여 명시되어 있지 않다.[84)] 그러나 분쟁이 발생하면 이러한 관행이 적용될 것이다.[85)]

83) R. H. Brown, op. cit., p. 125.
84) "Risk after Discharge Clause"에는 하역 후 60일의 기한일을 하역완료일의 밤 12시(midnight of the day on which the discharge of the overseas vessel is completed)부터 개시한다고 규정하고 있다.
85) R. H. Brown, op. cit., p. 126. 우리나라에서 실무적으로는 화물하역이 선박회사에서 발

본 약관에 명시된 시간적 제한은 60일이며, 60일의 기간은 항상 담보되는 것이 아니고 화물이 최종창고에 도착하면 60일 전이라도 담보가 종료된다.

또한 화물이 증권상 명시된 최종창고나 보관장소에 도착하기 전에 분배 또는 할당을 위해 중간창고나 보관장소에 인도될 때 그 중간지점이 최종목적지가 된다. 보험의 종기는 최종창고나 중간의 보관창고에 인도되는 시점이며, 인도된 후 이들 창고에 보관중의 위험은 화재보험으로 담보된다.

컨테이너화물의 경우 컨테이너터미널에서 다른 화물과 분리되어도 전체가 동일한 목적지로 송부될 경우에는 담보가 계속된다.

한편 우리나라의 수입화물의 경우에는 시간제한을 30일로 축소하여 사용하고 있다. 이는 ICC의 운송약관의 일부를 수정한 것으로 이를 "30일 운송약관"[86][s-69 Transit Termination Clause(30 days)(13)]이라 부른다. 이 30일 약관을 60일로 연장하기 위해서는 "Risk after Discharge Clause"[87]를 첨부하여야 한다.

(h) **피보험자의 선택에 따른 보관**(storage at the option of the assured)

피보험자가 운송 중 어떤 기간 동안 화물을 보관하기를 원할 경우

행하는 화물양하명세서(Cargo Boat Note)에 명시되는 하역종료일자로부터 기산일을 계산한다.

86) It is specially understood and agreed that the words "60days" in (8.1.3) of the paragraph of the Transit Clause of the Institute Cargo Clauses are substituted by the words "30days".

87) Notwithstanding anything to the contrary contained herein, it is understood and agreed that this insurance shall continue, while the goods remain in transit, until the goods are delivered to the final warehouse of destination named in the policy or until the expiry of 60days counting from midnight of the day on which the discharge of the overseas vessel is completed, whichever shall first occur. And further agreed that this policy also covers the storage of goods in transit for aforementioned delivery of the aforementioned 60days.

이를 위해 사전 약정이 있어야 한다. 이 경우 보험자는 사전 통보를 받고 추가보험료를 징수하고 계속 담보하는 것이 관행이다.

운송약관은 본선적재 직전의 보관에 관해서는 직접적인 언급이 없지만 피보험자의 선택에 따라 그러한 보관은 통상적 운송과정이 아닌 것으로 간주될 것이며 보험자는 화물이 보관장소에 들어갔을 때 보험담보가 종료된 것으로 볼 것이다.

또한 피보험자가 화물의 하역 후 이를 보관하기로 결정했을 경우 운송약관은 그러한 보관장소가 최종창고로 간주된다고 규정하고 있다. 따라서 그러한 장소에 화물의 인도시에 보험은 종료된다. 만약 피보험자가 그러한 보관이 통상적인 운송과정중임을 입증하면 그러한 보관중에도 담보가 계속된다.

(9) 제9조 : 운송계약 종료약관 (Termination of Contract of Carriage Clause)

9. If owing to circumstances beyond the control of the Assured either the contract of carriage is terminated at a port or place other than the destination named therein or the transit is otherwise terminated before unloading of the subject-matter insured as provided for in Clause 8 above, then this insurance shall also terminate unless prompt notice is given to the Insurers and continuation of cover is requested when this insurance shall remain in force, subject to an additional premium if required by the Insurers, either

9.1 until the subject-matter insured is sold and delivered at such port or place, or, unless otherwise specially agreed, until the expiry of 60 days after arrival of the subject-matter insured at such port or place, whichever shall first occur, or

9.2 if the subject-matter insured is forwarded within the said period of 60 days (or any agreed extension thereof) to the destination named in the contract of insurance or to any other destination, until terminated in accordance with the provisions of Clause 8 above.

9. 피보험자가 좌우할 수 없는 사정에 의하여 운송계약서에 기재된 목적지 이외의 항구 또는 지역에서 종료되거나 또는 위의 제8조에서 규정된 화물의 인도 이전에 운송이 종료되었을 경우에는 이 보험도 종료된다. 다만, 보험자에게 지체 없이 그 취지를 통지하고 담보의 계속을 요청하는 경우에는 보험자로부터 청구가 있으면 추가보험료 지불을 조건으로 하여 유효하게 계속한다.

9.1 피보험목적물이 위의 항구 또는 지역에서 매각된 후 인도되거나, 별도의 합의가 없는 한 항구 또는 지역에서 피보험화물이 도착 후 60일이 경과 중 어느 한쪽이 먼저 생긴 때까지, 또는,

9.2 피보험목적물이 위의 60일(또는 합의된 연장 기간) 기간 내에 보험증권에 기재된 목적지 또는 기타 목적지에 운반될 경우는 제8조에 따라 이 보험이 종료될 때까지 유효하게 존속된다.

본 약관은 구약관 제2조 '항해종료 약관'(Termination of Adventure Clause)이 바뀐 것으로 내용면에서 큰 차이가 없다. 다만 "contract of affreightment"을 "contract of carriage"로 "the adventure"를 "the transit"로 바꾸었고 피보험자가 계속 담보를 원한다면 지체 없이 보험자에게 통지할 필요성을 강조한 점을 제외하고 내용상 별 차이가 없으나 "after completion of discharge"가 "after arrival of the goods"로 바뀌어 신약관에서 60일의 기산일이 구약관보다 당겨졌다.

본 약관은 피보험자가 통제할 수 없는 사정으로 운송계약상의 목적지에 도착하기 이전에 항해가 종료되므로 보험담보가 끝나는 것을 막기 위하여 이를 계속 담보받기 위한 약관이다.

하주는 운송인과의 운송계약을 체결하고 선하증권을 받게 되는데 운송계약의 내용이 선화증권의 이면약관에 나타난다.[88] Hague Rules 제3조 제2항[89]에 따라 항해를 계속할 수 없는 경우(예를 들면 전쟁 또는 동맹파업) 운송인은 중간항에 화물을 하역할 수밖에 없고 거기서 운송계약이 종료하게 된다.

ICC 제9조 운송계약종료약관에 따라 보험의 효력이 종료되는데, 이 경우 본 약관은 다른 목적지까지 계속 담보를 위해 이를 즉시 보험자에게 통지하고 추가보험료를 내고 계속 담보를 받을 수 있도록 규정하고 있다.

이 약관에 의하여 운송계약의 종료시나 운송의 종료시 계속 보험보호를 받기 위해서는 ① 보험자가 좌우할 수 없는 상황(owing to circumstances beyond the control of the assured)의 운송계약이나 운송의 종료, ② 보험자에 대한 지체 없는 통지(prompt notice is given to the underwriters), ③ 위험의 계속담보에 대한 피보험자의 요청(continuation of cover is requested), ④ 추가보험료(additional premium) 등의 요건이 필요하다.

위 경우에도 화물의 중간항이나 장소에서 매각되는 경우에는 이 화물이 매각되어 매수인에게 인도되거나 화물이 중간항에 도착 후 60일이 지나면 추가담보된 보험의 효력도 종료된다.

만약 피보험자가 원래의 목적지나 다른 목적지로 다시 화물이 운반되기를 원할 경우에도 추가보험료를 내고 위의 네 가지 요건을 충

88) Discharge and Delivery; The carrier retain the option of delivery at the all times the ship's side or from craft, hulk, customhouse, warehouse……

89) "Subject to the provisions of Article 4 the carrier shall properly and carefully load, handle, stow, carry, keep, care for, and discharge the goods carried."

족하여 허락을 받아야 한다.

선박이 충돌하여 간신히 피난항에 도착했으나 대대적인 수리를 하지 않고서는 운항을 계속할 수 없게 된 경우, 선박 운항자는 운송계약에서 자기에게 주어진 선택권을 행사하여 그 피난항에서 화물을 하역하고 거기서 운송계약을 종료시킨다. 이 경우 하주는 운송인에 대한 권리행사와는 별도로 화물에 대하여 조치를 취해야 한다. 즉, 그는 다른 선박을 주선하여 목적항까지 운항을 하게 할 수도 있고 그곳에서 화물을 팔아버릴 수도 있으며 원래의 목적지와는 다른 목적지로의 인도를 전제로 화물을 매각할 수도 있다. 마지막 경우 매도인 자신이 그 목적지까지 인도의 책임을 질 수도 있고 매수인이 화물운송을 주선할 수 있다. 위의 세 가지 선택방법 외에 하주는 화물을 선적지로 다시 가져올 수도 있다. 어느 방법을 선택하든 하주는 운송계약의 종료에 대하여 즉시 보험자에게 통보하여 계속담보를 확보하여야 한다. 이때 화물이 중간항이나 중간 장소에 도착일자로부터 60일 이상 담보하지는 않는다.

화물이 중간항이나 중간 장소에서 판매될 경우, 60일의 기간 내에서 화물이 현지매수인에게 인도될 때 보험은 종료한다. 매도인이 화물을 다시 선적지로 가져올 경우에는 60일의 기간 내에서 화물이 매도인 자신에게 재인도될 때 보험은 종료한다. 또한 하주가 화물을 최초의 목적지와는 다른 목적지로 판매・인도할 경우도 마찬가지다.

(10) 제10조 : 항해변경약관(Change of Voyage Clause)

> 10.1 Where, after attachment of this insurance, the destination is changed by the Assured, this must be notified promptly to Insurers for rates and terms to be agreed. Should a loss occur prior to such agreement being obtained cover may be provided but only if cover would have been available at

a reasonable commercial market rate on reasonable market terms.

10.2 Where the subject-matter insured commences the transit contemplated by this insurance (in accordance with Clause 8.1), but, without the knowledge of the Assured or their employees the ship sails for another destination, this insurance will nevertheless be deemed to have attached at commencement of such transit.

10.1 이 보험이 개시된 후에 피보험자에 의하여 목적지가 변경되는 경우에는 보험자에게 지체 없이 그 취지를 통지하고 보험요율과 조건을 협정하여야 한다. 보험시장에서 타당한 보험조건 및 요율에 의한 담보를 받을 수 있는 경우에 한하여 담보한다.

10.2 보험의 목적이 제8.1조에 따라 예상된 운송을 개시하였으나 피보험자 또는 그 사용이 알지 못하는 가운데 선박이 다른 목적지로 향하는 경우에도 이 보험은 운송이 개시된 때에 시작한 것으로 간주된다.

위험 개시 후 선박의 도착항이 증권에 약정된 도착항에서 의도적으로 변경되었을 때 항해변경(change of voyage)이 있었다고 말한다. 신약관에서는 구약관과 다르게 계속 담보의 전제로 신속통지를 규정하고 있으며 담보조건의 변경도 요구할 권리를 유보하고 있다.

구약관 제4조 '항해변경약관'(Change of Voyage Clause)에는 "any omission or error in the description of the interest vessel or voyage"(보험목적물, 적재선박명, 피보험항해에 관한 기술상의 탈루 또는 오기)와 같은 문언이 추가되어 있으나 이는 항해의 변경과는 관계가 없다.[90]

90) "Held covered at a premium to be arranged in case of change of voyage or of any omission or error in description of the interest vessel or voyage" 이러한 "errors and omissions"을 ICC(1963)에서는 추가보험료나, 신속히 통보해야 된다는 전제

영국해상보험법에는 항해 변경 시 항해변경의 결정이 명백한 때로부터 보험자는 면책이라고 규정하고 있으나,[91] 본 약관에 의하여 이를 보험자에게 통지하고 추가보험료를 지급함으로써 계속 담보된다.

해상위험의 변동(change of risk)은 이로에 의한 위험의 변경(variation of risk)과 항해변경에 의한 위험의 변종(alteration of risk)으로 나눌 수 있는데 모두 영법 제46조 제1항 및 제45조 제2항에 의거하여 보험자가 면책이다.[92]

그러나 ICC 제8조 및 제10조에 따라 통지 및 추가보험료를 조건으로 계속 담보가 가능하다. 왜냐하면 어느 것이든 하주가 통제할 수 있는 것이 아니기 때문이다. 항해변경시 계속담보(held covered)를 위하여 피보험자가 보험자에게 이를 신속히 통보하는 것은 묵시조건(implied condition)이다.[93]

제10조를 일명 "held covered" clause라고 하며, 피보험자가 선의의 실수로 물품의 명세를 부실표시하였을 경우에 이 조항에 의하여 계속담보가 가능하다.[94]

조건 없이 담보되었으나 신약관에서는 서류의 준비와 정보의 제공에서 이러한 착오를 용인하지 않겠다는 취지로 이를 삭제하였다(R. H. Brown, op. cit., p. 132).

91) MIA 제45조 제2항; Unless the policy otherwise provides, where there is a change of voyage the insurer is discharged from liability as from the time of change, that is to say, as from the time when the determination to change it is manifested; and it is immaterial that the ship may not in fact have left the course of voyage contemplated by the policy when the loss occurs.

92) 이기태, 해상보험, 법문사, 1981, p. 156.

93) Hood v. West End Motor Car Packing Co.(C.A.)(1917) 2 K.B; Black King Shipping Corpn., etc. v. Massie(The "Litsion Pride")(1985) 1 Lloyd's Rep. 437; Thomes & Mersey Marine Insurance Co., Ltd. v. Van Laun(1905) Reported(1917) 2 K.B. 48.

94) Kirby v. Consindit Societ.. per Azion; (969) 1 Lloyd's Rep. 75.

(11) 제11조 : 피보험이익약관(Insurable Interest Clause)

11.1 In order to recover under this insurance the Assured must have an insurable interest in the subject matter insured at the time of the loss.

11.2 Subject to Clause 11.1 above, the Assured shall be entitled to recover for insured loss occurring during the period covered by this insurance, notwithstanding that the loss occurred before the contract of insurance was concluded, unless the Assured were aware of the loss and the Insurers were not.

11.1 이 보험에서 보상을 받기 위해서는 피보험자는 손해발생시에 피보험목적물에 대해 피보험이익을 가져야 한다.

11.2 상기 11.1조에 따라 이 보험의 담보기간 중에 일어난 손해는 이 손해가 보험계약의 체결 이전에 발생한 것이더라도 피보험자가 이 손해발생 사실을 알고 있었고 보험자가 몰랐을 경우를 제외하고는 피보험자는 보상을 받을 권리가 있다.

본 약관은 Lloyd's S.G. Policy 본문약관중 소급약관(lost or not lost clause)을 신약관에 신설하여 '피보험이익약관'이라고 이름 붙인 것이다.[95)]

약관의 취지는 보험계약 계약체결 전에 운송이 개시된 경우 발생한 손해를 손해발생시에 피보험이익이 존재하고 손해발생 사실이 피보험자가 몰랐다면 보험자로 하여금 보상하도록 한 것이다.

영법 제6조에는 "피보험자는 보험계약의 체결시에 피보험목적물에 대하여 이해관계가 있을 필요는 없지만 손해 발생시에는 이해관계를 가져야 한다."고 규정하여 보험계약의 소급가능성을 규정하고 있다.

95) "lost or not lost clause"에 대한 RCP 제1조의 내용을 '피보험이익약관'의 제2항에 명시하였다.

FOB계약에서 매수인이 부보한 보험이 '운송약관'(Transit)에 의하여 적출지 창고로부터 도착지의 창고까지 담보하지 못하고 매수인이 피보험이익을 갖는 본선 적재시부터 도착지의 창고까지만 담보한다. 피보험자는 손해발생시에 피보험이익이 있었음을 증명해야 하며[96] 피보험이익이 없는 보험은 명예보험(Policy Proof of Interest : PPI)이 되어 사행 또는 도박을 목적으로 하기 때문에 계약무효가 된다.[97]

포괄보험에서 문언에 관해 논의가 계속되고 있을 경우 부보일자는 논의가 끝나야 부여되기 때문에, 완성되는데 시간이 걸릴 것을 감안할 때 본 약관의 필요성이 크다고 할 수 있다. 만약 보험자가 이미 발생한 손해를 보상하기를 원하지 않을 경우 보험 계약시 "excluding claims for known or reported"란 문언을 삽입해야 한다.

(12) 제12조 : 계반비용약관(Forwarding Charge Clause)

12. Where, as a result of the operation of a risk covered by this insurance, the insured transit is terminated at a port or place other than that to which the subject-matter insured is covered under this insurance, the Insurers will reimburse the Assured for any extra charges properly and reasonably incurred in unloading storing and forwarding the subject-matter insured to the destination to which it is insured.

    This Clause 12, which does not apply to general average or salvage charges, shall be subject to the exclusions contained in Clauses 4, 5, 6 and 7 above, and shall not include charges arising from the fault negligence insolvency or financial default of the Assured or their employees.

96) R. H. Brown, op. cit., p. 158.
97) MIA 제4조 제1항; Every contract of marine insurance by way of gaming or wagering is void.

> 이 보험에서 담보위험이 발생하여 부보된 운송이 담보되는 피보험목적물의 목적지 이외의 항구 또는 지역에서 종료될 경우에는 보험자는 피보험자에 대하여 당해 피보험목적물의 양하, 보관 및 증권기재의 목적지까지 계반을 위해 적절하게 합리적으로 지출한 특별비용을 지급한다.
> 본 조는 공동해손 또는 구조비에 대해서는 적용하지 않고, 제4조, 제5조, 제6조 및 제7조에 규정된 면책조항의 적용을 받으며, 피보험자 또는 그 사용인의 과실·태만·지급불능 또는 금전상 채무불이행으로 생기는 비용은 포함하지 않는다.

구약관(FPA) 제5조에 보험자의 담보위험으로 규정한 계반비용(forwarding charges)[98]을 별도로 명시한 것이다. FPA에서 담보되는 계반비용을 WA에서 보험자가 담보하는 것에 한한다는 다소 애매한 표현을 신약관에서 분명히 한 것이다.

본 약관은 중간항에서 운송이 종료되어 타선박으로 계속 운송되는 경우 그 비용을 공동해손으로 처리하기 곤란하고, 이를 손해방지비용으로 처리할 경우 보험자의 부담이 너무 크기 때문에, 화물이 어떤 항해에 대해 부보된 경우 목적지까지 담보해야 된다는 취지에서 신설된 것이다.[99]

유의할 것은 담보위험으로 항해가 중단되어 발생하는 계반비용만을 보험자가 보상하는 것이며, 전쟁위험이나 동맹파업위험 등 면책위험에 의한 계반비용을 보상하지 않는다는 점이다.[100]

---

98) 계반비용이란 중간항에서 화물이 양육될 경우 이에 따른 하역비용, 창고보관료, 재포장비, 재선적비 및 처음 약정된 목적지까지의 운반비용 등이다.
99) 이재복, 전게서, p. 470.
100) Shell International Petroleum Co., Ltd. v. Gibbs(The "Salem") H.L. (1983) 1 Lloyd's Rep. 342.

본 약관에서 담보하는 계반비용은 공동해손비용이나 구조료와는 달리 특별비용(particular charge)[101]으로 이를 FPA에서는 "special charge"라고 표기하고 있다. 따라서 보험자는 본 약관으로 공동해손 행위나 구조행위에 따른 보험증권상의 책임에 대하여는 직접적인 책임이 없다.

본 조항은 협회적하약관 제4조에서 제7조에 이르는 면책위험은 담보하지 않는다. 특히 제4조 제6항의 "본선의 소유자, 관리자, 용선자 또는 운항자의 지급불능 또는 금전상의 채무불이행으로 생기는 멸실, 손상 또는 비용은 담보하지 않는다."는 내용도 그대로 적용된다.

(13) 제13조 : 추정전손약관(Constructive Total Loss)

13. No claim for Constructive Total Loss shall be recoverable hereunder unless the subject-matter insured is reasonably abandoned either on account of its actual total loss appearing to be unavoidable or because the cost of recovering, reconditioning and forwarding the subject-matter insured to the destination to which it is insured would exceed its value on arrival.

추정전손에 대한 보험금 청구는 화물의 현실전손이 불가피하다고 생각되거나 또는 화물을 회복시켜 거기에 손질을 하고 그것을 목적지까지 계반에 소요되는 비용이 그 목적지에 도착했을 때의 화물의 가액을 초과할 것 같기 때문에 화물이 합리적으로 위부되지 않는 한 보상되지 않는다.

101) MIA 제64조 제2항; Expenses incurred by or on behalf of the assured for the safety or preservation of the subject matter insured, other than general average and salvage charges, are called particular average. Particular charges are not included in particular average.

본 약관은 구약관 제6조의 내용과 동일하다. 전손이 불가피하거나 회복비용이 보험금액을 초과하여 피보험자가 이를 보험자에게 위부한 경우에만 추정전손으로 간주한다.

전손은 현실전손(actual total loss)과 추정전손(constructive total loss)으로 나눈다. 현실전손은 영법 제57조 제1항에 "피보험목적물이 파괴되거나 부보된 종류의 물건으로 존재할 수 없을 정도로 심한 손상을 입은 경우 또는 피보험자가 피보험목적물을 박탈당하여 회복할 수 없는 경우"라고 정의하고 있으며, 이 경우에는 위부를 통지할 필요가 없다.

추정전손은 영법 제60조 제1항에 "보험증권에 명시의 특약이 있는 경우를 제외하고 피보험목적물의 현실전손이 불가피한 것으로 보이기 때문에, 또는 비용을 지출한 경우 보험가액을 초과하지 않고서는 현실전손을 면할 수 없기 때문에 피보험목적물을 정당하게 위부한 경우에는 추정전손이 있다."고 규정하여 본 약관과 유사하다.

미국의 경우 화물이 보험가액의 50% 이상의 손해를 입을 경우 추정전손으로 규정하고 있기 때문에 영법과 다르다. 따라서 추정전손의 경우 영법의 규정과 일치시키기 위해 이를 다시 규정한 것이다.

추정전손이 발생되면 피보험자는 이를 전손으로 처리하고 전손에 따른 보상을 받고자 한다. 이를 위해 반드시 위부가 필요하며, 위부가 없으면 분손으로 처리된다.[102] 피보험자는 보험자로 하여금 손해를 경감시킬 조치를 위하여 즉각 위부통지(notice of abandonment)를 하여야 한다.[103]

102) MIA 第61조; Where there is a constructive total loss the assured may either treat the loss as a partial loss, or abandon the subject-matter insured to the insurer and treat the loss as if it were an actual total loss.

위부통지를 받은 보험자는 위부수락(acceptance of abandonment) 또는 위부포기(waiver of abandonment)를 결정해야 한다. 위부를 수락할 경우 보험자는 전손보상을 하고 위부된 피보험목적물의 모든 권리를 승계한다.[104] 위부수락은 취소불능이 되어 보험자가 책임을 지기 때문에 통상 보험자는 이를 거절한다. 이 경우 피보험자는 법적 구속력을 확보하기 위하여 보험자를 상대로 영장(writ)을 발행한다.[105]

(14) 제14조 : 증액약관(Increased Value Clause)

14.1 If any Increased Value insurance is effected by the Assured on the subject-matter insured under this insurance the agreed value of the subject-matter insured shall be deemed to be increased to the total amount insured under this insurance and all Increased Value insurances covering the loss, and liability under this insurance shall be in such proportion as the sum insured under this insurance bears to such total amount insured. In the event of claim the Assured shall provide the Insurers with evidence of the amounts insured under all other insurances.

14.2 Where this insurance is on Increased Value the following clause shall apply : The agreed value of the subject-matter insured shall be deemed to be equal to the total amount insured under the primary insurance and all Increased Value insurances covering the loss and effected on the subject-matter insured by the Assured, and liability

103) MIA제62조 제1항; Subject to the provisions of this section, where the assured elects to abandon the subject matter insured to the insurer he must give notice of abandonment. It he fails to do so the loss can only be treated as a partial loss.

104) MIA 제63조 참조.

105) R. H. Brown, op. cit., p. 142.

under this insurance shall be in such proportion as the sum insured under this insurance bears to such total amount insured. In the event of claim the Assured shall provide the Insurers with evidence of the amounts insured under all other insurances.

14.1 이 보험의 피보험화물에 대하여 피보험자가 별도 증액보험을 부보한 경우에 협정보험가액은 동일한 손해를 보상하는 모든 증액보험의 총보험금액으로 증가된 것으로 간주한다. 이 보험에서 보상책임은 총보험금액에 대한 보험금액의 비율로서 부담하게 된다. 보험금 청구시 피보험자는 보험금액을 증명할 수 있는 서류를 보험자에게 제출하여야 한다.

14.2 이 보험이 증액보험인 경우는 다음의 약관을 적용한다. : 피보험화물의 협정가액은 원보험과 피보험자가 부보한 모든 증액보험의 합계금액과 동등한 것으로 본다. 이 보험에서 책임은 보험금액의 합계보험가입금액에 대하여 갖는 비율로서 보상책임을 진다. 보험금 청구시 피보험자는 보험자에게 다른 모든 보험의 보험가입금액을 증명하는 서류를 제출한다.

본 약관은 구약관에는 없던 것으로, "corn"이나 "rubber" 등 특수화물에 사용되던 협회특별약관에 있던 내용이다.

보험가액불변의 원칙에 따라 피보험자가 보험금액을 증액하려면 별도의 계약을 체결하여야 하지만 운송중 시장가격의 상승시 별도 계약체결에 따른 불편을 제거하기 위하여 계약기간중 보험금액의 증액을 인정하고, 손해발생시 보험금을 지급할 때는 원보험금과 증액된 보험금과의 비율관계를 근거로 총보험금액중에 각각의 비율에 따라 부담한다고 규정한 약관이다.

본 약관의 제1항은 원보험증권(underlying policy)에 적용되고 제2항은 증액보험증권(increased value policy)에 적용되는 조항이지만

두 증권을 합하여 동일한 보험담보의 일부를 구성한다.[106)]

적하보험의 경우 원보험증권에는 화물의 가액을 부보하고 증액보험증권에는 보험료·운임·관세 및 미필이익을 부보하며, 선박보험의 경우에는 원증권에 선체 및 기관·기계를 부보하고 증액보험증권에는 선비 또는 선박의 증액분을 부보할 수 있다.

반대로 각 보험증권이 보험금액의 비율에 따라 보상을 하고 책임 있는 제3자로부터 배상을 받는다면 영법 제79조 제2항에 따라 보상해준 비율로 대위권(subrogation rights)을 행사할 수 있다.

(15) 제15조 : 보험이익불공여약관(Not to Inure Clause)

15. This insurance

15.1 covers the Assured which includes the person claiming indemnity either as the person by or on whose behalf the contract of insurance was effected or as an assignee,

15.2 shall not extend to or otherwise benefit the carrier or other bailee.

15.1 이 보험계약을 체결하거나 또는 자기를 위해 체결한 자로서 또는 양수인으로 보험금을 청구하는 자를 포함하는 피보험자를 대상으로 한다.

15.2 확장 또는 기타 방법에 의해 운송인 또는 기타 수탁자에게 유리하게 이용되어서는 안 된다.

106) R. H. Brown, op. cit., p. 250; 예를 들어 원보험증권에 보험금액이 U.S$10,000이고, 증액보험증권의 보험금액이 US$1,000인 경우, 손해액이 US$5,500이라면, 원보험증권에서 US$5,500 $\times \frac{10,000}{11,000}$ =US$5,000, 증액보험증권에 US$5,500 $\times \frac{1,000}{11,000}$ =US$500를 보상한다.

본 약관은 구약관 제10조와 동일한 것으로, 운송인이나 수탁자 자신들이 운송하는 물품이나 수탁한 화물이 보험에 부보되어 있다는 이유로 어떤 이익도 누릴 수 없음을 규정한 것이다.

ICC(2009)에서는 1982 약관에서 사용하던 "inure"를 평이한 용어로 변경하였다.

해상운송중 화물의 손해가 발생하면 피보험자는 보험계약에 따라 보험자에게 보상청구를 하거나 운송계약에 따라 운송인에게 배상청구를 할 수 있지만, 통상 보험자에게 보상청구를 하면 보험자가 보상하고 운송인에 대한 배상청구권은 보험자가 대위하게 된다.

Hague Rules이나 영국의 해상운송법을 준거법으로 하는 선하증권은 보험이익약관을 이용할 수 없지만 수탁자(bailee)인 경우에는 그러한 제한이 없기 때문에 본 약관의 효용성이 있다고 할 수 있다.

운송인은 선하증권이나 기타 운송계약서에 선주가 보험자로부터 보상받지 못하는 손해에 대해서만 배상한다는 내용의 보험이익약관[107)](Benefit of Insurance Clause)을 삽입하는 경우 보험자의 대위권에 의한 구상청구가 불가능하므로 운송인이나 수탁자가 본 보험의 이익을 누리지 못하도록 한 것이다.

본 약관은 운송인 등이 보험이익약관을 사용하지 못하도록 하며,

107) Hague Rules(1924) 제3조 제8항에서는 운송인의 책임을 경감시키는 어떤 보험조건도 무효임을 규정하고 있다.; Any clause, covenant or agreement in contract of carriage relieving the carrier or the ship from liability for loss or damage to, or in connection with, goods arising from negligence, fault or failure in the duties and obligations provided in this article, or lessening such liability otherwise than as provided in this convention, shall be null and void and of no effect. A benefit of insurance in favor of the carrier or similar clause shall be deemed to be a clause relieving the carrier from liability.

만약 이 약관을 사용하여 보험자에게 불이익이 있다면 그 손해만큼 보험자는 보험금에서 공제하고 지급한다는 것이다.[108)]

이 조항이 도입된 시대적 배경은 운송인들이 하주가 화물운송계약을 체결하면서 여러 가지 면책위험을 명시하여 자기들의 책임을 면하는 것이 관례가 되었다. 즉, 운송계약서 등에 보험자이익조항을 삽입하여 피보험자가 아닌 수탁자 등 제3자가 피보험자의 대리인으로서 보험증권의 이익을 청구할 수 있도록 규정함으로써, 결국 보험자가 그러한 운송인이나 수탁자에 대해 대위권을 행사하지 못하도록 하였다. 이 조항은 운송인이나 수탁자의 고의나 과실로 인해 손해가 발생한 경우 그 손해를 보상한 보험자가 대위에 의해 취득한 운송인 등 제3자에 대한 구상권의 보전을 목적으로 도입한 것이다.

(16) 제16조 : 피보험자 의무약관(Duty of Assured Clause)

16. It is the duty of the Assured and their employees and agents in respect of loss recoverable hereunder
    16.1 to take such measures as may be reasonable for the purpose of averting or minimising such loss, and
    16.2 to ensure that all rights against carriers, bailees or other third parties are properly preserved and exercised and the Insurers will, in addition to any loss recoverable hereunder, reimburse the Assured for any charges properly and reasonably incurred in pursuance of these duties.

16. 이 보험에서 보상되는 손해에 대하여 다음 사항은 피보험자, 그의 사용인 및 대리인의 의무이다.
    16.1 손해방지 또는 경감을 위한 합리적인 조치를 강구하는 것. 또한,
    16.2 운송인 수탁자 또는 기타 제3자에 대한 모든 권리가 적절히 보

108) R. H. Brown, Analysis of marine Insurance Clauses, Witherby & Co., London, 1982, p. 16.

> 전되어 행사되도록 확실히 하는 것, 그리고 보험자는 이 보험에서 보상되는 손해에 추가해서 이러한 의무 수행 상 적절히 합리적으로 지출한 비용을 피보험자에게 지급한다.

본 약관은 피보험자에게 피보험목적물의 손해방지 및 경감을 위해 조치를 취할 것과 운송인, 수탁자 또는 제3자에 대하여 손해배상청구권을 확보할 것을 피보험자의 의무로 규정한 조항이다.

Hague Rules이나 영국 "Carriage of Goods by Sea Act"(1971) 등에는 해상운송인에게 선하증권상에 적하보험의 이익을 누리는 어떠한 약관도 삽입하지 못하도록 규정하고 있기 때문에 운송인은 그러한 이익을 누릴 수 없다. 수하인도 '적절한 기간 내'(in good time) 클레임을 제기하지 않으면 운송인에 대한 보험자의 대위권의 효력이 상실되므로 이를 막기 위해 제2항이 삽입되었다.[109]

피보험자는 신의성실의 원칙에 따라 피보험목적물의 손해방지나 경감을 위해 노력할 의무가 있으며, 이를 합리적으로 수행하는 과정에서 발생한 모든 비용은 보험자가 부담하는 것이 당연하다.

본 조항과 관련되는 것으로 ① 영국해상보험법 제78조 사항, ② Lloyd's S.G. Policy 제12조 손해방지약관, 구약관 제9조 수탁자약관 등이 있다.

S.G. Form과 이에 첨부되는 구약관에서 손해방지를 위한 비용의 지급은 증권상 다른 보상청구에 대한 부수적인(supplementary) 것이다.[110]

109) "It is the duty of the assured and his agents, in all cases, to takes such measures as may be reasonable for the purpose of averting or minimising a loss."
(손해를 방지하거나 또는 경감하기 위하여 합리적인 조치를 강구하는 것은 모든 경우에 있어서 피보험자 및 그 대리인의 의무이다.)

110) MIA 제78조 제1항; "Where the policy contains a suing and labouring clause, the

신증권이나 신약관에는 손해방지약관이 없으나 영법 제78조의 내용과 손해방지약관의 내용이 합해져서 피보험자 의무약관(Duty of Assured Clause)이 되었다. 이 약관에서 피보험자의 의무는 "이 보험에서 보상되는 손해에 한하여"(in respect of a loss recoverable hereunder) 부여되는 것이기 때문에 본 증권에서 담보되지 않는 손해를 방지 또는 경감하기 위하여 지출된 비용은 회수할 수 없다.

따라서 본 약관은 영법 제78조 제3항[111)]의 내용까지 포괄하고 있다고 할 수 있다. 또한 신증권에는 "Important Clause"인 적색으로 된 약관이 있으며 그 약관 내에 '피보험자 의무약관' 내용이 반복된다.[112)]

(17) 제17조 : 위부 포기약관(Waiver Clause)

> 17. Measures taken by the Assured or the Insurers with the object of saving, protecting or recovering the subject matter insured shall not be considered as a waiver or acceptance of abandonment or otherwise prejudice the rights of either party.
>
> 보험의 목적물을 구조하거나 보호하거나 또는 회복하기 위하여 취한 보험자 또는 피보험자의 행위는 위부의 포기 또는 승낙으로 간주되지 않으며 또는 관련 당사자의 권리를 해하는 것도 아니다.

engagement thereby entered into is deemed to be supplementary to the contract of insurance, and……"

111) MIA 제78조 제3항; Expenses incurred for the purpose of averting or diminishing any loss not covered by the policy are not recoverable under the suing and labouring clause.

112) "Important Clause"; It is the duty of the Assured and their Agents, in all cases, to take such measures as may be reasonable for the purpose of averting or minimising a loss and to ensure that all rights against Carriers, Bailees or other third parties are properly preserved and exercised.

본 약관은 Lloyd's S.G. Form 대신 신증권이 사용됨에 따라 S.G. Form의 본문약관중에 있는 위부포기약관(Waiver Clause)이 나타난 것이다.

추정전손이 발생하면 피보험자가 보험자에게 위부통지를 하여야 하고, 보험자가 위부의 수락여부를 결정하기 전에 보험자나 피보험자가 피보험목적물의 회복, 구조 또는 보존을 위하여 필요한 조치를 취한다고 해서 이를 위부의 수락이나 포기로 간주하지 않는다는 취지이다.

위부 수락 여부의 법률적 문제를 떠나 보험계약 당사자는 피보험목적물의 재산권의 보존을 위해 모든 조치를 취할 수 있도록 한 규정으로 이 약관으로 인하여 양 당사자는 안심하고 모든 조치를 취할 수 있다.

(18) 제18조 : 신속조치약관(Reasonable Despatch Clause)

18. It is a condition of this insurance that the Assured shall act with reasonable despatch in all circumstances within their control.

피보험자는 자기가 조처할 수 있는 모든 상황에서 타당, 신속하게 행동하는 것을 이 보험의 조건으로 한다.

본 약관은 구약관 제14조에 있는 조항이다. 또한 영국해상보험법 제48조도 피보험자가 지연을 줄일 수 있는데도 지연이 부당하게 연장될 경우 보험자에게 생길 책임으로부터 보험자를 보호하고자 하였다.[113)]

113) In the case of a voyage policy, the adventure insured must be prosecuted throughout its course with reasonable despatch, and if without lawful excuse it is not so prosecuted, the insurer is discharged from liability as from the time when

피보험자는 자신이 조처할 수 있는 모든 상황에서 신속하게 처리할 것을 규정한 것으로 운송계약종료약관이나 피보험자의무약관 등에서 나타난 피보험자의 의무를 재차 강조한 것이지만, 피보험자의무약관은 보험사고와 손해가 이미 발생한 경우에 피보험자의 의무를 규정한 것이고 본 조항은 손해발생 여부에 관계없이 모든 상황에 적용된다.

피보험자는 이러한 의무를 최대선의로 이행하여야 하며, 피보험자가 부보시 통상적인 항로를 벗어난 이로나 부당한 지연이 있을 것임을 알았다면 이를 보험자에게 고지해야 한다.[114)]

'상당히 신속하게'(with reasonable despatch)의 의미는 상황을 고려하여 결정되는 사실문제(question of fact)이다. 손해의 방지와 경감행위에서와 같이 '신중한 무보험소유자'(prudent uninsured owner)의 이론이 적용되어 피보험자가 무보험상태에서 신중한 하주로서 행동하는 것과 똑같이 행동하여야 한다.[115)]

(19) 제19조 : 영국 법률 및 관습약관 (English Law and Practice Clause)

> 19. This insurance is subject to English law and practice."
>
> 이 보험은 영국의 법과 관습에 준거한다.

Lloyd's S.G. Policy의 보험증권의 효력에 관한 약관(Force and Effect Clause)을 간략히 표현한 것이다.

the delay became unreasonable.

114) Templeman, op. cit., p. 94.

115) 이재복, 전게서, p. 496(J. Kenneth Goodacre, Marine Insurance Claims, 2nd ed., Witherby, 1981, p. 88).

영국법은 영국 해상보험법(MIA)이며, 관습은 해상보험관습을 의미하지만 관습의 적용에는 제한이 있다. 관습은 증권의 문언을 설명하거나 보충할 수 있지만 반대의 의미를 갖는다고 해석하는 데는 사용될 수 없다. 즉, 관습은 의심스러운 것을 설명하는 데는 인정되지만 명백한 것을 논박하는데 사용될 수는 없다.[116)]

신증권의 본문약관에 "This insurance is subject to English jurisdiction"(본 보험은 영국의 재판관할권에 따른다)과 같은 재판관할권 문언이 있을 수 있으나, 이것은 재판지를 영국에 국한하는 조항일 뿐 준거법을 영법이나 영국의 관습을 이용해야 함을 뜻하는 것이 아니다. 따라서 준거법 약관과 재판관할약관이 동시에 있으면 영법에 따라 영국에서 재판하게 된다. 영국해상보험법은 판례를 집대성한 것이므로 법과 관습은 바로 이를 지칭하는 것으로 보아야 한다.

영국 이외의 국가의 보험회사들이 I.L.U.의 신증권을 채택할 때 위의 영국재판관할권문언을 삽입하도록 하는 것이 요구된다.[117)] 이러한 재판관할권을 나타내는 문언이 없으면 증권 발행지 국가가 재판관할권을 갖는다고 추정할 수 있다. 비록 증권상에 재판관할지가 명시되어 있지 않아 증권발행지에서 소송이 제기된다 하여도 영국의 법과 관습에 따라 재판이 행해진다.

116) Blackett v Royal Exchange Ass. Co. (1832) 2 Cr. & J. 244; MIA (1906) 제87조 (1)항.

117) R. H. Brown, Marine Insurance, vol. 1, pp. 87~88.

20. 유의사항 (Note)

NOTE: Where a continuation of cover is requested under Clause 9, or a change of destination is notified under Clause 10, there is an obligation to give prompt notice to the Insurers and the right to such cover is dependent upon compliance with this obligation.

주의: 피보험자가 이 보험에 의해 "담보를 계속 받고자 하는" 사유의 발생을 알았을 때는 이 사실을 보험자에게 통보하여야 하며, 담보를 계속 받을 권리는 이 의무를 이행하였을 경우에 한한다.

본 조항은 위험의 변동시 피보험자가 계속 담보를 원할 경우에는 이 사실을 보험자에게 통보하여야 함을 강조한 것이다. 약관 제9조 운송계약종료약관이나 제10조 항해변경약관과 같이 피보험자가 어찌할 수 없는 상황에서 운송계약이 종료되거나, 피보험자에 의해서 항해가 변경된 경우에 추가보험료를 지급하고 신속하게 보험자에게 통보하므로 계속 담보를 받을 수 있다.

이것은 피보험자가 계속 담보를 받기 위한 정지조건이며 묵시담보이다. 왜냐하면 보험자의 입장에서 계속 담보는 "보험료를 산정하거나 또는 위험인수여부를 결정함에 있어 그 판단에 영향을 미치는 사항"이기 때문이다.[118)]

118) MIA 제8조 제2항

Test

손해사정사 기출문제(보험금 산정)[119)]

문제 원두 10,000bags가 남미에서 부산으로 수입되었다. 선적지에 선박에 적재되어 운송도중 운송선박이 싱가포르 근방에 좌초(stranding)되어 일부화물이 해수 침수손을 입었으며, 손해의 확산을 방지하기 위하여 침수손을 입은 화물전량은 싱가포르 현지에서 매각되었다. 그 후 목적지인 부산항으로 계속 항해중 다시 선박이 황천에 조우하여 일부 화물이 추가 해수침손을 입었다. 양하지인 부산항에서 최종 확인된 화물의 손해는 다음과 같다.

- 7,970bags: 온전한 상태로 인도
- 1,000bags: 선박좌초로 인하여 침수손해, 피난항인 싱가포르에서 손상화물 전량이 US$50,000(순매각대금)에 매각됨
- 1,000bags: 황천으로 인해 침수손해, 부산항에서 피보험자에 의한 bag당 US$90에 매각됨
- 10bags: 양하중 하역인부 과실로 바다에 빠짐(sling loss)
- 20bags: 도난(pilferage)

다음 사항을 가지고 적하보험자의 보험금을 계산하시오.

- 화물송장가액: CIF US$1,000,000(10,000bags×US$100/bag)
- 보험가액금액: US$1,100,000-
- 싱가포르 및 부산항에서 손상화물 매각당시 정상화물의 현지 도매가격(wholesale price)은 US$120/bag이었음

① 보험조건 ICC(C)조건으로 부보되어 있었다면 보험금은?
② 보험조건 ICC(FPA)조건으로 부보되어 있었다면 보험금은?

풀이 및 정답

① 보험조건 ICC(C)조건 보험금 : US$60,000.00
- 선박좌초로 인하여 침수손해 1,000bags: US$60,000.00
    - 10,000bags의 부보금액: US$1,100,000.00
    - 1,000bags의 부보가격: US$110,000.00
    - Less 1,000bags의 순매각대금 (-) US$50,000.00
- 황천으로 인한 침수손해: US$0.00
- 양하중 하역인부의 과실로 바다에 빠짐: US$0.00
- 도난(Pilferage): US$0.00

119) 김환, 전게서, pp. 213~215

② 보험조건 ICC(FPA)조건 보험금: US$88,600.00
- 선박좌초로 인하여 침수손해 1,000bags: US$60,000.00
  - 10,000bags의 부보금액: US$1,100,000.00
  - 1,000bags의 부보가격: US$110,000.00
  - Less 1,000bags의 순매각대금 (–) US$50,000.00
- 황천으로 인한 침수손해: US$27,500.00
  - 10,000bags의 정상가액: US$120,000.00
  - 1,000bags의 매각가격: US$90,000.00
    ∴ Depreciation: US$30,000.00 (25%)
  - 10,000bags의 부보가액: US$1,100,000.00
  - 1,000bags의 부보가액: US$110,000.00
    ∴ of which 25%: US$27,500.00 (25%)
- 양하중 하역인부의 과실로 바다에 빠짐: US$1,100,00
- 도난(Pilferage): US$0.00

Test 손해사정사 기출문제(보험금 산정)[120]

문제 쌀 10,000bags(50kg net/bag)을 적하보험에 부보하고, 선박에 적재하여 항해 중 악천후에 조우하였고, 목적항에 도착하여 검정한 바 다음과 같은 결과를 얻었다.

- 9,000bags: 정상품 도착
- 600bags: 황천 항해 중 해수에 의한 침수손, 감가 50%
- 300bags: 황천 항해 중 통풍을 못하여 Sweat damage, 감가 30%
- 100bags: Non-delivery
- CIF Value: US$500,000.00
- Insured amount: US$550,000.00

① ICC(WAIOP)(1/1/63) 조건으로 부보되었을 경우 지급보험금은?

② ICC(B)(1/1/82) 조건으로 부보되었을 경우 지급보험금은?

120) 김환, 전게서, pp. 216~217

풀이 및 정답

① ICC(WAIOP)(1/1/63)조건 보험금: US$21,450.00
- 황천 항해 중 해수에 의한 침수손: 600bags
  - 10,000bags의 부보가액: US$550,000.00
  - 600bags의 부보가액: US$33,000.00

  ∴ of which 50%: US$16,500.00
- 황천 항해 중 통풍을 못한 Sweat damages: 300bags
  - 10,000bags의 부보가액: US$550,000.00
  - 300bags의 부보가액: US$16,500.00

  ∴ of which 50%: US$4,950.00
- Non-delivery, 100bags: US$0.00

② ICC(B)(1/1/82)조건 보험금: US$16,500.00
- 황천 항해 중 해수에 의한 침수손: 600bags
  - 10,000bags의 부보가액: US$550,000.00
  - 600bags의 부보가액: US$33,000.00

  ∴ of which 50%: US$16,500.00
- 황천 항해 중 통풍을 못한 Sweat damages 300bags: US$0.00
- Non-delivery, 100bags: US$0.00

【보험 관련 자격증】

○ 보험관련 자격증에는 손해사정사, 보험계리사, 보험중개사 등이 있다.
- 해상보험 관련 업무는 '재물손해사정사'의 업무 영역이다.

○ **손해사정사**는 보험 사고 조사(survey)와 정산(adjustment) 업무를 수행하는 전문직으로 다음의 업무를 수행한다.
- 손해발생 사실의 확인
- 보험약관 및 관계법규 적용의 적정여부 판단
- 손해액 및 보험금의 사정
- 손해사정업무와 관련한 서류작성, 제출 대행
- 손해사정업무 수행관련 보험회사에 대한 의견 진술

- 1차 시험과목은 보험업법, 보험계약법(상법 중 보험편), 손해사정이

론, 영어(공인시험으로 대체) 등으로 4지선다형
- 2차 시험과목은 회계원리, 해상보험의 이론과 실무(상법 해상편 포함), 책임·화재·기술보험 등의 이론과 실무 등으로 논술형

○ **보험계리사**는 보험이 대수의 법칙과 수지상등의 원칙 등 보험수리적 원리에 기초하여 성립된 제도로써, 이러한 보험수리와 관련된 제반업무를 수행하는 자로서 다음의 업무를 수행한다.
- 보험료 및 책임준비금 산출방법서의 작성에 관한 사항
- 책임준비금·비상위험준비금 등 준비금의 적립과 준비금에 해당하는 자산의 적정성에 관한 사항
- 잉여금의 배분·처리 및 보험계약자 배당금의 배분에 관한 사항
- 지급여력비율 계산 중 보험료 및 책임준비금과 관련된 사항
- 상품공시자료 중 기초서류와 관련된 사항

○ **보험중개사**는 보험회사를 위하여 보험계약을 체결 또는 대리하는 보험설계사·보험대리점과 달리, 보험회사별로 상이한 보험상품의 담보내용 및 요율, 조건을 비교하여 보험계약자에게 정확한 보험상품 정보를 전달하고 독립적으로 보험계약자와 보험회사 사이에서 보험계약 체결을 중개하거나 그에 부수하는 위험관리 자문업무를 담당한다.

자료 : 보험개발원(www.insis.or.kr)

3 특별약관

1 부가약관

전위험담보조건이나 A조건으로 보험에 가입한 경우는 보험요율서상에 특별히 제외하고 있는 위험 외에는 부가조건을 부보할 필요가 없지만, 제한적 보험조건(WA, FPA, B, C조건)인 경우에는 아래에 열거한 부가조건을 선택하여 보험에 가입할 수 있다.

부가조건으로 특정 위험을 부보하였으면 해당 위험으로 발생한 손해는 증권상 열거된 면책위험에 기인하지 않는 한 보험 보상을 받을 수 있다.

(1) 도난, 발하, 불착위험(Theft Pilferage and Non-delivery : T.P.N.D.)

이들 위험은 Perils Clause상의 thieves(강도)와는 전혀 다른 위험이다. 제한적 보험조건 하에서 도난, 발하, 불착위험을 따로 담보받기 위해서는 Institute Theft, Pilferage and Non-delivery Clause (T.P.N.D. 약관)가 보험증권에 첨부되어 있어야 하고 일반상품이나 소비재가 이러한 위험에 노출되기 쉽다.

(2) 우담수손(Rain &/or Freshwater Damage : R.F.W.D)

해수(Seawater)에 대응하는 말로서 비, 눈, 하천, 호수 기타 해수 이외의 물로 젖은 손해를 담보한다. 농산물, 섬유류, 잡화 등 젖기 쉬운 화물에 이용되고 있다.

(3) 갈고리에 의한 손해(Hook & Hole : H.H)

갈고리에 화물이 찍혀서 생기는 손해를 hook damage라 하고, 이 역시 섬유류, 잡화 등에 이용된다.

(4) 타화물과의 접촉위험(Contact with Oil & Other Cargo : C.O.O.C)

기름, 이토(泥土), 산 등의 화물이 주로 선내의 불충분한 청소로 인해 오손 혹은 타화물과의 접촉으로 인해 손해를 입을 수 있는데 이러한 손해를 담보한다. 타화물과의 접촉은 적치(Stowage)의 불량 또는 선박의 심한 동요를 원인으로 발생할 수 있다.

(5) 곡손위험(曲損, Bending &/or Denting)

접촉이나 충격이 심해서 화물의 표면이나 내부가 구부러지는 손해를 말한다. 파손과 더불어 해상고유의 위험에 의해서 생길 수도 있으나 화물 취급상의 부주의로 생기는 경우로 흔하다. 전자의 경우는 Perils Clause에 의해서 담보가 되나 후자의 경우는 특약이 없으면 보상을 받지 못한다.

(6) 파손위험(Breakage)

도자기나 유리제품 등 깨지기 쉬운 화물에 담보위험 이외의 사유로 인한 파손을 보상받기 위해 가입한다. 파손(Breakage)은 누손(Leakage)이나 중량부족(Shortage)과 더불어 어떠한 수송과정에 있어서도 생기는 통상의 손해(Ordinary loss 또는 Trade loss)를 포함하므로 일정 비율을 항상 면책하는 'Excess(또는 deductible)%'의 조건이 적용된다.

'Excess'는 담보위험으로 인한 손해가 일정한 %를 넘을 경우 초과

부분의 손해액만을 보상한다. 반면에 'Franchise'는 일정한 비율에 달하면 면책을 적용하지 않고 모든 손해를 보상해 준다.

(7) 누손, 중량부족 위험(Leakage &/or Shortage)

액체화물 등은 충격을 받으면 용기나 포장이 깨지고 내용품이 새어나오고 흐트러지게 된다. 이러한 손해가 Perils Clause상 이외의 위험으로 발생한 경우에는 특약에 의하지 않고는 담보가 되지 않는다. 파손, 곡손의 경우처럼 자연적인 감량, 부족량을 제공하기 위한 Excess조항이 적용된다.

(8) 한습손, 열손위험(Sweat &/or Heating)

한습손(汗濕損), 열손은 서로 병발하기 쉬운 것으로 선창 내부와 선박 외부와의 기온차이 때문에 천정 및 내벽에 응결하는 수분에 의해서 화물이 젖거나(Ship's Sweat), 화물 자체의 표면이 땀처럼 수분이 배거나(Cargo Sweat) 하는 것을 의미한다. 포장 없이 산적화물로 운송되는 곡물류나 피혁제품의 보험증권에 많이 첨부하고 있다.

(9) 혼합위험(Contamination)

이 말은 '오염위험'이라고도 번역된다. 혼합은 타화물 및 잡물과의 혼입을, 오염은 타화물과의 접촉으로 발생하는 외견상의 더러움, 흠 및 악취의 흡착을 의미한다. 유류화물의 경우 해수나 담수의 혼입으로 인한 손해도 이에 해당된다. 곡물이 광석류와 혼적되어 혼합되는 경우도 있다.

(10) 쥐 및 벌레위험(Rate &/or Vermin)

곡물, 소맥분, 죽제품 등의 화물이 운송 도중에 쥐나 곤충에 의해서 해를 입는 경우가 있다. 이러한 손해는 통상적으로 담보되지 않으므로 A/R조건 또는 (A)조건에서도 특약에 의한 추가담보를 요한다.

(11) 곰팡이손 위험(Mildew and Mould)

식료품, 섬유품, 잡화 등은 함유한 수분 때문에 또는 습도의 증가로 곰팡이 또는 기타 미생물에 의한 피해를 받기 쉽다. 이것은 대부분이 물질고유의 하자 또는 성질에 의한 손실이지만 특약에 의해서 담보가 된다.

(12) 녹손위험(Rust)

기계류, 철물 등의 화물이 포장 재료의 건조 불충분으로 내부가 습해져서 Cargo Sweat의 상태가 되어 녹이 스는 경우가 있다. 또한 해수, 담수, 빗물 등으로 녹이 스는 수도 있다. Perils Clause에 의한 위험이 원인인 경우 및 특약위험에 의한 손해는 담보가 되지만 순전히 습기(dampness)로 인한 것이면 이 특약이 없이는 담보가 되지 않는다. 그러나 화물자체의 포장상태가 녹에 대한 적합한 방지력을 가진 것이라야만 보험의 혜택을 받을 수가 있다.

(13) 내륙장치기간연장담보조건(Inland Storage Extension, ISE)

본 약관은 최종 양하항에서 외항선으로부터 피보험화물의 하역 완료 후 60일(수입적하의 경우는 30일) 이내 운송이 완료되지 못하는 경우 보험기간을 연장할 때 사용되는 약관이다. 현행, 적하보험요율서에는 30, 60 또는 90일(90일 이후는 10일 단위로 함) 연장하여 담보한다.

(14) 특별수송약관(Special transit clause)

보험목적물이 통상의 수송과정을 벗어난 보관이나 또는 최종 양하항에서 하역 후 할당이나 분배를 위하여 보관되는 경우라도 외항선으로부터 하역완료 후 양당사간의 합의로 정한 기한이 경과할 때까지 또는 화물이 목적지에 있는 최종 창고로 인도될 때까지 계속 담보된다.

2 특수화물에 대한 기본약관

(1) Institute Air Cargo Clause(All Risks) (excluding sending by Post (15/6/65) : 협회항공화물약관(전위험담보) (우송물 제외)

항공화물에 적용되고 내용은 ICC(A/R)와 거의 같지만 항공기에서 하역 후의 보험기간(Time Limit)은 30일로 축소되어 있다. 항공화물의 경우에는 해상으로 운송되는 화물과 달리 All Risks 조건과 ICC(A)조건밖에 없으므로 이 양 조건에서 하나를 이용해야 한다.

(2) Total Loss Clause (Cargo) 전부손해부담약관(적하)

신해상적하보험에 첨부하는 약관으로 주로 ICC(C)에서 담보되는 위험에 기인한 보험목적물(주로 어획물 혹은 부선으로 운송되는 화물)의 전손만을 담보한다.

(3) Raw sugar clause 원당약관

원당에 사용되며 WA조건보다 넓은 보상범위를 갖고 있다.

(4) Rubber clause 고무약관

고무류에 사용되는 약관으로 보상 범위는 WA조건보다 넓다.

(5) Timber Trade Federation Clause 원목무역협회약관

원목의 보험에 사용되며, 갑판적 되는 경우와 선창 내 적재된 경우 각각 보상 범위가 달라진다.

(6) Institute Frozen Food Clause 협회냉동식품약관

냉동육류를 제외한 냉동식품에 사용되는 약관이며, full condition, all risks 24 hours breakdown, FPA 24 Hours Breakdown 3가지 종류가 있다.

(7) Bulk oil clause

원유류의 화물에 사용된다.

3 기타 특별약관

(1) Country Damage Clause(원산지손해약관)

수입면화의 원산지손해(Country Damage)가 담보된다. 면화는 생산지에서 집하되어 창고에 입고되지 않고 바로 선적항으로 운송되고 선적항에서도 선적을 위한 대기 기간중 야적되는 경우가 많다. 이때 가끔 비가 내리거나 지면에 습기가 차서 면화가 손해를 입을 수 있는데 이와 같은 비교적 경미한 손해를 원산지손해라 한다.

그러나 (a) 외항선 적재전의 홍수, 해일, 고조의 유입 또는 호우에 의한 것, (b) 외항선에 적재될 때 명백한 손해는 보상이 되지 않는다.

(2) Special Replacement Clause(기계류 수선특별약관)

기계류를 보험의 목적으로 하는 계약에 적용된다. 기계의 일부에 손상이 발생한 경우 그 부분의 대체 비용 또는 수리비에 만일 운임 및 재조립 비용을 요하면 이들 비용을 가산한 금액을 보상한다.

손상 부품의 신규 구입을 위해 관세를 지불한 때는 화물의 관세금액이 보험가입액에 포함되는 경우에 한해 보상한다.

보험자의 보상책임은 손상된 부분이 포함된 유닛(complete machine)의 보험가입금액을 한도로 한다.

(3) Special Replacement Clause for Secondhand Machinery (중고기계 수선특별약관)

보험의 목적이 중고기계인 경우에 첨부되는 약관이다. 중고기계의 일부에 손상이 발생한 경우 보험자는 기계류수선특별약관에 따라 산정된 금액에 새로운 기계의 현재 시가에 대한 부보가액 비율로 보상하게 된다.

(4) Refrigerating Machinery Clause(냉동기관약관)

주로 육류 및 생선에 첨부하는 약관으로 선박의 냉동실 혹은 냉동 컨테이너에 보관되어 있는 동안에 냉동기의 고장 및 파열에 연유해서 생긴 모든 멸실이나 손상을 담보한다. 다음과 같은 것이 있다.

① Refrigeration Clauses(냉동화물약관)

② Corn Trade FPA Clauses(곡물교역 분손부담보 약관)

③ Jute Clauses(황마약관)

(5) Livestock Clause(B)(생동물약관(B))

생동물의 사망을 담보하는 약관으로, 검역소에서 30일을 한도로 담보되며, 최종목적지의 수하주에게 인도될 때까지 그리고 도착 후 7일 동안의 사망위험까지 담보한다.

(6) Label Clause(상표약관)

캔 통조림, 병통조림, 술 등 라벨이 붙은 화물에는 원칙적으로 이 약관이 첨부된다. 상표만 손상되었을 경우에는 신상표 및 상표 재부착비용을 보상한다.

(7) On-deck Clause(갑판적약관)

모든 적하보험증권에 첨부되는 특별약관인데, WA나 B조건 혹은 WA 및 B조건보다 넓은 조건으로 인수되는 계약에 적용된다. 적하보험은 통상 피보험화물이 선창 내에 적재되는 것을 전제로 하고 있기 때문에, 운송계약에 기초하여 선주 혹은 용선자의 자유재량권 행사에 의한 것인지 아닌지를 불문하고 화물이 갑판에 적재된 경우에는 보험의 조건은 이 약관에 의해 보험개시 시점부터 FPA + J.W.O.B.(투하 및 갑판유실손 포함) 조건 혹은 ICC(C) + W.O.B.(갑판유실손 포함) 조건으로 변경된다. 그러나 밀폐된 컨테이너(일반 dry container 및 reefer container 등) 화물에는 이를 적용하지 않는다.

5 무역보험과 보증

1. 무역보험
2. 무역보증

1 무역보험

무역보험이란 아직까지 학문적으로 정립된 용어는 아니지만 일반적으로 무역과 관련된 보험을 총괄하여 무역보험이라 칭할 수 있다. 따라서 무역보험은 크게 운송화물보험, 선박보험, 수출보험, P&I보험 등으로 구분할 수 있을 것이다.

운송화물보험은 국제물품매매계약에서 물품의 운송도중 멸실 및 손상의 위험을 보상하기 위하여 영리보험을 말하는 것으로 운송형태에 따라 육상보험, 해상보험, 항공보험 등으로 구분할 수 있다. 무역운송이 대부분 해상으로 이루어지는 것과 마찬가지로, 무역거래에서 화물보험은 일반적으로 해상보험을 지칭한다.

수출보험은 무역거래에서 당사자간의 영리보험으로 다루기 어려운 위험을 지원하기 위한 정책보험이다.

P&I(Protection & Indemnity)보험은 선박보험과 더불어 선박보험에서 담보되지 않는 비용손해 및 배상책임 등을 담보하기 위해 선주들이 상호보험조합을 구성하여 운영하는 비영리 상호보험이다.

해상보험, 수출보험 및 P&I보험은 각각 ○○화재해상보험회사, 한국무역보험공사, Korea P&I Club에서 취급하고 있다. 특히, 우리나라에서 수출보험 업무를 취급하는 정부투자기관인 한국수출보험공사가 2010년 한국무역보험공사로 명칭을 변경함으로써 무역보험이란 수출보험을 포함한 확장된 개념으로도 이해될 수 있다.

본 파트에서는 무역과 관련된 모든 보험을 의미하는 광의의 무역보험보다는 종전의 수출보험을 필두로 수입보험 및 무역보증을 일컫는 협의의 무역보험만을 기술하기로 한다.

제1절 수출보험

1 수출보험의 의의[1)]

가. 수출보험의 의의

수출보험이란 수출거래에 수반되는 여러 가지 위험 가운데에서 해상보험과 같은 통상의 보험으로는 구제하기 곤란한 위험, 즉 수입자의 계약파기, 파산, 대금지급지연 또는 거절 등의 신용위험(commercial risk)과 수입국에서의 전쟁, 내란, 또는 환거래 제한 등의 비상위험(political risk)으로 인하여 수출자, 생산자 또는 수출자금을 대출해 준 금융기관이 입게 되는 불의의 손실을 보상함으로써 궁극적으로 수출 진흥을 도모하기 위한 비영리·정책보험이다.

즉, 수출업자가 수출과정에서 수출대금의 회수불능사태에 직면하게 되는 경우에 수출보험에서 이를 적절히 담보해 주는 것이다. 수출업자가 부담하게 되는 비상위험은 수입국 정부의 일방적인 조치로 인한 대금회수불능과 같은 정치·경제적 위험이 대부분이다.

나. 수출보험의 기능

첫째, 수출상의 불안제거기능이다. 수출보험은 수출거래에 따른

1) • 오원석·박광서, 무역상무 제3판, 삼영사, 2015, pp. 390~394
• 이하의 무역보험 등에 관한 내용은 특성상 한국보험공사의 자료 및 홈페이지를 활용하여 기술하였으며, 일일이 각주에서 표기는 생략한다.

수출자의 위험부담을 해소하여 준다는 측면에서 수출거래의 환경 및 조건을 국내 상거래의 경우와 동일한 정도로 유리하게 조성하는데 1차적인 기능을 가지고 있다.

즉, 수입국에서 발생하는 비상위험 또는 신용위험 등으로 인하여 수출불능이 되거나 수출상품의 대금회수가 어렵게 되어 수출자나 생산자 등이 입게 되는 손실을 보상함으로써 안심하고 수출 활동을 할 수 있도록 하는 기능을 갖는다.

둘째, 금융보완기능이다. 수출보험은 수출대금 미회수위험을 담보하므로 금융기관으로 하여금 수출금융을 공여하게 하는 금융보완기능을 가진다. 즉, 수출금융에서는 수출대금의 회수가능성 여부가 대출심사의 중요한 기준이 되는데, 수출보험에 의하여 이를 해결할 수 있으므로 금융기관은 수출자에게 담보요건 등에서 보다 유리한 조건으로 과감하게 수출자금을 공급할 수 있다.

또한 수출계약 상대방의 대금지급지체 등과 같은 보험사고가 발생하여 수출대금의 회수전망이 불투명하거나 회수에 장기간이 소요되는 경우에도 수출자가 입는 손실을 보상함으로써 기업자금의 유동성을 제고시켜 줄 수 있는 신용공여기능도 수행한다.

셋째, 수출진흥 정책수단기능이다. 수출보험은 수출무역, 기타 대외거래의 촉진 및 진흥을 위하여 정부의 지원 하에 운영됨에 따라 보험요율을 장기적 차원에서 수지균형을 목표로 가능한 한 저율로 책정한다. 보상비율도 최대한 수출자에게 유리한 형태의 보상제도를 채택하는 등 수출경쟁력을 강화시키고 수출을 촉진시키는 역할을 하게하는 수출진흥 정책수단으로서의 기능을 갖는다.

각국 간 수출지원 경쟁이 심화되고 있는 가운데 수출금융 및 세제상의 우대조치 등의 직접 수출지원 수단에 대한 국제적 규제가 강화되고 있어, 국제적으로 용인되고 있는 간접지원수단인 수출보험의 역할이 더욱 중요해지고 있다. 수출보험은 보험인수조건, 즉 담보하는 위험의 범위, 담보율, 보험요율 등을 수출여건에 따라 적절히 조정함으로써 수출자의 활동을 촉진시키거나 제한할 수도 있으므로, 수출 무역 및 대외거래에 대한 인허가 등의 직접적 통제방식을 간접적 통제방식으로 전환시키는 기능도 갖는다.

넷째, 해외수입자에 대한 신용조사기능이다. 수출보험은 효율적인 인수 및 관리를 기하고 보험사고를 미연에 방지하기 위해 해외수입자의 신용상태와 수입국의 정치·경제사정에 관한 조사활동을 한다.

이러한 해외수입자 및 수입국에 관한 신용정보를 제공하여 수출자가 효과적으로 활용토록 함으로써 수출자의 신규 수입선 확보와 수출거래 확대에 기여함과 동시에 건전한 수출거래를 유도하는 부수적 기능을 가지고 있다.

2 우리나라 수출보험제도

1962년 시작된 제1차 경제개발 5개년 계획에서 수출증대를 경제정책의 최우선 목표로 설정한 정부는, 각종 수출진흥 정책을 추진하여 놀라운 경제성장과 함께 수출규모의 증대와 수출시장의 다변화를 이룰 수 있었지만, 다른 한편으로는 수출대금의 미회수 위험증가라는 문제에 직면하게 되었다.

특히 수출구조가 소액의 경공업 중심에서 거액의 대금회수에 장기간이 소요되는 중화학공업 중심으로 변화되면서 이러한 양상은 더욱 두드러졌다.

이처럼 수출거래 및 기타 대외거래에서 필연적으로 수반되는 위험 중 해상보험 및 기타 통상의 보험으로는 구제하기 곤란한 수출불능,

수출대금 회수불능 등의 위험으로부터 수출자를 보호하고, 수출자에게 수출금융을 지원한 금융기관이 입는 손실을 보상하기 위한 제도적 장치가 필요하게 되었다.

이에 따라 1969년 2월 18일 수출보험의 운영주체는 정부이면서 그 운영업무만 대한재보험공사가 대행하는 체제로 수출보험업무가 개시되었다. 1968년 12월 31일 수출보험법이 제정된 후 현재까지 여러 차례의 개정을 하였다. 또한 대한재보험공사와 한국수출입은행의 정부 대행체제를 거쳐, 1992년 7월 7일 한국수출보험공사가 설립되어 수출보험사업의 독립전담기관 체제가 확립되었다.

그리고 2010년 7월 7일에 K-Sure(한국무역보험공사)로 그 사명을 변경하고 취급하는 보험상품 등도 확장하였다.[2)]

기타 K-Sure에서는 투자위험보증사업, 국외기업신용조사사업 및 채권추심 대행사업 등을 수행한다. 이 중에서 투자위험보증사업은 지원사업 해외자원 개발사업법상 해외자원개발투자(전문)회사(일명 '해외자원개발펀드')가 해외자원 개발사업에 투자하여, 피투자국의 전쟁, 수용, 송금제한 등의 비상위험(political risk)과 투자 상대방의 파산, 해당지원의 가격변동 등의 신용위험(commercial risk)으로 인하여 해외자원개발펀드가 입게 되는 손실의 일부를 보상함으로써, 궁극적으로 해외자원 개발사업을 활성화하기 위한 정책보험이다.

3 수출보험상품

수출보험상품은 수출단계별 또는 지원제도별로 구분할 수 있다.

2) 한국무역보험공사(http://www.ksure.or.kr)

수출단계별로는 수출상담・수출계약, 원자재조달・물품제조단계, 수출금융이용단계, 선적후 단계 및 손실발생・채권추심단계로 구분할 수 있다.

지원제도별로는 수출금융지원제도, 대금미회수 위험담보제도, 환리스크관리 및 타보험 종목 및 서비스로 구분할 수 있다.[3)]

가. 결제기간 2년 내 수출보험

결제기간 2년 내 수출보험은 주로 수출대금 미회수 위험을 대비하기 위한 것으로 다음과 같은 것이 있다.

❙ 결제기간 2년 내 수출보험 ❙

수출보험	내 용
단기수출보험(선적후)	• 수출기업 / 수출한 후 • 수출자가 수출대금의 결제기간 2년 이하의 수출계약을 체결하고 물품을 수출한 후 수입자(L/C거래의 경우 개설은행)로부터 수출대금을 받을 수 없게 된 때에 입게 되는 손실을 보상하는 제도
단기수출보험(포페이팅)	• 결제기간 2년 이내 / 금융기관 • 은행이 포페이팅 수출금융 취급 후 신용장 개설은행으로부터 만기에 수출대금을 회수하지 못하여 입게 되는 손실을 보상
단기수출보험(EFF)	• 결제기간 2년 이내 / 금융기관 • 은행이 수출입자간 거래에서 발생한 수출채권을 상환청구권 없이 매입한 후 매입대금을 회수할 수 없게 된 경우 입게 되는 손실을 보상하는 제도
단기수출보험(농수산물 패키지)	• 수출기업 / 농수산물 맞춤상품 • 한 개의 보험으로 농수산물 수출시 발생하는 여러 가지 위험(대금 미회수위험, 수입국 검약위험, 클레임비용위험)을 한 번에 보장하는 농수산물 수출기업용 맞춤 상품

3) 이하 수출보험 상품은 K-Sure 자료를 요약・정리한 것이며, 제도의 특성상 변경이 있을 수 있으므로 필요시 홈페이지에서 확인할 것을 권한다.

중소기업Plus+ 보험	보험계약자인 수출기업은 연간 보상한도에 대한 보험료를 납부하며, 수입자 위험, 신용장위험, 수입국 위험 등 보험계약자가 선택한 담보위험으로 손실이 발생할 때 공사는 책임금액 범위 내에서 손실보상

* 자료: 한국무역보험공사 홈페이지

나. 결제기간 2년 초과 수출보험

결제기간 2년 초과 수출보험은 주로 해외공사 후 공사대금(장비) 미회수 위험을 대비하기 위한 것으로 다음과 같은 것이 있다.

| 결제기간 2년 초과 수출보험 |

수출보험	내 용
중장기수출보험 (선적전)	수출대금 결제기간이 2년을 초과하는 중장기 수출계약에서 수출불능으로 인한 수출기업의 손실을 담보하는 제도
중장기수출보험 (공급자신용)	수출대금 결제기간이 2년을 초과하는 중장기 수출계약에서 수출기업의 대금미회수 위험을 담보하는 제도
중장기수출보험 (구매자신용)	국내외의 금융기관 등이 중장기수출계약에 의한 수출대금의 지급에 필요한 자금을 외국인(외국인의 정부, 공공단체 및 외국법인을 포함)에게 공여하는 수출대금금융계약을 체결한 후 대출 원리금을 받을 수 없게 됨으로써 입게 되는 손실을 보상하는 제도

* 자료: 한국무역보험공사 홈페이지

다. 서비스 종합보험

서비스 제공 후 대금을 지급받지 못하는 손실 위험을 대비하기 위한 것으로 다음과 같은 것이 있다.

▌서비스 종합보험▐

수출보험	내 용
서비스종합보험 (일시결제방식)	• 외국기업에게 운송, 관광 등의 서비스 제공 • 국내에 주소를 둔 기업이 외국기업에게 운송, 관광 등의 서비스를 제공하고 서비스제공 상대방으로부터 서비스대금을 지급받지 못하게 됨으로써 발생하는 손실을 보상하는 제도
서비스종합보험 (기성고연불방식)	• 시스템통합(SI), 기술서비스, 콘텐츠, • 해외엔지니어링 등 서비스거래 수출 • 국내 수출업체가 시스템통합(SI), 기술서비스, 콘텐츠, 해외 엔지니어링 등의 서비스 거래를 수출하고 이에 따른 지출비용 또는 확인대가를 회수하지 못함으로써 입게 되는 손실을 보상하는 제도

* 자료: 한국무역보험공사 홈페이지

라. 수출신용보험

수출이행자금이 필요할 경우, 즉, 선적전 원자재구매자금, 제작자금 및 선적 후 선 NEGO로 수출대금을 미리 조달할 수 있는 것으로 다음과 같은 것이 있다.

▌수출신용보험▐

수출보험	내 용
수출신용보증 (선적전)	수출기업이 수출물품을 제조, 가공하거나 조달할 수 있도록 금융기관으로부터 필요한 자금을 대출받을 때 K-sure가 연대 보증하는 제도
수출신용보증 (문화콘텐츠)	수출계약이 체결되었거나 외화획득이 예상되는 문화상품(영화, 드라마, 게임, 공연 등)의 제작사가 총 제작비에 소요되는 자금 중 일부를 금융기관으로부터 대출시, 공사의 보증서를 담보로 대출을 받는 제도
수출신용보증 (선적후)	결제기간 2년 이내 수출기업이 수출계약에 따라 물품을 선적한 후 금융기관이 환어음 등의 선적서류를 근거로 수출채권을 매입(NEGO)하는 경우 K-sure가 연대 보증하는 제도
수출신용보증 (NEGO)	결제기간 120일 이내 수출기업이 수출계약에 따라 물품을 선적한 후 금융기관이 환어음 등의 선적서류를 근거로 수출채권을 매입(NEGO)하는 경우 K-sure가 연대 보증하는 제도

* 자료: 한국무역보험공사 홈페이지

마. 기타 수출보험

기타 수출에 이용할 수 있는 것으로 다음과 같은 것이 있다.

| 기타 수출보험 |

수출보험	내 용
환변동보험	• 대금회수 시까지 환율변동으로 인한 환손실 위험을 대비 • 기업이 환율 변동으로 입게 되는 손실을 보상하고 이익을 환수하는 보험제도
수출보증보험	• 은행에서 보증서(Bond)를 발급받고자 하는데 어려움이 있는 경우 • 금융기관이 해외공사계약 또는 수출계약과 관련하여 수입자에게 보증서(Bond)를 발급 후, 보증채무 이행 시 발생하는 손실 보상
탄소종합보험	• 탄소배출권 획득사업에 대한 종합적 손실을 담보 • 교토의정서에서 정하고 있는 탄소배출권 획득사업을 위한 투자, 금융, 보증 과정에서 발생할 수 있는 손실을 종합적으로 담보하는 보험
녹색산업종합보험	• 지원 가능한 특약항목을 "녹색산업종합보험" 형태로 운영하여, 녹색산업에 해당되는 경우 기존에 이용한 보험약관에 수출기업이 선택한 특약을 추가하여 우대하는 제도

* 자료: 한국무역보험공사 홈페이지

제2절 수입보험

1 수입자용 수입보험

가. 수입보험의 의의

수입보험은 수입자와 금융기관이 이용할 수 있다. 우선 수입자가 이용할 수 있는 수입보험은 국내수입기업이 선급금 지급조건 수입거래에서 비상위험 또는 신용위험으로 인해 선급금을 회수할 수 없게 된 경우에 발생하는 손실을 보상하는 제도로서 한국무역보험공사로 재출범에 앞서 2010.7.6.에 도입되었다.

나. 수입보험의 대상

수입보험을 이용할 수 있는 대상은 주요자원, 시설재, 첨단제품, 외화획득용 원료 등 물품을 수입하는 경우이다. 선급금 지급 후 2년 이내에 선적하여야 하는 수입거래이며 중계무역은 제외된다.

주요자원은 철, 동, 아연, 석탄, 원유 등이다. 시설재는 관세법 제95조 제1항 제1호의 오염물질 배출방지·처리 물품 및 제2호의 폐기물처리 물품, 관세법 제95조 제1항 제3호의 공장자동화 물품, 관세법 제90조 제1항 제4호의 산업기술연구·개발용 물품이다.

첨단제품은 산업발전법 제5조의 첨단제품을 말하며 기술은 제외된다. 외화획득용 원료는 대외무역관리규정의 외화획득용 원료를 말한다.

다. 수입보험의 운용방식

수입보험(수입자용)은 한도를 책정받고 건별로 보험에 가입하는 일반방식과 수개의 수입자를 하나의 보험으로 가입하는 Pooling 특약방식으로 운용된다.

한도책정방식은 수입기업이 거래하고자 하는 수입계약상대방별로 보상한도가 기재된 보험증권을 발급받는 방식이다. Pooling방식은 수입기업이 선택하는 책임금액 범위 내에서 수개의 수입계약상대방에 대하여 하나의 보험증권을 발급받는 방식이다.

▌수입보험 운용방식▐

구분	한도책정방식	Pooling 특약방식
보험계약자	K-sure 신용등급 F급 이상인 국내기업	
보험계약 상대방	K-sure 신용등급 F급 이상의 외국기업	신용등급에 대한 평가 없이 check list 심사를 통해 적격으로 판정된 외국기업
보험증권 유효기간	별도의 중단통보가 없는 한 기한의 제한 없이 회전방식으로 운영 단, 한도책정 후 최종 선급금 지급일로부터 1년이 경과된 경우에는 한도 소멸	보험증권 발행일로부터 1년
보상한도 (책임금액)	수입계약상대방의 총액한도 범위 내에서 거래실적, 신용등급 변동사항, 향후거래 계획 등을 감안하여 책정	U$50만 범위 내에서 국내수입기업이 선택 U$20만 이상, U$5만 단위로 선택. 단, 1개 수입계약 상대방에 대한 보험금 지급액은 U$20만을 초과할 수 없음
부보방식	해외수출기업과의 거래를 개별적으로 보험가입	다수의 수입자를 하나의 보험증권으로 담보
선급금 지급통지	선급금을 지급한 후 10 영업일 이내로 선급금 지급내역 통지 통지건에 대해서만 보험관계 성립	선급금 지급내역 통지 없이 보험관계 성립
보험요율	수입계약상대방의 신용등급 및 거래 기간에 따라 차등부과 통지건에 대하여 보험료 부과	연간단위로 보험료 부과 보험증권 발급 전 보험료 선납

* 자료: 한국무역보험공사 홈페이지

2 금융기관용 수입보험

가. 수입보험의 의의

금융기관이 이용할 수 있는 수입보험은 금융기관이 주요자원 등의 수입에 필요한 자금을 수입기업에 대출(지급보증)한 후 대출금을 회수할 수 없게 된 경우에 발생하는 손실을 보상하는 제도이다.

나. 수입보험의 대상

수입보험을 이용할 수 있는 대상은 주요자원, 시설재, 첨단제품에 대한 대출기한 1년 이내의 수입거래이며 중계무역은 제외된다.

주요자원은 철, 동, 아연, 석탄, 원유 등이며 할인율을 적용하여 보험료가 우대된다. 시설재는 관세법 제95조 제1항 제1호의 오염물질 배출방지·처리물품 및 제2호의 폐기물처리 물품관세법 제95조 제1항 제4호의 공장자동화 물품관세법 제90조 제1항 제5호의 산업기술연구·개발용 물품이다. 첨단제품은 산업발전법 제5조의 첨단제품을 말하며 기술은 제외된다.

2 무역보증

제1절 무역보증

1 무역보증의 의의

가. 무역보증의 의의

보증(guarantee)이란 채무자가 채무의 이행을 게을리 하였을 때 채무자를 대신하여 제3자가 이행할 것을 약정하는 것을 말한다. 보험(Insurance)은 공통된 사고 위험을 피하고자 미리 일정한 돈을 함께 적립하여 두었다가 사고를 당한 경우에 정해진 금액을 주어 손해를 보상하는 제도이다.

무역보증이란 무역과 관련된 일체의 보증이라 할 수 있다. 기업의 대외 무역거래 규모, 합작투자 및 플랜트 수출 등이 확대됨에 따라 무역활동에서 보험제도와 더불어 보증제도의 이용 필요성이 증대되고 있다. 무역에서 사용되는 보증에는 은행이 발행하는 보증신용장(Standby L/C) 및 은행보증서(Bank Guarantee)가 있으며, 공적수출신용이 있다.

공적수출신용(Official Supported Export Credit)은 시장기능에 따른 수출신용이 제대로 이루어지지 않는 시장실패의 경우에 공공의 목적을 위하여 한국무역보험공사 및 한국수출입은행과 같은 수출신용기관을 통해 제공하는 수출보험과 수출보증이 있다.

나. 수출보험과 수출보증의 비교[1)]

수출보험은 채권자가 채무자의 채무불이행으로부터 자신의 채권에 대한 손실을 방지하기 위해 자기 자신을 위해 보험을 가입하는 것이다. 반면에 수출보증은 채무자가 채권자에게 자신의 신용을 보강하기 위해 보증인에게 보증을 요청하는 타인을 위한 계약관계라는 점에서 차이가 있다.

| 수출보험과 수출보증 비교 |

구분	수출보험	수출보증
영문표기	Export Credit Insurance	Export Credit Guarantee
사용서류	보험증권	보증서
거래내용	채무자의 채무불이행시 채권자에게 보상	채무자의 채무불이행시 채권자에게 대지급
계약구조	채권자의 신청행위 (보험자-채권자간 보험계약)	채무자의 신청행위(채무자의 요청에 따른 보증인의 채권에 대한 채무보증)
계약성격	채권자의 채권보장	채무자의 신용보충
대상거래	채권채무관계(수출거래, 수출금융거래)	채권채무관계(통상금융거래)
지급사건	채무자의 채무불이행	채무자의 채무불이행
지급조건	비상위험과 신용위험으로 구분	무조건 지급
이자보상	보상	보상
소요기간	60~240일	30~90일
면책조항	채권자 귀책시 면책	채권자 귀책시 면책
보험료	상품별로 다름	수출보험보다 1.5% 정도 높음

* 자료: 한국무역보험공사 연수교재

1) 한국무역보험공사, 중장기수출보험 제3판, 2011. 9, pp. 8~11

2 수출보증보험

수출보증보험이란 수출거래에 수반되는 여러 가지 위험에 대비하는 보험제도로서 수출자, 생산자 또는 수출자금을 대출해 준 금융기관이 입게 되는 불의의 손실을 보상함으로 수출 진행을 원활하게 하기 위한 비영리 정책보험이다.

금융기관의 경우 금융기관이 수출거래와 관련하여 수출보증서를 발행한 후, 수입자로부터 보증채무 이행청구를 받아 이를 이행함으로써 입게 되는 금융기관의 손실을 보상하는데 동 제도를 이용한다. 즉, 수출보증보험은 수출보증서를 발행한 금융기관이 보증수익자(수입자)로부터 보증채무 이행청구(Bond Calling)를 받아 대지급하는 경우에 입게 되는 손실을 보상함으로써 수출자가 수출보증서를 용이하게 발급받을 수 있게 하는 수출지원제도이다.

수출보증서(Bank Guarantee)는 수출거래와 관련하여 발행되는 보증서로서 수입자(Beneficiary)가 수출보증서에 기재된 조건에 따라 단순히 지급을 요청하면 보증서 발행기관은 보증서에 정해진 금액을 수출계약과 독립적으로 지급하는 약정이다. 대부분 지급조건으로 수익자의 지급요구 이외에 다른 추가 서류를 요구하지 않기 때문에 청구보증(Demand Guarantee, 요구불 보증)이라고 할 수 있다.

K-sure에서 이용할 수 있는 대상거래에는 해외건설 촉진법의 규정에 의한 해외공사, 대외무역법에서 정한 수출(다만, 중계무역, 외국인도 수출제외), 기타 서비스·용역 수출 등이다.

수출보증서의 종류

구분	내용
입찰보증 (Bid Bond)	입찰방식 거래에 있어서 입찰자가 낙찰된 후 계약체결에 응하지 않거나 계약체결 후 일정기간 내에 계약이행보증서를 제출하지 못하는 경우 발주자가 지급청구를 할 수 있도록 하는 보증서
계약이행보증 (Performance Bond)	산업설비수출계약이나 해외건설공사계약을 체결한 수출자가 계약상의 의무이행을 하지 않음으로써 발주자가 입게 되는 손해를 보상받기 위해 발행하는 보증서
선수금환급보증 (Advanced Payment Bond)	수출자가 선수금 수령 후 수출이행을 하지 않는 경우에 동 선수금에 대한 반환청구를 할 수 있는 보증서
유보금환급보증 (Retention Bond)	기성고방식의 수출거래에 있어서 수입자는 각 기성단계별 기성대금 중 일부를 수출자의 완공불능 위험에 대비하기 위해 유보하게 되는데, 수출자가 동 유보금에 해당하는 금액을 결제받기 위해서 제출하는 보증서
하자보수보증 (Maintenance Bond)	산업설비의 설치 또는 해외건설공사 완료 후, 일정기간 완공설비나 건물 등에서 발생하는 하자발생에 따른 손실을 담보하기 위해 발행하는 보증서

* 자료: 한국무역보험공사 홈페이지

제2절 신용보증과 보증보험

국제무역거래에서 위험을 대비하기 위한 것으로 보증제도와 보험제도를 고려할 수 있다. 보증(保證, guarantee)은 채무자가 채무를 이행하지 않는 경우에 보증인이 대신하여 이행해야 할 채무를 부담하는 것을 말한다. 보증에는 담보에 따라 인적보증, 물적보증 및 신용보증이 있다.

보험(保險, insurance)은 같은 종류의 사고를 당할 위험성이 있는 여러 사람이 미리 금전을 각출하여 공통 준비재산을 형성하고 사고를 당한 사람이 이것으로부터 재산적 급여를 받는 경제제도이다.

이하에서 수출입자가 활용할 수 있는 것으로 무역보험, 무역보증과 함께 신용보증과 보증보험을 살펴본다.

1 신용보증

신용보증(credit guarantee)은 담보 능력이 부족한 기업에 대하여 신용보증기금이 기업의 신용도를 심사하여 신용보증서를 제공함으로써 금융회사로부터 대출을 받을 수 있도록 하는 제도이다.

신용보증기금은 중소기업의 금융을 원활히 하고 신용정보의 효율적인 관리가 가능하도록 하는 기능을 담당하기 위하여 신용보증기금법에 따라 1976.6.1.에 창립되었다.[2)]

기술신용보증기금은 중소기업의 기술개발을 촉진하고 담보력이 미약한 기업의 자금조달을 지원하기 위하여 신기술사업금융지원에 관한 법률에 따라 신용보증기금에서 분리되어 기술보증 업무를 취급하기 위하여 1989년 4월에 설립되었다.

신용보증기금에서 취급하는 보증의 종류에는 대출보증, 지급보증, 사채보증, 납세보증, 어음보증, 제2금융보증, 시설대여보증, 이행보증, 무역어음인수보증, 수출보증, 상거래 담보용 보증 등 주로 중소기업이 이용할 수 있는 보증이다.

2) 신용보증기금 http://www.kodit.co.kr/

▌신용보증 종류▐

종류	내 용
대출보증	• 기업이 은행으로부터 각종 운전 및 시설자금을 대출받는데 따른 금전채무를 보증 • 일반운전자금, 무역금융, 구매자금융, Network Loan, 할인어음, 설비자금, 각종기술개발자금 등
지급보증의 보증	• 은행이 기업의 채무를 보증함에 따라 향후 은행의 대지급으로 발생된 기업의 구상채무에 대한 보증 • 신용장 개설에 대한 지급보증의 보증 등
사채보증	• 기업이 자본시장을 통하여 자금을 조달하기 위해 회사채를 발행할 때 원리금 지급채무를 보증 • 증권거래법 제8조의 규정에 의하여 모집 또는 매출하는 회사채로서, 상환기한이 2년 이상이고 발행금액이 5천만원 이상일 것
납세보증	• 기업이 국세 및 지방세 납세의무와 관련하여 세무관서 또는 지방자치단체에 세금을 분할납부, 징수유예를 받고자 할 때 보증
어음보증	• 기업이 상거래의 담보 또는 대금결제수단으로 주고받는 어음에 대하여 지급을 보증 · 지급어음, 받을 어음 및 담보어음에 대한 보증
제2금융보증	• 기업이 제2금융회사 또는 기타 대출기관으로부터 대출받는데 따른 금전채무를 보증 • 종합금융회사, 보험회사, 농수협, 중소기업창업투자회사, 상호신용금고, 한국농수산식품유통공사, 중소기업진흥공단 등
시설대여보증	• 기업이 시설대여회사 등으로부터 기계, 기구 등 필요한 시설을 대여 받을 때 담보로 이용되는 보증
이행보증	• 기업이 건설공사, 물품납품, 용역제공 등을 위한 입찰참가 또는 계약체결시에 납부하여야 할 각종 보증금에 갈음하여 이용되는 보증 • 입찰보증금, 계약보증금, 차액보증금, 지급보증금, 하자보수보증금
수출보증 (무역어음인수보증)	• 중소기업이 수출신용장(내국신용장을 포함)을 근거로 발행한 무역어음을 인수한 자에 대하여 부담하는 채무에 대한 보증
상거래담보용보증	• 중소기업이 상거래계약과 관련하여 부담하는 대금지급채무 보증

* 자료: 신용보증기금

수출보증은 중소기업의 수출경쟁력 증대와 수출촉진을 위해 수출물품의 제조 또는 조달과 관련된 금융지원을 위한 보증상품이다.

대상기업은 ① 수출신용장 및 기타 수출관련 계약서에 의해 물품, 건설 및 용역을 수출하거나 국내에 공급하고자 하는 기업, ② 내국신용장에 의하여 수출용 완제품 또는 원자재를 공급(수탁가공 포함)하고자 하는 기업, ③ 기타 수출 또는 공급실적이 있는 기업으로 동 수출실적을 기준으로 대출을 받고자 하는 기업이다.

대상채무는 ① 한국은행 총액한도대출 관련 무역금융 취급세칙에서 정한 무역금융, ② 한국은행 총액한도대출 관련 무역금융 취급세칙에 의한 원자재자금 금융 중 수출신용장을 기준으로 취급하는 무역금융이다.

수출중소기업이란 ① 매출액의 10% 이상 수출기업, ② 중기청 선정 유망수출기업, 수출기업화사업 참여기업, 환위험관리 우수중소기업, 해외규격인증획득 지원사업 참여기업, 글로벌브랜드 지원사업 참여기업, 무역보험공사 환변동보험 가입기업, 대외유관기관 추천기업 등이다. 보증한도는 최고 70억원까지이고, 수출중소기업은 보증료의 0.1%를 할인받는다.

2 보증보험

보증보험(guaranteed insurance)은 각종 거래행위에서 발생하는 신용위험을 감소시키기 위하여 보험의 형식으로 취급하는 보증제도로서, 보험자가 보험료를 받고 채무자인 보험계약자가 채권자인 피보험자에게 계약상의 채무불이행 또는 법령에 의한 의무불이행으로 손해를 입힌 경우에 그 손해를 약정한 계약에 따라 보상하는 특수한 보험이다.

현재 우리나라에서 보증보험을 취급하는 기관으로는 서울보증보험이 있다. 서울보증보험은 종전의 대한보증보험과 한국보증보험이 합병되어 1998년 11월 새롭게 출발하였다.[3)]

보증보험은 보증기능을 보험의 방식으로 인수하여 채무자에게 신용을 공여함으로써 기업이나 개인의 경제활동에 필요한 인적·물적 담보(각종 보증금, 연대보증인 및 부동산 담보 등)에 대신하여 이용할 수 있는 편리한 제도이다.

보증보험의 유형에는 신원보증, 이행보증, 신용보증 등이 있다. 이 중에서 무역보증으로 사용될 수 있는 것으로는 이행보증과 신용보증 등이다.

① 신원보증(Fidelity)은 피고용인이 불성실 행위를 함으로써 고용주가 입은 손해를 담보하는 보험 상품이다.

② 이행보증(Surety)은 채무자의 법령상 또는 계약상 채무 또는 의무의 불이행으로 채권자가 입은 손해를 담보하는 보험이다.

③ 신용보험(Credit Insurance)은 채무자의 계약상 채무불이행으로 채권자가 입은 손해를 담보하기 위해 채권자 스스로 보험계약자 겸 피보험자가 되어 가입하는 보험이다.

보증의 기능을 보험의 방식으로 인수하여 채무자에게 신용을 공여함으로써 거래 당사자로 하여금 안심하고 경제활동을 할 수 있도록 하는 보증보험은 손해보험과는 다른 다음과 같은 특성을 가진다. 보증보험은 성질상 손해보험 중 책임보험에 속하므로 이에 관하여는 책임보험에 관한 상법규정이 적용될 것이다.

3) 서울보증보험 http://www.sgic.co.kr/

▌보증보험과 손해보험의 비교▐

구 분	보증보험	손해보험
보험의 목적	채무자의 채무불이행으로 인한 손해를 보상	특정한 유체물에 대한 불확정적인 사고로 인한 손해를 보상
보험사고의 성격	보험사고의 인위성 (고의, 과실로 인한 손해담보)	보험사고의 우연성(고의, 과실로 인한 손해는 면책)
보험계약의 중도해지	중도해지가 불가능함이 원칙	보험사고 발생 전에는 보험계약자 또는 피보험자는 언제든지 전부 또는 일부 해지가능

* 자료: 서울보증보험

우리나라에서 판매되는 보증보험의 종류로는 신원보증보험, 계약이행보증보험, 납세보증보험, 인허가 보증보험, 지급보증보험, 할부판매보증보험 등이 있다. 이 중에서 계약이행보증보험은 수출입거래에 활용될 수 있다.

참고문헌

[국내문헌]

곽용도, 해상보험의 이론과 실무, 로이즈, 2017.2

구종순, 해상보험론 제4판, 박영사, 2010

김기식, 해상보험론, 박영사, 1980.

김성욱, 해상보험, 박영사, 1986.

김정수, 해상보험론, 박영사, 1990.

김준헌 외, 신해상보험론, 법문사, 1986.

김 환, 해상보험의 이론과 실무, 고시아카데미, 2016.12

송기철 역, 해상보험론, 박영사, 1981.

심의섭 외, 수출보험의 이해, 세창출판사, 2009.2

양승규, 보험자대립에 관한 연구, 삼영사, 1985.

오원석·박광서, 무역상무 제4판, 삼영사, 2020.2

오원석, 무역실습론, 동성사, 1990.

______, 해상보험론 제3판, 삼영사, 2002.7.

이균성, 국제해상운송법연구, 삼영사, 1981.

이기태, 해상보험, 법문사, 1981.

이상선, 신선박보험약관해설, 보험연수원, 1983.

이시환, 신무역보험론 제6판, 대왕사, 2016.2

이재복, 적하보험약관론, 보험감독원, 1991.

______, 적하보험에 있어서의 손해배상범위의 광장에 관한 소고, 보험학회지, 제37집

이중선, 해상보험 이론과 실무, 미래보험교육원, 2016.2

조현정, 도해로 이해하는 해상보험, 계명대학교 출판부, 2016.2

최준선, 국제항공운송법론, 삼영사, 1987.

______, 보험법·해상법·항공운송법 제6판, 삼영사, 2012.2

한국무역보험공사, 단기수출보험, 한국무역보험공사, 2012.5

________________, 중장기수출보험, 한국무역보험공사, 2011.9

한국무역협회, 해상적하보험, 한국무역협회, 2012.3

한동호, 해상보험요론, 박영사, 1980.

한상현, 국제무역보험론, 두남, 2017.3

[日 書]
葛成照三 譯, チヤーマーズ 英國海上保險論, 早稲田大學出版部, 1966.
龜井利明, 海上保險論, 法律文化社, 1972.
木村榮一, 海上保險, 千倉書房, 1983.
令村 有, 海上保險契約法論, 損害保險事業研究所, 1978.
葛成照三, 英文積荷保險證券論, 早稲田大學出版部, 1981.
加藤由作, 海上被保險者論, 新紀元社, 1952.
加藤 修, 貿易保險の實務, 同文館, 1984.
藤沢 順, 海上保險のABC, 城山堂書店, 1986.
東京海上火災保險(株), 貨物海上保險の理論と實務, 海文堂, 1983.
興亞火災海上保險(株), 運送保險の理論と實務, 海文堂, 1978.
瀨戸彌三次, 海上保險體系, 大唯堂臧版, 1985.
東京海上火災保險(株) 譯, 海上保險論(米國の理論と實務), 成山堂, 1985.
韓罔良平, 逐條解說 信用狀統一規則, 1985.
中村 弘, 貿易契約の基礎, 東洋經濟, 1983.
上坂酉三, 國際貿易條件基準, 國際商社仲裁協會, 1981.
朝罔良平, 貿易賣買と商慣習, 東京布井出版, 1981.
藤代利雄, 貿易運送の實務, 同文館, 1985.
小峯 登, 信用狀統一規則, 逐條解說とその問題點(下), 1975.
浜容源藏, 最新貿易實務, 同文館, 1982.
加藤 修, 最新國際貨物海上保險實務, 城山堂書店, 1984.
小林 晃, FOB, C&F 賣主の有する Contingent Interest(新しい Trade Terms, FOB & I 契約の提唱), 葛城照三博士古稀祈念 損害保險論集, 1976.

[英 書]
Arnould J., *On the Law of Marine Insurance and Average*, Stevens & Sons, 1950.
Bennett, H. N., *The Law of Marine Insurance*, Clarendon Press, 1996.
Branch, A. E., *Elements of Shipping, Chapman and Hall*, London, 1981.

Brown, R. H. *Marine Insurance Vol.(Ⅰ)-Principles & Basic Practice*, Witherby & Co., Ltd., London., 1986.

__________, *Analysis of Marine Insurance Clauses*. Witherby & Co., London, 1982.

__________, *Dictionary of Marine Insurance Term and Clauses*, 5th & Co., Ltd., 1989.

__________, *Dictionary of Marine Insurance Term*, 4th ed., Witherby & Co., Ltd., 1975.

__________, *Marine Insurance Vol. 3-Hull Practice*, Witherby & Co., Ltd., 1975.

Brubaker, D., *Marine Pollution and International Law, Bellbaven Press*, 1993.

Buglass, Leslie J., *Marine Insurance and General Average in the United States*, 3rd ed., Cornell Maritime Press, 1991.

Carole Murray · David Holloway · Daren Timson-Hunt, *Schmitthof's EXPORT TRADE*, 12th ed., London Sweet & Maxwell, 2012.

Colinvaux, R., *Carver's Carriage by Sea*(I), (II), Stevens & Sons, London, 1971.

Donald O'May, *Marine Insurance Law and Policy*, London, Sweet 2 Maxwell, 1993.

Dover, V., *A Handbook to Marine Insurance*, 8th ed., Witherby & Co. Ltd., London, 1982.

________, *A Handbook to Marine Insurance*, H. F. & G. Witherby Ltd., London. 1970.

Dover, V. & Gordon Authony Calver, *The Banker's Guide to Marine Insurance of Goods*, 1960.

El Din, A. S., *Aviation Insurance Practice, Law and Reinsurance*, London, 1971.

Goodacre, K. J., *Marine Insurance Claims*, 2nd ed., Witherby, 1981.

_____________, A.C.I.I., *Institute Time Clausea-Hull*s, London, 1983.

_____________, *Marine Insurance Claims*, Witherby & Co., London, 1981.

Hazelwoods, S. J., *P & I clubs Law and Practice*, Lloyd's of London Press Ltd., 1989.

Hill, C. & er al, *Introduction to P & I*, Lloyd's of London Press Ltd., 1988.

Ivamy, E. F., *Marine Insurance*, 4th ed., London Butterworths, 1985.

__________, *Carriage of Goods by Sea*, Butterworths, London, 1985.

John S. James, *Stroud's Judicial Dictionary of Words and Phrases*, Vol. 5, London, Sweet & Maxwell, 1986.

Kingsley, J., *Handbook on P & I Insurance*, GARD CLUB, 1988.

Lambeth, R. J, *Templeman on Marine Insurance*, Pitman, 16th ed., 1986.

Mankababy, S., *The Hamburg Rules on the Carriage of Goods by Sea*, A. N. Sijthoff, 1978.

Michael, J. Mustill, Jonathan C.B. Gilman, *Arnould's Law of Marine Insurance and Average*, Vol I. II., 16the ed., London, Stevens & Sons, 1981.

Parks, A. L., *The Law and Practice of Marine Insurance Average* (I), (II), Cornell Maritime Press, 1987.

Tetley, W., *Marine Cargo Claims*, Int'l Shipping Pub. Montreal, 1988.

찾아보기

ㅅ

ㅇ

ㅈ

ㅊ

ㅌ

ㅍ

저/자/소/개

▌吳元奭

성균관대학교 통계학과 졸업
美, American Graduate School of International Management 졸업
성균관대학교 대학원 졸업(경제학박사)
美, University of Washington Law School 교환교수
동아대학교 교수
성균관대학교 무역연구소장
성균관대학교 무역대학원장
성균관대학교 경영연구소장
성균관대학교 경영학부장, 경영대학원장, 경영전문대학원장
(사)한국무역상무학회 회장
한국무역보험학회 회장
한국교통대학교 석좌교수

現, 성균관대학교 명예교수
대한상사중재원 중재인

〈저 서〉

무역상무(공저, 삼영사)
국제비즈니스영어(공저, 삼영사)
무역관습론(동성사)
신용장론(공저, 삼영사)
무역계약론(삼영사)
최신무역관습(삼영사)
국제운송・보험론(공저, 법문사)
무역계약과 결제(삼영사)
국제무역의 이해(공저, 삼영사)
국제표준은행관습(공저, 삼영사)
국제물품매매법(공저, 법문사)
해상보험론(삼영사)
글로벌무역학개론(공저, 탑북스)
국제운송론(박영사)
무역학원론(공저, 삼영사)
UN통일매매법(역서, 삼영사)
인터넷무역론(공저, 법문사)
최신무역상무론(공저, 법문사)
최신국제비즈니스계약(삼영사)
무역상무의 이해(공저, 문영사)
국제상사계약원칙2004(공저, 법문사)

■ 朴洸緖

충남대학교 법과대학 법학과 졸업
성균관대학교 무역대학원 졸업(경영학석사)
美, Arthur D. Little School of Management 졸업(MBA)
성균관대학교 대학원 졸업(경영학박사)

한국무역협회 근무(1991~2006)
대한상사중재원 중재인
건국대학교 조교수(2006), 부교수(2010)

現, 건국대학교 국제무역학과 교수(2015~현재)
　(사)한국무역상무학회 회장(2019~현재)
　한국무역협회 무역아카데미 객원교수
　국제무역사 출제위원 및 선정위원

〈저 서〉
무역상무(공저, 삼영사)
서비스무역(삼영사)
글로벌무역학개론(공저, 탑북스)
국제무역비즈니스(공저, 건국대학교 출판부)
알기쉬운 무역실무(Ⅰ) Point(한국무역협회)
무역계약과 인코텀즈(한국무역협회)
무역결제(삼영사)
무역법규(탑북스)
표준무역실무(한국무역협회)
알기쉬운 수출입실무(한국무역협회)
무역운송(한국무역협회)

무역보험 [제2판]

2012년 8월 20일 1판 1쇄 발행
2017년 8월 21일 1판 4쇄 발행
2018년 2월 21일 2판 1쇄 발행
2021년 2월 22일 2판 2쇄 발행

저 자 오 원 석 · 박 광 서
발행인 고 성 익
조 판 플 러 스

05027
발행처 서울특별시 광진구 아차산로 335 삼영빌딩
도서출판 三 英 社
등 록 1972년 4월 27일 제2013-21호
전 화 737-1052 · 734-8979 FAX 739-2386

정가 28,000원

ISBN 978-89-445-0448-8-93320